普通高等教育电子信息类系列教材

电子信息科学技术导论
第2版

吴莉莉　主编

林爱英　邢玉清　副主编

机械工业出版社

本书主要介绍现代信息社会中应用非常广泛的电子信息科学技术，包括现代电子技术、计算机科学基础、现代传感器技术、信号与信息处理技术、通信与计算机网络、物联网技术与应用、自动控制技术、人工智能以及信息安全。全书紧跟电子信息科学技术的发展，内容丰富，深入浅出，图文并茂，在阐述基本概念、基础理论、发展历程和核心技术的同时，还特别注重介绍最新的科学技术及其在实际生活中的应用。本书既包含了电子信息科学技术的基本内容、基本体系，同时各章又具有相对的独立性，以便满足不同专业、不同学时的教学需求。

本书可作为高等学校电子信息类相关专业的专业导论、概论教材和非电子信息类专业公共选修课教材，也可作为了解电子信息科学与技术基础知识的普及读物，供高中以上文化程度的读者阅读、参考。

为了满足教师教学需要，本书配有教学用 PPT、电子教案、课程教学大纲、试卷、习题参考答案等教学资源，需要配套资源的老师可登录机械工业出版社教育服务网（www.cmpedu.com）免费注册，审核通过后下载，或联系编辑获取（微信：15910938545/电话：010-88379753）。

图书在版编目（CIP）数据

电子信息科学技术导论 / 吴莉莉主编. —2 版. —北京：机械工业出版社，2021.7（2025.1 重印）
普通高等教育电子信息类系列教材
ISBN 978-7-111-68575-3

Ⅰ．①电⋯　Ⅱ．①吴⋯　Ⅲ．①电子信息－高等学校－教材　Ⅳ．①G203

中国版本图书馆 CIP 数据核字（2021）第 125487 号

机械工业出版社（北京市百万庄大街 22 号　邮政编码 100037）
策划编辑：李馨馨　　　责任编辑：李馨馨　秦　菲
责任校对：张艳霞　　　责任印制：常天培

北京机工印刷厂有限公司印刷

2025 年 1 月第 2 版·第 6 次印刷
184mm×260mm・19 印张・470 千字
标准书号：ISBN 978-7-111-68575-3
定价：79.00 元

电话服务　　　　　　　　　　　网络服务
客服电话：010-88361066　　　　机 工 官 网：www.cmpbook.com
　　　　　010-88379833　　　　机 工 官 博：weibo.com/cmp1952
　　　　　010-68326294　　　　金 书 网：www.golden-book.com
封底无防伪标均为盗版　　　　　机工教育服务网：www.cmpedu.com

前　言

科技兴则民族兴，科技强则民族强。党的二十大报告指出，必须坚持科技是第一生产力、人才是第一资源、创新是第一动力，开辟发展新领域新赛道，不断塑造发展新动能新优势。

当今世界正处于电子信息产业高速发展的时代，作为信息科学中极其活跃、渗透力又强的学科，电子信息科学技术已经融入人们的工作、学习和生活的方方面面，正改变着人类的生活方式、生产方式和思维方式，尤其是近几年人工智能、大数据、知识图谱等技术的高速发展带来了新一轮的产业革新，《电子信息科学技术导论》的修订正是适应电子信息类学科发展的需要，以满足国内信息技术相关学科的研究和课程教学。

《电子信息科学技术导论》（第 2 版）介绍了电子信息类学科涉及面较广、与实际生活联系较为密切的相关学科和技术，电子信息类专业本科阶段开设的不同课程，以及近几年学科内容更新较快的技术等。主要包括现代电子技术、传感器、计算机科学和网络、通信、物联网、自动控制、人工智能及信息安全等方面的内容。本次修订时，对全书做了较大更新，除了第 1 章外，几乎每章都补充了新的知识。其中改动较大的是第 2 章现代电子技术，重新梳理了 Intel 公司 CPU 芯片的发展历程，增加了中国芯片设计领域取得的进展；第 4 章现代传感器技术，补充了传感器的最新应用领域，以及红外传感器、智能传感器、生物传感器等的最新研究成果；第 5 章信号与信息处理技术中新增了多传感信息融合和视频处理技术；第 6 章将原来的 6、7 两章计算机网络技术和现代通信技术合二为一，调整为通信与计算机网络，新增了软交换、5G 等内容；在第 8 章自动控制技术中增加了网络控制的相关内容；第 9 章人工智能为新编内容，主要围绕经典的机器学习和当前前沿的深度学习介绍了人工智能的发展脉络。

本书在保有第 1 版特色的基础上，精炼了内容，增加了电子信息类前沿的研究成果和应用领域，无较深的理论知识，以方便读者对电子信息相关专业有一个全面系统的了解，从而激发学习兴趣和研究热情。

本书由吴莉莉、林爱英、邢玉清、郑宝周和贾树恒五位教师编写。其中吴莉莉编写了第 1、4、7 章；林爱英编写了第 5、6 章；邢玉清编写了第 9、10 章，郑宝周和贾树恒共同编写了第 2、3、8 章，全书由吴莉莉统稿。

在第 2 版修订的过程中，得到了许多专家和同仁的大力支持，在此一并表示诚挚感谢！由于修订时间比较匆忙以及编者知识的局限，书中难免存在一些不足之处，敬请读者提出宝贵意见。

吴莉莉

目 录

前言
第1章 概述 ·· 1
  1.1 信息的基本概念 ······························ 1
    1.1.1 信息的定义 ································ 1
    1.1.2 信息的特性 ································ 2
    1.1.3 信息论 ······································ 3
  1.2 信息科学与信息技术 ······················· 4
    1.2.1 信息科学 ···································· 4
    1.2.2 信息技术 ···································· 5
    1.2.3 电子信息科学技术的研究领域 ······ 5
    1.2.4 电子信息技术的发展趋势 ············· 7
  1.3 信息化社会 ······································ 8
    1.3.1 什么是信息化 ····························· 8
    1.3.2 信息化对社会的影响 ··················· 9
  1.4 我国电子信息科学技术涉及的
      本科专业简介 ·································· 10
    1.4.1 电子信息工程 ··························· 11
    1.4.2 电子科学与技术 ························ 12
    1.4.3 通信工程 ·································· 12
    1.4.4 微电子科学与工程 ···················· 12
    1.4.5 光电信息科学与工程 ················· 13
    1.4.6 自动化 ····································· 13
    1.4.7 计算机科学与技术 ···················· 13
    1.4.8 信息安全 ·································· 14
    1.4.9 物联网工程 ······························ 14
  1.5 思考题与习题 ································· 14
  参考文献 ·· 15
第2章 现代电子技术 ·································· 16
  2.1 电子技术的发展历程 ······················ 16
    2.1.1 电子管器件 ······························ 16
    2.1.2 半导体器件 ······························ 17
    2.1.3 集成电路 ·································· 17
    2.1.4 21世纪电子新器件 ···················· 18

  2.2 微电子技术 ···································· 20
    2.2.1 微电子技术与集成电路 ············· 20
    2.2.2 微处理器的发展历程 ················ 20
    2.2.3 微电子技术面临的挑战和关键
         技术 ··· 29
    2.2.4 微电子技术发展的新方向 ·········· 31
  2.3 EDA 技术 ······································ 32
    2.3.1 EDA 技术及其发展阶段 ············ 33
    2.3.2 EDA 技术的内容 ······················ 33
    2.3.3 EDA 设计方法 ························· 36
    2.3.4 EDA 的应用及发展趋势 ············ 37
  2.4 纳米电子技术 ································· 37
    2.4.1 传统电子器件面临的问题 ·········· 37
    2.4.2 纳米尺寸效应 ·························· 37
    2.4.3 纳米电子器件 ·························· 39
    2.4.4 纳米电子系统及应用 ················ 41
  2.5 光电子技术 ···································· 43
    2.5.1 光电子技术的概念和内容 ·········· 44
    2.5.2 光电子技术的发展 ···················· 44
    2.5.3 光电子技术的应用 ···················· 45
  2.6 思考题与习题 ································· 46
  参考文献 ·· 46
第3章 计算机科学基础 ······························ 48
  3.1 计算机科学概述 ····························· 48
    3.1.1 计算机科学发展简史 ················ 48
    3.1.2 计算机的分类与计算机科学的研究
         领域 ··· 50
    3.1.3 计算机的特点和应用 ················ 52
  3.2 计算机中信息的表示 ······················ 53
    3.2.1 计算机中数据的表示 ················ 53
    3.2.2 计算机中数值的表示 ················ 55
    3.2.3 计算机中非数值信息的编码 ······ 57

3.3 计算机的硬件系统 ················ 60
　3.3.1 冯·诺依曼体系结构 ············ 60
　3.3.2 计算机硬件系统与微机硬件结构 ···· 60
　3.3.3 计算机的主要性能指标 ·········· 62
　3.3.4 计算机的工作原理 ·············· 62
3.4 计算机的软件系统 ················ 62
　3.4.1 计算机软件的基础知识 ·········· 62
　3.4.2 程序设计基础 ·················· 63
　3.4.3 数据结构与算法 ················ 66
　3.4.4 操作系统简介 ·················· 70
3.5 计算机技术的新进展 ·············· 72
　3.5.1 云计算 ························ 73
　3.5.2 大数据 ························ 76
3.6 思考题与习题 ···················· 78
参考文献 ···························· 79

第4章　现代传感器技术　80

4.1 获取信息的传感器 ················ 80
　4.1.1 什么是传感器 ·················· 80
　4.1.2 传感器的重要性 ················ 81
　4.1.3 传感器的应用领域 ·············· 81
　4.1.4 传感器的发展历程与趋势 ········ 83
4.2 传感器的组成、分类及特性 ········ 85
　4.2.1 传感器的组成 ·················· 85
　4.2.2 传感器的分类 ·················· 86
　4.2.3 传感器的基本特性 ·············· 87
4.3 红外传感器 ······················ 88
　4.3.1 红外辐射 ······················ 88
　4.3.2 红外探测器 ···················· 89
　4.3.3 红外传感器的应用 ·············· 90
4.4 智能传感器 ······················ 92
　4.4.1 什么是智能传感器 ·············· 92
　4.4.2 智能传感器系统的层次结构及主要
　　　　特色 ·························· 93
　4.4.3 智能传感器的功能 ·············· 93
　4.4.4 智能传感器的应用 ·············· 94
4.5 生物传感器 ······················ 96
　4.5.1 生物传感器的研究历史 ·········· 96
　4.5.2 生物传感器的组成、原理及分类 ···· 97
　4.5.3 几种典型的生物传感器 ·········· 99
　4.5.4 生物传感器的应用 ············ 100

4.6 无线传感器网络 ················ 102
　4.6.1 WSN 的定义和术语 ············ 102
　4.6.2 WSN 的发展历史 ·············· 103
　4.6.3 WSN 的体系结构及其特点 ······ 104
　4.6.4 WSN 的关键技术 ·············· 106
　4.6.5 WSN 的应用领域及前景 ········ 107
4.7 思考题与习题 ·················· 109
参考文献 ·························· 110

第5章　信号与信息处理技术　111

5.1 信息处理技术 ·················· 111
　5.1.1 信息处理技术发展史 ·········· 111
　5.1.2 现代信息技术 ················ 112
5.2 数字信号及其处理 ·············· 114
　5.2.1 模拟信号和数字信号 ·········· 114
　5.2.2 数字信号的特点 ·············· 114
　5.2.3 模拟信号的数字化 ············ 115
　5.2.4 数字信号处理系统 ············ 116
5.3 文本信息处理 ·················· 116
　5.3.1 文本分类的研究现状 ·········· 116
　5.3.2 文本分类的整体框架 ·········· 117
　5.3.3 文本信息处理的应用领域 ······ 119
5.4 语音信号处理 ·················· 120
　5.4.1 语音信号处理基础知识 ········ 120
　5.4.2 语音信号处理的关键技术 ······ 121
　5.4.3 语音识别技术的发展情况 ······ 123
　5.4.4 语音信号处理技术发展趋势 ···· 124
5.5 数字图像处理 ·················· 126
　5.5.1 数字图像处理概述 ············ 126
　5.5.2 数字图像处理的内容 ·········· 127
　5.5.3 数字图像处理的应用领域 ······ 128
5.6 视频图像处理 ·················· 133
　5.6.1 视频基本概念及其处理系统 ···· 133
　5.6.2 视频信号的发展历程 ·········· 135
　5.6.3 视频的数字化及常用视频存储
　　　　格式 ························ 135
　5.6.4 数字视频图像处理的应用 ······ 137
5.7 信息融合技术 ·················· 138
　5.7.1 信息融合技术的起源及发展 ···· 138
　5.7.2 信息融合技术概述 ············ 139
　5.7.3 信息融合的应用领域 ·········· 140

5.8 思考题与习题 …………………… 141
参考文献 …………………………… 141

第6章 通信与计算机网络 ……………… 143
6.1 电话交换技术与电信网 …………… 143
    6.1.1 电话交换技术的基本原理及发展 …………………… 144
    6.1.2 程控交换机与交换网络 …… 145
    6.1.3 电信网的组成 ……………… 148
6.2 移动通信技术 ……………………… 149
    6.2.1 移动通信发展史 …………… 149
    6.2.2 移动通信中的相关技术 …… 152
    6.2.3 4G 及其关键技术 …………… 154
    6.2.4 5G 技术及发展 ……………… 157
    6.2.5 卫星移动通信系统 ………… 159
6.3 计算机网络技术 …………………… 161
    6.3.1 计算机网络概述 …………… 161
    6.3.2 互联网的发展阶段 ………… 162
    6.3.3 计算机网络的分类 ………… 165
    6.3.4 网络硬件和软件 …………… 166
    6.3.5 网络体系结构与协议 ……… 167
    6.3.6 因特网技术 ………………… 169
    6.3.7 网络服务 …………………… 175
6.4 无线局域网和 IEEE 802.11 标准 …………………………… 177
    6.4.1 无线局域网 ………………… 177
    6.4.2 IEEE 802.11 标准 …………… 178
    6.4.3 无线局域网技术的应用 …… 179
6.5 光纤通信技术 ……………………… 184
    6.5.1 光纤接入网 ………………… 184
    6.5.2 光纤通信的发展趋势 ……… 185
6.6 思考题与习题 ……………………… 186
参考文献 …………………………… 187

第7章 物联网技术与应用 ……………… 188
7.1 物联网概述 ………………………… 188
    7.1.1 物联网的定义 ……………… 188
    7.1.2 物联网的支撑技术 ………… 190
    7.1.3 物联网技术的发展 ………… 191
7.2 物联网、互联网与泛在网 ………… 194
    7.2.1 物联网与互联网的区别与联系 …………………… 194
    7.2.2 泛在网是物联网的发展方向 … 195
7.3 物联网系统的基本构成及关键技术 ……………………………… 196
    7.3.1 物联网的体系结构 ………… 196
    7.3.2 感知层的关键技术 ………… 197
    7.3.3 网络层的关键技术 ………… 201
    7.3.4 应用层的关键技术 ………… 205
7.4 物联网技术的应用 ………………… 208
    7.4.1 智能物流 …………………… 208
    7.4.2 智能电网 …………………… 209
    7.4.3 智能农业 …………………… 210
    7.4.4 智能家居 …………………… 212
    7.4.5 智能医疗 …………………… 212
    7.4.6 智能环保 …………………… 213
    7.4.7 智能安防 …………………… 214
    7.4.8 智能交通 …………………… 215
7.5 物联网技术的发展趋势和面临的问题 …………………………… 217
    7.5.1 物联网的发展趋势 ………… 217
    7.5.2 物联网发展中面临的问题 … 217
7.6 思考题与习题 ……………………… 219
参考文献 …………………………… 219

第8章 自动控制技术 …………………… 220
8.1 自动控制技术概述 ………………… 220
    8.1.1 自动控制技术的早期发展 … 220
    8.1.2 自动控制理论的形成 ……… 222
    8.1.3 自动控制系统的控制方式 … 223
    8.1.4 自动控制系统的基本组成 … 224
8.2 智能控制 …………………………… 224
    8.2.1 智能控制的发展和学科的建立 … 225
    8.2.2 智能控制的基本概念 ……… 225
    8.2.3 模糊控制 …………………… 227
    8.2.4 人工神经网络控制 ………… 229
    8.2.5 专家控制 …………………… 233
    8.2.6 网络控制 …………………… 238
8.3 机器人控制 ………………………… 240
    8.3.1 机器人的基本概念 ………… 240
    8.3.2 机器人的发展历史 ………… 242
    8.3.3 机器人控制系统 …………… 244
    8.3.4 机器人与人 ………………… 245
8.4 思考题与习题 ……………………… 245

参考文献 ·················· 246

第9章 人工智能 ·················· 247

9.1 人工智能概述 ·················· 247
9.1.1 人工智能的发展历程 ·················· 247
9.1.2 人工智能的五大学派与四大领域 ·················· 248
9.1.3 人工智能的学科结构 ·················· 252
9.1.4 人工智能的应用 ·················· 253

9.2 人工智能应用框架流程 ·················· 254
9.2.1 数据的准备与预处理 ·················· 254
9.2.2 各种模型 ·················· 256
9.2.3 学习策略与学习算法 ·················· 257
9.2.4 模型的训练与评估 ·················· 258

9.3 经典机器学习 ·················· 259
9.3.1 回归 ·················· 259
9.3.2 决策树与随机森林 ·················· 260
9.3.3 支持向量机 ·················· 262
9.3.4 无监督学习 ·················· 262

9.4 深度学习 ·················· 263
9.4.1 多层神经网络 ·················· 264
9.4.2 卷积神经网络 ·················· 264
9.4.3 循环神经网络 ·················· 265
9.4.4 强化学习 ·················· 266

9.5 知识图谱 ·················· 267
9.5.1 知识图谱概述 ·················· 267
9.5.2 知识图谱的构建 ·················· 268
9.5.3 知识图谱的应用 ·················· 269

9.6 人工智能的工程实现 ·················· 269
9.6.1 Python 及 PyCharm ·················· 270
9.6.2 机器学习常用 Python 库 ·················· 271
9.6.3 人脸识别实现 ·················· 272

9.7 思考题与习题 ·················· 275
参考文献 ·················· 275

第10章 信息安全 ·················· 276

10.1 信息安全概述 ·················· 276
10.1.1 信息安全发展简史 ·················· 277
10.1.2 信息安全常用技术 ·················· 278

10.2 密码学概述 ·················· 280
10.2.1 古典密码学 ·················· 281
10.2.2 现代密码学 ·················· 282
10.2.3 密码学与信息安全的关系 ·················· 284

10.3 信息隐藏与数字水印 ·················· 284
10.3.1 信息隐藏 ·················· 284
10.3.2 数字水印 ·················· 286

10.4 计算机病毒 ·················· 289
10.4.1 计算机病毒的基础知识 ·················· 289
10.4.2 计算机病毒的逻辑结构 ·················· 292
10.4.3 计算机病毒防治策略 ·················· 293

10.5 学科竞赛支撑平台 ·················· 293
10.6 信息安全技术的发展趋势 ·················· 295
10.7 思考题与习题 ·················· 296
参考文献 ·················· 296

第1章 概　　述

当今社会是信息化社会，我们正处在科学技术突飞猛进、信息交流不可缺少的时代。科学技术革命的蓬勃兴起，使人类对自然界和社会的认识有了巨大的飞跃，从微观世界到宏观世界，从生命科学到信息理论，都有很大的突破。信息科学技术的进步和广泛应用，正促使当今世界进行着一场信息化革命，尤其是电子信息科学技术正以前所未有的方式对社会的信息化变革产生巨大影响，其结果必然导致全球信息化。

信息科学技术奠基于 20 世纪 40 年代，它源于数理科学、无线电通信与电子技术。20 世纪 50 年代以后，又与计算机技术紧密结合获得了很大发展。信息科学技术是研究信息的获取、传输、处理、接收、存储、显示与控制等的一门学科，由于信息普遍存在于自然界和人类社会中，因此信息科学技术又是一门有着广泛影响力的学科。它已经渗透到了各个学科领域，其中也包括社会科学与人文科学以及社会的各个行业。在这一过程中，它不断地从其他学科和行业中吸取营养来丰富自己，同时也大大促进了其他学科和行业的更新和发展，并催生了新兴交叉学科和行业。

在现代科学技术中，信息科学技术虽然如此重要，得到了广泛应用，但还不能说是一门很成熟的学科，比如对于信息的含义有不同的理解，其理论体系也不够完整成熟。在哲学界对于信息的实质问题仍存在争论。这些问题都有待在今后的发展过程中逐步得到解决。

1.1　信息的基本概念

1.1.1　信息的定义

信息无处不在，无时不有，无人不用，今天它已成为使用频率最高的词汇之一。信息的应用越广泛，对信息的研究越深入，人们对信息的认识和理解也就越多样化、越深刻。

据《新辞源》考证，最早出现"信息"一词的诗句是我国唐代诗人杜牧的《寄远》中的"塞外音书无信息，道傍车马起尘埃"以及诗人李中的《暮春怀故人》中的"梦断美人沉信息，目穿长路倚楼台"，诗中"信息"的含义就是音信、消息的意思。同样，在西方出版的许多文献著作中，"信息"（Information）和"消息"（Message）两词也是互相通用的。就一般意义而言，信息可以理解成消息、情报、知识、见闻、通知、报告、事实、数据等。信息到现在都还没有一个获得广泛认可的定义，不同的学科和学者，从不同的角度对信息的含义有不同的解释。

1948 年美国数学家香农（Shannon）指出："信息是用来消除随机不确定性的东西"，指的是有新内容或新知识的消息。所谓不确定性就是千变万化、不规则、随机性，用概率模型来描述并对其进行定量的计算。

美国数学家、控制论的奠基人诺伯特·维纳（Wiener）认为，信息是"我们在适应外部世界，控制外部世界的过程中同外部世界交换的内容的名称"，提出"信息就是信息，不是物质，也不是能量"，是区别于物质和能量以外的第三类资源。

1988 年，我国信息论专家钟义信在《信息科学原理》一书中提出，信息是事物运动的状态与方式，是物质的一种属性。在这里，"事物"泛指一切可能的研究对象，包括外部世界的物质客体，也包括主观世界的精神现象；"运动"泛指一切意义上的变化，包括机械运动、化学运动、思维运动和社会运动；"运动方式"是指事物运动在时间上所呈现的过程和规律；"运动状态"则是事物运动在空间上所展示的形状与态势。

信息不同于消息，消息只是信息的物理表现，信息是消息的内涵；消息中包含信息，一则消息可载荷不同的信息，可能包含丰富的信息，也可能包含很少的信息，同一信息可用不同的消息形式来体现。

信息不同于信号，信号是与消息相对应的物理量（如电信号、光信号、声音信号等），它是消息的物理载体。信号携带信息，但不是信息本身。同一信息可用不同的信号来表示，同一信号也可表示不同的信息。

信息不同于数据，数据是对客观事物进行记录并可以鉴别的符号，是客观事物的属性、数量、位置及其相互关系等的抽象表示。数据是信息记录的基础，信息一般通过数据来表示，信息加载在数据之上，并对数据做出具有含义的解释。如果把信息比作分子，数据就是它的原子构成。

信息是人类的一切生存活动和自然存在所传达出来的信号和消息。人类通过信息认识各种事物，借助信息的交流加强人与人之间的沟通协作，从而推动社会前进。信息既不是物质也不是能量，但同物质、能源一样重要。当代社会将信息、材料和能源并称为社会的三大支柱。

1.1.2 信息的特性

信息通常具有以下特性。

（1）可度量

信息可采用某种度量单位进行度量，并进行信息编码，如现代计算机使用的二进制。

（2）可识别

信息可采取直观识别、比较识别和间接识别等多种方式来把握。

（3）可转换

信息可以从一种形态转换为另一种形态。如自然信息可转换为语言、文字和图像等形态，也可转换为电磁波信号或计算机代码。

（4）可存储

信息可以存储，大脑就是一个天然信息存储器。人类发明的文字、摄影、录音、录像以及计算机存储器等都可以进行信息存储。

（5）可处理

人脑就是最佳的信息处理器。人脑的思维功能可以进行决策、设计、研究、写作、改进、发明、创造等多种信息处理活动，计算机也具有信息处理功能。

（6）可传递

信息传递是与物质和能量的传递同时进行的。语言、表情、动作、报刊、书籍、广播、电视、电话等是人类常用的信息传递方式。

（7）可再生

信息经过处理后，可用其他形式再生。如自然信息经过人工处理后，可用语言或图形等方式再生成信息。输入计算机的各种数据文字等信息，可用显示、打印、绘图等方式再生成信息。

（8）可压缩

信息可以进行压缩，可以用不同的信息量来描述同一事物。人们常常用尽可能少的信息量描述一件事物的主要特征。

（9）可利用

信息具有一定的实效性和可利用性。

(10) 可共享

信息具有扩散性，因此可共享。

1.1.3 信息论

1. 信息论形成的背景与基础

人们对于信息的认识和利用，可以追溯到古代的通信实践，这些是传递信息的原始方式。随着社会生产的发展和科学技术的进步，人们对传递信息的要求急剧增加。到了 20 世纪 20 年代，如何提高传递信息的能力和可靠性已成为科研人员普遍重视的课题。美国科学家奈奎斯特、德国的屈普夫米勒、苏联的科尔莫戈罗夫和英国的赛希尔等人，从不同角度研究信息，为建立信息理论做出了很大贡献。

信息论是人们在长期的通信工程实践中，由通信技术和概率论、随机过程和数理统计相结合而逐步发展起来的一门学科。信息论的奠基人是美国伟大的数学家、贝尔实验室杰出的科学家香农（被称为"信息论之父"），他在 1948 年发表了著名的论文《通信的数学理论》，这篇论文以概率论为工具，深刻阐述了通信工程的一系列基本理论问题，给出了计算信源信息量和信道容量的方法和一般公式，得到了一组表征信息传输关系的编码定理。香农在进行信息的定量计算时准确地把信息量定义为随机不确定性程度的减少。这就表明了他对信息的理解：信息是用来减少随机不确定性的东西。随机不确定性是指由于随机因素所造成的不能肯定的情形，在数值上可以用概率熵来计量。1949 年香农又发表了《噪声中的通信》，这些论文为信息论奠定了理论基础。

维纳在 1950 年出版的《控制论与社会》一书中对信息的理解是："人通过感觉器官感知周围世界""我们支配环境的命令就是给环境的一种信息"，因此，"信息就是我们在适应外部世界，并把这种适应反作用于外部世界的过程中，同外部世界进行交换的内容的名称"。"接收信息和使用信息的过程，就是我们适应外界环境的偶然性的过程，也是我们在这个环境中有效地生活的过程"。这些是把信息理解为广义通信的内容。

1956 年，法裔美国科学家布里渊（Brillouin）在他的著作《科学与信息论》中直截了当地指出：信息就是负熵，并且他还创造了 Negentropy 这一词（由 Negative 和 Entropy 合成）来表示负熵的概念。

20 世纪 70 年代以后，随着计算机的广泛应用和社会信息化的迅速发展，信息论正逐渐突破香农狭义信息论的范围，发展成为一门不仅研究语法信息，而且研究语义信息和语用信息的科学。随着信息理论的迅猛发展和信息概念的不断深化，信息论所涉及的内容早已超越了狭义的通信工程范畴，进入了信息科学领域。

2. 信息论的定义

信息论是运用概率论与数理统计的方法研究信息熵、通信系统、数据传输、密码学、数据压缩等问题的应用数学学科。其核心问题是信息传输的有效性和可靠性以及两者间的关系。它主要研究通信和控制系统中普遍存在的信息传递的共同规律以及解决信息获取、度量、变换、存储和传输等问题的最佳基础理论。信息论将信息的传递作为一种统计现象来考虑，给出了估算通信信道容量的方法。

信息论作为一门科学理论，发源于通信工程。它的研究范围极为广阔，一般把信息论分成以下三种不同类型。

（1）狭义信息论

狭义信息论主要总结了香农的研究成果，因此又称为香农信息论。在信息可以度量的基础上，研究如何有效、可靠地传递信息。狭义信息论研究的是收、发端联合优化的问题，而重点在各种编码。它是通信中客观存在的问题的理论提升。

（2）一般信息论

一般信息论从广义通信引出基础理论问题、香农信息论和维纳的微弱信号检测理论等。微弱信号检测又称最佳接收，是为了确保信息传输的可靠性，研究如何从噪声和干扰中接收信道传输的信号的理论。除此之外，一般信息论的研究还包括：噪声理论、信号滤波与预测、统计检测与估计理论、调制理论、信号处理与信号设计理论等。它总结了香农和维纳以及其他学者的研究成果，是广义通信中客观存在的问题的理论提升。

（3）广义信息论

无论是狭义信息论还是一般信息论，讨论的都是客观问题。然而当讨论信息的作用、价值等问题时，必然涉及主观因素。广义信息论研究包括所有与信息有关的领域，如：心理学、遗传学、神经生理学、语言学、社会学等。因此，有人对信息论的研究内容进行了重新界定，提出从应用性、实效性、意义性或者从语法、语义、语用方面来研究信息，分别与事件出现的概率、含义及作用有关，其中意义性、语义、语用主要研究信息的意义和对信息的理解，即信息所涉及的主观因素。

广义信息论从人们对信息特征的理解出发，从客观和主观两个方面全面地研究信息的度量、获取、传输、存储、加工处理、利用等，理论上说是最全面的信息理论，但由于主观因素过于复杂，很多问题本身及其解释尚无定论，或者受到人类知识水平的限制目前还得不到合理的解释，因此广义信息论目前还处于正在发展的阶段。

1.2 信息科学与信息技术

1.2.1 信息科学

信息科学是研究信息及其运动规律的科学。它是以香农创立的信息论为理论基础，以信息作为主要研究对象，以信息的运动规律和应用方法为主要研究内容，以计算机等技术为主要研究工具，以扩展人类的信息功能为主要目标的一门新兴的综合性学科。信息科学是由信息论、控制论、计算机科学、仿生学、系统工程与人工智能等学科互相渗透、互相结合而形成的。

传统自然科学的基本研究对象是各种层次、各种形态的物质和能量，主要研究内容就是天体物质、地球物质和生命物质的物质结构及其所包含的机械、化学、生物等各种形式的转换规律。虽然都伴随有不同程度的信息问题，但是传统自然科学所关心的却只是其中的物质和能量的问题。信息科学把信息（而不是物质和能量）作为新的研究对象，它是一个独立的对象，因此信息科学的研究必然会形成一门与传统科学有重大区别的新科学。

信息科学的研究内容可归纳为：①探讨信息的基本概念和本质；②研究信息的数值度量方法；③阐明信息感知、识别、变换、传递、存储、检索、处理、再生、表示、施效（控制）等过程的一般规律；④揭示利用信息来描述系统和优化系统的方法和原理；⑤寻求通过加工信息来生成智能的机制和途径。

信息科学所研究的信息的运动规律主要包括：信息产生的规律、信息获取的规律、信息再生的规律、信息施效的规律、信息传递的规律、信息系统优化或自组织的规律以及信息过程智能化的规律等。

在自然科学领域，信息科学研究有了长足的进展。信息本身的研究已从香农信息理论中的概率信息逐步扩展到语法信息、语义信息和语用信息等领域，为现代信息技术的进一步发展奠定了理论基础。在20世纪50年代，围绕"信息过程"的研究，逐渐形成了一般控制理论和一般系统理论。至20世纪70年代中期，以信息观点为核心又先后诞生了耗散结构理论、超循环理论和混沌理论等众多新理论。

在社会科学领域，信息科学研究也取得了极为丰硕的成果，人们对信息的认识有了重大的飞跃。信息被认为是当代经济社会发展的重要资源，是除材料工具、劳动者之外又一重要的生产要素。这一认识，标志着人类对信息的运用已经开始从自发走向自觉。通过对信息在社会运行和经济管理中所起作用的研究，哲学、经济学、社会学、管理科学等众多科学领域在信息研究方面都取得了重大进展，产生了一些新兴的学科领域，如经济信息学、信息经济学、信息社会学、信息管理学等。

总之，和以往一切传统科学不同，信息科学破天荒地把信息推上了科学的舞台，使它与物质和能量鼎足而立，并以崭新的思想和方法大大丰富了科学的宝库。信息科学的兴起极大地改变了整个科学的结构、内容和方向，改变了科学发展的途径和科学的思维方式。

1.2.2 信息技术

信息技术是在信息科学的基本原理和方法的指导下扩展人类信息功能的技术，是对信息进行采集、传输、存储、处理、应用的各种技术之和，是集数学、物理学、电子学、通信技术、计算机科学技术、智能科学技术以及控制理论与技术等于一体的交叉学科。

人的信息功能包括：感觉器官承担的信息获取功能，神经网络承担的信息传递功能，思维器官承担的信息认知功能和信息再生功能，效应器官承担的信息执行功能。按扩展人的信息器官功能分类，信息技术可分为以下几方面技术。

（1）传感技术

传感技术——信息的采集技术，对应于人的感觉器官。它的作用是扩展人类获取信息的感觉器官功能。它包括信息识别、信息提取、信息检测等技术。它几乎可以扩展人类所有感觉器官的传感功能。信息识别包括文字识别、语音识别和图形识别等。

（2）通信技术

通信技术——信息的传递技术，对应于人的神经系统的功能。它的主要功能是实现信息快速、可靠、安全的转移。各种通信技术都属于这个范畴。广播技术也是一种传递信息的技术。由于存储、记录可以看成是从"现在"向"未来"或从"过去"向"现在"传递信息的一种活动，因而也可将它看作是信息传递技术的一种。

（3）计算机技术

计算机技术——信息的处理和存储技术，对应于人的思维器官。计算机信息处理技术主要包括对信息的编码、压缩、加密和再生等技术。计算机存储技术主要包括着眼于计算机存储器的读写速度、存储容量及稳定性的内存储和外存储技术。

（4）控制技术

控制技术——信息的应用技术，对应于人的效应器官。信息应用技术是信息过程的最后环节，它包括调控技术、显示技术等。

由上可见，传感技术、通信技术、计算机技术和控制技术是信息技术的四大基本技术，其主要支柱是通信（Communication）技术、计算机（Computer）技术和控制（Control）技术，即"3C"技术。信息技术是实现信息化的核心手段，是当代世界范围内新的技术革命的核心。

1.2.3 电子信息科学技术的研究领域

一般来说，电子信息科学技术主要采用电子科学技术或光电信息技术的方法与手段来研究信息的获取、传输、处理、存储与应用。

（1）信息获取

人们为了从外界获取信息，必须借助眼、耳、鼻、舌、皮肤等感觉器官接受来自外界的信息，并将这些信息通过神经元传递给大脑，进行加工、分析和处理，发出命令和动作。随着科学技术的发展和社会的进步，人们可以借助各种信息技术手段来获取各种信息，把计算机作为信息处理系统，来提高获取信息的准确度和实现信息的利用。

人们在社会活动中需要获取各种各样的信息，例如，日常生活中的语音和图像信息的获取，工业生产自动控制系统中被控对象物理参数的获取，信息化战争中各类军事目标信息的获取等，这些都离不开传感器技术。传感器作为信息获取与转换的重要手段，是实现信息化的基础技术之一。

（2）信息传输

信息传输常用的术语是"通信"，它是电子信息科学技术中的一个重要领域。通信的目的就是传输信息，实现信息传输所需的一切技术设备和传输媒质的总和称为通信系统，其一般组成如图1-1所示。

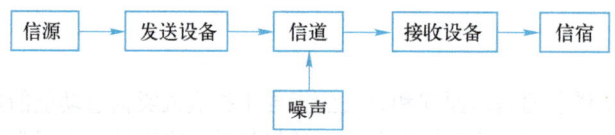

图1-1 通信系统的一般组成

信源的作用是把待传输的消息转换成原始电信号，如麦克风。信源可分为模拟信源和数字信源。

发送设备的基本功能是将信源与信道匹配起来，即将信源产生的原始电信号变换成适合在信道中传输的信号。

信道是指信号传输的通道，可以是有线的，也可以是无线的，甚至还可以包含某些设备。

噪声源是信道中的所有噪声和分散在通信系统内部其他各处噪声的集中表示。

接收设备的作用与发送设备正好相反，它的主要任务是从接收到的有噪信号中正确恢复出原始的电信号。

信宿也称作受信者或收终端，其作用是将恢复出的原始电信号转换成相应的消息。扬声器就是一种信宿。

（3）信息处理

信息处理有两种模型，一种是信号→信息，另一种是信息→信息，如图1-2所示。

图1-2 信息处理模型

信号处理是针对信号中的某一参数所进行的处理，如编码、滤波、插值、去噪和变换等。在处理过程中系统并未考虑信号参数所代表的信息含义，而信息处理往往要通过对信号中代表信息的相应信号参数的处理来完成。信息处理与信号处理的区别在于信息处理引入了对信号参数的理解。信息处理主要包括：信息参数提取、增强、信息分类与识别等。常见的信息处理如汉字识别、语音信息处理、图像信息处理等都取得了极大的进展，并在生产生活中得到了应用。

（4）信息存储

信息存储在信息学科领域应划入计算机科学的范畴。几种常用的信息存储器件有磁存储、光存储、半导体存储等，如图1-3所示。

硬盘　　　　　光盘　　　　　USB闪存　　　　　SD卡

图1-3 常用信息存储器件

磁存储的主要设备是硬盘，它是计算机的外部设备。计算机将数据通过磁头变成磁信号记录在硬盘磁体上，记录在硬盘上的数据可以擦除后重写。单个硬盘的容量在不断增加，目前计算机中的硬盘容量已达 16TB。固态硬盘（Solid State Drive，SSD）是固态电子存储芯片阵列制成的硬盘，在接口的规范、定义、功能及使用方法上与普通硬盘完全相同，而在性能构造、读写原理和速度以及数据恢复等方面与普通硬盘又有所不同。

光存储是计算机将数据通过激光头记录在 CD（Compact Disc）盘片上。有一次写入型 CD 盘片和多次擦写 CD 盘片两种。盘片性能差别很大，目前较好的蓝光 DVD 光盘容量可达 100GB。

半导体移动存储器又称为闪存，闪存是可擦写存储器（EPROM）的一种，配上不同的接口电路就得到了不同形式的产品。USB 移动存储器是闪存配上通用串行总线（Universal Serial Bus，USB）接口，目前 USB 闪存的最大容量可达 256GB；配上 9 针接口电路的称为 SD 卡（Secure Digital Memory Card），和 USB 相比存取速度更快，目前已有 64GB 的产品。此外还有记忆棒（Memory Stick）和 CF（Compact Flash）等。

另外，目前正在发展中的纳米存储器存储单元尺寸在纳米级水平，将会把相同几何单元内的存储容量提高 100 万倍。纳米存储器有很多种，如分子存储器、全息存储器、纳米管 RAM、聚合体存储等。预计纳米存储器将成为下一代存储器的新兴产业。

（5）信息应用

在信息化社会的今天，可以说信息的应用无处不在，无时不在，大到政治、经济、军事、教育、医疗、交通、传媒和金融，小到个人生活、娱乐、衣、食、住、行等，可以说都离不开利用信息。从信息科学技术的角度考察，集中研究信息应用的科学领域是"自动控制"和"网络信息检索"等。

自动控制科学的研究重点是利用信息、实施控制。一个控制系统必须能够获取信息、处理信息、传递信息和执行被控对象按预定目标的某种操作，并获得操作后的系统行为信息。因而现代自动控制系统涵盖了信息科学的全部。

信息检索是信息利用的另一形式，其含义是将信息按一定方式组织和存储起来，并根据用户的需要查找出所需的信息内容。网络信息资源是指网络上可以利用的信息资源的总和。只有在网络具备良好信息检索功能的条件下，信息才能发挥作用，社会才能共享网络资源。信息检索技术的发展将对促进社会各个方面的进步产生越来越深远的影响。

1.2.4 电子信息技术的发展趋势

随着人类社会的进步，电子信息产业得到了高速的发展。当前社会已经步入了电子信息时代，电子信息技术对人们生产生活的影响也越来越大，为人们的经济发展与生活水平的提高做出了巨大的贡献，电子信息技术的发展程度已成为衡量一个国家发达程度的重要指标。

电子信息技术的具体含义是指使用电子技术获取、传递人们所需要的信息，主要包括传感技术、计算机技术、微电子技术、通信技术、多媒体技术、网络技术、光纤技术等。通过这些技术手段达到信息传递、沟通交流的目的。从实质上来看，电子信息技术就是人们认识自然、研究自然以及改造自然过程中逐步积累起来的有目的的重要过程之一。一般而言，这一过程具体包括信息的获取、传递、存储、处理以及实现信息技术管理化、规范化、科学化的电子技术，把这一过程有目的地结合起来，就是电子信息技术的本质所在及其基本特征。电子信息技术是研究开发、设计、生产、维护和管理电子信息产品和系统的理论与技术，也是工业实现信息化的技术。

未来电子信息技术将朝以下几个方面发展。

（1）未来信息技术的核心技术是光电子技术

据专家预测，光电子技术将会成为 21 世纪最为活跃的技术，即信息技术在经历电子、光电子发展之后，会逐渐步入以光子学为研究和发展重点的新阶段。光子作为一种载体，是信息和能量的重要依托，信息光子学以及能量光子学就是从这里发展来的。不断发展的能量光子学以及信息光子学这两大技术，会根据市场的需求不断开拓，从而推动形成一个规模巨大的现代光电子信息及其学科交叉产业，并将成为科技领域的领导者。

（2）微电子技术向系统集成方向发展

集成电路制造技术是电子信息技术硬件产品的关键和核心（如计算机的 IC 卡、CPU 等），在电子信息技术的发展过程中起着关键作用，也是微电子技术向系统集成方向发展的重要体现。目前微电子技术的发展趋势是大规模、超大规模、特大规模。微电子技术作为高科技的集成电路技术，能有效地促进世界信息系统技术的发展。未来集成电路产品的集成度会更高，芯片面积会更大，特征尺寸会更小，系统会更加完善。

（3）网络技术向多业务、高性能大容量方向发展

根据目前的情况分析，网络技术的发展方向是高性能、大容量、多业务。而 IP 业务则呈现高速发展，未来网络技术的发展重点将会是超高速因特网、宽带综合业务数字网。光通信网络技术通过密集波分多路复用技术的实施，有效地降低了网络传输成本。在同一网络中实现所有媒体成分数据的传输，是网络多媒体通信的主要任务之一。

（4）计算机技术向多媒体、智能化方向发展

计算机技术涉及服务器、PC、设备开发、计算、人工智能、多媒体等多项技术，并行处理技术的不断发展，推动了计算机性能的提升。平均每两年计算机的速度就会提高一个数量级。CPU 已由 32 位发展到了 64 位，这体现了产品结构突破性的变化，而其核心变化则是计算机发展成为今天的因特网网络设备。此外，存储设备也发展成为更大容量，即海量的存储。当前电子信息技术主要向着实用化的方向发展，不仅联合了计算机、家电、通信等功能特点，还促进了语言与手写识别技术的发展，形成了一个数字与图像技术相互交融的时代。未来计算机将会更加个性化和拟人化，这是计算机技术向多媒体、智能化方向发展的趋势。

1.3 信息化社会

20 世纪 90 年代以来，在世界范围内出现了波澜壮阔的信息化浪潮。随着世界经济的快速增长以及信息技术的迅猛发展，经济全球化和全球信息化已经成为当今世界两大趋势。经济全球化和全球信息化相互促进，构成了当今世界发展的主旋律。

1.3.1 什么是信息化

信息化有着深刻的背景，人类信息活动经历了五次重大变革。

1）语言的使用：人们用语言准确地传递感情和意图，使语言成为传递信息的重要工具。语言的产生是历史上最伟大的信息技术革命，它成为人类社会化信息活动的首要条件。

2）文字的创造：文字是在语言的基础上诞生的，是社会发展到一定阶段的产物。文字的出现让人们可以长期地存储信息，跨时间、跨地域传递和交流信息，由此产生了信息存储技术。

3）印刷术的发明：造纸术和印刷术的发明，把信息的记录、存储、传递和使用扩大到更广阔的空间，使知识的积累和传播有了可靠的保证，是人类信息存储与传播手段的一次重要革命。

4）电报、电话、广播、电视的发明和普及：标志着人类进入了电信时代。

5）计算机技术与现代通信技术的普及和应用：始于 20 世纪 60 年代，这是一次信息传播和信息处理手段的革命，对人类社会产生了空前的影响，使信息数字化成为可能，信息产业应运而生，人类社会逐渐进入了信息化时代。

《2006—2020年国家信息化发展战略》中指出：信息化就是充分利用信息技术，开发利用信息资源，促进信息交流和知识共享，提高经济增长质量，推动经济社会发展转型的历史进程。

从信息化的层次看，信息化可分为产品信息化、企业信息化、产业信息化、国民经济信息化和社会生活信息化五大类；从信息化的经济行为主体看，信息化又可分为政府信息化、教育信息化、行业信息化和家庭信息化；从信息化的覆盖范围看，信息化还可分为国家信息化、区域信息化、城市信息化、企业信息化等。

信息化使人类经济社会发展进入一个新阶段，无论是生产力的构成，还是生产组织形态都在发生巨大的变革。信息技术正在形成一场史无前例的技术革命，这场信息技术革命是一场新的产业革命，对人类经济社会的影响可能超过以蒸汽机、电气化为代表的工业革命。

信息化社会是指以信息技术为基础，以信息产业为支柱，以信息价值的生产为中心，以信息产品为标志的社会，信息化是建立在计算机技术、数字化技术和生物工程技术等先进技术基础之上的，是经济社会发展到一定历史阶段的必然产物。信息化不仅会促进经济社会的进一步发展，而且信息化本身就是经济社会发展的重要组成部分。

在农业社会和工业社会中，物质和能源是主要资源，所从事的是大规模的物质生产。而在信息社会中，信息成为比物质和能源更为重要的资源，以开发和利用信息资源为目的的信息经济活动迅速扩大，逐渐取代工业生产活动而成为国民经济活动的主要内容。

1.3.2 信息化对社会的影响

现代科学技术的发展极大地改变了人类社会的面貌，加快了人类文明发展的历程，其中，信息技术作为现代科学技术体系中的先导要素，引发的信息化正在迅速改变社会的面貌、改变人们的生产和生活方式，对社会产生着巨大的影响。

信息化对人类社会的主流影响是积极的，主要体现在以下几个方面。

（1）推动了经济发展的速度

随着各国计算机信息网络的建设和互联，不论是发达国家还是一些发展中国家，都不可避免地被卷入到信息化的世纪风暴中，大大加快了世界经济一体化的进程，促进了国际贸易、国际金融、跨国信息交换的发展。

信息化有助于个人和社会更好地利用资源，使其充分发挥潜力，缩小国际社会中的信息与知识差距；有助于减少物质和能源的消耗；有助于提高劳动生产率，增加产品知识含量，降低生产成本，提高竞争力；有助于提高国民经济宏观调控管理水平、经济运行质量和经济效益。

以数字化技术为核心的一场新技术变革，使经济与社会的发展对信息技术、信息资源和信息产业的依赖程度越来越大。从政府、企业、商店、学校、医院到家庭，人类进行生产、管理、流通、科研、教育、医疗、娱乐等各种社会经济活动都将逐步实现信息化。

（2）加快了教育发展的速度和知识更新的步伐

信息化使更多的人有机会受到良好教育，而且可为广大偏僻、落后地区的人们提供教育的机会。另外，信息更新速度的加快和各个学科的相互交叉和渗透，要求人们不断地学习，更新知识结构，以适应社会的发展。继续教育、终身学习将成为人们追求的目标，学校的教育体制和功能也将发生变化。

（3）改变了人们的工作、学习、生活和思维方式

互联网将整个世界联为一体，不同地域、文化、语言背景和社会阶层的人们似乎生活在一个地球村中，地区间的差异变得越来越小。信息高速公路的开通和信息的快速传递将导致思维方式的不断更新。互联网的开通大大加快了人们接受新思想、新信息的速度，促进了不同生活方式和思维模式的融合，使得那些原来遥不可及的事情变得唾手可得，原来不可思议的新事物变得司空见惯，原

来不可接受的生活方式、思维模式和文化传统被争相仿效。人们每天都能从网络上接收到大量的不同种类、具有不同文化特质和民族风格的信息，人们足不出户就能完成所要做的事，给人们的学习、工作和生活带来了极大的方便。

然而信息化在给人类带来许多好处的同时，也可能带来一些负面影响及消极后果（主要体现在以下五个方面），我们必须要有足够清醒的认识，设法消除其不利影响。

（1）各国的信息网络化水平目前还很不平衡

发达国家具有信息技术优势，拥有越来越多的信息资源，成为信息富国。某些发达国家借助技术优势，将信息网络作为政治扩张、意识形态渗透和文化侵略的工具。发展中国家信息技术相对落后，不仅经济、社会发展水平较低，在信息化方面也相对贫困，而信息产业是高投入的产业，贫穷国家和地区由于资金匮乏，难以跟上信息技术的发展步伐。因此，当今世界，信息化水平差距不是在缩小，而是在进一步扩大，从而造成贫富差距加大。这种状况不改变，世界经济就难以健康发展。

（2）信息泛滥、信息污染

一方面是信息急剧增长，另一方面是人们消耗了大量的时间却找不到有用的信息，信息的增长速度超出了人们的承受能力，导致信息泛滥。一些错误信息、虚假信息、污秽信息等混杂在各种信息资源中，使人们对错难分，真假难辨，容易上当受骗，受其毒害。高科技犯罪率有所上升，反科学、伪科学、不健康的甚至十分有害的信息垃圾泛滥；有些人有目的地发布不符合事实的信息，误导人们对真实情况的认知。

（3）知识产权侵权

网络媒体的出现和发展使传统著作权的主体、客体都有了一些新的变化。通过网络媒体进行的知识产权侵权，尤其是著作权侵权现象非常严重。

（4）信息犯罪

随着信息技术应用的普及，人们对信息体系的依赖性越来越强，信息安全已成为日趋突出的问题。一些不法分子利用信息技术手段及信息系统本身的安全漏洞，进行高科技犯罪活动，如利用网络窃取信息、信息欺诈、信息攻击和破坏等，使得个人隐私、商业机密难以得到保护，黑客攻击甚至造成通信中断、网络瘫痪等，给社会造成了极大的危害。

（5）对人们身心健康可能带来的不良影响

人们如果不具备一定的信息识别能力，就容易受到一些不良信息的影响及毒害，从而导致个人行为偏差。如果过于依赖计算机网络等现代媒体，人们阅读书本、亲身实践、人际交往等方面的能力容易被弱化。网络环境中的虚拟世界和匿名化活动，给人们带来了新的伦理问题，容易使人产生双重人格。少数人长期沉溺于上网，若不加以合理控制，将对身心健康带来不利的影响。

总之，信息技术的巨大成果是人类在科学技术上取得的最具有历史意义的成就之一，人类文明将越来越多地通过信息技术被创造和发展。同时，信息化所带来的新型的经济、新型的社会、新型的技术、新型的文化、新型的人际关系和生活方式正在对我们每个人的生活和心灵产生巨大的冲击和影响。处在这样的大环境下，我们必须面对现实，正确利用信息技术，以开放、主动的态度对待社会变化，积极调整自己的生活准则与方式，并主动维护心理健康，以适应现代社会的信息化生活，掌握和发挥"信息"这个强大的工具，使它更好地为社会发展服务，为人类创造更加美好的未来。

1.4　我国电子信息科学技术涉及的本科专业简介

学科划分是遵循知识体系自身的逻辑关系，因而会随着科学技术的不同发展阶段而分化、调整。由于近年来电子信息科学技术已广泛应用到了众多战略性新兴产业，包括新能源、信息网络、新材料（微电子和光电子材料和器件、新型功能材料、高性能结构材料、纳米技术和材料等）、农业和医药产业、空间、海洋和地球探索与资源开发利用等，因而也需要高等学校及时增设新的本科专业来适应新的人才需求。

在《普通高等学校本科专业目录（2012 年）》的基础上，教育部增补了近年来批准增设的新专业，形成了最新的《普通高等学校本科专业目录（2020 年版）》，它规定了专业的划分、名称及所属门类，是设置和调整专业、实施人才培养、安排招生、授予学位、指导就业，进行教育统计和人才需求预测等工作的重要依据。

我国电子信息科学技术涉及的相关本科专业如表 1-1 所示。现就其部分专业予以简单介绍。

表 1-1 电子信息类高等学校本科专业目录（08 代表工学）

学科代号	专业类别
0807	**电子信息类**
080701	电子信息工程（注：可授工学或理学学士学位）
080702	电子科学与技术（注：可授工学或理学学士学位）
080703	通信工程
080704	微电子科学与工程（注：可授工学或理学学士学位）
080705	光电信息科学与工程（注：可授工学或理学学士学位）
080706	信息工程
080710T	集成电路设计与集成系统
080714T	电子信息科学与技术（注：可授工学或理学学士学位）
080711T	医学信息工程
080717T	人工智能
080718T	海洋信息工程
0808	**自动化类**
080801	自动化
0809	**计算机类**
080901	计算机科学与技术（注：可授工学或理学学士学位）
080902	软件工程
080903	网络工程
080904K	信息安全（注：可授工学或理学或管理学学士学位）
080905	物联网工程
080906	数字媒体技术
080909T	电子与计算机工程
080910T	数据科学与大数据技术（注：可授工学或理学学士学位）

1.4.1 电子信息工程

电子信息工程是一门应用计算机等现代化技术进行电子信息控制和信息处理的学科，是集现代电子技术、信息技术、通信技术于一体的专业。主要研究信息的获取与处理，电子设备与信息系统的设计、开发、应用和集成。电子信息工程已经涵盖了社会的诸多方面，例如电话交换局里怎么处理各种电话信号，手机怎样传递人们的声音甚至图像等，学生通过一些基础知识的学习，能够应用更先进的技术进行新产品的研究。

该专业主要学习基本电路知识，并掌握用计算机等处理信息的方法。要求学生有扎实的数学和物理知识。主要的专业课程有：模拟电路、数字电路、微机原理、单片机原理及应用、ARM 嵌入式系统、自动控制、通信原理、高频电子线路、数字信号处理、计算机网络、电子设计自动化、传感器原理与应用等，以及电子电工实习、电子工艺训练等实践课程。

随着社会信息化的深入，各个行业大都需要电子信息工程专业人才，而且薪金很高。学生毕业后可以从事电子设备和信息系统的设计、应用开发以及技术管理等工作。例如，电子工程师，设计开发电子、通信器件；软件工程师，设计开发与硬件相关的各种软件；项目主管，策划一些大的系统；还可以继续进修成为教师，从事科研工作等。（注：不同院校的课程设置可能不同。）

1.4.2　电子科学与技术

电子科学与技术专业以电子器件及其系统应用为核心，重视器件与系统的交叉与融合，面向微电子、光电子、光通信、高清晰度显示等国民经济发展需求产业，培养在通信、电子系统、计算机、自动控制、电子材料与器件等领域具有宽广的适应能力、扎实的理论基础、系统的专业知识、较强的实践能力以及创新意识的高级技术人才和管理人才。

该专业的主修课程有：电子线路、计算机语言、微型计算机原理、量子力学、理论物理、固体物理、半导体物理、微波毫米波电子学、光纤通信、数字信号处理、半导体集成电路、现代光学基础、嵌入式系统概论、VLSI 设计基础等；主要实践性教学环节包括电子工艺实习、电子线路实验、计算机语言和算法实践、课程设计、生产实习、毕业设计等。

随着市场开放和外资的不断涌入，电子科学与技术产业开始焕发活力，将会有一个明显的发展空间，高科技含量的自主研发的产品将进入市场，形成自主研发和来料加工共存的局面；中国大、中、小企业的分布和产品结构趋于合理，出口产品将稳步增加；高技术含量产品将向民用化发展，必然促进产品的内需和产量。随着高级技术人才需求的逐步扩大，电子科学与技术专业总体就业前景看好。

1.4.3　通信工程

通信工程专业是信息科学技术中发展迅速并极具活力的一个领域，尤其是数字移动通信、光纤通信、Internet 网络通信使人们在传递信息和获得信息方面达到了前所未有的便捷程度。通信工程具有极广阔的发展前景，也是人才严重短缺的专业之一。

该专业学习通信技术、通信系统和通信网等方面的知识，主要包括信号的产生、信息的传输、交换和处理，以及计算机通信、数字通信、卫星通信、光纤通信、蜂窝通信、个人通信、多媒体技术、信息高速公路、数字程控交换等方面的理论和工程应用。该专业的核心课程有：信息论与编码原理、通信原理、电视原理、电磁场与电磁波、移动通信、现代交换技术、移动电视技术等。主要实践性教学环节有：电子电路实验、数字系统与逻辑设计实验、电子工艺实习、电路综合实验、生产实习、课程设计、毕业设计等。

该专业学生毕业后可从事无线通信、电视、大规模集成电路、智能仪器和通信工程等的研究、设计、技术引进和开发工作。由于社会对人才的需求非常广泛，这一专业每年的招生量都很大。每个学校平均每年都以 200～300 人的数量招生，有的学校甚至更多。学历层次从专科、本科到硕士、博士不等，有的学校还设有博士后流动站，形成了人才梯级培养的方式。

1.4.4　微电子科学与工程

微电子科学与工程是在物理学、电子学、材料科学、计算机科学、集成电路设计制造学等多个学科和超精细加工技术基础上发展起来的一门新兴学科。微电子学是 21 世纪电子科学技术与信息科学技术的先导和基础，是发展现代高新技术和国民经济现代化的重要基础。

该专业主要研究半导体器件物理、功能电子材料、固体电子器件，超大规模集成电路的设计与制造技术、微机械电子系统以及计算机辅助设计制造技术等。主要专业课程有：模拟电路及实验、数学物理方法、数字电路及实验、信号与系统及实验、半导体物理及实验、固体电子学、微电子器件、微电子集成电路、集成电路设计与制造、电子设计自动化、集成电路 CAD、微电子技术专业实验和集成电路工艺实习等。

该专业培养的学生应具备扎实的数理基础和电子技术基础理论，掌握新型微电子器件和集成电路分析、设计、制造的基本理论和方法；具备本专业良好的实验技能，能在微电子及相关领域从事各种电子、光电子材料与器件、集成电路系统的设计、制造和相应的新产品、新技术、新工艺的研究、开发等工作。

1.4.5 光电信息科学与工程

光电信息科学与工程专业是教育部在 2012 年 9 月下发文件将原属于电子信息科学类的光信息科学与技术、光电子技术科学专业与原属于电气信息类的信息显示与光电技术、光电信息工程、光电子材料与器件五个专业统一修订后而成的。该专业涉及光信息的辐射、传输、探测以及光电信息的转换、存储、处理与显示等众多内容。

该专业主要学习光学、机械学、电子学及计算机科学基础理论及专业知识，掌握光电信息领域中光电仪器的设计及制造方法。主要专业课程包括：电路原理、模拟电子技术、数字电子技术、通信原理、信号与系统、数字信号处理、微机原理及应用、单片机、软件技术基础、物理光学、应用光学、信息光学、光电检测技术、近代光学量测技术、传感器原理、激光技术、光纤通信、光电子学、数字图像处理等。

该专业学生毕业后可从事光学工程、光通信、图像与信息处理等技术领域的科学研究，以及相关领域的产品设计、制造、开发、应用和管理等工作。光电信息技术以其极快的响应速度、极宽的频宽、极大的信息容量以及极高的信息效率和分辨率推动着现代信息技术的发展，从而使光电信息产业在市场的份额逐年增加，对从业人员和人才的需求逐年增加。

1.4.6 自动化

自动化专业以自动控制理论为基础，以电子技术、电力电子技术、传感器技术、计算机技术、网络与通信技术为主要工具，面向工业生产过程的自动控制及各行业、各部门的自动化。它具有"控（制）管（理）结合、强（电）弱（电）并重、软（件）硬（件）兼施"的鲜明特点，是理、工、文、管多学科交叉的宽口径工科专业。

自动化专业主要研究自动控制的原理和方法、自动化单元技术和集成技术及其在各类控制系统中的应用。主要专业课程有：电路原理、电机学、电子技术基础、计算机原理及应用、计算机软件技术基础、电机与电力拖动基础、电力电子技术、自动控制理论、信号与系统分析、过程检测及仪表、运筹学、计算机仿真、计算机网络、过程控制、运动控制、系统辨识基础、计算机控制系统、系统工程导论、人工智能导论等。

学生在毕业后能从事自动控制、自动化、信号与数据处理及计算机应用等方面的技术工作。因自动化技术的应用广泛，本专业毕业生有着广阔的就业渠道，就业领域包括高科技公司、科研院所、设计单位、大专院校、金融系统、通信系统、税务、外贸、工商、铁道、民航、海关、工矿企业及政府和科技部门等。未来随着自动化技术应用领域的日益拓展，对这一专业人才的需求将会不断增加，自动化专业的毕业生也将借助这一技术的广泛应用而在社会生活的各个领域、经济发展的各个环节找到发挥自己专长的理想位置。

1.4.7 计算机科学与技术

计算机科学与技术专业旨在培养能够系统地、较好地掌握计算机硬件、软件与应用的基本理论、基本知识和基本技能与方法的高级技术人才。

该专业的主要专业课程包括：程序设计基础、面向对象程序设计、数字逻辑电路、电路电子技术、数据结构、Web 程序设计、计算机组成原理、操作系统、数据库系统原理、编译原理、计算机网络、网络工程、软件工程、单片机原理及应用、嵌入式操作系统等。

学生毕业后能在企事业单位、政府机关、行政管理等部门从事计算机技术研究和应用、软硬件和网络技术的开发、计算机管理和维护等工作。从全球 IT 行业的发展看，经过几年的低迷发展，IT 行业已经走出低谷、大有东山再起之势，IT 行业在国民经济发展中日益呈现出蓬勃生机。从中国情况看，从事计算机软件开发的人员远远低于发达国家。同时，由于中国经济社会发展的不平衡，导致中国东部与西部之间、城乡之间出现很大的差距，特别是中国经济发展比较落后的地区，急需计算机方面的专业人才。因此，在一定时间内对该专业人才的需求仍将很大。

1.4.8 信息安全

信息安全专业是计算机、通信、数学、物理、法律、管理等学科的交叉学科，主要研究确保信息安全的科学与技术。培养能够从事计算机、通信、电子商务、电子政务、电子金融等领域的信息安全高级专门人才。

该专业的主要课程有：数据结构与算法、计算机组成原理、汇编语言、数据库、操作系统、密码学、信息论编码、信息隐藏、信息对抗、软件工程、数字逻辑、计算机网络、计算机网络安全管理、数字鉴别及认证系统、网络安全检测与防范技术、防火墙技术、病毒机制与防护技术、网络安全协议与标准、信息安全综合实验等。

在网络信息技术高速发展的今天，信息安全已变得至关重要，成为信息科学的热点课题。目前我国在信息安全技术方面的起点较低，国内只有少数高等院校开设"信息安全"专业，信息安全技术人才奇缺。学生毕业后可在政府机关、国家安全部门、银行、金融、证券、通信等领域从事各类信息安全系统、计算机安全系统的研究、设计、开发和管理工作，也可在 IT 领域从事计算机应用等工作。

1.4.9 物联网工程

物联网工程专业是教育部 2010 年公布的新增专业之一，该专业是在计算机科学与技术、网络工程、电子技术、信息工程、通信工程及其他学科交叉渗透、相互融合的基础上发展起来的一门新兴应用学科，旨在培养适应物联网工程所涉及的多学科发展需求的创新人才，为我国以物联网和传感网为代表的下一代信息技术产业发展输送急需的科研、管理、生产等人才。

该专业以物联网技术为基础，研究从感知层（包括传感器、射频识别、核心控制等）到网络层（包括传感网络、通信系统、计算机网络等）再到以面向产业和行业应用的应用层相关的理论和工程应用问题。主要课程有：物联网工程导论、物联网通信技术、RFID 原理及应用、传感器原理及应用、无线传感器网络、嵌入式系统与设计、ZigBee 技术及应用、计算机网络、密码学基础、信息安全、海量数据存储、中间件技术、物联网工程设计与实施等。

学生毕业后能在信息领域、科研部门从事物联网相关领域的科研工作，也能够胜任物联网技术在智能交通、环境保护、地质灾害监测、政府工作、公共安全、智能家居、智能消防、工业监测、工人健康等领域中的应用工作。

1.5 思考题与习题

1-1 什么是信息？信息、信号、消息和数据有无区别？

1-2　何谓信息论？如何度量信息？

1-3　什么是信息科学？信息科学主要研究哪些内容？

1-4　什么是信息技术？它包括哪些主要技术？它的发展趋势怎样？

1-5　信号处理与信息处理有何区别和联系？

1-6　如何理解信息化社会？简述信息化对社会带来的影响。

1-7　简述你所使用或了解的信息技术应用热点。

1-8　观察你生活中的一天，使用了哪些信息技术或设备？获得了哪些信息？体验信息技术对人们生活和学习的影响。

1-9　你所学的是什么专业？谈谈你对该专业的理解，以及它与信息科学技术的关联。

参 考 文 献

[1]　钟洪声. 电子信息系统导论[M]. 北京：人民邮电出版社，2015.

[2]　叶树江，刘海成. 电子信息工程概论[M]. 2版. 北京：中国电力出版社，2017.

[3]　张延良. 信息与通信工程专业导论[M]. 北京：中国电力出版社，2015.

[4]　王丽丽，张玉玲，谢艳辉，等. 电子信息科学与工程导论[M]. 北京：清华大学出版社，2014.

[5]　杨方，邓铭辉. 电子信息工程导论[M]. 北京：中国农业出版社，2014.

[6]　杨杰，张中洲. 电子信息工程概论[M]. 2版. 北京：电子工业出版社，2013.

第 2 章　现代电子技术

在人们日常生活的各个方面，电子技术无处不在。近至计算机、手机、数码相机、音乐播放器、彩电、音响等生活常用品，远至工业、航天、军事等领域都可看到电子技术的身影。电子技术是 19 世纪末、20 世纪初发展起来的新兴技术，它的迅速发展大大推动了航空技术、遥测传感技术、通信技术、计算机技术以及网络技术的发展，因此成为近代科学技术发展的一个重要标志。从 20 世纪初开始，电子技术经历了电子管时代、晶体管时代、集成电路时代、超大规模集成电路时代，直至现代经历了微电子技术、纳米技术、EDA 技术和嵌入式技术等。

2.1　电子技术的发展历程

2.1.1　电子管器件

电子技术是从电子管开始的，起源于 20 世纪初，在 20 世纪 30 年代达到了鼎盛时期。1904 年，英国电气工程师弗莱明制成了在灯泡中装有阴极和屏极的第一只电真空二极管（如图 2-1 所示），标志着电子时代的到来。真空二极管可以对交流电进行整流，使交流电变成直流电，亦称检波，即控制电流朝一个方向流动。真空二极管的功能是有限的，还不足以对电子技术的发展产生重大影响。标志着跨入电子技术大门的发明是电真空三极管。

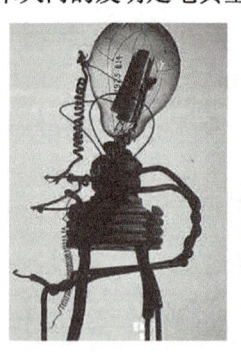

图 2-1　弗莱明及其发明的电真空二极管

1906 年，美国发明家德福·雷斯特在真空二极管的灯丝和极板之间插入一个栅栏式的金属网，即栅极，结果发现只要在栅极上加一个微弱的电流，就可以在屏极上得到比栅极大得多的电流，这就是三极管对信号的放大作用。第一只真空三极管如图 2-2 所示。比起二极管，三极管有更高的敏感度，而且集检波、放大和振荡三种功能于一体。

在真空电子管的基础上，众多的其他电真空器件也相继诞生，如电视机的显像管、示波器用的阴极射线示波管、摄像机用的真空摄像管等。1925 年，苏格兰发明家贝尔德公开展示了他制造的电视机，成功地传送了人的面部活动，分辨率为 30 线，重复频率为 5 帧/秒。目前显像管、示波管正在被液晶、等离子显示器取代，摄像管已被电耦合器件（Charge Coupled Device, CCD）所取代。

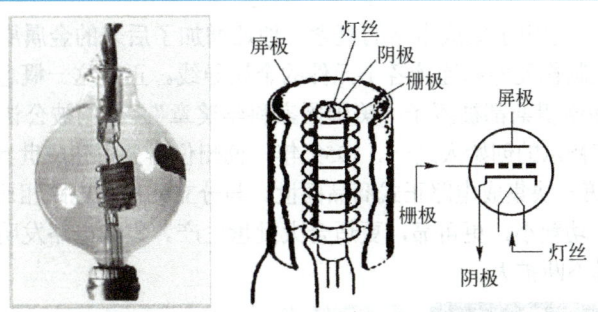

图 2-2 第一只真空三极管及其内部结构图

2.1.2 半导体器件

由于电子管具有体积大、笨重、能耗大、寿命短的缺点，人们迫切需要一种新的电子元件来替代电子管。飞速发展的半导体物理为新时代的到来铺平了道路。20 世纪 20 年代，理论物理学家们建立了量子物理，1928 年德国柏林大学教授普朗克应用量子力学，提出了能带理论的基本思想；1931 年英国物理学家威尔逊在能带理论的基础上，提出半导体的物理模型；1939 年肖特基、莫特和达维多夫，建立了扩散理论。这些理论上的突破，为半导体的问世提供了理论基础。

半导体是一种介于导体和绝缘体之间的材料，以锗和硅为代表。1947 年 12 月 23 日，美国贝尔实验室的巴丁和布拉顿制成了世界上第一个晶体管——点接触型锗晶体三极管（如图 2-3 所示），它标志着电子技术从电子管时代向晶体管时代迈开了第一步。此后不久，贝尔实验室的肖克利又于 1948 年 11 月提出了一种更好的结型晶体管的设想。到了 1954 年，实用晶体管开发成功，并由贝尔实验室率先应用在电子开关系统中。由于这一成就，肖克利、巴丁和布拉顿三人分享了 1956 年诺贝尔物理学奖。与以前的电子管相比，晶体管体积小、能耗低、寿命长、可靠性高，因此，随着半导体技术的进步，晶体管在众多领域逐步取代了电子管。更重要的是，体积微小的晶体管使集成电路的出现成为可能。

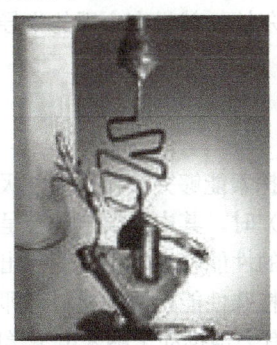 

图 2-3 第一只晶体管及其发明者巴丁、布拉顿和肖克利

2.1.3 集成电路

1952 年，英国雷达研究所著名科学家达默提出，能否将晶体管等元器件不通过连接线而直接集成在一起从而构成一个具有特定功能的电路。之后，美国德州仪器公司的杰克·基尔比（Jack S. Kilby）按其思路，于 1958 年 9 月 12 日制成了第一个集成电路（Integrated Circuit，IC）的模型（见图 2-4）。他将一块锗片粘贴在玻璃片上，然后在锗片的两端接上金属导线。只要给导线通电，就能在振荡器的屏幕上看到一条正弦曲线，这证明电路板是通的。1959 年，德州仪器公司凭借基尔比的模型宣布发明集成电路，从此，电子技术进入集成电路时代。同年，仙童半导体公司的罗伯特·诺

伊斯（Robert Noyce）也想出了集成电路的概念。他还增加了后来的金属层，然后在金属层上进行雕刻，在半导体材料上制作元件和连接各个元件的金属导线。正是这一概念让集成电路的大规模生产更加可行。基尔比和诺伊斯都被授予"美国国家科学奖章"。他们被公认为集成电路的共同发明者。Noyce 后来成为英特尔的创始人之一。1959 年，德州仪器公司建成世界上第一条集成电路生产线。1962 年，世界上第一块集成电路正式商品问世。与分立元件的电路相比，集成电路的体积、重量都大大减小，同时，功耗小，更可靠，更适合大批量生产。集成电路发明后，发展非常迅速，制作工艺不断进步，规模不断扩大。

图 2-4　杰克·基尔比及其制作的第一个集成电路模型

1958 年，贝尔实验室制造出金属氧化物半导体场效应晶体管（Metal Oxide Semiconductor Field Effect Transistor，MOSFET），尽管它比双极型晶体管晚了近 10 年，但由于其制造工艺简单，为集成化提供了有利条件。随着硅平面工艺技术的发展，金属氧化物半导体（Metal Oxide Semiconductor，MOS）集成电路遵循摩尔（Moore）定律，即一个芯片上所集成的器件数量，以每隔 18 个月提高一倍的速度飞速发展。至今集成电路的集成度已提高了 500 万倍，特征尺寸缩小为 1/200，单个器件成本下降为 $1/10^6$。

2000 年 10 月 10 日，77 岁的杰克·基尔比获得诺贝尔物理学奖。这个奖距离他的发明已经 42 年，但长时间正足以让深远影响充分显现。如果没有基尔比，就没有今天的半导体产业，更不会有我们早就习以为常的数字生活。

2.1.4　21 世纪电子新器件

随着对集成电路的集成度要求越来越高，人们不断探索能够突破器件尺寸极限的途径。当半导体器件的尺寸减小到纳米级尺度（在 0.1～100nm 之间）时，其中受限电子会呈现量子力学波动效应，使器件出现用经典力学无法解释的特性。这时物质的性能就会发生突变，出现特殊性能。这种既不同于原来组成的原子、分子，也不同于宏观物质的特殊性能构成的材料，即为纳米材料。纳米技术、纳米电子技术和纳米光电子技术的不断发展，强有力地推动了纳米电子学的迅速发展。

纳米电子学和纳米器件将是微电子器件的下一次革命，纳米电子器件的功能将远远超出人们的预期，给人类信息科学技术的发展带来新的变革。目前，全世界的众多科学家正大力开展纳米技术的研究工作，并取得了许多关键性的进展。

20 世纪 70 年代，科学家开始从不同角度提出有关纳米科技的构想。1974 年，日本科学家谷口纪男（Norio Taniguchi）第一次在学术会议上用纳米技术（Nano Technology）一词来描述精密机械加工。

1982 年，科学家发明研究纳米的重要工具——扫描隧道显微镜，为我们揭示了一个可见的原子、分子世界，对纳米科技发展产生了积极促进作用。

1990 年，IBM 公司阿尔马登研究中心的科学家成功地对单个的原子进行了重排，纳米技术取得一项关键突破。他们使用扫描探针显微镜设备慢慢地把 35 个原子移动到各自的位置，组成了 IBM 三个字母（见图 2-5），三个字母加起来还没有 3nm 长。不久，科学家不仅能够操纵单个的原子，而且还能够"喷涂原子"。使用分子束外延生长技术，科学家们掌握了制造极薄的特殊晶体薄膜的方法，每次只造出一层分子。计算机硬盘读写头使用的就是这项技术。著名物理学家、诺贝尔奖获得者理查德·费曼预言，人类可以用小的机器制作更小的机器，最后将变成根据人类意愿，逐个地排列原子，制造产品，这是关于纳米技术最早的梦想。同年 7 月，第一届国际纳米科学技术会议在美国巴尔的摩召开，标志着纳米科学技术的正式诞生。

1991 年，日本物理学家饭岛澄男发现碳纳米管（见图 2-6）。自从发现之日起，碳纳米管就成为纳米技术研究的热点。诺贝尔化学奖得主斯莫利教授认为，碳纳米管将是未来最佳纤维的首选材料，也将广泛用于超微导线、超微开关以及纳米级电子线路等。

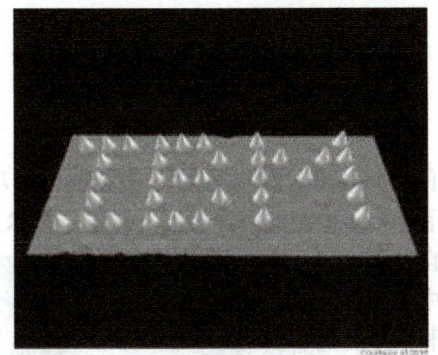

图 2-5　通过扫描隧道显微镜显示的 IBM 字母

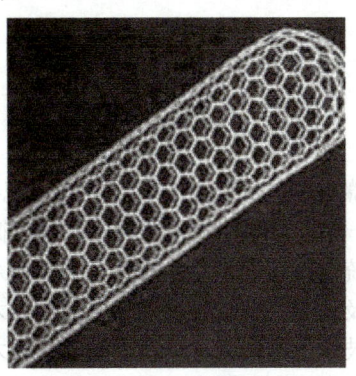

图 2-6　碳纳米管结构

1997 年，北京大学成立了纳米科学与技术研究中心。该中心在超高密度信息存储材料、纳米器件的组装和自组装、纳米结构的加工、单壁碳纳米管的结构和电子学特性研究、纳米尺度的生物研究等方面都取得了可喜的成果，发现了 0.33nm 级别的单壁碳纳米管。该纳米管是在电子显微镜中高能电子的诱发下，从一根直径为 1.5nm 的单壁碳纳米管上垂直生长出的直径为 0.33nm 的单壁碳纳米管（见图 2-7）。这个复合的碳纳米管构成了世界上最小的金属半导体——金属纳米结，不但打破中科院研究组创造的 0.5nm 的世界纪录，而且突破了日本科学家 1992 年所给出的 0.4nm 的理论极限。这种纳米电子器件的"倒 T 型模型"（称 T 型结）与纳米点、纳米线构成的"隧道结"可能成为替代微电子 PN 结的两种纳米电子学的基本结构。

2004 年，英国曼彻斯特大学物理学家安德烈·海姆和康斯坦丁·诺沃肖洛夫，成功地在实验中从石墨中分离出石墨烯（结构见图 2-8），从而证实它可以单独存在，两人也因"在二维石墨烯材料的开创性实验"，共同获得 2010 年诺贝尔物理学奖。

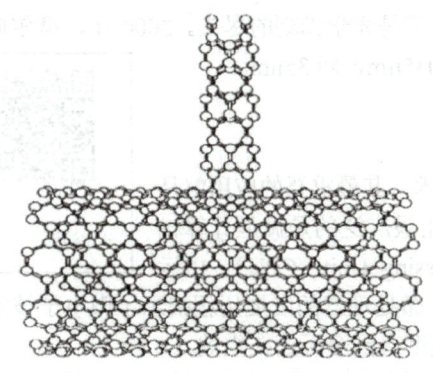

图 2-7　碳纳米管的倒 T 型模型

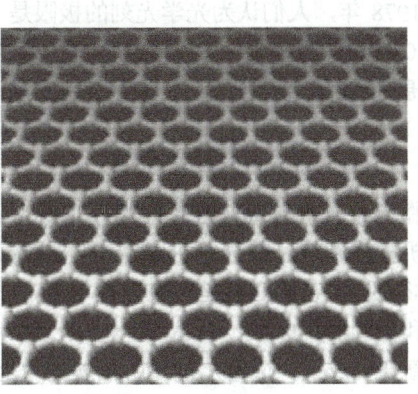

图 2-8　石墨烯结构

石墨烯是一种由碳原子构成的单层片状结构的新材料，它目前是世上最薄却也是最坚硬的纳米材料，几乎是完全透明的；导热系数高于碳纳米管和金刚石，常温下其电子迁移率比碳纳米管或硅晶体高，而电阻率比铜或银更低，是目前世上电阻率最小的材料。这种具有碳原子结构的石墨烯因其卓越的性能终将代替半导体硅，成为纳米电子器件的理想材料。

2008 年 4 月，英国科学家宣布他们用石墨烯制造出一种只有 1 个原子厚、10 个原子宽的超微型晶体管。2011 年，美国 IBM 公司又制造出了石墨烯集成电路。

我国也正加紧石墨烯材料的研究。目前，由北京大学信息科学技术学院"千人计划"特聘教授徐洪起博士担任首席科学家的国家重大科学研究计划"新型高性能半导体纳米线电子器件和量子器件"项目已经启动，并取得了重大研究进展。

2.2 微电子技术

2.2.1 微电子技术与集成电路

微电子技术是 19 世纪末 20 世纪初发展起来的一门新兴技术。自从 1947 年发明晶体管及 1958 年第一块半导体集成电路诞生以来，微电子技术经过了半个多世纪的高速发展。微电子技术主要包括系统电路设计、器件物理、工艺技术、材料制备、自动测试以及封装、组装等一系列专门的技术，是微电子学中各项工艺技术的总和。可以说，微电子技术是在电子电路和系统的超小型化和微型化过程中逐步形成和发展起来的，其核心是集成电路（各种 IC 芯片见图 2-9），即通过一定的加工工艺，将晶体管、二极管等有源器件和电阻、电容等无源器件，按照一定的电路互联，采用微细加工工艺，集成在一块半导体单晶片（如硅和砷化镓）上，并封装在一个外壳内，执行特定的电路或系统功能。与传统电子技术相比，微电子技术的主要特征是器件和电路的微小型化，它把电路系统设

图 2-9　各种 IC 芯片

计和制造工艺精密结合起来，适合进行大规模的批量生产，因而成本低，可靠性高。

自从 IC 诞生以来，IC 芯片的发展基本上遵循了英特尔公司创始人之一的戈登·摩尔（Gordon Moore）于 1965 年预言的摩尔定律，这一定律被视为引导半导体技术前进的经验法则。换句话说，工艺技术的进展对 IC 集成度的提高起到乘积的效果，使得每个芯片可以集成的晶体管数急剧增加，其累计平均增长率达到每年 58%，即三年四番。

1978 年，人们认为光学光刻的极限是 1μm，而发展到 20 世纪末，人们认为光学光刻的极限推进到 0.05μm，即 50nm。可以这样说，摩尔定律的尽头就是光学光刻的尽头。2000 年，摩尔博士在回答提问时说，摩尔定律 10 年不会变，最高可突破 0.035μm，即 35nm。

2.2.2 微处理器的发展历程

微电子技术是 20 世纪 60 年代以来发展最快的技术，其最重要的应用就是计算机技术领域。在计算机家族中，影响面最大、应用最广泛的是微型计算机（简称微机），它的心脏是中央处理单元（Central Processing Unit，CPU），由运算器和控制器集成在一个芯片上构成，称为微处理器。微处理器的发展历程揭示了微电子技术领域的最新研究成果，而摩尔定律所描述的微处理器发展速度直到今天还在生效。

2-1　微处理器发展简史

微处理器根据应用领域，可以分为三类：通用微处理器、嵌入式微处理器和数字信号处理器、微

控制器。众所周知,通用微处理器是现代高端计算机系统的核心和引擎,也是整个信息技术和应用市场竞争的焦点。下面以通用微处理器为例来讲述微处理器的发展历程。

1. **Intel 微处理器的发展历程**

CPU 发展史简单来说就是英特尔公司的发展历史。按照其处理信息的字长,CPU 可以分为 4 位微处理器、8 位微处理器、16 位微处理器、32 位微处理器以及 64 位微处理器。

(1)以数字命名的 Intel 芯片型号时代

1)1971 年:全球首个微处理器 Intel 4004

1971 年 1 月 15 日,英特尔公司的工程师霍夫发明了世界上第一个商用微处理器 4004(见图 2-10),从此这一天被当作全球 IT 界具有里程碑意义的日子永远地载入了史册。这款 4 位微处理器只有 45 条指令,每秒也只能执行 5 万条指令,运行速度只有 108kHz,甚至比不上 1946 年世界第一台计算机 ENIAC 的性能。但它的集成度却要高很多,集成晶体管 2300 个,一块 4004 的重量还不到 30g。

2)1972 年:Intel 8008 微处理器

1972 年,英特尔推出了另一款微处理器产品 Intel 8008(见图 2-11),这个编号正好是 4004 的两倍,这应该是英特尔刻意为之,因为 8008 芯片的规格和性能差不多也是 4004 的两倍。8008 主频为 200kHz,晶体管的总数已经达到了 3500 个,能处理 8bit 的数据。更为重要的是,英特尔还首次获得了处理器的指令技术。这套指令集奠定了英特尔公司 x86 系列微处理器指令集的基础。

图 2-10　Intel 4004 微处理器

图 2-11　Intel 8008 微处理器

3)1974 年:Intel 8080 微处理器

在微处理器发展初期,英特尔公司具有革命意义的芯片非 8080 莫属。英特尔公司于 1974 年推出这款划时代的处理器后,立即引起了业界的轰动。由于采用了复杂指令集以及 40 个引脚封装,8080 的处理能力大为提高,是 8008 的 10 倍,每秒能执行 29 万条指令,集成晶体管数目 6000 个,运行速度 2MHz。与此同时,微处理器的优势已经被业界人士所认同,于是更多的公司开始介入这一领域,竞争开始变得日益激烈。值得一提的是 Zilog 公司,由该公司推出的 Z80 微处理器比 Intel 8080 功能更为强大,而且直到今天这款处理器仍然被视为经典。

4)1978 年:Intel 8086-8088 微处理器

1978 年,英特尔推出了首款 16 位微处理器,这就是大名鼎鼎的 8086(见图 2-12),而与 8086 同时推出的还有与之配合的协处理器 8087。值得一提的是,这两种芯片使用相同的指令集,以后英特尔生产的处理器,均对其兼容,这也是指令集真正意义上的开端,微处理器从此迎来了指令集传承和发展的时代。

8086 处理器也获得了市场端的成功。英特尔再接再厉,推出了性能更出色的 8088 处理器(见图 2-13)。英特尔在 1978 年推出的 8086、8087 和 8088 这三款产品的频率各不相同,主频分别为 5MHz、8MHz、10MHz。相同点是三款处理器都拥有 29000 只晶体管,内部和外部数据总线均为 16 位,地址总线为 20 位,可寻址 1MB 内存。

图 2-12　Intel 8086 微处理器　　　　　图 2-13　Intel 8088 微处理器

1980 年，英特尔的 16 位 8088 微处理器被 IBM 选中做第一代 PC 的核心器件，开创了个人计算机的时代。

5）1982 年：Intel 80286 微处理器

1982 年，英特尔推出了最后一款 16 位芯片 80286（简称 286，见图 2-14），内部集成了 13.4 万只晶体管，具有当时其他 16 位处理器三倍的性能，分为 6MHz、8MHz、10MHz 和 12.5MHz 四个主频的产品。Intel 80286 是英特尔第一款具有完全兼容性的处理器，即可以运行所有针对其前代处理器编写的软件，这一软件兼容性也成了英特尔处理器家族一个恒久不变的特点。

6）1985 年：Intel 80386 微处理器

1985 年，英特尔又向全球推出了全新一代的微处理器 80386（见图 2-15），它是 80x86 系列中的第一款 32 位微处理器，而且制造工艺也有了很大的进步，这款处理器的发布也意味着英特尔的产品开始走向 32 位时代。与 80286 相比，80386 内含 27.5 万个晶体管，芯片每秒钟可完成 500 万条指令（5MIPS），时钟频率为 12.5MHz，后提高到 20MHz、25MHz、33MHz。80386 的内部和外部数据总线都是 32 位，地址总线也是 32 位，可寻址高达 4GB 内存，而且可以运行 Windows 操作系统。但 80386 芯片并没有引起 IBM 的足够重视，反而是 Compaq 率先采用了它。可以说，这是 PC 厂商正式走向"兼容"道路的开始，也是 AMD 等 CPU 生产厂家走"兼容"道路的开始。

图 2-14　Intel 80286 微处理器　　　　　图 2-15　Intel 80386 微处理器

7）1989 年：Intel 80486 微处理器

1989 年，英特尔发布了 80486 处理器（也称 i486 处理器，见图 2-16），这是英特尔最后一款以数字为编号的处理器。486 处理器也是英特尔非常成功的商业项目。80486 处理器集成了 125 万个晶体管，时钟频率由 25MHz 逐步提升到 33MHz、40MHz、50MHz 及后来的 100MHz。这款芯片大约比最初的 4004 快 50 倍。

80486 微处理器的内外部数据总线是 32 位，地址总线为 32 位，可寻址 4GB 的存储空间，支持虚拟存储管理技术，片内集成有浮点运算部件和 8KB 的 Cache 存储器（L1 Cache），同时也支持外部 Cache（L2 Cache）。这款芯片是 x86 系列中首次采用精简指令集（Reduced Instruction Set Computer，RISC）结构，可以在一个时钟周期内执行一条指令。它还采用了突发总线（Burst）方式，大大提高了与内存的数据交换速度。此外，80486 微处理器还引进了时钟倍频技术和新的内部总线结构，从而使主频可以超过 100MHz。

(2) Intel 奔腾处理器芯片时代

1) 1994 年：Intel Pentium 处理器

1994 年，英特尔发布了一款名为奔腾（Pentium）的处理器芯片（见图 2-17），Pentium 这个名字在随后的 20 多年里一直陪伴着我们。直至今日，英特尔依然在发布 Pentium 系列的产品，所以 Pentium 的名字也就是从这一年开始打响。其实按照英特尔以前的命名习惯，Pentium 处理器应该命名为 80586 处理器才对，但 Intel 公司考虑到商标注册原因放弃了数字作为型号命名的惯例，并推出了以注册商标命名的新产品 Pentium 处理器。Pentium 一经推出即大受欢迎，正如其中文名"奔腾"一样，其性能全面超越了 486CPU。奔腾处理器采用了 0.60μm 工艺技术制造，集成了 320 万个晶体管，运算速度达到 90MIPS，是原始 4004 处理器的 1500 倍。Pentium 是 x86 系列一大革新，其中晶体管数大幅提高，增强了浮点运算功能，并把多年来未变的工作电压降至 3.3V。

图 2-16　Intel 80486 微处理器

图 2-17　Intel Pentium 微处理器

2) 1997 年：Intel Pentium II 处理器

1997 年 5 月 7 日，英特尔发布了主频分别为 233MHz、266MHz 和 300MHz 的三款 Pentium II 处理器，采用了 0.35μm 工艺技术，集成了 750 万个晶体管。采用 Slot1 架构，通过单边插接卡（Single Edge Contact Cartridge，SEC）与主板相连，SEC 卡盒将 CPU 内核和二级高速缓存封装在一起，二级高速缓存的工作速度是处理器内核工作速度的一半。Pentium II 处理器采用了动态执行技术，可以加速软件的执行；通过双重独立总线与系统总线相连，可进行多重数据交换，提高系统性能。Pentium II 也包含 MMX 指令集。

3) 1999 年：Intel Pentium III 微处理器

1999 年 2 月 26 日，英特尔发布了主频分别为 450MHz 和 500MHz 的两款 Pentium III 处理器（见图 2-18），采用了 0.25μm 工艺技术，集成了 950 万个晶体管。

4) 2000 年：Intel Pentium 4 微处理器

2000 年，英特尔公司推出了 Pentium 4 微处理器（见图 2-19），这标志着英特尔市场策略进入新纪元的开始。从奔腾 4 开始，英特尔已经不再是每一两年就推出全新命名的中央处理器芯片，而是一再使用 Pentium 4 这个名字，导致了 Pentium 4 这个家族有一堆兄弟产品，而且奔腾 4 这个家族延续了五年，这在英特尔的市场策略历史中是前所未有的。

图 2-18　Intel Pentium III 微处理器

图 2-19　Intel Pentium 4 微处理器

2002年，英特尔推出了主频为2.2GHz的奔腾4芯片，采用0.13μm工艺生产。AMD推出了主频为1.67GHz的Athlon XP 2000芯片，尽管主频较低，但性能不比英特尔逊色。

5）2005年：Intel Pentium D双核处理器

2005年4月，英特尔的第一款双核处理器Intel Pentium D问世，标志着一个属于双核甚至多核的新时代已经来临。双核处理器设计用于在一枚处理器中集成两个完整的执行内核，这两个内核以相同的频率运行，共享相同的封装和芯片组/内存接口。其最大优势是允许平台用更少的时间完成更多的任务，同时享受与计算机的流畅交互。

（3）Intel酷睿处理器芯片时代

1）2006年：Intel酷睿2双核处理器

2006年，英特尔公司推出Intel Core 2 Duo（即酷睿2双核，见图2-20）处理器，宣布了奔腾时代的结束。与上一代处理器相比，酷睿2双核处理器在性能方面提高40%，功耗反而降低40%，可以高速地进行多项任务操作。该处理器内含2.91亿个晶体管。酷睿2是一个跨平台的构架体系，包括服务器版、桌面版、移动版三大领域。

图2-20　Intel酷睿双核处理器

2）2010年：Intel酷睿第一代i3/i5/i7处理器

继微处理器进入双核年代后，多核微处理器也相继问世。2007年，AMD推出四内核Opteron处理器，英特尔公司在2010年初推出基于桌面端和移动端的酷睿i3/i5/i7处理器分级架构，其中i3主攻低端市场，采用双核处理器架构，约2MB二级缓存；i5处理器主攻主流市场，采用双核或四核处理器架构，4MB二级缓存；i7主攻高端市场，采用四核八线程或六核十二线程架构，二级缓存不少于8MB。除了对产品进行分级，笔记本和台式机的CPU配置也略有不同。台式机的i3是双核四线程，i5既有双核又有四核，而笔记本的i3、i5都是双核四线程。i3和i5的区别主要是在频率和睿频技术方面，i5的频率要明显高于i3，且有睿频技术，可以在一定情况下超频。i7采用四核八线程，其功耗大、性能更强。图2-21给出了一组采用Core i3/i5/i7处理器进行组装的台式计算机性能与参数对比图，图中"n/a"表示不可用。

3）2011年：Intel酷睿第二代i3/i5/i7处理器

2011年3月，英特尔公司使用32nm工艺重新确定处理器产品架构，推出了基于32nm的全新酷睿i3/i5/i7处理器——即第二代Core i3/i5/i7处理器，使得个人计算机的性能发生了飞跃——更小的尺寸、更好的性能、更智能的表现以及更低的功耗。相比酷睿第一代产品，主要有以下几方面的重要革新。

① 采用全新32nm的Sandy Bridge微架构，功耗更低、性能更强。

② 内置高性能GPU（核心显卡），视频编码、图形性能更强。

③ 睿频加速技术2.0，更智能、更高效能。

④ 引入全新环形架构，带来更高带宽与更低延迟。

⑤ 全新的AVX、AES指令集，加强浮点运算与加密解密运算。

CPU	Core i7 920	Core i7 860	Core i5 750	Core i5 661	Core i3 530
核心代号	Bloomfield	Lynnfield	Lynnfield	Clarkdale	Clarkdale
核心/线程	4/8	4/8	4/4	2/4	2/4
睿频加速	是	是	是	是	否
集成GPU	否	否	否	是	是
GPU频率	n/a	n/a	n/a	900MHz	733MHz
制作工艺	45nm	45nm	45nm	32nm+45nm	32nm+45nm
主频	2.66GHz	2.8GHz	2.66GHz	3.33GHz	2.93GHz
外频	133MHz	133MHz	133MHz	133MHz	133MHz
QPI总线	4.8GT/s	n/a	n/a	n/a	n/a
L1缓存	64KB x4	64KB x4	64KB x4	64KB x2	64KB x2
L2缓存	256KB x4	256KB x4	256KB x4	256KB x2	256KB x2
L3缓存	8MB	8MB	8MB	4MB	4MB
TDP热功耗设计	130W	95W	95W	87W	73W
接口	LGA1366	LGA1156	LGA1156	LGA1156	LGA1156
主板芯片组	X58	P55	P55	P55、H55	P55、H55
内存支持	三通道 DDR3-1066	双通道 DDR3-1333	双通道 DDR3-1333	双通道 DDR3-1333	双通道 DDR3-1333

图 2-21　Core 一代 i3/i5/i7 处理器性能与参数对比图

4）2012～2015 年：Intel 酷睿处理器的平稳发展期

从 2009 年英特尔发布酷睿 i7-870 开始到 2015 年，英特尔共推出六代酷睿处理器。从 2012 年开始，酷睿处理器进入平稳发展期。

2012 年，英特尔发布 22nm 工艺和酷睿第三代处理器，使用 22nm 工艺的处理器热功耗普遍小于 77W，这使得处理器的散热需求大幅下降，提升了大规模数据运算的可靠性，并降低了散热功耗。以 i7-3770 处理器为例，处理器具备了睿频功能，在运算负载较大的环境下，能够自动提升处理器主频，从而加速完成运算。在运算完成时，又可以及时降低主频，从而降低计算机功耗。

2014 年，英特尔首发桌面级八核心处理器，9 月上市的酷睿五代处理器 i7-5960X 是第一款基于 22nm 工艺的八核心桌面级处理器，拥有高达 20MB 的三级缓存，主频达到 3.5GHz，热功耗 140W。该处理器的处理能力非常强大，浮点数计算能力是普通办公计算机的 10 倍以上。

2015 年，微电子工艺进入新时代——14nm 工艺产品爆发式上市。尽管在 2014 年 9 月，英特尔公司 14nm 工艺的 Broadwell 处理器已经推出，但仅仅属于超低功耗的 Core M 移动处理器系列。随着 2015 国际消费类电子产品展览会（International Consumer Electronics Show，ICES）的到来，英特尔 14nm 工艺的处理器终于迎来了新的爆发，第五代 Core 系列处理器正式登场。新处理器除了拥有更强的性能和功耗优化外，同时支持 Intel Real Sense 技术，带来更加强大的体感交互体验。2015 年 1 月英特尔公司发布的处理器共计 17 款，全部为 Broadwell-U 处理器，低至赛扬，高至 i7，覆盖高中低端产品线。

5）2014 年至今：微处理器的 14nm 到 10nm 工艺之路

从 2014 年的 Broadwell 开始，英特尔酷睿处理器正式迈入 14nm 工艺时代。在此之后的四年中，酷睿处理器的制程工艺并没有多少实质性的进展，包括 2015 年基于 Sky Lake 微架构的第六代处理器、2016 年基于 Kaby Lake 微架构的第七代处理器以及 2017 年以来集多种微架构于一身的第八代处理器全部都是基于 14nm 工艺，尽管 14nm 依据能耗被区分成了 14nm、14nm+、14nm++三种,但是它们始终没有脱离 14nm 这个节点。

2018 年,AMD 发布了多款微处理器新产品。在竞争对手的压力下,同年 10 月,英特尔公司针锋相对上架了新款的第九代酷睿新品,采用的仍然是 14nm 制程工艺。英特尔在国内上架的新款处理器分别为 i7-9700F、i7-9700、i5-9500 和 i5-9400。其中 i7-9700F 没有配备核显,其他三款处理器都有核显。参数方面,i7-9700F 为八核八线程,主频 3.00GHz,睿频 4.70GHz,12MB 缓存;i7-9700 参数和 i7-9700F 基本一致,同为八核八线程,配备了一块英特尔公司的 630 核显;i5-9500 为六核六线程,主频 3.00GHz,睿频 4.40GHz,9MB 缓存;i5-9400 可以看作是 i5-9500 的降频版,核心线程数和缓存都一致,只是主频和睿频分别降到了 2.9GHz 和 4.1GHz。

2019 年 8 月初,英特尔正式推出了高度集成的第十代英特尔酷睿处理器,发布了两个系列共计 11 款处理器,专为时尚美观的 2 合 1 计算机和轻薄本而设计。第十代酷睿处理器的亮点有:10nm 制程的首次应用,采用 Sunny Cove 全新架构,首次引入 AI,配备全新的 Intel 锐炬 Plus 显卡。

需要注意的是,英特尔公司从 2015 年发布的 Sky Lake 微架构第六代酷睿处理器到第九代酷睿(即 9000 系列)处理器采用的都是 14nm 工艺,这显然偏离了摩尔定律所定义的硅晶体管数量的周期性指数级增长规律。从 2015 年以来的酷睿处理器制程工艺来看,CPU 制程放缓确实是不争的事实,沿用了四代酷睿处理器的 14nm 工艺早已显示出前进的乏力。究竟是什么阻碍了处理器制程工艺的前进脚步?我们知道,在化学变化中原子是最小的粒子,通过化学方法印刷的晶体管同样无法越过原子的限制,也就是说,不可能用化学方法把一个功能节点印刷得比原子还小,这是制约硅晶体管数目增长的最根本原因。

以目前的技术来看,采用更先进的光刻技术以及寻求更先进的材料是提高制程工艺水平最重要的解决方案。在没有找到更先进的材料之前,更先进的光刻技术正在发挥其对制程工艺的决定性作用。光刻是处理器生产过程中的核心环节,它往往决定着芯片上晶体管的大小,而光刻机则是进行光刻处理的唯一工具,其重要性不言而喻。目前的光刻工艺多采用 193nm 波长的深紫外线(Deep Ultra Violet,DUV)光刻机,而想要更先进的制程则需要借助拥有更短波长的极紫外线(Extreme Ultra Violet,EUV)光刻机,这是因为更短的波长可以让光刻机拥有更高的分辨率,进而可以在晶圆上印制更小的晶体管。

能够生产 EUV 光刻机的企业屈指可数,准确地说,全球仅有荷兰的 ASML 一家公司具有生产 EUV 光刻机的能力。目前英特尔、台积电、三星都已经采购 ASML 的 EUV 光刻机用于 7nm 及以下工艺的研发,相信在不久的未来,我们会看到采用 EUV 光刻技术研制的处理器。

2. 中国芯的研究进展

众所周知,芯片产业是整个信息产业的核心部件和基石,是能够影响一个国家现代工业的重要因素,也是国家信息安全的最后一道屏障。在 2018 年到 2019 年爆发的中美贸易战中,美国发起了对中兴和华为等高新技术企业的制裁,这一举动更让社会各界认识到芯片核心科技自主性的重要性。

我国微电子技术起步比较晚,目前国产芯片自给率仍然较低,核心芯片缺乏,高端技术长期被国外厂商控制,芯片已成为中国第一大进口商品,严重威胁到国家安全战略。中国半导体协会与国家统计局统计,中国芯片产量增速自 2013 至 2018 年,年产量从 903 亿块增长至 1740 亿块,但总体来看,中国芯片供给市场仍然大量依靠国外进口。2013 年我国芯片进口量为 2663.1 亿块,进口额超 2000 亿美元,超越了原油和大宗商品,成为第一大进口商品,2018 年进口量更是达到了 4175.7 亿块,进口额高达 3120.6 亿美元。图 2-22 给出了 2013~2018 年中国芯片产量、进口量统计情况对比图。

为推动我国软件产业和集成电路产业的发展,增强信息产业创新能力和国际竞争力,带动传统产业改造和产品升级换代,进一步促进国民经济持续、快速、健康发展,2000 年 6 月,国务院印发

《鼓励软件产业和集成电路产业发展的若干政策》，即通常所说的国务院 18 号文件。在该政策文件的支持下，我国已经建立了四个微电子产业群，分别是以京津为主的环渤海地区、以上海为中心的长三角地区、以深圳珠海为主的珠三角地区，以西安成都为主的西部地区。它们依托地区和政策优势，将科研院所、重点高校的研发团队和尖端人才进行深入融合，打造出了一条有中国特色的芯片制造之路。与此同时，在工业和信息化部主管部门和有关部委司局的指导下，由中国电子工业科学技术交流中心（工业和信息化部软件与集成电路促进中心，简称 CSIP）联合国内相关企业开展了集成电路技术创新和产品创新的"中国芯"工程，旨在搭建中国集成电路企业优秀产品的集中展示平台，打造中国集成电路高端公共品牌，在通用 CPU 和嵌入式 CPU 这一高端芯片制造领域，研发出了一系列明星产品。

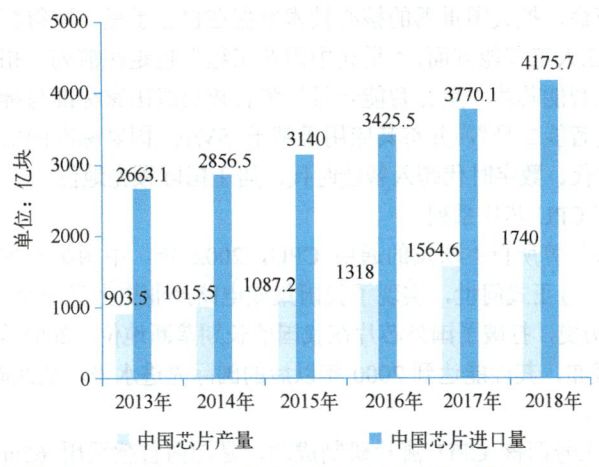

图 2-22　2013—2018 年中国芯片产量、进口量统计情况

（1）"星光中国芯工程"芯片系列

"星光中国芯"数字多媒体系列芯片是中国第一代超大规模集成电路。"星光中国芯工程"是以数字多媒体芯片为突破口，第一次将"中国芯"率先打入国际市场的战略工程。1999 年，该项目由中国工程院院士邓中翰先生（邓院士曾参加过 1999 年、2009 年、2019 年三次国庆大阅兵，是中国芯高端技术领域的开拓者和引路人）创建的北京中星微电子有限公司启动和承担。2001 年 3 月，"星光中国芯工程"推出第一块具有中国自主知识产权的百万门级超大规模 CMOS 数码图像处理芯片"星光一号"，结束了中国"无芯"的历史；此后至 2003 年底，应用于可视通信、移动通信、智能监控领域及集合了 PC 与移动多媒体应用于一身的星光二号至五号相继推出。2005 年 3 月，"星光中国芯"系列数字多媒体芯片获得国家科技进步一等奖。

"星光中国芯工程"研制的第五代数字多媒体芯片，突破了"多媒体数据驱动平行计算技术、可重构 CPU 架构技术、深亚微米超大规模芯片设计技术、高品质图像处理及动态无损压缩算法技术、CMOS 模数混合电路技术、超低功耗低振幅电路技术、单晶成像嵌入系统技术"七大核心技术。该系列芯片技术全面分析了数字多媒体芯片技术的共性，提出了从多媒体数据结构、多媒体处理算法，到多媒体芯片架构、高速低功耗超大规模集成电路以及嵌入式系统软件技术的整体多媒体芯片技术体系，在中国实现了标准与核心技术产品的有机结合，并由低成本的单晶片系统方案实现了原本花费高昂的多媒体技术。

为了实现安全的中国芯片，邓中翰院士于 2009 年带领"星光中国芯工程"响应国家重大发展需求，承担公共安全中的数字多媒体芯片技术和人工智能算法的研发与应用，实现了相关领域数字多媒体芯片的完全自主可控，维护了国家安全、公共安全和信息安全，并与公安部第一研究所作为组长单位牵头联合国内 40 多家产学研单位研究制定了具有我国自主知识产权、技术达到国际领先水平的《安全防范监控数字视音频编解码技术要求》(GB/T 25724—2010，简称 SVAC 国家标准)。

此举不仅使我国在该领域跃居世界领先水平，还使我国在国际上拥有"安全"这张重要的名片。

SVAC 国家标准从基础信源标准层面上解决了公共安全和信息安全的关键问题。正如北斗系统、东风快递、中国高铁等这些国家重大工程一样，"星光中国芯工程"制定的 SVAC 国家标准，广泛应用在天网工程、平安城市、雪亮工程、智能交通、智慧城市、数字边境等国家重大项目建设中，为大数据和人工智能时代下的国家公共安全立体化安防体系做出了新的重大贡献。如今，凭借公共安全 SVAC 国家标准，中国已经实现了"弯道超车"，在国际上处于遥遥领先的地位。

近年来，人工智能被视为新一轮科技革命和产业变革的重要驱动力量，发展态势如火如荼。在邓中翰看来，"芯片是人工智能产品的关键部件，迈向高质量的发展，中国制造必须加大力度攻关，用创新推动品质革命，把大国重器的核心技术掌握在自己手里，取得新一轮科技革命和产业变革机遇的战略优势。"在人工智能方面，"星光中国芯工程"也走在前列，相继推出了全球首颗嵌入式神经网络处理器人工智能芯片"星光智能一号"和首枚集成国家标准与神经网络架构的机器视觉行业专用处理器"星光智能二号"，并将其应用于基于 SVAC 国家标准的安防监控行业中，使我国安防监控行业由模拟时代、数字时代跨入智能时代，居于国际领先地位。

（2）神州龙芯通用 CPU 芯片系列

龙芯是中国科学院计算所自主研发的通用 CPU，2002 年，中国第一款具有完全自主知识产权的通用 CPU——龙芯一号正式问世，实现了我国集成电路产业史上又一个"零的突破"，结束了中国无通用 CPU 芯片的历史，打破了国外芯片在我国的长期垄断地位；2005 年，中国首款 64 位高性能 CPU——龙芯二号发布，其性能达到 2000 年以后的国际先进水平，从此确立了龙芯 CPU 为国产通用芯片的领跑者地位。

2008 年末，龙芯三号四核 CPU 流片研制成功，是国内首款采用 65nm 先进工艺、主频达到 1GHz 的多核 CPU 处理器，标志着我国在关键器件及其核心技术上取得的重要进展。龙芯三号是龙芯系列 CPU 芯片的第三代产品，也是我国在第十一个五年计划期间重点支持的科研项目。龙芯三号包括单核、四核与十六核三款产品，分别用于桌面计算机、高性能服务器等设备，亦可用于 IP 核授权。2015 年 3 月 31 日，中国发射首枚使用"龙芯"的北斗卫星。

2016 年 10 月，以长征胜利 80 周年命名为 CZ80 的龙芯 3A3000 处理器研制成功，每颗芯片的硅片上都刻有 CZ80 字样。从龙芯芯片的研制过程可以看出，只要坚持自主研发，进行持续改进，国内研发的 CPU 性能完全可以超过引进技术的 CPU，满足自主信息化需求。

（3）飞腾通用 CPU 芯片系列

飞腾处理器又称"银河飞腾处理器"，是国防科技大学计算机学院开发的银河飞腾系列高性能通用 CPU，是专门为"天河"系列超级计算机量身定制的 CPU，得到国家"核心电子器件、高端通用芯片及基础软件产品"项目的专项资金支持。银河飞腾处理器于 2004 年 12 月在北京通过国家鉴定。FT-1000、FT-1500 曾分别使用在"天河一号"和"天河二号"超级计算机中，"天河三号" E 级原型机采用的也是全自主创新的飞腾 CPU，该原型机系统采用了三种国产自主高性能计算和通信芯片，完全抛弃了英特尔公司芯片，实现完全自主可控。

目前，飞腾系列 CPU 已经形成了一个家族，可满足多个领域的实际需求。其中 FT-1500A/4 用于 PC 和笔记本，FT-1500A/16 用于服务器。FT-2000 采用 28nm 制造工艺，可用于超级计算节点和高性能服务器。

（4）华为海思麒麟系列芯片

2019 年，如果不是美国发起的"禁售华为"贸易保护战——先是向华为禁售芯片，后是停更系统，再后来是禁止使用联邦补贴资金购买华为的设备，恐怕华为自己设计制造的芯片仍然会躺在"备胎"的摇篮里，不会成为"中国芯制造"的关注点。美国想通过"禁售华为"令给予华为巨大打击，但是华为董事长任正非先生早在几年前就做好了准备，芯片有海思麒麟（Kirin）备份，系统有鸿蒙 OS

备份,让美国打击华为的野心成为泡影。华为消费者业务 CEO 余承东先生曾自豪地说:"Apple 有自己的 AP(Application Processor),但是没有自己的 Modem,我们有自己的 AP 和 Modem,一颗芯片完成"。但华为旗下的芯片公司——海思的成长并不是一帆风顺的,而是在曲折中爆发,最终成为一家在全球手机领域拥有自主知识产权(Intellectual Property,IP)的高新技术芯片生产和设计公司。

1997 年,基于交换机业务需求,华为设立基础研究部,启动了对芯片设计的投入。2003 年,华为启动 3G 基站的研发。鉴于市场上买不到测试终端,华为花费几百万元从日本购买 3G 协议栈,通过 FPGA 模式研发测试终端,这应当算是麒麟的开始。2006 年,K3V1 立项启动,最终出货超过百万。2011 年,海思研制的基带芯片应用于华为数据卡业务,真正实现千万级别量产。2012 年,海思推出当时体积最小的 K3V2 四核处理器,是最早的真机演示系统。2013 年,基于 K3V2 的华为 P6 上市,奠定华为手机高端差异化的基础。2014 年 6 月,麒麟 920 亮相,采用八核 big.LTE 架构,支持 TD-LTE/LTE FDD/TD-SCDMA/WCDMA/GSM 共 5 种制式,全球率先实现 LTE Cat6 手机商用。2015 年 3 月,麒麟 930 面世,目前已经应用在华为荣耀 X2、华为 P8、华为 P8 max 上。2017 年 9 月,华为在德国柏林国际消费类电子产品展览会上,发布人工智能芯片麒麟 970,该芯片是海思推出的一款采用 10nm 工艺的新一代芯片,是全球首款内置独立 NPU(神经网络处理单元)的智能手机 AI 计算平台,首款采用麒麟 970 的华为手机是 Mate 10。2018 年,华为发布了麒麟 980 处理器,荣耀 V20、Mate 20、Mate 20 pro、Mate 20X 都采用了麒麟 980 处理器。2019 年 9 月,华为发布了麒麟 990 处理器,这是华为第一款集成 5G 的手机处理器,首款机型应用于华为 Mate 30 系列。

随着近几年国产 CPU 的持续发展,以及国产化自主浪潮的到来,一时间内国产 CPU 产业发展突飞猛进。一方面国内传统 CPU 企业如龙芯等坚持自力更生并积极探索市场化,并开始在行业应用取得突破;另一方面国外主要 CPU 厂家都在国内找到了合作伙伴,并希望与国产厂商共同谋求国产化市场红利。不同 CPU 架构与产业实体的多头发展,使得中国在 CPU 重大产业路径上面临选择难题。

目前,我国信息产业迎来了前所未有的发展机遇,如果国家相关部门能够加强顶层设计,明确 CPU 产业发展路径,对于壮大自主软硬件产业生态,抓住时间窗口实现跨越式发展将会大大有益。而对于国产 CPU 厂商而言,要想取得突破,仍然需要牢牢把握核心技术,不能急功近利,在核心技术方面不能抱任何幻想,否则会失去发展动力。未来国产 CPU 能否抓住机遇在市场上真正实现跨越发展,让我们拭目以待。

2.2.3 微电子技术面临的挑战和关键技术

1. 微电子技术面临的挑战

微电子产业经过 60 余年的发展,其技术已接近理论的极限。几十年来,集成电路内晶体管的尺寸和线宽不断缩小,其基本方法在于改进光刻技术,使用更短波长的曝光光源。在 0.25μm 的时代,光源主要是紫外光,目前使用了 DUV 光刻技术,芯片线宽下降到 0.18~0.13μm,理论上将使集成电路的线宽达到 0.1μm。而英特尔、摩托罗拉等公司从 20 世纪 90 年代起就开始研发 EUV 光刻技术,它能使集成电路的线宽突破 0.1μm 的大关。然而,这种缩小趋势不可能长久持续,物理和技术上的限制会阻碍这种持续,晶体管的尺寸小到一定程度,就不得不考虑电子的量子效应。那时,现有技术就将达到极限。不仅如此,随着集成电路集成度的提高,芯片的生产成本也越来越高,一个 0.18μm 生产工艺制造厂的生产建设成本就高达 40 亿美元。

在制造晶体管的材料上,现有技术也遇到了问题。几十年来,SiO_2 一直被用作晶体管的栅介质和电容介质。随着半导体集成电路加工工艺的不断升级,晶体管的尺寸越来越小,SiO_2 层的厚度也在不断减小。如 0.65μm 工艺线中,SiO_2 层的厚度要求小于 2nm,但这么薄的二氧化硅层很容易被电流击穿。因此,科学家们需要新的材料来替代 SiO_2,这已成为整个微电子工业界目前亟须解决的问题之一。

尽管无情的自然规律使得摩尔定律迟早会"死亡",但各芯片厂商仍投入巨资开发新技术。英特尔公司推出了 0.09μm 工艺的微处理器。芯片制造业纷纷采用更先进的技术来加强自身竞争力。这些技术主要有:采用更大尺寸的晶圆;缩小特征尺寸;铜互连技术取代铝互连技术;进一步缩小集成电路内部线宽;采用新的芯片制造技术;采用新的材料。

2. 微电子技术的关键技术

(1) 继续增大晶圆尺寸和缩小特征尺寸

就目前国际上的晶圆制造厂而言,仍以 200mm 晶圆为主流,但均在积极发展 300mm 晶圆量产。而在晶圆尺寸加大方面,相比于 200mm 晶圆,300mm 晶圆的优势可直接表现在两个方面:一是降低生产成本,根据最基本的数学运算,300mm 晶圆的表面积为 200mm 晶圆的 2.25 倍,也就是如果 IC 产品在 200mm 晶圆上平均可产出 100 颗 IC,而在相同成品率的 300mm 晶圆厂,每片晶圆可产出 225 颗 IC,在生产成本无须提高两倍的前提下,却可产出多于两倍的芯片,大幅降低了生产成本;另一方面是增加产能,提高成品率。300mm 晶圆具备较大的尺寸面积,所产出的数量势必提升,不但可增加产量更能提高良品率。2013 年年初,英特尔公司揭开了第一块 450mm 圆晶的面纱(见图 2-23)。450mm 晶圆的出现,除了生产效率大幅度提高的优势外,对集成电路工艺也带来极大的挑战,使集成电路工艺发生全面的转型与提升。300mm 与 450mm 晶圆对比情况如图 2-24 所示。

图 2-23　Intel 揭开世界第一块 450mm 晶圆面纱

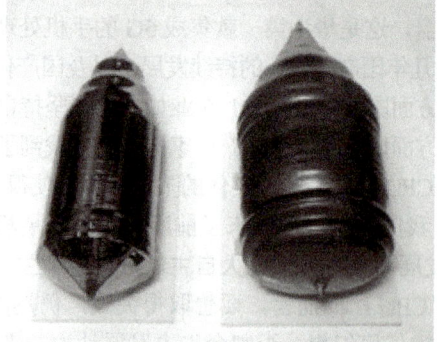

图 2-24　300mm 与 450mm 晶圆对比

除了晶圆尺寸的不断前进,随着产品轻薄短小的需求及便携式产品的推陈出新,IC 芯片的功能与高度整合的需求愈加扩大。对于半导体封装产业而言,目前也处在由简单芯片级尺寸封装向晶圆级封装方向发展。开发出的封装技术有晶圆级封装(Wafer Level Package)技术、倒装焊技术(Flip Chip Technology)以及为倒装焊技术服务的各类晶圆凸点技术(Bumping Technology)。而随着倒装焊技术在全球半导体市场的重要性日渐增强,对于晶圆凸点技术的需求相对增加,使得晶圆凸点技术成为晶圆级封装中极其关键的技术步骤,对于未来整体高科技产业发展具有关键性的影响。

特征尺寸是器件中最小线条的宽度,常常作为技术水平的标志。对 MOS 器件而言,通常指器件栅电极所决定的沟道几何长度,是一条工艺线中能加工的最小尺寸,也是设计采用的最小设计尺寸单位。缩小特征尺寸从而提高集成度是提高产品性能/价格比的最有效手段之一。只有特征尺寸缩小了,在同等集成度的条件下,芯片面积才可以做得更小,而且可以使产品的速度、可靠性都得到提高,相应成本可以降低。

芯片制造中广泛使用的是光学光刻技术,为减小集成电路的线宽,要求光刻机光源的波长非常短。当前比较成熟的光刻技术是 DUV 光刻技术,但此技术难以实现 0.07μm 以下工艺,因此各厂商正大力研发下一代非光学曝光系统,比较看好的有 EUV 光刻系统、X 光刻系统等。

(2) 铜互连线技术

铝在半导体工业中一直被用来作为芯片中的互连金属,但随着集成电路特征尺寸的缩小,工作频率的提高，芯片中铝互连线的电阻已开始阻碍芯片性能的提高，因此，人们开始在芯片制造中用铜代替铝作为互连金属。铜的阻抗系数只有铝的一半，用铜互连可以减小供电分布中的电压下降，或在电阻不变的情况下减小同一层内互连线之间的耦合电容，可降低耦合噪声和信号延迟，从而可以达到更高的性能。而且，铜具备优越的抗电迁移特性，因而可容纳更高密度的电流，在减小线宽的同时提高了可靠性。现在已有众多厂商在其芯片生产中采用了铜互连技术。但该技术也并非完美，目前，还在研究铜与低介电常数绝缘材料共同使用时的可靠性等问题。

（3）新器件结构与新材料

1）寻找新的 K 介质材料

随着集成电路制作工艺的进步，集成电路互连金属间的介质材料对性能的影响越来越大，以往集成电路工艺中广泛使用的介电常数为 4 的氧化硅和氮化硅溅射介质层，已不能适应新一代铜多层互连技术。因此，各大厂商都在寻找新的低 K 介质材料，尤其是在铜互连技术中使用的绝缘介质。英特尔公司在其新推出的 Prescott 处理器中就使用了一种新型掺碳氧化物绝缘材料。但目前，在这一领域仍有大量研究工作要做。在寻求合适的低 K 介质材料的同时，科学家们同样在寻找新的高 K 介质材料。在元件尺寸小于 0.1μm 时，栅极绝缘介质层的厚度将减小到 3nm 以下，如果此时仍用 SiO_2 作为栅极绝缘材料，栅极与沟道间的直接隧穿将非常严重，因此，科学家们正努力寻找合适的高 K 介质材料来取代 SiO_2。随着纳米技术的发展，洛克希德·马丁空间系统公司航天系统先进技术中心（Advanced Technology Center，ATC）先进材料与纳米技术部门于 2012 年开发出一种革命性的纳米铜介质互连材料（Cuantum Fuse 焊料）。2015 年，IBM 公司也独立开发了类似的纳米铜介质互连材料，并应用于芯片级封装。

2）采用新型纳米材料

近年来，随着纳米技术的发展，人们发现一些材料达到纳米量级时会出现一些新的性质。因此，人们开始寻找合适的纳米材料来代替硅制造晶体管，实现从半导体物理器件向纳米物理器件的转变，进一步缩小集成电路的体积。这在硅芯片的工艺快要达到物理极限的今天尤为必要。

3）采用超导材料

超导材料是目前的一热门学科。如果集成电路中能够用到超导材料，那么与现在的半导体集成电路相比，它的功耗会更低，速度也会更快。有数据表明，其功耗将比同等规模集成电路低两个量级，而速度却要快上三个量级。

2.2.4 微电子技术发展的新方向

随着集成电路技术的发展，人们开始从多个方面来发展半导体技术以满足社会生产的需要，而不仅仅局限于提高现有的制作工艺。这些途径包括系统芯片技术、纳米技术、微机电系统技术等。

2-2 微电子学的发展方向

（1）系统芯片技术

由芯片发展到系统芯片（System on a Chip，SoC），是改善芯片集成技术的新举措。微电子器件的特征尺寸难以按摩尔定律无限缩小下去，在芯片上增加集成器件是集成技术发展的另一方向。与当年从分立晶体管到集成芯片一样，系统芯片将是微电子技术领域中又一场新的革命。20 世纪 90 年代以来，系统芯片集成技术迅速发展，它基于硅基互补金属氧化物半导体（Complementary Metal Oxide Semiconductor，CMOS）工艺，但又不局限于 CMOS 和硅平面加工工艺。集成系统芯片技术将整个电子系统及其子系统集成在一个芯片上或几个芯片上，集软件设计和硬件设计于一身，使得设计具有更大的灵活性。用可编程逻辑技术把整个系统放到一块硅片上的可编程系统芯片（System on Programmable Chip，SOPC）技术，一致被市场认为是"半导体技术的未来"，现场可编程门阵列（Field Programmable Gate Array，FPGA）替代专用集成电路（Application Specific Integrated Circuit，

ASIC）也将成为未来的发展趋势。

（2）纳米电子技术

纳米电子学是纳米科学与技术这一新兴学科的重要组成部分，它代表微电子学的发展趋势，并将成为下一代电子科学与技术的基础。纳米电子技术是将纳米技术与微电子技术相结合，立足于最新的物理理论和最先进的工艺手段，按照全新的理念来构造电子系统的新兴电子技术，可以超越集成电路的物理和工艺限制，研制出体积更小、速度更快、功耗更低的新一代量子功能器件。纳米器件不单纯通过控制电子数目的多少，主要是通过控制电子波动的相位来实现某种功能。纳米器件具有更高的响应速度和更低的功耗，从根本上解决日益严重的功耗问题。纳米器件具有集成度高、结构简单、可靠性高、成本低等诸多优点。目前科学家们正在研究碳纳米管材料，已研制出电子流动性比以前的半导体材料高 25%、比普通硅晶体管高 70%的晶体管。

纳米电子学的另一热点就是研制单个电子的功能器件，它只能控制单个电子的运动状态，以实现特定的功能。纳米电子与纳米机械的一体化，可以用来研制人造昆虫、米粒大小的汽车、花生大小的直升机等。利用微电子机械和纳米电子技术制造的惯性检测器件、换能器、射频器件、电源系统、各种传感器和芯片可以作为星载设备。

（3）微机电系统技术

微机电系统（Micro Electro Mechanical Systems，MEMS）技术是近年来发展起来的一种新型多学科交叉技术，它涉及机械、电子、化学、物理、光学、生物、材料等多学科。MEMS 技术是建立在微米/纳米技术（Micro/Nano Technology）基础上的 21 世纪前沿技术，是指对微米/纳米材料进行设计、加工、制造、测量和控制的技术。MEMS 技术是微电子发展的另一方向，它的目标是把信息获取、处理和执行一体化地集成在一起，使其成为真正的系统，也可以说是更广泛的 SoC 概念。从广义上讲，MEMS 是指集微型传感器、微型执行器、信号处理和控制电路、接口电路、通信系统以及电源于一体的微机电系统。MEMS 技术实现了微电子技术和精密机械加工技术的相互融合，不仅为传统的机械尺寸领域打开了新的大门，也真正实现了机电一体化。因此，它被认为是微电子技术的又一次革命，对 21 世纪的科学技术、生产方式、人类生活都有深远的影响。

微机电系统的研究取得了很多成果。在微传感器方面，利用物质的各种特性研制出了各种微型传感器；在微执行器方面有微型电动机、微阀、微泵及各种专用微型机械组成的微化学系统和 DNA 生物工程芯片。采用微电子加工技术，可在指甲盖大小的硅片上制作含有多达 10 万～20 万种 DNA 基因片段的芯片，这种 DNA 生物芯片可在极短的时间内检测或发现遗传基因的变化，对遗传学研究、疾病诊断、疾病治疗和预防、转基因工程等具有极其重要的作用。此外，MEMS 技术还有其他很多方面的应用。

随着信息时代的发展需要，后硅时代的将来还无法预料，但微电子方面的科学工作者普遍期望基于分子结构方案和工作原理的研究能取得新的进展。在基础研究方面，已有分子电子的设想，但还不能估计其技术的可转换性。有机微电子技术、超导微电子技术、纳米电子技术、微电子与生物技术紧密结合的以 DNA 芯片为代表的生物工程芯片等，都将是 21 世纪微电子领域的热点和新的经济增长点。

2.3　EDA 技术

2-3　EDA 发展阶段及研究内容

20 世纪 90 年代以来，微电子工艺有了惊人的发展，工艺水平已经达到了深亚微米级，在一个芯片上已经可以集成上百万乃至上亿个晶体管，芯片速度达到了 Gbit/s 量级，微电子技术的进步是现代数字电子技术发展的基础。百万门以上的可编程逻辑器件的陆续面世，对电子设计的工具提出了更高的要求，为电子设计自动化（Electronic Design

Automation,EDA)技术的形成提供了广阔的发展空间。

2.3.1 EDA 技术及其发展阶段

EDA 技术是以大规模可编程逻辑器件为设计载体,以硬件描述语言(Hardware Description Language,HDL)为系统逻辑描述的主要表达方式,以计算机、大规模可编程逻辑器件的开发软件及实验开发系统为设计工具,通过有关的开发软件,自动完成用软件的方式设计硬件电子系统,再到系统的逻辑编译、逻辑化简、逻辑分割、逻辑综合及优化、逻辑布局布线、逻辑仿真,直至完成对于特定目标芯片的适配编译、逻辑映射、编程下载等工作,最终形成集成电子系统或专用集成芯片的一门新技术。

EDA 技术是随着集成电路和计算机技术的飞速发展应运而生的一种高级、快速、有效的电子设计自动化工具,它是为解决自动控制系统设计而提出的一种新技术。EDA 技术伴随着计算机、集成电路、电子系统设计的发展,经历了计算机辅助设计(Computer Aided Design, CAD)、计算机辅助工程设计(Computer Aided Engineering Design,CAE)和 EDA 三个发展阶段。

1)CAD 阶段:20 世纪 70 年代,可编程器件已经问世,MOS 场效应晶体管工艺在集成电路制作方面得到广泛的应用。人们开始用计算机辅助进行 IC 版图编辑、印制电路板(Printed Circuit Board,PCB)布局布线,取代了手工操作,产生了计算机辅助设计的概念。在这个阶段,CAD 工具代替了设计工作中绘图的重复劳动。

2)CAE 阶段:20 世纪 80 年代,集成电路设计进入了 CMOS 工艺时代。复杂可编程逻辑器件进入商业应用,FPGA 的出现推动了相应的计算机辅助设计软件的进一步发展。与 CAD 相比,除了纯粹的图形绘制功能外,又增加了电路功能设计和结构设计,并且通过电气连接网络表将两者结合在一起,实现了工程设计,这就是计算机辅助工程的概念。其主要功能是原理图输入、逻辑仿真、电路分析、自动布局布线及 PCB 后分析。这个阶段,CAE 代替了设计师的部分工作。

3)EDA 阶段:20 世纪 90 年代,随着硬件描述语言的标准化得到进一步确立,计算机辅助工程、辅助分析和辅助设计在电子技术领域得到了更广泛的应用。尽管 CAD/CAE 技术取得了巨大的成功,但并没有把设计师从繁重的设计工作中彻底解放出来。在整个设计过程中,自动化和智能化程度还不高,各种 EDA 工具软件界面千差万别,学习使用困难,并且互不兼容,直接影响到设计环节的衔接。大部分从原理图出发的 EDA 工具仍然不能适应复杂电子系统的设计要求,而具体化的元件图形制约着优化设计。基于以上不足,人们开始追求贯彻整个设计过程的自动化,这就是电子设计自动化技术。EDA 技术的出现,极大地提高了电路设计的效率和可操作性,减轻了设计者的劳动强度。

目前 EDA 技术已经成为电子设计的重要工具,无论是设计芯片还是设计系统,如果没有 EDA 工具的支持都是难以完成的。EDA 技术使得电子电路设计者的工作仅限于利用 HDL 和 EDA 软件平台来完成对系统硬件功能的实现,极大地提高了设计效率,减少了设计周期,节省了设计成本。EDA 技术已经成为现代电路设计师的重要武器,正在起着越来越重要的作用。

2.3.2 EDA 技术的内容

可编程逻辑器件(Programmable Logic Device,PLD)的发展,使得微电子厂家可以为用户提供各种规模的可编程逻辑器件,使设计者通过设计芯片实现电子系统功能。设计师逐步从使用硬件转向设计硬件,从单个电子产品开发转向系统级电子产品开发,即 SoC 研发。EDA 工具是以系统级设计为核心,用来完成系统行为级描述与结构综合、系统仿真与测试验证、系统划分与指标分配、系统决策与文件生

2-4 EDA 设计方法

成等一系列工作的电子系统设计自动化工具。EDA 工具不仅具有电子系统设计的能力,而且能提供独立于工艺和厂家的系统级设计能力,具有高级抽象的设计构思手段。例如,提供方框图、状态图和流程图的编辑能力,具有适合层次描述和混合信号描述的硬件描述语言(如 VHDL、AHDL 或 Verilog HDL),同时含有各种工艺的标准元件库。特别重要的是,世界各 EDA 公司致力于推出兼容各种硬件实现方案和支持标准 HDL 的 EDA 工具软件,都有效地将 EDA 技术推向成熟。

1. 可编程逻辑器件

利用 EDA 进行电子系统设计,最后的目标是完成集成电路的设计和实现。PLD 是一种由用户根据需要而自行构造逻辑功能的数字集成电路,是一种半定制集成电路,在其内部集成了大量的门和触发器等基本逻辑电路,用户通过编程来改变 PLD 内部电路的逻辑关系或连线,就可以得到需要的设计电路。可编程逻辑器件的出现,改变了传统的数字系统设计方法,为 EDA 技术开辟了广阔的发展空间,并极大地提高了电路设计的效率。

目前的 PLD 器件主要有两大类:CPLD(Complex PLD)和 FPGA。二者均属于高密度可编程逻辑器件(High Density Programmable Logic Device,HDPLD),集成密度大于 700 门/片。随着集成工艺的发展,HDPLD 集成密度不断增加,性能不断提高。如 Altera 公司的 EPM9560,其密度为 12000 门/片,Lattice 公司的 PLSI/isPLSI3320 为 14000 门/片等。目前集成度最高的 HDPLD 可达 25 万门/片以上。生产 PLD 的厂家很多,但最有代表性的 PLD 厂家为 Altera、Xilinx 和 Lattice 公司。

Altera 公司 20 世纪 90 年代以后发展很快,主要产品有 MAX3000/7000、FELX6K/10K、APEX20K、ACEX1K、Stratix 等。其开发工具 Maxplus II 是较成功的 PLD 开发平台,后来又推出了 Quartus II 开发软件。Altera 公司提供较多形式的设计输入手段,可以绑定第三方 VHDL 综合工具,可与综合软件 FPGA Express、Leonard Spectrum 和仿真软件 ModelSim 进行绑定。

Xilinx 公司是 FPGA 的发明者,产品种类较全,主要有 XC9500/4000、Coolrunner(XPLA3)、Spartan、Vertex 等系列,其最大容量的 Vertex-II Pro 器件已达到 800 万门。开发软件有 Foundation 和 ISE。通常情况下,在欧洲用 Xilinx 芯片的人多,在亚太地区用 Altera 的人多,在美国则是平分秋色。全球 PLD/FPGA 产品 60%以上是由 Altera 和 Xilinx 提供的。可以说 Altera 和 Xilinx 共同决定了 PLD 技术的发展方向。

Lattice 公司是"在系统可编程(In System Programmability,ISP)"技术的发明者。ISP 技术极大地促进了 PLD 产品的发展,与 Altera 和 Xilinx 相比,其开发工具比 Altera 和 Xilinx 略逊一筹。中小规模 PLD 比较有特色,但由于 Lattice 没有基于查找表技术的大规模 FPGA,其大规模 PLD 的竞争力还不够强。1999 年推出可编程模拟器件,同年收购 Vantis(原 AMD 子公司),成为第三大可编程逻辑器件供应商。2001 年 12 月收购 Agere 公司(原 Lucent 微电子部)的 FPGA 部门。主要产品有 isPLSI2000/5000/8000、MACH4/5。

可编程逻辑器件的出现,为数字系统的传统设计方法带来了新的变革。设计师可以直接通过设计 PLD 芯片来实现数字系统功能,将原来由电路板设计完成的大部分工作放在 PLD 芯片的设计中进行。这种新的设计方法能够由设计者根据实际情况和要求,定义器件的内部逻辑关系和引脚,这样可通过芯片设计实现多种数字系统功能,同时由于引脚定义具有灵活性,不但大大减轻了系统设计的工作量和难度,提高了工作效率,而且减少了芯片数量,缩小了系统体积,降低了能源消耗,提高了系统的稳定性和可靠性。

2. 硬件描述语言

硬件描述语言是一种用形式化方法描述数字电路和系统的语言。利用这种语言,数字电路系统的设计可以从上层到下层(从抽象到具体)逐层描述自己的设计思想,用一系列分层次的模块来表示极其复杂的数字系统。然后,利用 EDA 工具,逐层进行仿真验证,再把其中需要变为实际电路的模块组合，经过自动综合工具转换到门级电路网表。最后，再用 ASIC 或 FPGA 自动布局布线工具，把网表转换为要实现的具体电路布线结构。

硬件描述语言是 EDA 技术的重要组成部分，常用的硬件描述语言有 AHDL、VHDL 和 Verilog HDL，而 VHDL 和 Verilog HDL 是当前最流行的并成为美国电气电子工程师协会（Institute of Electrical and Electronics Engineers，IEEE）标准的硬件描述语言。

（1）VHDL 语言

VHDL 是超高速集成电路硬件描述语言（Very High Speed Integrated Circuit Hardware Description Language）的缩写。硬件描述语言是一种用于设计硬件电子系统的计算机语言，它用软件编程的方式来描述电子系统的逻辑功能、电路结构和连接形式，与传统的门级描述方式相比，它更适合大规模系统的设计。1985 年美国国防部正式推出了 VHDL，1987 年 IEEE 采纳 VHDL 为硬件描述语言标准（即 IEEE STD 1076-1987 标准）。

VHDL 是一种全方位的硬件描述语言，包括系统行为级、寄存器传输级和逻辑门级多个设计层次，支持行为、寄存器传输级（Register Transfer Level，RTL）数据流、结构三种描述形式及其混合描述，因此 VHDL 几乎覆盖了以往各种硬件描述语言的功能，整个自顶向下或自底向上的电路设计过程都可以用 VHDL 来完成。与传统的硬件描述语言相比，VHDL 具有以下优点。

1）VHDL 具有更强的行为描述能力。强大的行为描述能力可以避开具体的器件结构，从逻辑行为上描述和设计大规模电子系统。VHDL 的行为描述能力使它成为高层次设计的核心，将设计人员的工作重心提高到了系统功能的实现与调试，从而消耗较少的精力用于硬件的实现。

2）VHDL 语句的行为描述能力和程序结构，决定了它具有支持大规模设计的分解和已有设计的再利用功能。

3）VHDL 具有丰富的仿真语句和库函数，可读性强，易于修改和发现错误，可以用简洁明确的代码描述来进行复杂控制逻辑的设计，使用灵活方便，而且也便于设计结果的交流、保存和重用。

4）VHDL 设计与硬件电路关系不大，对设计的描述具有相对独立性。设计者可以不懂硬件的结构，也不必管最终设计的目标器件是什么，就可以进行独立设计。

5）VHDL 的设计不依赖于特定的器件，方便了工艺的转换。用 VHDL 完成一个确定的设计，可以利用 EDA 工具进行逻辑综合和优化，并根据不同的实现芯片自动把 VHDL 描述设计转变成门级网表。

6）VHDL 是一个标准语言，为众多的 EDA 厂商所支持，因此移植性好。

（2）Verilog HDL 语言

Verilog HDL 也是目前应用最为广泛的硬件描述语言，并被采纳为 IEEE 1064-1995 标准。Verilog HDL 可以用来进行各种层次的逻辑设计，也可以进行数字系统的逻辑综合、仿真验证和时序分析。Verilog HDL 适合算法级（Algorithm）、寄存器传输级（RTL）、逻辑级（Logic）、门级（Gate）和版图级（Layout）等各个层次的电路设计和描述。

Verilog HDL 也具有与 VHDL 类似的特点，早在 1983 年就已经推出，拥有广泛的设计群体，其设计资源比 VHDL 丰富得多。另外，Verilog HDL 是在 C 语言的基础上演化而来的，因此只要具有 C 语言的编程基础，就很容易掌握这种语言。

和 Verilog HDL 相比，VHDL 在门级电路描述方面不如 Verilog HDL，但在系统级抽象方面要比 Verilog HDL 强，所以对于大型、特大型的系统级设计，使用 VHDL 最为合适。

3．EDA 工具软件

关于 EDA 工具，目前未形成统一的定义，一般的看法是必须包含综合器和适配器两个特殊的软件包，因此不包含 PROTEL、PSPICE、EWB 等软件。目前比较流行的 EDA 软件，大致可以分为以下三类。

1）由半导体公司提供，属于集成的 PLD/FPGA 开发环境，基本上可以完成所有的设计输入（原理图或 HDL）、仿真、综合、布线、下载等工作。如 Altera 公司的 Maxplus II 和 Quartus II、Xilinx 公司的 ISE、Lattice 公司的 ISP Design Expert 等开发工具。

2）综合软件，这类软件把设计输入翻译成最基本的与或门（网表），输出 edf 文件，导出给 PLD/FPGA 厂家的软件进行适配和布线。为了优化结果，在进行比较复杂的设计时，基本上都使用这些专业的逻辑综合软件。如 Synplicity 公司（2008 年被 Synopsys 公司收购）的 Synplify、Synopsys 公司的 FPGA Express、Mentor 公司的 Leonado Spectrum 等。

3）仿真软件，对设计进行校验仿真，包括布线前的功能仿真和布线以后的包含延时的时序仿真，对于复杂的设计一般采用这些专业的仿真软件。这类软件有 Mentor 公司的 Modelsim、Aldec 公司的 Active HDL、Cadence 公司的 NC-Verilog/NC-VHDL/NC-SIM 以及 Synopsys 公司的 VCS 等。

2.3.3 EDA 设计方法

传统的电子设计通常是"自底向上（Bottom Up）"的，即首先确定构成系统最底层的电路模块或元器件的结构和功能，然后根据主系统的功能要求，将它们组合成更大的功能块，使它们的结构和功能满足高层次系统的要求。以此流程，逐步向上递推，直至完成整个目标系统的设计。在整个设计过程的任一时刻，最底层目标器件的更换、某些技术参数不满足总体要求、器件缺货等不可预测的外部因素，都可能使前面的工作前功尽弃，工作又得重新开始。这样的设计方法就如同一砖一瓦建造金字塔，不仅效率低、成本高而且容易出错。

EDA 设计给我们提供了一种"自顶向下（Top Down）"的全新设计方法，这种设计方法首先从系统设计入手，在顶层进行功能模块的划分和结构设计。在模块一级进行仿真、纠错，并用硬件描述语言对高层次的系统行为进行描述，在系统一级进行验证。然后用综合优化工具生成具体门电路的网表，其对应的物理实现级可以是印制电路板或专用集成电路。由于设计的主要仿真和调试过程是在高层次上完成的，这不仅有利于早期发现结构设计上的错误，避免设计工作的浪费，同时也减少了逻辑功能仿真的工作量，提高了设计的一次成功率。

自顶向下的设计流程如图 2-25 所示，可以分为以下几个步骤。

第一步：根据设计任务要求进行系统规格设计，系统层是一个包含输入输出的顶层模块，并用系统级的行为描述方式加以表达，同时完成整个系统的模拟与性能分析。

第二步：整个系统进一步分解为各个功能模块，每个模块由更细化的行为描述方式加以表达。

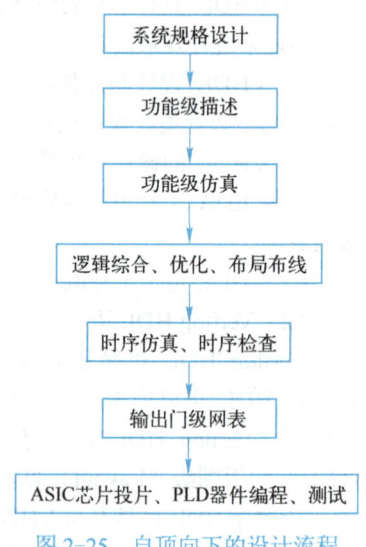

图 2-25 自顶向下的设计流程

第三步：由 EDA 综合工具完成到工艺库的映射。利用逻辑综合工具，可将寄存器传输级（Register Transfer Level，RTL）方式设计的程序转换成用基本逻辑单元表示的文件（门级网络表），也可以将综合结果以原理图方式输出。

由自顶向下的设计过程可以看出，方案的设计与验证、系统逻辑综合、布局布线、性能仿真、器件编程等均由 EDA 工具一体化完成，便于及时发现设计错误，提高了设计效率和设计成功率。

2.3.4 EDA 的应用及发展趋势

随着微电子技术和计算机技术的不断发展，EDA 技术已经渗透到各行各业。在通信、国防、航天、工业自动化、仪器仪表等领域，EDA 技术的含量以惊人的速度上升，从而使它成为当今电子技术发展的前沿之一。由于在电子系统设计领域中的明显优势，基于大规模可编程器件解决方案的 EDA 技术及其应用在近年有了巨大的发展，将电子设计技术再次推向又一崭新的历史阶段。

进入 21 世纪后，电子技术全方位纳入 EDA 领域，EDA 使得电子领域各学科的界限更加模糊，更加互相包容，未来 EDA 的发展趋势集中在以下几个方面。

1）向高密度、高速度、宽频带方向发展。

2）IP 模块在 EDA 技术设计和开发中起着越来越重要的作用。基于 EDA 工具的 ASIC 设计标准单元已涵盖大规模电子系统及 IP 核模块，软硬件 IP 核在电子行业的产业领域、技术领域和设计应用领域得到进一步确认。

3）高效低成本的 SoC 设计技术日益成熟，系统集成芯片成为 IC 设计的发展方向，这一发展趋势表现为：①超大规模集成电路的集成度和工艺水平不断提高，深亚微米工艺（如 0.18μm、0.13μm）已经走向成熟，在一个芯片上完成的系统级的集成已成为可能；②市场对电子产品提出了更高的要求，如必须降低电子系统的成本，减小系统的体积等，从而对系统的集成度不断提出更高的要求；③高性能的 EDA 工具得到长足的发展，其自动化和智能化程度不断提高，为嵌入式系统设计提供了功能强大的开发环境；④计算机硬件平台性能大幅度提高，为复杂的 SoC 设计提供了物理基础。

2.4 纳米电子技术

2.4.1 传统电子器件面临的问题

随着器件的特征尺寸越来越小，不可避免地会遇到器件结构、关键工艺、集成技术以及材料等方面的一系列问题。

理论上，以前的经典或半经典理论适合于描述微米量级的微电子器件，但对空间尺度为纳米量级、时间尺度为飞秒（10^{-15}s）量级的系统芯片中的新器件则难以适用。

材料上，SiO_2 栅介质材料、多晶硅/硅化物栅电极等传统材料由于受到材料特性的制约，已无法满足纳米器件及电路的需求。

结构上，传统器件也已无法满足纳米器件的要求，必须发展新型的器件结构和微细加工、互连、集成等关键工艺技术。

从微电子技术到纳米电子器件将是电子器件发展的第二次变革，与从真空管到晶体管的第一次变革相比，它含有更深刻的理论意义和丰富的科技内容。在这次变革中，传统理论将不再适用，需要发展新的理论，并探索出相应的材料和技术。

2.4.2 纳米尺寸效应

纳米效应就是指当物质达到纳米（即 10^{-9}m）尺度以后，大约是在 0.1～100nm 这个范围空间，物质的性能就会发生突变，出现传统材料所不具备的奇异或反常的物理、化学特性。如原本导电的铜达到某一纳米级界限就不导电，原来绝缘的二氧化硅晶体，在某一纳米级界限时开始导电。磁性材料也是如此，像铁钴合金，把它做成大约 20～30nm 大小，磁畴就变成单磁畴，它的磁性要比原来高 1000 倍。这种既不同于原来组

2-5 纳米电子技术

成的原子、分子，也不同于宏观物质的具有特殊性能的材料，即为纳米材料。如果仅仅是尺度达到纳米，而没有特殊性能的材料，也不能叫纳米材料。

纳米材料具有颗粒尺寸小、比表面积（表面积/体积）大、表面能高、表面原子所占比例大等特点，以及其特有的三大效应，即表面效应、小尺寸效应和宏观量子隧道效应。对于固体粉末或纤维，当其一维尺寸小于 100nm 时，即达到纳米尺寸，对于理想球状颗粒，当比表面积大于 $60m^2/g$ 时，其直径将小于100nm，即达到纳米尺寸。

（1）表面效应

纳米材料的表面效应是指纳米粒子的表面原子数与总原子数之比随粒径的变小而急剧增大后引起的性质上的变化。球形颗粒的表面积与直径的平方成正比，其体积与直径的立方成正比，而其比表面积与直径成反比。随着颗粒直径变小，比表面积将会显著地增加，说明表面原子所占的原子数将会显著地增加。通常，对直径大于 100nm 的颗粒表面效应可忽略不计。当尺寸小于 10nm 时，其表面原子数急剧增长，甚至 1g 纳米颗粒的表面积总和可高达 $100m^2$，这时的表面效应将不容忽略。若用高倍率电子显微镜对直径为 2nm 的金属纳米颗粒进行电视摄像，实时观察发现这些颗粒没有固定的形态，随着时间的变化会自动形成各种形状（如立方八面体、十面体、二十面体多孪晶等，如图 2-26 所示），它既不同于一般固体，又不同于液体，是一种准固体。在电子显微镜的电子束照射下，表面原子仿佛进入了"沸腾"状态，尺寸大于 10nm 后看不到这种颗粒结构的不稳定性，这时微颗粒具有稳定的结构状态。超微颗粒的表面具有很高的活性，利用表面活性，金属超微颗粒可望成为新一代的高效催化剂和贮气材料以及低熔点材料。这种表面效应已广泛应用于人工降雨。

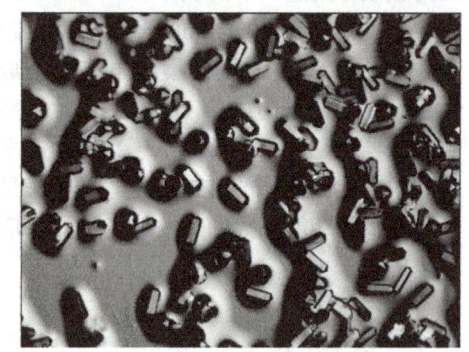

图 2-26 纳米材料的表面效应

（2）小尺寸效应

由于颗粒尺寸变小所引起的宏观物理性质的变化称为小尺寸效应。当物质的体积减小时，将会出现两种情形：一种是物质本身的性质不发生变化，而只有那些与体积密切相关的性质发生变化，如半导体电子自由程度变小、磁体的磁区变小等；另一种是物质本身的性质也发生了变化，当超细微粒的尺寸与光波波长、德布罗意波长，以及超导态的相干长度或透射深度等物理特征尺寸相当或更小时，晶体周期性的边界条件将被破坏，非晶态纳米微粒的颗粒表面层附近原子密度减小，导致声、光、电磁、热力学等特性呈现新的小尺寸效应。对纳米颗粒而言，其尺寸变小，同时比表面积显著增加，从而产生一系列新奇的性质。一是光学性质，金属纳米颗粒对光的反射率很低，通常低于 1%，大约几微米的厚度就能完全消光，所以所有的金属在纳米颗粒状态下都呈现黑色；二是热学性质，固态物质在其形态为大尺寸时，其熔点是固定的，纳米颗粒的熔点却会显著降低；三是磁学性质，小尺寸的纳米颗粒磁性与大块材料显著不同，大块的纯铁矫顽力约为 80A/m，而直径小于 20nm 时，其矫顽力可以增加 1000 倍。当直径小于 6nm 时，其矫顽力反而降低为零，呈现出超顺磁性。

小尺寸效应为纳米材料的应用开拓了广阔的新领域。例如，随着纳米材料粒径的变小，其熔点不断降低，烧结温度也显著下降，从而为粉末冶金工业提供了新工艺；利用等离子共振频移随晶粒尺寸变化的性质，可通过改变晶粒尺寸来控制吸收边的位移，从而制造出具有一定频宽的微波吸收纳米材料。

（3）宏观量子隧道效应

微观粒子具有贯穿势垒的能力称为隧道效应。近年来，人们发现一些宏观量，例如微粒的磁化强度、量子相干器件中的磁通量以及电荷等也具有隧道效应,它们可以穿越宏观系统中的势垒并产生变化,称为宏观量子隧道效应。利用这个概念可以定性解释超细镍粉在低温下继续保持超顺磁性。Awachalsom 等人采用扫描隧道显微镜技术控制磁性粒子的沉淀,通过研究低温条件下微粒磁化率对频率的依赖性,证实了低温下确实存在磁的宏观量子隧道效应。宏观量子隧道效应的研究对基础研究和实际应用都有重要的意义,它限定了磁带、磁盘进行信息存储的时间极限。宏观量子隧道效应与量子尺寸效应,是未来微电子器件的基础,或者说确立了现有微电子器件进一步微型化的极限。当微电子器件进一步微型化时,必须考虑上述的量子效应。

2.4.3 纳米电子器件

纳米电子学是讨论纳米电子元件、电路、集成器件和信息加工的理论和技术的新学科。它代表了微电子学的发展趋势并将成为下一代电子科学与技术的基础。目前,人们利用纳米电子材料和纳米光刻技术,已研制出许多纳米电子器件,如电子共振隧穿器件、有机分子场效应晶体管、单电子碳纳米晶体管及碳纳米管制造的存储器等。

1. 隧道结和量子隧穿

被绝缘薄层隔离开的两块金属导体就构成了隧道结(见图 2-27)。隧道结的绝缘层很薄,电子可以通过量子力学隧穿在两个金属导体之间通过。因而可以等效为一个隧道电阻 RT 和一个结电容 C 并联,当结面积很小时,结电容 C 很小。

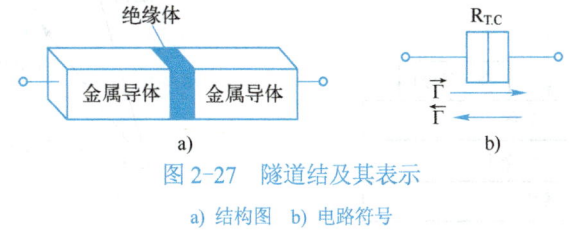

图 2-27 隧道结及其表示

a) 结构图 b) 电路符号

2. 单电子晶体管(Single Electronic Transistor,SET)

单电子晶体管是一种双隧道结器件,隧道结之间是一个金属岛(也称库仑岛,由两个极薄的绝缘层夹一个小岛组成,尺寸小于 10nm,纳米电子器件的这个岛被认为具有与 FET 沟道类似的作用),它通过隧道结和漏、源电极相连,通过一个栅电容和栅极相连。单电子晶体管的漏源电流受栅极偏压的控制,当加在栅极上的电压变化引起库仑岛中电荷变化量不到一个电子的电荷,将没有电流通过;直到电压增大到能引起一个电子电荷的变化时,源漏之间有电流通过。单电子晶体管及其等效电路如图 2-28 所示。

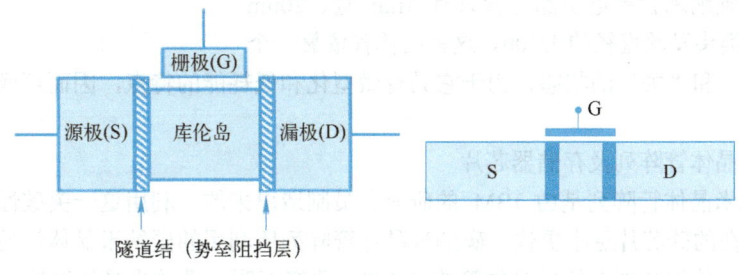

图 2-28 单电子晶体管及其等效电路

3. 有机分子场效应晶体管

近几年来,作为新一代半导体晶体管的有机分子场效应晶体管(见图 2-29)在制备技术和器件性能上都取得了很大的进步,并引起了有机半导体领域人员的广泛关注。该技术利用分子之间可自由组合的化学特性,使晶体管电极之间的距离仅为 1~2nm,是目前世界最小的晶体管。这类晶体管具有制造简单、造价低廉的优点。

4. 碳纳米晶体管及器件

1991 年日本 NEC 公司的饭岛澄男等发现碳纳米管(Carbon Nanotube Transistor,CNT),立刻引起了极大关注。

碳纳米管主要由呈六边形排列的碳原子组成的数层到数十层的同轴空心管构成,如图 2-30 所示。层与层之间保持固定的距离,约 0.34nm,其中石墨层可以因卷曲方式不同而具有手性。碳纳米管的直径一般为几纳米至几十纳米,长度为几至几十微米。碳纳米管可以因直径或手性的不同而呈现很好的导电性或半导体特性。碳纳米管具有极好的可弯折性、极好的可扭曲性、很高的强度和极高的韧性。碳纳米管的强度比钢高 100 多倍,是目前可制备出的具有最高比强度的材料,而密度却只有钢的 1/6;同时碳纳米管还具有极高的韧性,十分柔软。它被认为是未来的"超级纤维",是复合材料中极好的加强材料。

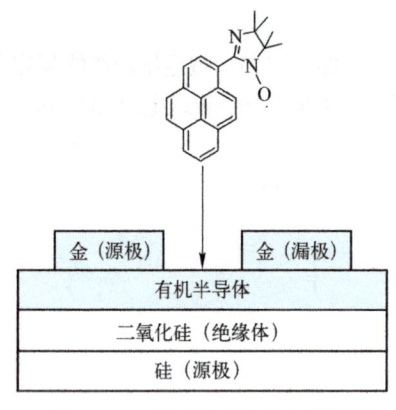

图 2-29 有机分子场效应晶体管

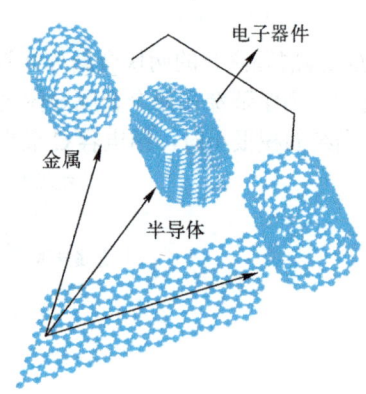

图 2-30 碳纳米管

(1)单电子碳纳米晶体管

2001 年 7 月 6 日出版的美国《科学》周刊报道,荷兰研究人员制造出了首个能在室温下有效工作的单电子碳纳米管晶体管,其内部等效电路如图 2-31 所示。他们使用一个单独的碳纳米管为原材料,利用原子作用力显微镜的尖端在碳管里制造带扣状的锐利弯曲,这些带扣的作用如同屏障,只允许单独的电子在一定电压下通过。用这种方法制造的碳纳米管单电子晶体管只有 1nm 宽、20nm 长,整体不足人类头发丝直径的 1/500。这种晶体管依靠一个

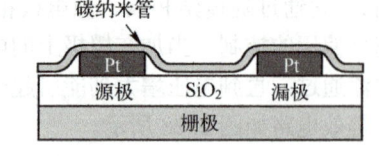

图 2-31 单电子碳纳米晶体管等效电路

电子来决定"开"和"关"的状态,由于它具有微型化和低耗能的特点,因而可成为分子计算机的理想材料。

(2)碳纳米晶体管阵列及存储器芯片

第一个碳纳米晶体管阵列是由 IBM 的研究人员制造出来的。利用这一突破性的晶体管技术制造的芯片将比现在的硅芯片更小更快。碳纳米晶体管阵列所利用的碳纳米管是由碳原子排列而成的微小圆柱体,体积是现在的硅晶体管的 1/100。研究表明,碳纳米晶体管性能上可以和硅晶体管一争高低。在未来,硅芯片已经不能被制造得更小,因而必须寻找新的制造集成电路芯片的材料,碳纳米晶体管将是很好的选择。

悬挂的十字交叉单壁碳纳米管阵列如图 2-32 所示。当悬在上面的碳纳米管与下面的碳纳米管分开

时,节点的电阻非常高,即 OFF 态;而当悬在上面的碳纳米管与下面的碳纳米管在节点接触时,节点的电阻会减小几个数量级,即 ON 态。通过瞬间对碳纳米管充电,两个碳纳米管之间产生静电吸引或排斥力,从而使这个节点双稳态器件开关处于 ON 态和 OFF 态之间。

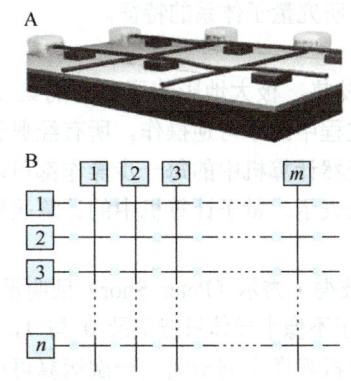

图 2-32　悬挂的十字交叉单壁碳纳米管阵列

2.4.4　纳米电子系统及应用

1. 量子计算机

量子计算机是一种采用基于量子力学的深层次计算模式的计算机,这一模式由物质世界中一个原子的行为所决定,而不是像传统的二进制计算机那样将信息分为 0 和 1,用晶体管的开和关来处理这些信息。量子计算机利用量子位(Qubit)存储信息,用量子态表示 0 和 1,量子位能够以不同的概率同时存储 0 或 1。一般规定原子的状态在基态时记为$|0>$,在激发态时记为$|1>$。原子除了保持上述两种状态之外,还可以处于两种状态的线性叠加,记为:

$$|\phi> = a|1> + b|0>$$

式中,a 和 b 分别代表原子处于两种状态的概率。

存储一系列量子比特的体系称为量子寄存器,可以同时处在多个状态。量子计算机具有以下优点。

(1) 计算速度快

经典计算机采用串行计算,一步一步按顺序处理;而量子计算机采用并行运算,对每一分量的运算相当于一次经典运算,对所有分量的运算同时完成,并按一定的概率叠加,从而输出结果。并行运算极大提高了计算速度,可提高 10 亿倍。

(2) 量子位存储能力大大提高

在经典计算机中,假如有一个由 3 个比特构成的寄存器,可以表示 0~7 共 8 个数,并且在某一时刻,只能表示其中的一个数。但 3 个量子比特的系统可以同时表示 8 个传统状态(如图 2-33 所示),从而提高了量子位的存储能力。

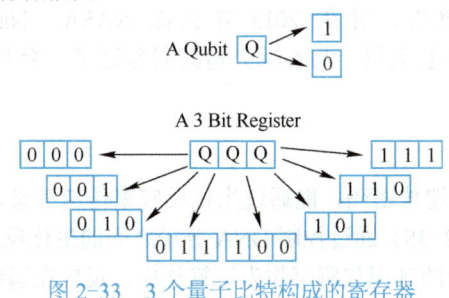

图 2-33　3 个量子比特构成的寄存器

(3) 可完成一些传统计算机无法完成的计算

除了进行并行计算外，量子计算机的另一重要用途是模拟量子系统，这项工作是经典计算机无法胜任的。人们一旦有了量子模拟计算机，就无须求解薛定谔方程或者采用蒙特卡罗算法在经典计算机上进行数值计算，便可精确地研究量子体系的特征。

(4) 低能耗

能耗会导致计算机中的芯片发热，极大地影响了芯片的集成度，从而限制了计算机的运行速度。研究发现，能耗来源于计算过程中的不可逆操作。所有经典计算机都可以找到一种对应的可逆计算机，而且不影响运算能力。既然计算机中的每一步操作都可以改造为可逆操作，那么在量子力学中，它就可以用一个幺正变换来表示。量子计算机中的计算采用的是幺正变换，是可逆的，从而可以降低计算机的能耗。

1994 年，贝尔实验室的专家彼得·秀尔（Peter Shor）证明量子计算机能进行对数运算，而且速度远胜于传统计算机。这是因为量子不像半导体只能记录 0 与 1，而是可以同时表示多种状态。如果把半导体比成单一乐器，量子计算机就像交响乐团，一次运算可以处理多种不同状况，因此，一个 40bit 的量子计算机，能够解决 1024bit 计算机花上数十年才能解决的问题。此外，Peter Shor 还给出了第一个大数因子分解的量子算法，并成功地进行了"1+1=2"的运算。对于 1000 位的大数质因子分解，传统的计算机需要 10^{25} 年，量子计算机仅需不到 1 秒。Shor 算法使双密钥系统土崩瓦解（如 RSA 算法），这是量子计算机理论的里程碑。

2000 年 8 月 15 日，美国 IBM 科研小组在斯坦福大学向参加热点芯片计算技术会议的各国专家展示了当时最尖端的"5 比特量子计算机"模型（见图 2-34）——仅装着 5 个氟原子的一组玻璃试管，并初步验证了量子计算技术所具有的超凡魔力。

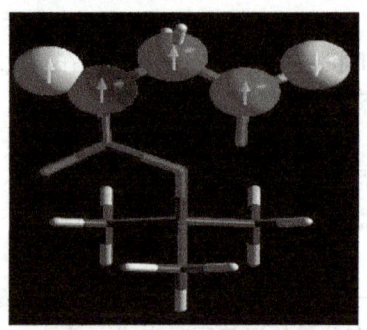

图 2-34　含 5 个氟原子的 IBM 量子计算机模型

2005 年，澳大利亚科学家在量子科学方面获得了重大的突破，成功实现了首个用 8 个钙离子组成的量子字节（Quantum Byte）。

2007 年，加拿大计算机公司 D-Wave 展示了全球首台量子计算机——Orion（猎户座），它利用了量子退火效应来实现量子计算，包含 16 个量子位。该公司在 2011 年又推出了具有 128 个量子位的 D-Wave One 型量子计算机，并在 2013 年宣称 NASA（National Aeronautics and Space Administration，美国国家航空航天局）与谷歌公司共同预订了一台具有 512 个量子位的 D-Wave Two 量子计算机。

2. DNA 生物计算机

DNA 分子上包含大量的遗传密码，能通过生化反应来传递信息，这些遗传密码可以被看成数据。DNA 生物计算机（见图 2-35）通过控制 DNA 分子之间的生化反应来完成计算，反应前的基因代码可作为输入数据，反应后的基因代码可作为运算结果，反应在瞬间完成，也意味着计算可以在瞬间完成。

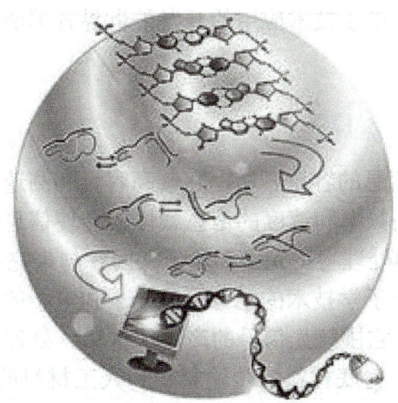

图 2-35 DNA 生物计算机

与电子计算机以二进制的 0 和 1 两个数字进行数据存储不同，DNA 计算机通过组成 DNA 分子的 A、G、C、T 四种核苷酸的排列来编码信息，特定的生物酶可充当软件，使 DNA 分子完成某种生物化学反应，从一种基因代码（即反应前的输入数据）变为另一种基因代码（即反应后的输出数据）。与传统的电子计算机相比，DNA 计算机有着很多优点。

1）体积小：在一个试管中可以含有约 10000 亿个 DNA 片段，而每一个 DNA 片段都可以作为一个微型的处理器。

2）存储量大：$1cm^3$ 的 DNA 所能存储的信息量可与 10000 亿张 CD 相当，远大于现有的计算机存储芯片和其他存储介质。

3）运算快：其运算速度可以达到每秒 10 亿次，十几个小时的 DNA 计算量，相当于所有计算机问世以来的总运算量。

4）耗能低：DNA 计算机的能耗非常低，仅相当于普通计算机的 10 亿分之一。如果放置在活体细胞内，能耗还会更低。

5）并行性：普通计算机采用的都是以顺序执行指令的方式运算，由于 DNA 独特的数据结构，数以亿计的 DNA 计算机可以同时从不同角度处理一个问题，工作一次可以进行 10 亿次运算，即以并行的方式工作，大大提高了效率。

此外，DNA 计算机能够使科学观察与化学反应同步，可节省大笔的科研经费。

2001 年，以色列魏茨曼研究所的科学家成功研制世界上第一台 DNA 计算机，运算速度约为每秒 10 亿次。2002 年 2 月，日本开发出全球第一台能够进行基因诊断的 DNA 计算机。

DNA 计算机针对非确定性多项式（Non-deterministic Polynomial，NP）问题已经有了很出色的表现，能解决 NP 完全问题（NP-C）中的汉密尔顿路径问题（Hamilton Path Problem，HPP）、图论中的最大集团问题（Maximal Clique Problem，MCP）、布尔代数中的可满足性（Satisfy Ability，SAT）问题等。

2.5 光电子技术

2008 年北京奥运会上，"水立方"以其绚烂梦幻的视觉效果，令世人惊叹。夜幕降临时，在"水立方"南侧立面周围的人们就会看到一幅如梦似幻的景观：一群群色彩艳丽的热带鱼在"水立方"的"水泡泡"里轻盈地游弋，时而变成波涛汹涌的巨浪呼之欲出，时而又化为一团奥运圣火熊熊燃烧。而这一切，正是由光电子技术为"水立方"量身打造的幔态 LED 才得以实现。当今全球范围内，已经公认光电子产业是 21 世纪的第一主导产业，是经济发展的制高点，光电子产业的战略地位是不言而喻的。鉴于此，光电子技术应用的开发被世界各国所关注，新的应用领域也在不断探索中。

2.5.1 光电子技术的概念和内容

当代社会和经济发展中，信息的容量剧增，随着高容量和高速度的信息发展，电子学和微电子学遭遇发展瓶颈，而光作为更高频率和速度的信息载体，会使信息技术的发展产生突破，信息的探测、传输、存储、显示、运算和处理将由光子和电子共同参与来完成。

光电子技术是光学技术和电子学技术的融合，靠光子和电子的共同行为来执行其功能，它的核心内容是实现光电和电光转换。它围绕光信号的产生、传输、处理和接收，涵盖了新材料（新型发光感光材料、非线性光学材料、衬底材料、传输材料和人工材料的微结构）、微加工和微机电、器件和系统集成等一系列从基础到应用的各个领域。光电子技术科学是光电信息产业的支柱与基础，涉及光电子学、光学、电子学、计算机技术等前沿学科理论，是多学科相互渗透、相互交叉而形成的高新技术学科。

电子技术研究电子的特性与行为及其在真空或物质中的运动与控制，而光子技术研究光子的特性及其与物质的相互作用以及光子在自由空间或物质中的运动与控制。两者相结合的光电子技术主要研究光与物质中的电子相互作用及其能量相互转换的相关技术，与光源激光化、传输光纤化、手段电子化、现代电子理论的光学化为特征，是一门新兴的综合性交叉学科。它将电子学使用的电磁波频率提高到光频波段，产生了电子学所不能实现的很多功能，成为继微电子技术之后兴起的又一高新科技，并与微电子技术共同构成电子技术的两大重要支柱。

2.5.2 光电子技术的发展

最早出现的光电子器件是光电探测器，而光电探测器的基础是光电效应的发现和研究。1888 年，德国物理学家赫兹观察到紫外线照射到金属上时，能使金属发射带电粒子，这一现象在当时无法解释。1892 年，赫兹的学生勒纳德通过对带电粒子的电荷质量比的测定，证明它们是电子，由此理解了光电效应的实质。1900 年，德国物理学家普朗克在黑体辐射研究中引入能量量子，提出了著名的描述黑体辐射现象的普朗克公式，为量子论奠定了基础。1929 年，L.R.Kohler 制成银氧铯光电阴极，发明了光电管。1939 年，俄裔美国科学家兹沃雷金制成实用的光电倍增管。20 世纪 30 年代末，硫化铅红外探测器问世，它可探测到 $3\mu m$ 辐射。20 世纪 40 年代出现用半导体材料制成的温差电型红外探测器和测辐射热计。20 世纪 50 年代中期，可见光波段的硫化镉、硒化镉、光敏电阻和短波红外硫化铅光电探测器投入使用。20 世纪 50 年代末，美国军队将探测器用于"响尾蛇"空对空导弹，取得明显作战效果。1958 年，英国劳森等发明碲镉汞红外探测器。在军事需求和半导体工艺等技术发展的推动下，红外探测器自 20 世纪 60 年代以来迅速发展。

目前，人们都倾向于认为光电子技术的发展历史应从 1960 年第一台红宝石激光器的诞生开始。尽管其历史可追溯到 19 世纪 70 年代，但那时起到 1960 年，光学和电子学仍然是两门独立的学科，因而只能算作光电子学与光电子技术的孕育期。从 20 世纪 70 年代后期开始，随着半导体光电子器件和硅基光导纤维两大基础元件在原理和制造工艺上的突破，光技术与电子技术开始结合并形成了具有强大生命力的信息光电子技术和产业。可以说，光电子学技术是电子学技术在光频波段的延伸与扩展。20 世纪 60 年代初出现的激光和激光科学技术，以其强大的生命力推动着光电子技术与产业的发展，同时也推动了众多相关科学技术的相互渗透和相互作用，并由此形成了规模宏大、内容丰富的光电子产业。

我国从"六五"起步，开始发展以激光技术为主的光电子技术。1987 年，科技部把信息光电子列入"863"计划,激光科学技术的研究和发展受到国家的很大重视,在国防建设和社会应用上起了重要作用。我国光电子产业的原始基础是军事光学、军用光电子学和红外技术。自 20 世纪 60 年代以来,我国依靠自己的力量,研制出"神龙"高功率激光装置、激光分离同位素装置、军用靶场激光经纬仪、激光卫星测距仪、高速摄影机、红外扫描仪等重要的军用光电子设备,并形成了实力雄厚的 10 多个光电子技术研究基地。20 世纪 70 年代末,光纤通信的研究和开发也在我国兴起。20 世纪 80 年代中期,光盘技术和光电平面显示技术也得到发展。我国在"八五"计划期间对一些光电器件企业进行了技术改造,已在"九五"计划中产生了效益,12 英寸彩色液晶显示屏在 1996 年投产。国家重大成套通信设备 2.5Gbit/s 同步数字系列(Synchronous Digital Hierarchy,SDH)光通信系统于 1997 年研制开发成功,现已广泛应用于国家通信骨干网的建设。

2.5.3 光电子技术的应用

从光电子技术研究初期开始,人们就在不停地探索其应用价值,而且军事应用被优先考虑,并投入了大量的人力、物力和财力。随着光电子技术的发展,当今社会正在从工业社会向信息社会过渡,国民经济和日常生活对信息的需求和依赖急剧增长,不仅要求信息的时效好、数量大,并且要求质量高、成本低。光电子技术具有许多优异的性能特征,这使得它具有很大的实用价值。

(1) 光电子技术与信息技术的结合

信息光电子技术是光电子学领域中最为活跃的分支。在信息技术发展过程中,电子作为信息的载体做出了巨大的贡献。但它也在速率、容量和空间相容性等方面受到严峻的挑战。采用光子作为信息的载体,其响应速度可达到飞秒量级、比电子快三个数量级以上,加之光子的高度并行处理能力,不存在电磁串扰和路径延迟等缺点,使其具有超出电子的信息容量与处理速度的潜力。信息光电子技术充分利用电子和光子两大微观信息载体各自的优点,大大改善了电子设备、电子计算机和电子仪器的性能,具体应用在以下几个方面。

1) 光信息获取技术:望远镜、照相机、显微镜、X 光透视仪、雷达等。
2) 光信息传输技术:光纤通信。
3) 光信息的存储技术:胶片、磁带、光盘、光学全息存储等。
4) 光信息处理技术:光学计算机模拟、光计算与光互联、模式识别、人工神经网络。
5) 光电显示技术:彩电、液晶、激光扫描、激光彩色复印机、印刷机、电影技术等。

(2) 光电子技术与通信技术的结合

光通信技术是光电子技术的一个主要方面,分为无线光通信和光纤通信。无线光通信技术应用于空-空、地-空、地-地光通信以及星际光通信网。光纤通信技术在长距离和主干线应用上已趋于完善,今后光纤通信主要应用于局域网络、计算机网络和多媒体通信,并逐步进入千家万户。

(3) 光电子技术与生物科学和医用技术的结合

光成像技术,包括可见光和红外成像技术已在肿瘤等各科疾病的临床诊断,以及外科手术等许多医疗领域中得到广泛应用。许多利用光电子技术的诊断和医疗技术正在研究或临床试用中,激光手术和激光针灸技术日趋成熟。光电子技术将在医疗保健方面造福越来越多的人类。

(4) 光电子技术与材料科学技术的结合

硅光电子(即用硅做材料制造的光电子元器件)作为一项新兴技术,其应用前景令人振奋。数据的超速传输对未来的多核/众核技术能够以更低的成本提供更高速的主流计算能力。硅光电子学技术将为世界带来全新的数字设备,实现难以想象的性能突破。硅光感应器通过探测微弱光信号并将其放大而拥有卓越的灵敏度,该技术也可以应用于对带宽需求高的远程医疗和 3D 虚拟世界等未来数据密集型计算领域。

（5）光电子技术与军事技术的结合

人类获取视觉信息有多种手段，但最常见的是各种光学系统。为了进一步扩展视觉功能，就要借助于光电子技术。利用光电子技术人们不仅可随时看见遥远的或微小的目标，还可以看见人眼不可感知的目标及各种辐射，甚至还可看清各种超快过程。

现代战争中，战场信息的获取依靠雷达、光电子传感器、声光传感器。图像信息在军事上的地位和作用变得越来越重要，各级指挥所需要在大屏幕上观察敌我态势，进行判决和决策；精确制导武器用成像制导代替点源制导，可提高目标识别能力和命中精度；武器平台的驾驶员凭借图像信息可以更自如地操纵驾驶；甚至小分队和单兵如果有一台显示器在手，就能显示他们在战场的准确位置以及周围的敌我态势，那么他们的生存能力和作战能力将大大提高。

（6）光电子技术在工业领域的应用

光电子技术与数字信号处理技术及计算机视觉技术相结合可以大大提高工业的自动化生产水平。在工业生产设备中引入光电检测设备可以随时追踪工厂的生产状况，并通过工厂的控制网络将各工序的生产质量、产量、效率等信息及时报告给相关技术人员和管理人员，为工艺调整和生产管理提供大量可靠的数据，同时为企业新产品的生产提供各类跟踪数据，缩短新品的开发生产进程。引入光电检测技术，必将提高整个生产系统的加工、监测、检验、管理的自动化、智能化及精确化水平，使产品的质量得到有效控制和提高，同时降低工人的劳动强度，提高工厂的生产效率，降低生产成本，使工业生产向现代化、自动化、无人化方向发展。

2.6 思考题与习题

2-1 电子二极管和晶体管各有什么作用？
2-2 晶体管是怎样发明的？与电子管相比，晶体管有什么优点？
2-3 世界上第一个集成电路是怎样发明的？它具有怎样的划时代意义？
2-4 21世纪新型电子器件有哪些？它们应用在哪些研究领域？
2-5 集成电路发展的规律是什么？微电子学未来的发展有哪些新方向？
2-6 根据你对微处理器的了解，简述Intel公司微处理器的发展历程。它对我们的生活有什么影响？
2-7 在CPU和芯片设计制造领域，我国取得了哪些进展？
2-8 简述EDA技术的发展过程。EDA技术的核心内容是什么？
2-9 与软件描述语言相比，VHDL有什么特点？
2-10 在EDA技术中，相比自底向上的设计方法，自顶向下的设计方法有什么优点？
2-11 什么是纳米效应？它表现在哪些方面？
2-12 常用的纳米电子器件有哪些？它们应用在哪些研究领域？
2-13 简述光电子技术的概念和研究内容。我国在光电子技术研究领域取得了哪些进展？
2-14 结合日常生活，说明光电子技术在哪些领域有重要的应用？

参 考 文 献

[1] 黄载禄，汪文，周建国. 电子信息科学与技术导论[M]. 北京：高等教育出版社，2011.
[2] 张兴，黄如，刘晓彦. 微电子学概论. [M]. 3版. 北京：北京大学出版社，2010.
[3] 潘松，黄继业. EDA技术实用教程[M]. 北京：科学出版社，2018.

[4] 黄劲松. 微电子技术的现状及其发展趋势[J]. 电子世界，2019(5)：85-86.
[5] 吴至斌. 微电子技术发展及未来趋势展望[J]. 中国科技纵横，2017(3)：22-23.
[6] 刘劲松，郭俭. 3D 芯片封装晶圆植球装备关键技术研究[J]. 中国电子科学研究院学报，2013(6)：573-577.
[7] 李正豪. 邓中翰带队 20 年改写中国无"芯"史——访中国工程院院士、"星光中国芯工程"总指挥(N). 中国经营报，2019-09-28.
[8] 佚名. 2019 年中国芯片行业市场现状及发展趋势分析[J]. 变频器世界，2019.
[9] 老杳. 华为芯片的成长传奇——从业内笑话到全球领先[J]. 公关世界，2015.
[10] 佚名. EDA 技术的应用及发展趋势[EB/OL]. https://www.21ic.com/app/eda/201112/100408.htm.
[11] 张鉴. 纳米电子技术的发展现状与未来展望[J]. 电子世界，2016(3)：59-63.
[12] 高春华. 纳米材料的基本效应及其应用[J]. 江苏理工大学学报（自然科学版），2001，22(6)：45-49.
[13] 王文光，刘涛，谢晓晖，等. 光电子技术发展态势分析[J]. 电子技术与软件工程，2015(9)：115.

第 3 章　计算机科学基础

计算机是 20 世纪伟大的科学技术成就之一，它已成为各行各业广泛使用的强有力的信息处理工具。计算机已经深入当今社会的经济、政治、军事、科研、教育、服务等各个方面，对人类社会的进步已经并将继续产生极为深刻的影响。

计算机科学与技术是研究计算机的设计与制造，以及信息的获取、表示、存储、处理、传输和利用等方面的理论、方法和技术的学科。计算机科学技术除了具有较强的科学性外，还具有较强的工程性，因此，它是一门科学性与工程性并重的学科，具有理论性和实践性紧密结合的特征。计算机科学理论来源于计算机工程技术，并指导计算机实践向更高阶段前进。

计算机科学与技术的基本内容可概括为计算机科学理论、计算机软件、计算机硬件、计算机系统结构、计算机应用技术等。这些领域被规划在计算机科学与技术一级学科下，然后又被划分成三个二级学科：计算机系统结构、计算机软件与理论和计算机应用技术。

3.1　计算机科学概述

电子计算机虽然简称为"计算机"，它的早期功能也确实是计算，但后来的计算机已远远超越了单纯计算的功能，它可以模拟思维、进行自适应反馈处理等，故称其为"电脑"更合适。实际上，计算机是一种能够对各种数字化信息进行高速运算和处理的系统。由于计算机功能的飞跃性发展，它应用于生产和生活的各个方面，直接并显著地提高了生产、工作和生活的效率、节奏和水平，在软科学研究和应用中也起着关键作用，因此它已被公认为现代技术的神经中枢，是未来信息社会的心脏和灵魂。

3.1.1　计算机科学发展简史

自从世界第一台电子计算机埃尼阿克（ENIAC）在 1946 年 2 月 14 日宣告问世以来，越来越多的高性能计算机被研制出来。计算机已从第一代发展到了第四代，目前正在向第五代智能计算机、第六代生物计算机方向发展。

第一代计算机（1951～1958 年）：硬件上以电子管为逻辑元件，如图 3-1 所示。鉴于 ENIAC 的使用范围较窄，技术上还不能体现第一代计算机的特征，故以 1951 年出现的 UNIVAC（Universal Automatic Computer，通用自动电子计算机）为第一代计算机产生的标志。该计算机在 1952 年总统选举中通过分析 5%的选票就断定艾森豪威尔将击败史蒂文森，从而使美国舆论明显地意识到进入了"计算机时代"。第一代计算机的系统软件还很少，不得不用机器语言或汇编语言编写程序，而不同计算机的语言又有较大差别。此外，由于通常只允许一名专业人员操作机器，所以 CPU 的利用率很低。

第二代计算机（1959～1964 年）：硬件上以晶体管取代了电子管，使得机器体积减小而可靠性提高。1954 年，美国贝尔实验室研制成功了第一台使用晶体管线路的计算机，"崔迪克"（TRADIC）装有 800 个晶体管，如图 3-2 所示。软件开始用操作系统和高级语言，由此开始了非专业人员使用计算机并用于数据处理和过程控制。

图 3-1　第一代计算机

图 3-2　第一台使用晶体管线路的计算机

第三代计算机（1965～1970 年）：硬件上用中小规模集成电路取代了晶体管，使计算机体积进一步缩小而可靠性更高，操作系统更加完善，高级语言更加实用。数据通信把用户远程终端与远程计算机联系起来，从而出现了大范围网络。

第四代计算机（1971 年至今）：进入了大规模集成电路的微处理器时代。微型计算机大量涌现。中大型机也从以 CPU 为中心发展为以存储器为中心的系统结构，并开发了多处理机系统。软件技术扮演着越来越重要的角色，软件工程进入实用化。数据库技术和网络技术都取得了很大的发展。

第五代智能计算机：1981 年，在日本东京召开了第五代计算机研讨会，随后制订出研制第五代计算机的长期计划。第五代计算机的系统设计中考虑了编制知识库管理软件和推理机，机器本身能根据存储的知识进行判断和推理。同时，多媒体技术得到了广泛应用，使人们能用语音、图像、视频等更自然的方式与计算机进行信息交互。智能计算机的主要特征是具备人工智能，能像人一样思维，并且运算速度极快，其硬件系统支持高速并行和推理，其软件系统能够处理知识信息。神经网络计算机（也称神经元计算机）是智能计算机的重要代表。

第六代生物计算机（又称仿生计算机）：其主要原材料是借助生物工程技术（特别是蛋白质工程）生产的蛋白质分子，以它作为生物集成电路——生物芯片。在生物芯片中，信息以波的形式传递。当波沿着蛋白质分子链传播时，会引起蛋白质分子链中单键、双键结构顺序的改变。因此，当一列波传播到分子链的某一部位时，它们就像硅集成电路中的载流子（电流的载体叫作载流子）那样传递信息。与普通计算机不同的是，由于生物芯片的原材料是蛋白质分子，所以生物计算机芯片既有自我修复的功能，又可直接与生物活体结合。同时生物芯片具有发热少、功耗低、电路间无信号干扰等优点。

计算机科学的创始人被公认为是英国数学家图灵（Alan Mathison Turing，1912～1954 年），1936 年他提出图灵机模型。众所周知，普通计算机都是一种自动计算装置，理论上曾提出过多种计算模型，其中最有普遍性而且功能最强的模型就是图灵机。普通计算机的存储器是有限的，而图灵机的存储器是无限的。已经证明普通计算机的计算能力不会超过图灵机，图灵机只能计算递归函数，普通计算机大量遇到的正是这类函数。但是还存在图灵机不能计算的非递归函数，图灵本人就找到过这样的函数，普通计算机肯定也不能求解这类问题。此外，由于实际机器的许多物理限制，即使理论上由图灵机可解的一些问题，在普通计算机上"实际上"也是不可解的。

计算机科学根植于电子工程、数学和语言学，是科学、工程和艺术的结晶。它在 20 世纪最后的 30 年间兴起成为一门独立的学科，并发展出自己的方法与术语。早期虽然英国的剑桥大学和其他大学已经开始教授计算机科学课程，但它只被视为数学或工程学的一个分支，并非独立的学科。世界上第一个计算机科学系由美国的普渡大学在 1962 年设立，第一个计算机学院于 1980 年由美国的东北大学设立。现在多数大学都把计算机科学系列为独立的部门，一部分将它与工程系、应用数学系或其他学科联合。目前在计算机科学领域排名世界前五的大学是：麻省理工学院、斯坦福大学、加州大学伯克利分校、卡耐基梅隆大学和康奈尔大学。

计算机科学领域的最高荣誉是美国计算机协会（Association of Computing Machinery，ACM）设立的图灵奖，被誉为计算机科学的"诺贝尔奖"。从 1966 年开始，每年奖励在计算机科学研究中获得突出成就的科学家，这被认为是计算机科学领域的最高荣誉，它的获得者都是本领域最为出色的科学家和先驱。华人中首获图灵奖的是姚期智先生，他于 2000 年以其对计算理论做出的诸多"根本性的、意义重大的"贡献而获得这一崇高荣誉。

计算机科学研究受到各国政府的重视，许多国家都制定了长期发展规划。许多著名的计算机研究机构，如 IBM 公司、AT&T 的贝尔（Bell）实验室都对计算机科学的发展做出了重要的贡献。

3.1.2 计算机的分类与计算机科学的研究领域

1. 计算机的分类

一个计算机系统由硬件和软件两部分组成。硬件是由电子的、机械的、磁性的器件组成的物理实体，软件是程序和有关文档的总称。硬件是软件赖以工作的物质基础，软件的正常工作是硬件发挥作用的唯一途径。计算机系统必须配备完善的软件系统才能正常工作，也才能充分发挥硬件的各种功能。由于计算机的种类繁多，通常按用途、规模或处理对象等对计算机的类别进行划分。

（1）按用途划分

1）通用机：用于解决多种一般问题。该类计算机使用领域广泛、通用性较强，在科学计算、数据处理和过程控制等多种用途中都能适用。

2）专用机：用于解决某个特定方面的问题，配有解决某问题的软件和硬件。如在生产过程中的自动化控制、工业智能仪表等方面的专门应用。

（2）按规模划分

1）巨型计算机：用于石油勘探、国防尖端技术和现代科学计算中。巨型机的运算速度可达每秒百万亿次，研制巨型机是衡量一个国家经济实力和科学水平的重要标志。

2）大/中型计算机：具有较高的运算速度，每秒可以执行几千万条指令，而且有较大的存储空间。往往用于科学计算、数据处理或作为网络服务器使用。

3）小型计算机：规模较小、结构简单、运行环境要求较低。一般应用于工业自动控制、测量仪器、医疗设备中的数据采集等。小型机作为巨型计算机系统的辅助机，也扮演着重要角色。

4）微型计算机：中央处理器（CPU）采用微处理器芯片，体积小巧轻便，广泛用于商业、服务业、工厂的自动控制、办公自动化以及大众化的信息处理。

5）工作站：以个人计算环境和分布式网络环境为前提的高性能计算机。工作站不单纯是进行数值计算和数据处理的工具，而且是支持人工智能作业的作业机，通过网络连接包含工作站在内的各种计算机，可以进行资源、信息的共享和负载的分配。

6）服务器：在网络环境下为多个用户提供服务的共享设备，一般分为文件服务器、打印服务器、计算服务器和通信服务器等。

（3）按处理对象划分

1）数字计算机：进行计算机处理时输入和输出的数据都是数字量。

2）模拟计算机：处理的数据对象直接为连续的电压、温度、速度等模拟量。

3）数字模拟混合计算机：输入输出既可以是数字量也可以是模拟量。

2. 计算机科学的研究领域

计算机科学研究的课题是：计算机程序能做什么和不能做什么（可计算性）；如何使程序更高效地执行特定任务（算法和复杂性理论）；程序如何存取不同类型的数据（数据结构和数据库）；程序如何显得更智能（人工智能）；人类如何与程序沟通（人机互动和人机界面）。

目前，计算机科学的研究领域可以概括为以下七个方面。

（1）计算机系统结构的研究

传统的计算机系统基于冯·诺依曼的顺序控制流结构，从根本上限制了计算过程并行性的开发和利用，迫使程序员受制于"逐字思维方式"，从而使程序复杂性无法控制，软件质量无法保证，生产效率无法提高。因此，对新一代计算机系统结构的研究是计算机科学面临的一项艰巨任务。人们已经探索了许多非冯·诺依曼结构，如并行逻辑结构、归约结构、数据流结构等。

智能计算机以及其他新型计算机的研究也具有深远的意义，如光学计算机、生物分子计算机、化学计算机的潜在影响是不可忽视的。计算机构造学也正在发展中。

（2）程序设计科学与方法论的研究

冯·诺依曼系统结构决定了传统程序设计风格的缺陷，如逐字工作方式、语言臃肿无力、缺少必要的数学性质。新一代语言要从面向数值计算转向知识处理，必须从冯·诺依曼设计风格中解放出来。这就需要分析新一代系统语言的模型，设计出新的语言，再由新的语言推出新的系统结构。

（3）软件工程基础理论的研究

软件工程的研究对软件生存期做了合理的划分，引入了一系列软件开发的原则和方法，取得了较明显的效果，但未能从根本上解决"软件危机"问题。软件复杂性无法控制的主要原因在于软件开发的非形式化。为了保证软件质量及开发维护效率，程序的开发过程应是一种基于形式推理的形式化构造过程。从要求规范的形式描述出发，应用形式规范导出算法版本，逐步求精，直至得到面向具体机器指令系统的可执行程序。由于形式规范是对求解问题的抽象描述，信息高度集中，简明易懂，使软件的可维护性得到了提高。显然，形式化软件构造方法必须以科学的程序设计理论和方法为基础，以集成程序设计环境为支持。近年来这些方面虽取得了不少进展，但距离形式化软件开发的要求还相差甚远。因此，这方面仍有不少难题有待解决。

（4）人工智能与知识处理的研究

人工智能的研究正将计算机技术从逻辑处理推向现实世界中自然产生的启发式知识处理，如感知、推理、理解、学习、解决问题等。为了建立以知识为基础的系统，提高计算机解决问题的综合能力，以启发式知识表达为基础的程序语言和程序环境的研究就成为普遍关心的重要课题。

人工智能还包括许多分支领域，如机器视觉、听觉、触觉以及力觉的研究，模式识别与图像处理的研究，自然语言理解与语音合成的研究，智能控制以及生物控制的研究等。总之，人工智能向各方面的深化，对计算机技术的发展将产生深远的影响。

（5）网络、数据库及各种计算机辅助技术的研究

计算机通信网络覆盖面的日趋扩大，各行业数据库的深入开发，各种计算机辅助技术如计算机辅助设计（Computer-Aided Design，CAD）、计算机辅助制造（Computer-Aided Manufacturing，CAM）和计算机集成制造系统（Computer-Integrated Manufacturing System，CIMS）等的广泛使用，为计算机科学提出了许多值得研究的问题，如编码理论、数据库的安全与保密、异种机联网与网间互联技术、显示技术与图形学、图像数据压缩、存储及传输技术的研究等。

（6）理论计算机科学的研究

自动机及可计算性理论的研究（如图灵机的理论研究）还有许多工作可做。理论计算机科学使用的数学工具主要是信息论、排队论、图论、符号逻辑等，这些工具本身也需要进一步发展。

（7）计算机科学史的研究

在计算机科学的发展史上，有许多丰富有趣的史料，它们同样是人类精神宝库的重要财富。

计算机科学与技术学科只有短短的几十年历史，与数学、物理学等相比，还是一门很年轻的学科，但是，它已经具有相当丰富的内容，并且正迅速成长为一个覆盖面很广的基础学科。

3.1.3 计算机的特点和应用

1. 计算机的主要特点

1）处理速度快：计算机的运算速度用 MIPS（每秒钟执行多少百万条指令）来衡量。

2）计算精度高：数的精度主要由表示这个数的二进制码的位数决定。

3）记忆能力强：存储器能存储大量的数据和计算机的程序。内部记忆能力，是计算机与其他计算工具的一个重要区别。

4）可靠的逻辑判断能力：具有可靠的逻辑判断能力是计算机的一个重要特点，是计算机能实现信息处理自动化的重要原因。

5）自动控制：计算机内部的操作运算全是根据人为事先编制好的程序自动控制进行的。

2. 计算机的主要应用

（1）数值计算

计算机广泛地应用于科学和工程技术方面的计算，这是计算机应用的一个基本方面。如人造卫星轨迹计算、导弹发射的各项参数的计算、房屋抗震强度的计算等。

（2）数据处理

在计算机应用普及的今天，计算机更多地应用在数据处理方面。目前，文字处理软件、电子报表软件的使用已非常广泛，在办公自动化方面发挥着巨大作用。

（3）自动控制

自动控制也是计算机应用的一个重要方面。在生产过程中，采用计算机处理信息，进行自动控制，可以大大提高产品的数量和质量，提高劳动生产率，改善人们的工作条件，节省原材料的消耗，降低生产成本等。

（4）辅助工程

CAD、CAM 和 CIMS 是计算机辅助工程的三个重要方面。CAD 是借助计算机进行设计的一项实用技术，采用 CAD 可实现设计过程的自动化或半自动化。CAM 是借助计算机帮助人们完成工业产品的制造任务。CIMS 是将计算机技术集成到制造企业的整个制造过程中，并综合运用现代管理技术、制造技术、信息处理技术、自动化技术、系统工程技术，将企业生产全部过程中有关的人、技术、经营管理三要素及信息与物流有机集成并优化运行的复杂的大系统。计算机辅助工程可缩短工程周期，提高工程效率，保证工程质量。

（5）辅助教学

计算机辅助教学（Computer-Aided Instruction，CAI）是利用计算机对学生进行教学。CAI 的专用软件称为课件。从课件的制作到远程教学，从辅助学生自学到辅助教师授课等，均可在计算机的辅助下进行，从而提高教学质量和效率。

（6）人工智能

计算机有记忆能力，又擅长逻辑推理，因此计算机可以对人的思维过程进行模拟。这就是计算机的人工智能。例如，在很多场合下，装上电脑的机器人可以代替人们进行繁重的、危险的体力劳动和部分简单重复的脑力劳动。

（7）计算机通信

计算机通信是计算机技术与通信技术结合的产物，计算机网络技术的发展将处在不同地域的计算机用通信线路连接起来，配以相应的软件，达到资源共享的目的。

（8）娱乐活动

我们可以在多媒体计算机上看视频、听音乐、玩游戏、在网上和朋友聊天等。

3.2 计算机中信息的表示

计算机最主要的功能是信息处理，要使计算机能处理信息，首先必须将各类信息转换成由二进制数 0 和 1 表示的代码，这一过程称为编码。计算机能处理的数据除了数值之外，更多的是字符、图像、图形、声音等非数值信息所对应的数据。在计算机内部，各种信息都必须经过数字化编码后才能被传送、存储和处理。因此要了解计算机的工作原理，就必须了解编码知识，掌握信息编码的概念与处理技术是很重要的。

3.2.1 计算机中数据的表示

1. 数制

由于计算机中采用二进制数码来表示信息，因此，了解和掌握数制是十分必要的。用一组统一的符号和规则来表示数的方法就称为进位计数制，简称数制。按照进位方法不同，数制又分为二进制、十进制和十六进制等。日常生活中最常用的是十进制数，而在计算机中最常用的是二进制和十六进制。数制中的三个术语如下。

（1）数位

数位是指数码在一个数中所处的位置，例如数字 1235.67

    处在 0 位上的数字是 5
    处在 1 位上的数字是 3
    ...
    处在-1 位上的数字是 6
    处在-2 位上的数字是 7

通常小数点左侧的位数用 n 表示，右侧的位数用 m 表示。

（2）基数

基数是指在数位上所能使用的数码的个数，例如在十进制计数中，每个数位上可以使用的数码为 0～9 十个数码，即其基数为 10。

（3）位权

一个数字放在不同的数位上，表示的大小是不一样的，例如数字 6 放在 0 位（个位）上，其大小为 6，即 $6×10^0$，放在 1 位（十位）上，表示 60，即 $6×10^1$；也就是说一个数字放在不同的数位上，其大小是该数字乘一个固定的数值，这个固定的数值叫位权。

十进制数有 10 个基本数码 0～9，进位原则是逢 10 进 1，基数为 10，依照这个规律，二进制数的数码为 0 和 1，进位原则是逢 2 进 1，基数为 2。十进制与二进制的对应关系如表 3-1 所示。

表 3-1　十进制与二进制的对应关系表

十进制数	0	1	2	3	4	5	6	7	8	9
二进制数	0	1	10	11	100	101	110	111	1000	1001

2．计算机中为什么要使用二进制数

（1）实现容易

二进制数只有两个数码：0 和 1，电子器件的物理状态有两种稳定状态的很多，因而实现容易。例如，晶体管的导通和截止、脉冲的有和无等，都可以用来表示二进制的 1 和 0。

（2）运算规则简单

例如，一位二进制数的加法运算和一位二进制数的乘法运算规则为：

$0+0=0$　　　　　　　　　　　　　　$0×0=0$
$0+1=1+0=1$　　　　　　　　　　　　$0×1=1×0=0$
$1+1=10$（逢二向高位进一）　　　　　$1×1=1$

而减法和除法是加法和乘法的逆运算，根据上述规则，很容易实现二进制的四则运算。

（3）能方便地使用逻辑代数

二进制数的 0 和 1 与逻辑代数的"假"和"真"相对应，可使算术运算和逻辑运算共用一个运算器，易于进行逻辑运算。逻辑运算与算术运算的主要区别是：逻辑运算是按位进行的，没有进位和借位。

（4）记忆和传输可靠

电子元器件对应的两种状态是一种质的区别，而不是量的区别，识别起来较容易。用来表示 0 和 1 的两种稳定状态的电子元器件抗干扰能力扰强、存储量大且可靠性好，不易出错。

3．数制之间的转换

（1）非十进制数（R 进制）转换成十进制数

方法：按照位权展开求和扩展到一般形式，一个 R 进制数，基数为 R，用 $0，1，\cdots，R-1$ 共 R 个数字符号来表示，且逢 R 进一，因此，各位的位权是以 R 为底的幂。

一个 R 进制数的按位权展开式为：

$$(N)_R = k_{n-1} \times R^{n-1} + \cdots + k_0 \times R^0 + k_{-1} \times R^{-1} + k_{-2} \times R^{-2} + \cdots + k_{-m} \times R^{-m}$$

其中，R 进制数 N 整数部分位数有 n 位，小数部分位数有 m 位。例如：十进制数 $1999.123 = 1 \times 10^3 + 9 \times 10^2 + 9 \times 10^1 + 9 \times 10^0 + 1 \times 10^{-1} + 2 \times 10^{-2} + 3 \times 10^{-3}$。从该例子可以看出，任何一个十进制数都可以按照位权展开求和，而且等式两边的结果是相等的，那么对于二进制而言当然也可以。同样八进制、十六进制等 R 进制转换成十进制的方法为：先为该数进行标位（方法：以小数点为分界线，整数部分方向从右向左从 0，1……进行标位，小数部分从左向右从 -1，-2……进行标位），按照位权展开求和就完成了。

（2）十进制转换成非十进制（R 进制）

方法：将十进制数转化为 R 进制数，只要对其整数部分采用除以 R 取余法（余数为 0 为止），最后将所取余数按逆序排列；而对其小数部分，采用乘 R 取整法（每一次的乘积必须变为纯小数然后再作乘法，将所取整数按顺序排列）。

例如(179.48)$_{10}$ 转换为二进制数。

通过分别对整数部分与小数部分求解如下。

```
整数部分179除2取余    低位      小数部分0.48乘2取整    高位
   2 | 179                       0.48×2=0.96   ………0
   2 | 89  ………1                  0.96×2=1.92   ………1
   2 | 44  ………1                  0.92×2=1.84   ………1
   2 | 22  ………0                  0.84×2=1.68   ………1
   2 | 11  ………0                  0.68×2=1.36   ………1
   2 | 5                          0.66×2=0.72   ………0
   2 | 2   ………1                  0.72×2=1.44   ………1
   2 | 1   ………0                  0.44×2=0.88   ………0
       0   ………1   高位                           低位
```

其中，$(179)_{10}=(10110011)_2$，$(0.48)_{10}=(0.0111101)_2$（近似取 7 位）。

即$(179.48)_{10}= (10110011.0111101)_2$。

一个十进制的整数可以精确地转化为一个二进制整数，但是一个十进制的小数并不一定能够精确地转化为一个二进制小数。

与十进制数转化为二进制数类似，当我们将十进制小数转换为八进制或十六进制小数的时候，同样也会遇到不能精确转化的问题。那么，到底什么样的十进制小数才能精确地转化为一个 R 进制的小数呢？

事实上，一个十进制纯小数 p 能精确表示成 R 进制小数的充分必要条件是此小数可表示成 k/R^m 的形式（其中，k、m、R 均为整数，k/R^m 为不可约分数）。

证明过程如下。

必要性：如 p 能精确表示成 R 进制小数，则令：

$$p = l_1R^{-1}+l_2R^{-2}+,\cdots,+l_iR^{-i} \tag{3-1}$$

其中，$l_1,l_2,\cdots,l_i$ 为小于 R 的整数，即 p 可精确表示成 R 进制小数 $0.l_1l_2\cdots l_i$。

由式（3-1）可得：

$$p=R^{-i}(l_1R^{i-1}+l_2R^{i-2}+,\cdots,+l_i) \tag{3-2}$$

式（3-2）括号内显然为一整数，令其为 k，又令 $m=i$，则 $p=k/R^m$ 的必要性得证。

充分性：若 $p=k/R^m$，如 $k<R$ 则 p 可精确表示为 R 进制小数 $0.00\cdots k$，其中，0 共有 $m-1$ 个；如 $k>R$ 则可把 k 表示成：

$$k=qR+a \tag{3-3}$$

其中 q、a 均为整数且 $a<R$，因此有：

$$p=q/R^{m-1}+a/R^m \tag{3-4}$$

式（3-4）中若 $q<R$，则命题得证，若 $q>R$ 则继续重复（3-3）式直至 $q<R$ 即可。

3.2.2 计算机中数值的表示

数值型数据由数字组成，表示数量，用于算术操作中。例如，你的年收入就是一个数值型数据，当需要计算个人所得税时就要对它进行算术操作。本节将讨论计算机中数值的表示方法。

在计算机中，数值型的数据有两种表示方法，一种叫作定点数，另一种叫作浮点数。所谓定点数，就是在计算机中所有数的小数点位置固定不变。定点数有两种：定点小数和定点整数。定点小数将小数点固定在最高数据位的左边，因此它只能表示小于 1 的纯小数。定点整数将小数点固定在最低数据位的右边，因此定点整数表示的也只是纯整数。由此可见，定点数表示数的范围较小。

为了扩大计算机中数值数据的表示范围，将 12.34 表示为 $0.1234×10^2$，其中 0.1234 叫作尾数，10 叫作基数，可以在计算机内固定下来。2 叫作阶码，若阶码的大小发生变化，则意味着实际数据小数点的移动，我们把这种数据叫作浮点数。由于基数在计算机中固定不变，因此可以用两个定点数分别表示尾数和阶码，从而表示这个浮点数。其中，尾数用定点小数表示，阶码用定点整数表示。在计算机中，无论是定点数还是浮点数，都有正负之分。在表示数据时，专门有 1 位或 2 位表示符号，对单符号位来讲，通常用"1"表示负号；用"0"表示正号。对双符号位而言，则用"11"表示负号；"00"表示正号。通常情况下，符号位都处于数据的最高位。

（1）定点数的表示

一个定点数，在计算机中可用不同的码制来表示，常用的码制有原码、反码和补码三种。不论用什么码制来表示，数据本身的值并不发生变化，数据本身所代表的值叫作真值。

1）原码的表示

如果真值是正数，则最高位为 0，其他位保持不变；如果真值是负数，则最高位为 1，其他位保持不变。

2）反码的表示

如果真值是正数，则最高位为 0，其他位保持不变；如果真值是负数，则最高位为 1，其他位按位求反。

反码跟原码相比较，符号位虽然可以作为数值参与运算，但计算完后，仍需要根据符号位进行调整。另外 0 的反码同样也有两种表示方法：+0 的反码是 00000000，-0 的反码是 11111111。为了克服原码和反码的上述缺点，人们又引进了补码表示法。补码的作用在于能把减法运算化成加法运算，现代计算机中一般采用补码来表示定点数。

3）补码的表示

若真值是正数，则最高位为 0，其他位保持不变；若真值是负数，则最高位为 1，其他位按位求反后再加 1。

（2）浮点数的表示

浮点数的表示法类似于科学计数法，任一数均可通过改变其指数部分，使小数点发生移动，如数 23.45 可以表示为 $10^1×2.345$、$10^2×0.2345$、$10^3×0.02345$ 等不同形式。浮点数的一般表示形式为：$N=2^E×D$，其中，D 称为尾码，E 称为阶码，如图 3-3 所示。

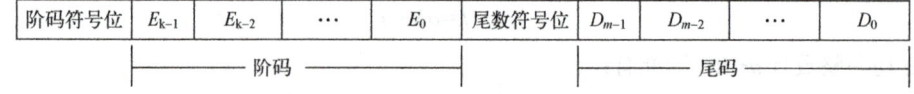

图 3-3　浮点数的表示

对于不同的机器，阶码和尾码各占多少位，分别用什么码制进行表示都有具体规定。在实际应用中，浮点数的表示首先要进行规格化，即转换成一个纯小数与 2^m 之积，并且小数点后的第一位是 1。

例：写出浮点数$(-101.11101)_2$ 的机内表示（阶码用 4 位原码表示，尾码用 8 位补码表示，阶码在尾数之前）。

解：$(-101.11101)_2=(-0.10111101)_2×2^3$，可见阶码为 3，用原码表示为 0011，尾码为-0.10111101，用补码表示为 1.01000011。因此，该数在计算机内表示为：00111.01000011。

3.2.3 计算机中非数值信息的编码

我们知道,计算机只认识"0""1"代码,因此,为了使计算机能够识别其他的数和字符,必须对其进行二进制编码。下面介绍几种常见的编码及其特性。

3-1 神秘的编码

1. 十进制数的二进制编码

在计算机中,十进制数除了被转换成二进制数参加运算外,还可以直接进行输入和运算。但此时的十进制数是二进制编码的十进制数(即形式上是"0""1"代码,实质上却为十进制数)。

用一定规则组成的四位二进制数来表示一位十进制数的方法,称为十进制数的二进制编码或二进制编码的十进制数(Binary Coded Decimal,BCD)。由于十进制数的最大数符为 9,故至少需要四位二进制数码才行。一般采用四位二进制数来表示一位十进制数,而四位二进制数的组合有 16 种,十进制数只取其中十种,还多余六个代码。因此,十进制数的二进制编码方法有多种,不同的编码方法产生不同的 BCD 码,而目前使用最广泛的 BCD 码是 8421 码。8421 码是用四位二进制编码表示一位十进制数,且逢十进位。四位二进制码的各位的权值自左到右分别为 8、4、2、1,故称 8421 码。即取四位二进制数的前面十种代码 0000~1001 依次表示 0~9 这十个数符。8421 码中不允许出现 1010~1111 这六个代码。注意:不能将其与二进制数混淆起来。

例:$(01000111)_{BCD}=(47)_{10}$;$(01000111)_2=(71)_{10}$

2. 字符的二进制编码

字母、数字、汉字和符号统称为字符,而用来表示字符的二进制码称为字符编码。人们使用计算机的基本手段是通过键盘与计算机交互,从键盘上输入的各种命令都是以字符形式体现的。然而,由于计算机只识别"0""1"代码,这就需要对字符进行编码,并由计算机自动转换为"0""1"代码形式存入计算机中。常用的字符编码有 ASCII 码和汉字编码等。

(1)ASCII 码

ASCII(American Standard Code for Information Interchange)码常用 7 位二进制进行编码,共可表示 $2^7=128$ 个字符。ASCII 码的最高位 b7(最低位为 b0)常作为奇偶校验位。所谓奇偶校验,是指代码传送过程中用来检验是否出现错误的一种方法,分奇校验和偶校验两种。常见字符 ASCII 码如:'A'=41H,'B'=42H,…依次加一即得。'a'=61H,'b'=62H,…依次加一即得。'0'=30H,'1'=31H,…依次加一即得,如表 3-2 所示。

表 3-2 ASCII 码字符表

ASCII 值	控制字符	ASCII 值	控制字符	ASCII 值	控制字符	ASCII 值	控制字符
0	NUT	11	VT	22	SYN	33	!
1	SOH	12	FF	23	TB	34	"
2	STX	13	CR	24	CAN	35	#
3	ETX	14	SO	25	EM	36	$
4	EOT	15	SI	26	SUB	37	%
5	ENQ	16	DLE	27	ESC	38	&
6	ACK	17	DCI	28	FS	39	,
7	BEL	18	DC2	29	GS	40	(
8	BS	19	DC3	30	RS	41	)
9	HT	20	DC4	31	US	42	*
10	LF	21	NAK	32	(space)	43	+

（续）

ASCII 值	控制字符	ASCII 值	控制字符	ASCII 值	控制字符	ASCII 值	控制字符
44	,	65	A	86	V	107	k
45	-	66	B	87	W	108	l
46	.	67	C	88	X	109	m
47	/	68	D	89	Y	110	n
48	0	69	E	90	Z	111	o
49	1	70	F	91	[	112	p
50	2	71	G	92	\	113	q
51	3	72	H	93	]	114	r
52	4	73	I	94	^	115	s
53	5	74	J	95	—	116	t
54	6	75	K	96	`	117	u
55	7	76	L	97	a	118	v
56	8	77	M	98	b	119	w
57	9	78	N	99	c	120	x
58	:	79	O	100	d	121	y
59	;	80	P	101	e	122	z
60	<	81	Q	102	f	123	{
61	=	82	R	103	g	124	|
62	>	83	S	104	h	125	}
63	?	84	T	105	i	126	~
64	@	85	U	106	j	127	DEL

（2）汉字编码

计算机中汉字的表示也是用二进制编码，同样是人为编码的。根据应用目的的不同，汉字编码分为外码、交换码、机内码和字形码。汉字编码处理信息过程如图 3-4 所示。

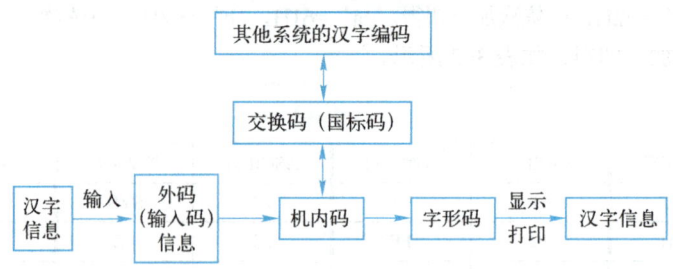

图 3-4　汉字编码处理信息过程

1）汉字输入码（外码）：方便人工通过输入设备输入汉字而设计的。如：区位码、智能 ABC 码、五笔字型码。

2）国标码（交换码）：用于汉字信息处理系统之间或通信系统之间进行信息交换，国标 GB 2312-80 制定了汉字交换码的标准。国标码任何一个汉字或图形符号都用两个 7 位的二进制数表示，计算机中用两个字节表示，每个字节的最高位为 0，剩余 7 位为汉字或图形的二进制编码。国标码字符集中收集了常用汉字和图形符号 7445 个，其中图形符号 682 个，汉字 6763 个，根据汉字使用频率的高低、构词能力的强弱、实际用途的大小划分为两级汉字，一级汉字 3755 个，二级汉字 3008 个。

区位码是国标码的另一种表现形式,把国标 GB 2312-80 中的汉字、图形符号组成一个 94×94 的方阵,分为 94 个"区",每区包含 94 个"位",其中"区"的序号从 01～94,"位"的序号也是从 01～94。94 个区中位置总数为 94×94=8836 个,其中 7445 个汉字和图形字符每个占一个位置后,还剩下 1391 个空位,这 1391 个位置空下来保留备用。所以给定区位值,用 4 位数字都可以确定一个汉字或图形符号,其中前两位是"区"号,后两位是"位"号。如"汉"字的区位码是"2626","吴"字的区位码是"4666","邢"字的区位码是"4847"等(一般区位码用十进制表示)。

3)机内码:供计算机系统内部进行汉字存储、加工处理、传输统一使用的代码,俗称变形国标码。汉字机内码、国标码和区位码三者之间的关系为:区位码(十进制)的两个字节分别转换为十六进制后加 2020H 得到对应的国标码;机内码是汉字交换码(国标码)两个字节的最高位分别加 1,即汉字交换码(国标码)的两个字节分别加 80H 得到。用公式表示为:国标码=区位码+2020H;机内码=国标码+8080H;机内码=区位码+A0A0H。如"汉"字的区位码用十六进制表示后是"1A1A","吴"字的区位码用十六进制表示后是"2E42","邢"字的区位码用十六进制表示后是"302F",然后计算出国标码分别对应"3A3A""4E62""504F",最后计算出机内码分别对应为"BABA""CEE2""D0CF"。

4)字形码:字形码是汉字的输出码,输出汉字时都采用图形方式,无论汉字的笔画多少,每个汉字都可以写在同样大小的方块中,通常用 16×16 点阵来显示汉字。

(3)UTF-8 编码

正如前面所说的中国政府推出了 GB 2312 字符集,那么其他国家、跨国公司自然也会推出自己的字符集。人们迫切需要一种规则,希望能推动全球文字编码和字符集标准都统一,但又不能废除各地方性的编码方案。Unicode 选择创建了一套完全独立的标记方式——Unicode Scalar Values,这个方案与 ASCII 等内码数值方案完全不同,同时为了兼容其他主流方案,Unicode 还推出了 Unicode 的转换格式(Unicode Transformation Format,UTF),常见的有 UTF-8、UTF-16 和 UTF-32。其中 UTF-32 是一个固定四字节的编码方案,它的码点(一个由标准的 Unicode 编码规定的数字)与 Unicode Scalar Values 是一一对应的;UTF-16 是双字节和四字节切换的方案;UTF-8 是变长的,单字节时兼容 ASCII。

UTF-8 是目前互联网上使用最广泛的一种 Unicode 编码方式,它可以使用 1～4 个字节表示一个字符,根据字符的不同变换长度。UTF-8 规则只有两条:①对于单字节的符号,字节的第一位设为 0,后面 7 位为这个符号的码点。因此对于英文字母,UTF-8 编码和 ASCII 编码是相同的。②对于 n 字节的符号($n>1$),第一个字节的前 n 位都设为 1,第 $n+1$ 位设为 0,后面字节的前两位一律设为 10。其他二进制位,全部为这个符号的码点。具体转换规则如表 3-3 所示。需要指出的是,中文在 UTF-8 中并不一定占三个字节,经常会看到一些经验丰富的程序员会认为一个中文字符在 GBK 中是两个字节,转为 UTF-8 是三个字节,实际上并不然。需要看这个字符是不是在 Unicode 的基本平面上,有些汉字可能会占 4～6 个字节。例如"汉"的 Unicode 码点是 0x6c49(110 1100 0100 1001),通过下面的对照表可以发现,0x6c49 位于第三行的范围,那么得出其格式为 1110xxxx 10xxxxxx 10xxxxxx。接着,从"汉"的二进制数最后一位开始,从后向前依次填充对应格式中的 x,多出的 x 用 0 补上。这样,就得到了"汉"的 UTF-8 编码为 11100110 10110001 10001001,转换成十六进制就是 0xE6B189。

表 3-3 Unicode 和 UTF-8 之间的转换关系表(x 是码点占据的位)

码点位数	码点范围	字节序列	Byte 1	Byte 2	Byte 3	Byte 4	Byte 5	Byte 6
7	0000-007F	1	0xxxxxxx					
11	0080-07FF	2	110xxxxx	10xxxxxx				

(续)

码点位数	码点范围	字节序列	Byte 1	Byte 2	Byte 3	Byte 4	Byte 5	Byte 6
16	0800-FFFF	3	1110xxxx	10xxxxxx	10xxxxxx			
21	010000-1FFFFF	4	11110xxx	10xxxxxx	10xxxxxx	10xxxxxx		
26	0200000-3FFFFFF	5	111110xx	10xxxxxx	10xxxxxx	10xxxxxx	10xxxxxx	
31	4000000-7FFFFFFF	6	1111110x	10xxxxxx	10xxxxxx	10xxxxxx	10xxxxxx	10xxxxxx

3.3 计算机的硬件系统

计算机的体系结构指的是构成计算机系统主要部件的总体布局、部件的主要性能以及这些部件之间的连接方式。

3.3.1 冯·诺依曼体系结构

从 20 世纪初开始,科学家们就在争论应该采用什么样的结构制造可以进行数值计算的机器。人们被十进制这个人类习惯的计数方法所困扰。20 世纪 30 年代中期,美籍匈牙利科学家冯·诺依曼(如图 3-5 所示)大胆地提出:抛弃十进制,采用二进制作为数字计算机的数制基础,同时提出存储程序和程序控制的思想,即预先编制计算程序,并将其存放在计算机的存储器中,然后由计算机按照程序顺序执行来完成计算工作。人们把冯·诺依曼的这个理论称为冯·诺依曼体系结构。世界上第一台冯·诺依曼式计算机(即实现存储程序功能的计算机)是 1949 年研制的 EDSAC(Electronic Delay Storage Automatic Calculator,电子延迟存储自动计算机)。从 EDSAC 到当前最先进的计算机都采用的是冯·诺依曼体系结构。由于冯·诺依曼对计算机技术的突出贡献,因此他被称为"计算机之父"。

图 3-5　冯·诺依曼

3.3.2 计算机硬件系统与微机硬件结构

计算机的硬件系统是指构成计算机的一些看得见、摸得着的实际物理设备,是计算机工作的物质基础。根据冯·诺依曼体系结构构成的计算机必须具有如下功能:把需要的程序和数据送至计算机中;具有长期记忆程序、数据、中间结果及最终运算结果的能力;能够完成各种算术、逻辑运算和数据传送等数据加工处理的工作;能根据需要控制程序走向,并能根据指令控制机器的各部件协调操作;能够按照要求将处理结果输出给用户。为了完成上述功能,计算机硬件系统一般由五个基本部件组成(如图 3-6 所示):输入数据和程序的输入设备;记忆程序和数据的存储器;完成数据加工处理的运算器;控制程序执行的控制器;输出处理结果的输出设备。

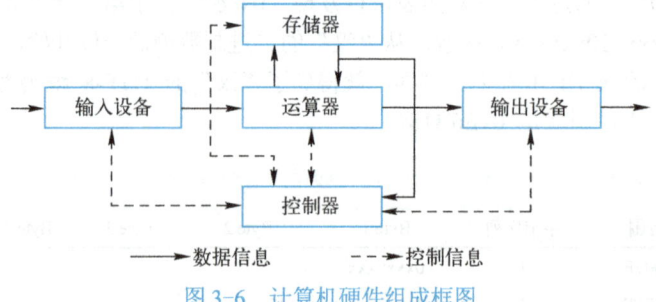

图 3-6　计算机硬件组成框图

微型计算机（Microcomputer）简称微机，其硬件与普通定义下的计算机硬件一样也是由运算器、控制器、存储器、输入和输出设备组成。但微机系统由于体积小，其控制器和运算器一般是集成在一块芯片上，称为中央控制单元，也叫微处理器（Microprocessor Unit，MPU）。微机就是以微处理器为核心，再配上存储器、接口电路（适配器）、系统总线和外部设备等构成的。从外观上看，微机硬件由主机和外部设备构成。微机的主机箱里有一块印制电路板（即主板）。通常微机的重要部件都集成在主板上，主要包括 CPU 和内存储器，还有总线槽、插座、电池以及外设接口卡等。微机的外部设备主要包括输入设备、输出设备以及外存储器等。硬盘、光驱等外存储器一般都安装在主机箱内。外部设备必须通过接口电路（适配器）与主机打交道。

微机是由若干系统部件构成的，各部件之间存在大量的信息流动，因此系统与系统之间，部件与部件之间以及同一部件上各芯片之间需要用通信线路连接起来，这种通信连线即总线。根据总线所在位置，总线分为内部总线和外部总线两类。内部总线是指 CPU 内各部件的连线，而外部总线是指系统总线，即 CPU 与存储器、输入/输出系统之间的连线。例如，微处理器内部的控制器、运算器、寄存器之间通过内部总线连接，而系统主板上的 CPU、存储器、接口电路等则是通过外部总线（即系统总线）连接，构成主机。最后再配上所需要的外部设备，组成一个完整的微机系统，如图 3-7 所示。

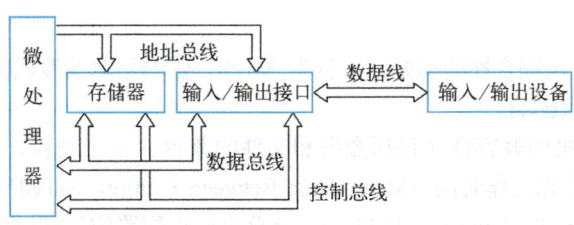

图 3-7　微型计算机硬件组成框图

（1）中央处理器（微处理器）

CPU 是微型计算机的核心，其基本功能是进行数据的算术运算和逻辑运算，暂存数据并控制和指挥其他部件协调一致的工作。

（2）存储器

微型计算机的内存储器是集成度高、容量大、体积小、功耗低的半导体存储器。内存储器根据信息存取方式的不同分为随机存取存储器（Random Access Memory，RAM）和只读存储器（Read Only Memory，ROM）两类。

（3）输入/输出（Input/Output，I/O）

I/O 子系统一般包括 I/O 接口电路与 I/O 设备。I/O 接口电路是介于计算机和外部设备之间的电路。I/O 接口电路的基本功能如下。

1）缓存数据，使各种速度的外部设备与计算机速度相匹配。

2）信号变换，使各种电气特性不同的外部设备与计算机相连接。

3）相互联络，使外部设备的输入/输出与计算机操作同步。

（4）总线

总线是一组公共的信息传输线，用以连接计算机的各个部件。内部总线位于芯片内部，外部总线把中央处理器、存储器和 I/O 设备连接起来，用来传输各部件之间的通信信息。微型计算机总线按功能可分为地址总线、数据总线和控制总线，三者特点分别如下。

1）数据总线（Data Bus）：用于各部件之间传输数据信息，数据可朝两个方向传送，属于双向总线。

2）地址总线（Address Bus）：用于传输通信所需的地址，指明数据的来源和目的，是单向总线。

3）控制总线（Control Bus）：用于传送 CPU 对存储器或 I/O 设备的控制命令和 I/O 设备对 CPU 的请求信号，使微型计算机各部件能协调工作。

微型计算机采用标准总线结构，使整个系统中各部件之间相互关系变为面向总线的单一关系。凡符合总线标准的功能部件和设备都可以互换和互连，提高微机系统的通用性和可扩展性。

3.3.3 计算机的主要性能指标

计算机的主要性能指标如下。

1）主频（时钟频率）：是指 CPU 在单位时间内输出的脉冲数。它在很大程度上决定了计算机的运行速度，单位是 MHz 或 GHz。

2）字长：是指计算机的运算部件能同时处理的二进制数据的位数。字长决定了计算机的运算精度。

3）内存容量：是指内存中能存储的信息总字节数。通常以 8 个二进制位（Bit）作为一个字节（Byte）。

4）存取周期：存储器连续两次独立的"读"或"写"操作所需的最短时间。单位是纳秒（ns，$1ns=10^{-9}s$）。存储器完成一次"读"或"写"操作所需的时间称为存储器的访问时间（或读写时间）。

5）运算速度：是一项综合性的指标，单位为 MIPS。影响运算速度的因素主要是主频和存取周期，字长和存储容量也有影响。

其他指标有：计算机的兼容性（包括数据和文件的兼容、程序兼容、系统兼容和设备兼容）、系统的可靠性（平均无故障工作时间（Mean Time Between Failure，MTBF））、系统的可维护性（平均修复时间（Mean Time To Repair，MTTR））、计算机允许配置的外部设备的最大数目、计算机系统的汉字处理能力、数据库管理系统及网络功能等。性价比是一项综合性评价计算机性能的指标。

3.3.4 计算机的工作原理

只要给计算机发一些指令，它就会执行某项功能。不过，这些指令并不是直接发给要控制的硬件，而是先通过输入设备接收指令，再由中央处理器来处理这些指令，最后才由输出设备输出结果。计算机的工作原理就是存储程序和程序控制的原理。先将编制好的计算程序输入，并存放在内存中。计算机的基本工作过程就是执行程序（指令的有序集合）的过程，即 CPU 自动从存放程序的第一个存储单元起，逐步取出指令（完成某个基本操作的命令）、分析指令，并根据指令规定的操作类型和操作对象，执行指令规定的相关操作。如此重复，直至执行完程序的所有指令，从而实现程序的基本功能。

3.4 计算机的软件系统

3.4.1 计算机软件的基础知识

计算机软件是指用计算机语言编写的程序，以及运行程序所需的文档、数据。软件的功能是利用计算机本身提供的逻辑功能来合理地组织计算机的工作，以便简化或代替人们使用计算机过程中的各个环节，并为用户提供一个便于掌握、操作简便的工作环境。在计算机产生的初期，人们普遍认为软件就是程序。1983 年，IEEE 给软件下了一个明确的定义：软件是计算机程序、方法、规则相关的文档以及在计算机上运行所必需的数据。计算机软件系统又可以分为系统软件、应用软件和数据库管理软件。

(1) 系统软件

系统软件是一种综合管理计算机硬件和软件资源，为用户提供工作环境和开发工具的大型软件；是提供给用户的系统资源；也是用户、应用软件和计算机硬件之间的接口。系统软件主要有操作系统、各种程序语言的翻译系统、诊断程序和故障处理程序、数据库管理系统、网络软件等。操作系统是计算机的大管家，它负责管理和控制计算机各个部件协调一致地工作，是一个最基本、最重要的系统软件。一台计算机必须安装了操作系统才能正常工作。目前计算机上常见的操作系统有Windows、macOS、UNIX、Linux，还有 Netware、MS-DOS、ChromeOS 等其他使用不多的系统和新推出的华为鸿蒙系统。

(2) 应用软件

应用软件是计算机用户在各自应用领域中为解决某些具体问题而使用的软件，如文字处理软件Word 等。还有为各种用途编制的专用软件，如财务管理软件、辅助教学软件等。

(3) 数据库管理软件

人们用计算机进行信息处理的主要目的是为了从大量的数据中提取所需要的相关信息，这就要求对数据进行组织、存储、维护和使用。随着计算机技术的发展，数据管理的方法也在发展，从人工管理、文件管理最终发展成使用数据库系统来管理数据。

数据库管理系统（Database Management System，DBMS）是数据库系统中对数据进行管理的软件。它可以完成数据库的定义和建立、数据库的基本操作、数据库的运行控制等功能。目前比较流行的数据库管理系统有 MySQL、Oracle、SQL Server、Sybase 和 DB2 等，其中 MySQL 就是一种常用的基于关系模型的数据库管理系统。

3.4.2 程序设计基础

1. 程序设计语言

计算机将根据人们预定的安排，自动进行数据的快速加工处理。人们预定的安排是通过一连串指令来表达的，这个指令序列就称为程序。一个指令规定了计算机执行一个基本操作，一个程序规定了计算机要完成的一系列任务。人们要利用计算机解决实际问题，一般首先要编制程序。程序设计语言就是用户来编写程序的语言，它是人们与计算机之间交换信息的工具。通常，用户在用程序设计语言编写程序时，必须满足相应的语法格式，并且逻辑要正确。只有这样，计算机才能根据程序中的指令做出相应的动作，最后完成用户所要求完成的各项工作。程序设计语言是软件系统的重要组成部分，一般可分为机器语言、汇编语言和高级语言三类。

(1) 计算机指令

一种计算机所能识别的一组不同指令的集合，称为该种计算机的指令集或指令系统。计算机的指令一般由两部分组成：指令操作码和指令操作数；操作码表示计算机要执行的基本操作，操作数则表示运算的数值或该数值存放的地址。

一种计算机的指令集能比较充分地说明该种机器的运算和处理能力，一般微型计算机有几十条到几百条不同的指令，这些指令按其操作功能的不同可分为数据处理指令、数据传送指令、程序控制指令、状态管理指令四大类。需要注意的是，并非所有的计算机都具有上述全部各类的指令，指令系统完备可以使程序较短，且运行速度较快。但较大的指令集必然会使指令变长，使机器结构复杂。实际上，当指令集中缺少某一些指令时，完全可以在程序设计中用其他指令的组合来完成同样的操作。例如，乘法指令可用加法指令实现，除法指令可用减法指令实现。

计算机的指令集与硬件结构密切相关，而且还会影响到系统软件和应用软件，因此，指令集是设计一台计算机的基本出发点。由此，人们针对不同的指令集，设计了"复杂指令集计算机"

（Complex Instruction Set Computer，CISC）和"精简指令集计算机"（Reduced Instruction Set Computer，RISC）。CISC 使用的指令集较为复杂，当前不少计算机的指令多达几百条。数量庞大的指令虽然有利于程序设计，但也会使计算机的研制周期变长，系统难以调试和维护，并有可能降低系统的整体性能。和 CISC 相反，RISC 不仅简化了指令的数量使计算机的结构更加简单合理，而且还通过减少程序执行的机器周期数来提高计算机的速度，但由于指令的简化，因此存在着不兼容的问题。

（2）机器语言

所谓机器语言，是指直接用计算机指令作为语句与计算机交换信息，一条机器指令就是一个机器语言的语句。机器指令是用一串 0 和 1 不同组合的二进制编码表示的，看起来形似二进制数，当代表指令时，实际上是使计算机完成某个规定的动作。指令的格式和含义是设计者规定的，一旦规定好之后，硬件电路就要严格根据这些规定设计和制造，所以制造出来的机器也只能识别这种二进制信息。不同的机器，指令的编码不一样，指令系统中的指令条数也不同。具体指令因机器不同而异，是面向机器的。

直接使用机器语言编写程序是很困难的。指令难记、容易出错，而且修改困难，程序可读性极差，尤其是程序只能用在一种型号的机器上，换一种机型指令就全变了。唯一的优点是机器能直接识别这种程序，不必再做其他辅助工作了。

（3）汇编语言

为了克服机器语言的缺点，人们想了一个办法，用一些容易辨别的符号代替机器指令，汇编语言就是指用这样一些符号作为编程用的语言，所以汇编语言实际上是一种符号语言。相对于机器语言，汇编语言中的符号含义明确、容易记忆、可读性好、容易查错，修改也方便。然而机器不能直接识别汇编语言，必须通过翻译程序把它转换为对应的机器语言程序。这个工作由一个叫作"汇编程序"的语言处理程序来完成，翻译出的程序叫作"目标程序"。实质上，汇编语言仍然是一种面向机器的语言，必须了解机器结构才能编程，现在广泛用于实时控制等领域中。汇编过程如图 3-8 所示。

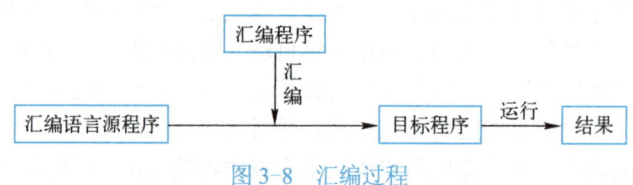

图 3-8　汇编过程

（4）高级语言

汇编语言虽然较机器语言有所改善，但并未从根本上摆脱指令集的束缚，它与指令仍然是一一对应的，而且与自然语言相距甚远，很不符合人们的习惯。为了从根本上改变语言体系，必须从两方面下功夫：一是力求接近自然语言，二是力求脱离具体机型，使语言与指令集无关，达到程序通用的目的。在 20 世纪 50 年代末人们创造出独立于机器的、表达方式接近自然语言的高级语言。FORTRAN 是第一个正式出现的高级语言，现在仍被广泛使用。除此之外，BASIC、PASCAL、C、C++、Java、Python 等也是经常使用的高级语言。近年来，为了适应面向对象的程序设计方法，又出现了可视化编程语言，如 Visual Basic、Visual C++等。

高级语言又称算法语言，因为它是独立于机型、面向应用、实现算法的语言。高级语言较汇编语言更接近自然语言，通常描述问题与计算公式大体上一致。由于高级语言比较接近自然语言，当然就远离了机器语言，因此用高级语言编写的源程序，必须由一个承担翻译工作的处理程序将翻译成机器能识别的目标程序。翻译处理程序的运行有两种工作方式：一种是解释方式，另一种是编译方式。编译和解释的过程分别如图 3-9 和图 3-10 所示。

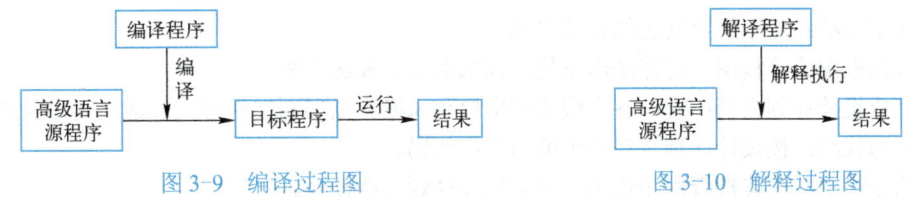

图 3-9　编译过程图　　　　　　　　图 3-10　解释过程图

解释方式就像口头翻译，计算机语言解释程序对源程序一个语句一个语句地解释执行，不产生目标程序。程序执行时，解释程序随同源程序一起参加运行。解释方式执行速度慢，但可以进行人机对话，随时可以修改执行中的源程序，对初学者来说比较方便，BASIC 语言大多采用了解释方式。

编译方式就像笔译方式，对源程序经过编译处理后，产生一个与源程序等价的目标程序，由于目标程序的执行与编译程序无关，所以源程序一旦编译成功后，目标程序就可以脱离编译程序独立存在而运行。编译方式执行速度快，但不灵活，若修改源程序，则必须从头重新编译。FORTRAN、PASCAL、C 等大多数高级语言都是采用编译方式处理的。

2．程序设计方法

结构化分析是一种以系统中数据的加工处理过程分析为主要内容的分析方法。结构化设计是一种以模块功能及其处理过程设计为主要内容进行详细设计的方法。其概念最早由 E.W. Dijkstra 在 1965 年提出，它是软件发展的一个重要的里程碑。

结构化开发方法也称为面向过程的方法或传统软件工程开发方法，它的观点是采用自顶向下、逐步求精的程序设计方法。任何程序都可由顺序、选择、循环三种基本控制结构构造而成，如图 3-11 所示。

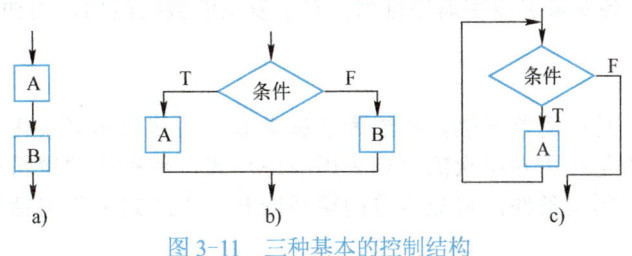

图 3-11　三种基本的控制结构

a）顺序结构　b）选择结构　c）循环结构

详细描述处理过程常用三种工具：图形、表格和语言；使用的手段主要有数据流图、数据字典、层次方框图、流程图、结构化语言等。结构化程序设计的一般步骤是：分析业务流程、分析数据信息的加工处理过程；画出数据流图；建立数据字典；提出系统的总体逻辑方案；细化数据流图；确定模块的接口；为每个模块确定采用的算法和数据结构；根据 E-R 图设计数据库、根据模块算法编程等。

面向对象的开发方法根据现实问题直接抽象出对象、分析对象的行为和与行为相关的数据，对象间通过传递消息进行通信，从问题出发，模拟现实问题，建立系统模型，易于理解和实现。

3．程序设计步骤

程序设计就是用计算机语言编写程序的过程，一般有以下几个步骤。

1）问题定义：根据实际问题确定由计算机所做的工作及应完成的任务。

2）划分模块：将大任务分解，形成几个小任务，一直划分，直到不可再分为止。

3）确定数据结构：根据原始数据及输出形式，选择合适的数据结构。

4）确定算法：选取解决问题的合适算法。
5）画出框图或流程图：将算法形象化，以书面形式表达出来。
6）完成设计计划文档：统一各个模块的接口和风格。以书面文件形式表达，其中包括框图。
7）编写代码：按设计计划文档要求编写程序代码。
8）语法检查：静态检查程序代码，并与设计计划文档核对。
9）运行调试：上机运行程序代码并检查错误。
10）反复修改调试：对错误进行修改并重复步骤 7)、8)、9)、10)，直到成功即满意。
11）系统测试：将各个模块链接，统一调试，再次重复步骤 7)、8)、9)、10)，完成整个系统后，进行相应的测试。
12）完成其他文档：整理并写出所有的文档资料。

4. 程序设计风格

程序设计风格是指一个人编制程序时所表现出来的特点、习惯、逻辑思路等。在程序设计中要使程序结构合理、清晰，形成良好的编程习惯非常重要。编写的程序不仅要在计算机上运行出正确的结果，而且要便于调试和维护。这就要求编写的程序不光自己看得懂，也要让别人能看懂。随着计算机技术的发展和软件规模的增大，软件的复杂性也增强了。为了提高程序的可读性，要建立良好的编程风格。具体如下。

（1）源程序文档化

标识符应按意取名，程序应加注释。

（2）数据说明

数据说明顺序应规范，使数据的属性更易于查找，从而有利于测试、纠错与维护；一个语句说明多个变量时，各变量名按字典序排列；对于复杂的数据结构，要加注释，说明在程序实现时的特点。

（3）语句构造

语句构造的原则是：简单直接，不能为了追求效率而使代码复杂化；为了便于阅读和理解，不要一行多个语句；不同层次的语句采用缩进形式，使程序的逻辑结构和功能特征更加清晰；要避免复杂的判定条件，避免多重的循环嵌套；表达式中使用括号以提高运算次序的清晰度等。

（4）输入和输出

在编写输入和输出程序时需考虑以下原则：输入操作步骤和输入格式尽量简单；检查输入数据的合法性、有效性，报告必要的输入状态信息及错误信息；输入一批数据时，使用数据或文件结束标志，而不要用计数来控制；交互式输入时，提供可用的选择和边界值；当程序设计语言有严格的格式要求时，应保持输入格式的一致性；输出数据表格化、图形化。输入、输出风格还受其他因素的影响，如输入、输出设备，用户经验及通信环境等。

（5）效率

效率指计算机对时间和存储空间的使用情况，对效率的追求需明确以下几点：效率是一个性能要求，目标在需求分析后给出；追求效率需建立在不损害程序可读性或可靠性的基础上，要先使程序正确、清晰，再提高程序效率；提高程序效率的根本途径在于选择良好的设计方法、数据结构算法，而不是靠编程时对程序语句做调整。

3.4.3 数据结构与算法

计算机处理的对象是数据，数据结构的选择直接影响算法的选择和程序的效率。

1. 数据结构的基本概念

数据结构是指数据之间的相互关系，即数据的组织形式。此处的"数据"，是指描述客观事物的数、字符以及所有能输入计算机中并被计算机程序处理的符号的集合。数据集合中的每一个个体称为数据元素，它是数据的基本单位。结构反映了数据元素相互之间存在的某种联系。因此，数据结构是带有结构的数据元素的集合。

数据结构研究的三个方面分别如下。

1) 数据集合中各数据元素之间固有的逻辑关系，即数据的逻辑结构。
2) 在对数据进行处理时，各数据元素在计算机中的存储关系，即数据的存储结构。
3) 对各种数据结构进行的运算。

根据数据元素之间关系的不同特性，通常有下列四类基本结构：集合（数据元素间的关系是同属一个集合）、线性结构（数据元素间存在一对一的关系）、树形结构（结构中的元素间的关系是一对多的关系）和图（网）状结构（结构中的元素间的关系是多对多的关系）。数据结构作为一门学科主要研究数据的各种逻辑结构和存储结构，以及对数据的运算。通常算法的设计取决于数据的逻辑结构，算法的实现取决于数据的物理存储结构。

2. 几种常见数据结构

（1）线性表

在数据处理中，大量数据均以表格形式出现，称为线性表。线性表是最简单、最常用的一种数据结构。线性表的逻辑结构是 n 个数据元素的有限序列：$(a_1, a_2, a_3, \cdots, a_i, \cdots, a_n)$，数据元素之间呈线性关系。第一个元素无前驱，有一个后继；最后一个元素有一个前驱，无后继；其他元素有一个前驱和一个后继。

线性表的存储结构分为两类：一类是顺序存储结构（又称为静态存储结构），如图 3-12 所示；另一类是链式存储结构（又称为动态存储结构），如图 3-13 所示。

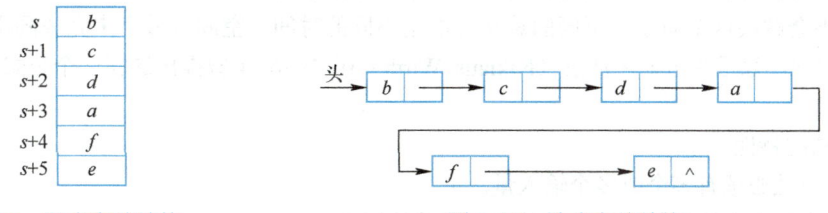

图 3-12　顺序存储结构　　　　图 3-13　链式存储结构

顺序存储结构是用一组地址连续的存储单元来依次存放线性表中的元素。由于表中各个元素具有相同的属性，所以占用的存储空间也相同。因此，在内存中可以通过地址计算直接存取线性表中的任一元素。这种结构的特点是逻辑上相邻的元素物理上也相邻。

在链式存储结构中，线性表的每个数据元素（节点）的存储区域包括数据区和指针区两个部分。数据区存放节点本身的数据，指针区存放其后继元素的地址（没有后继元素时设置为空字符（Null））。只要知道该线性表的起始地址（记录在头指针中），表中的各个元素就可通过其间的链接关系逐步找到。这种结构的特点是增、删、改节点都很方便，但每个节点占用较多的存储空间。

（2）堆栈和队列

堆栈简称为栈，是一种运算受限的线性表，即只能在表的一端（栈顶）进行插入和删除操作，表的另一端称为栈底，如图 3-14 所示。主要特点是"后进先出"，即后进栈的元素先处理。队列也是一种线形表，是一种先进先出（FIFO）的线性表。只允许在表的一端进行插入，在表的另一端进行删除。进行删除的一端叫作队列的头（队首），进行插入的一端叫作队列的尾（队尾），如图 3-15 所示。

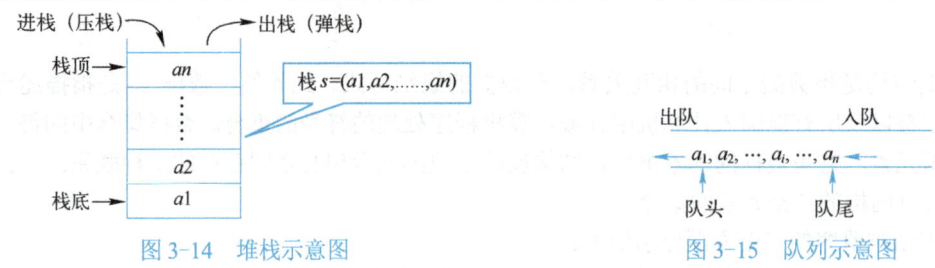

图 3-14　堆栈示意图　　　　　　　图 3-15　队列示意图

（3）树

树形结构是一类重要的非线性数据结构，节点之间有分支，并具有层次关系的结构，如图 3-16 所示。它非常类似于自然界中的树，树结构在客观世界中广泛存在。

（4）图

图是一种较线性表与树更为复杂的数据结构，如图 3-17 所示，可以把树看成是简单的图。图的应用极为广泛，在语言学、逻辑学、人工智能、数学、物理、化学、计算机领域以及各种工程学科中都有着广泛的应用。

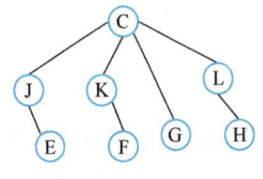
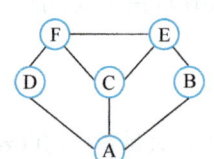

图 3-16　树的示意图　　　　　　　图 3-17　图的示意图

3. 算法

算法是指完成一个任务所需要的具体步骤和方法，程序就是用计算机语言描述的算法。算法常常含有重复的步骤和一些比较或逻辑判断。如果一个算法有缺陷，或不适合于某个问题时，执行这个算法将不会解决这个问题。不同的算法可能用不同的时间、空间或效率来完成同样的任务。瑞士著名计算机科学家尼克劳斯·沃思（Niklaus Wirth）在 1976 年曾提出这样一个公式：算法+数据结构=程序。

（1）算法的特性

1）一个算法必须有零个或多个输入量。

2）有一个或多个输出量，输出量是算法计算的结果。

3）确定性：算法中的每一步应该是确定的并且能有效地执行且得到确定的结果，而不应当是模棱两可的。

4）有限性：一个算法的步骤序列是有限的，必须在有限操作之后停止，不能是无限的。

5）有效性：又称可行性。算法中描述的操作都是可以通过已经实现的基本运算执行有限次来实现的。

（2）算法的描述

在将算法转化为高级语言源程序之前，通常先采用文字或图形工具来描述算法。文字工具如自然语言、伪代码等，图形工具如传统流程图、N-S 流程图等。

1）自然语言

自然语言是人们日常所用的语言。使用自然语言不用专门训练，所描述的算法也通俗易懂。然而其缺点也是明显的：首先是由于自然语言的歧义性容易导致算法执行的不确定性；其次是由于自然语言表示的串行性，因此当一个算法中循环和分支较多时就很难清晰地表示出来；此外自然语言表示的算法不便转换成用计算机程序设计语言表示的程序。

2）伪代码

伪代码是指不能够直接编译运行的程序代码，它是用介于自然语言和计算机语言之间的文字和符号来描述算法和进行语法结构讲解的一个工具。表面上它很像高级语言的代码，但又不像高级语言那样要接受严格的语法检查。

3）传统流程图

传统流程图简称为流程图，是采用一些框图符号来描述算法的逻辑结构。每个框图符号表示不同性质的操作。早在 20 世纪 60 年代，美国国家标准协会（American National Standards Institute，ANSI）就颁布了流程图的标准，这些标准规定了用来表示程序中各种操作的流程图符号。例如用矩形表示处理；用菱形表示判断；用平行四边形表示输入/输出；用带箭头的折线表示流程等。

4）N-S 流程图

N-S 流程图又称为结构化流程图。与传统流程图不同的是：N-S 流程图不用带箭头的流程线来表示程序流程的方向，而采用一系列矩形框来表示各种操作，全部算法写在一个大的矩形框内，在大框内还可以包含其他从属于它的小框，这些框一个接一个从上向下排列，程序流程的方向总是从上向下。图 3-18 是欧几里得算法的传统流程图和 N-S 流程图。

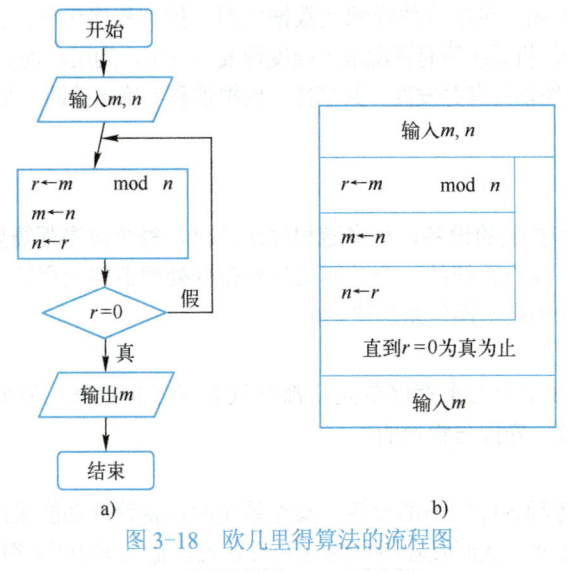

图 3-18　欧几里得算法的流程图

a) 传统流程图　b) N-S 流程图

（3）常用算法介绍

1）递归法

递归是指一个特殊的过程，在该过程中用自身的简单情况来定义自身，再自己调用自己。递归是一种强有力的数学工具，它可使问题本身的描述和求解变得简洁和清晰。递归算法常常比非递归算法更容易设计，尤其当问题本身或所涉及的数据结构是递归定义的时候，使用递归算法特别适合。

2）枚举法

枚举法就是列举所有可能出现的情况，分别判断并把满足条件的情况选择出来。

3）查找算法

查找是一种在列表中确定目标所在位置的算法。在列表中，查找意味着给定一个值，并在包含该值的列表中找到具有该值的第一个元素的位置（索引）。

（4）算法评价

在保证算法正确性的前提下，如何确定算法的优劣是一个值得研究的课题。在算法的分析中一般应考虑以下三个问题：算法的时间复杂度；算法的空间复杂度；算法是否易于理解和易于维护。

3.4.4 操作系统简介

操作系统（Operating System, OS）是一种管理计算机硬件与软件资源的程序，同时也是计算机系统的内核与基石。操作系统是一个庞大的管理控制程序，大致包括五个方面的管理功能：进程与处理机管理、作业管理、存储管理、设备管理、文件管理。硬件、操作系统和应用软件间的关系如图 3-19 所示。操作系统是控制其他程序运行，管理系统资源并为用户提供操作界面的系统软件的集合。操作系统身负诸如管理/配置内存、决定系统资源供需的优先次序、控制输入/输出设备、操作网络与管理文件系统等基本事务。操作系统管理计算机系统的全部硬件资源，包括软件资源及数据资源；控制程序运行；改善人机界面；为其他应用软件提供支持等，使计算机系统所有资源最大限度地发挥作用，为用户提供方便的、有效的、友善的服务界面。所有的操作系统都具有并发性、共享性、虚拟性和不确定性四个基本特征。

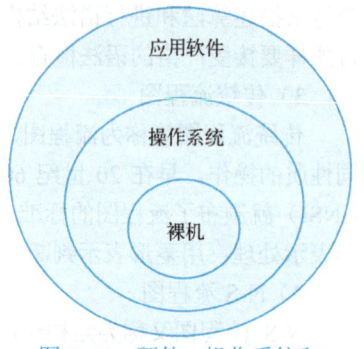

图 3-19 硬件、操作系统和应用软件关系图

1. 操作系统的功能

（1）处理器管理

处理器是完成运算和控制的设备。在多道程序运行时，每个程序都需要一个处理器，而一般计算机中只有一个处理器。操作系统的一个功能就是安排好处理器的使用权，也就是说，在每个时刻处理器分配给哪个程序使用是由操作系统决定的。

（2）存储管理

计算机的内存中有成千上万个存储单元，都存放着程序和数据。何处存放哪个程序、哪个数据，都是由操作系统来统一安排与管理的。

（3）设备管理

计算机系统中配有各种各样的外部设备。操作系统的设备管理功能采用统一管理模式，自动处理内存和设备间的数据传递，从而减轻用户为这些设备设计输入/输出程序的负担。

（4）作业管理

作业是指独立的、要求计算机完成的一个任务。操作系统的作业管理功能包括两点：一是在多道程序运行时，使各用户合理地共享计算机系统资源；二是提供给操作人员一套控制命令用来控制程序的运行。

（5）文件管理

计算机系统中的程序或数据都要存放在相应的存储介质上。为了便于管理，操作系统把相关的信息集中在一起，称为文件。操作系统的文件管理功能就是负责这些文件的存储、检索、更新、保护和共享。

以现代观点而言，标准个人计算机的操作系统应提供以下功能：进程管理（Processing Management）；内存管理（Memory Management）；文件系统（File System）；网络通信；安全机制（Security）；用户界面；驱动程序。

2. 操作系统的分类

目前微机上常见的操作系统有 UNIX、Linux、Windows 等。操作系统的形态非常多样，从简单到复杂，从手机的嵌入式系统到超级计算机的大型操作系统。许多操作系统制造者对操作系统的定义也不大一致，例如，有些操作系统集成了图形用户界面，而有些操作系统仅使用文本接口，将图形界面视为一种非必要的应用程序。操作系统理论在计算机科学中是历史最为悠久而又活跃的一个分支，而操作系统的设计与实现则是软件工业的基础与内核。目前的操作系统种类繁多，很难用单一标准统一分类，下面介绍几种常见的分类方式。

1）根据应用领域可分为桌面操作系统、服务器操作系统、主机操作系统、嵌入式操作系统。

2）根据所支持的用户数目，可分为单用户系统（MSDOS、OS/2、Windows）、多用户系统（UNIX、MVS）。

3）根据操作系统的使用环境和对作业的处理方式，可分为批处理系统（MVX、DOS/VSE）、分时操作系统（Linux、UNIX、macOS）、实时操作系统（VRTX、RTOS，RT Windows）。

下面对第三种分类方式中的各类操作系统进行详细描述。

（1）批处理操作系统

批处理（Batch Processing）操作系统的工作方式是：用户将作业交给系统操作员，系统操作员将许多用户的作业组成一批作业，之后输入计算机中，在系统中形成一个自动转接的连续作业流，然后启动操作系统，系统自动、依次执行每个作业。最后由操作员将作业结果交给用户。批处理操作系统的特点是：多道和成批处理。

（2）分时操作系统

分时（Time Sharing）操作系统的工作方式是：一台主机连接了若干个终端，每个终端有一个用户在使用。用户交互式地向系统提出命令请求，系统接受每个用户的命令，采用时间片轮转方式处理服务请求，并通过交互方式在终端上向用户显示结果。用户根据上步结果发出下道命令。分时操作系统将CPU的时间划分成若干个片段，称为时间片。操作系统以时间片为单位，轮流为每个终端用户服务。每个用户轮流使用一个时间片且感受不到有其他用户的存在。分时系统具有多路性、交互性、独占性和即时性的特征。多路性指同时有多个用户使用一台计算机，宏观上看是多个人同时使用一个CPU，微观上是多个人在不同时刻轮流使用CPU；交互性是指用户根据系统响应结果进一步提出新请求（用户直接干预每一步）；独占性是指用户感觉不到计算机为其他人服务，就像整个系统为他所独占；即时性指系统对用户提出的请求立即响应。它支持位于不同终端的多个用户同时使用一台计算机，彼此独立互不干扰，用户感到好像一台计算机全为他所用。常见的通用操作系统是分时系统与批处理系统的结合，其原则是：分时优先，批处理在后。"前台"响应需频繁交互的作业，如终端的要求；"后台"处理时间性要求不强的作业。

（3）实时操作系统

实时操作系统（Real Time Operating System，RTOS）是指使计算机能及时响应外部事件的请求，在严格规定的时间内完成对该事件的处理，并控制所有实时设备和实时任务协调一致地工作的操作系统。实时操作系统要追求的目标是：对外部请求在严格时间范围内做出反应，有高可靠性和完整性。其主要特点是资源的分配和调度，首先要考虑实时性然后才是效率。此外，实时操作系统应有较强的容错能力。

（4）网络操作系统

网络操作系统是在各种计算机操作系统上按网络体系结构协议标准开发的软件，是基于计算机网络的，包括网络管理、通信、安全、资源共享和各种网络应用。其目标是相互通信及资源共享。在其支持下，网络中的各台计算机能互相通信和共享资源。其主要特点是与网络的硬件相结合来完成网络的通信任务。

（5）分布式操作系统

它是为分布式计算系统配置的操作系统。大量的计算机通过网络连接在一起，可以获得极高的运算能力及广泛的数据共享，这种系统被称作分布式系统（Distributed System）。它在资源管理、通信控制和操作系统的结构等方面都与其他操作系统有较大的区别。由于分布计算机系统的资源分布于系统的不同计算机上，操作系统对用户的资源需求不能像一般的操作系统那样（等待有资源时直接分配的简单做法），而是要在系统的各台计算机上搜索，找到所需资源后才可进行分配。对于有些资源，如具有多个副本的文件，还必须考虑一致性。所谓一致性是指若干个用户对同一个文件同时读出的数据应该是一致的。为了保证一致性，操作系统必须控制文件的读、写、操作，使得多个用户可同时读一个文件，而在任一时刻最多只能有一个用户修改文件。

分布式操作系统的通信功能类似于网络操作系统。由于分布计算机系统不像网络分布得很广，同时分布式操作系统还要支持并行处理，因此它提供的通信机制和网络操作系统提供的有所不同，它要求通信速度很高。分布式操作系统的结构也不同于其他操作系统，它分布于系统的各台计算机上，能并行地处理用户的各种需求，有较强的容错能力。

3. 目前流行的服务器操作系统

服务器操作系统，又名网络操作系统。服务器操作系统主要分为四大流派：Windows、NetWare、UNIX、Linux。

1）全球最大的操作系统开发商——Microsoft 公司开发的 Windows 服务器操作系统大家应该都不会陌生。Microsoft Windows 系统版本从最初的 Windows 1.0 到大家熟知的 Windows 95、Windows 98、Windows 2000、Windows XP、Windows Vista、Windows 7、Windows 8、Windows 8.1、Windows 10 和 Windows Server 服务器企业级操作系统。

2）NetWare 服务器操作系统对现在一些读者可能就比较陌生，由于种种原因，它的市场占有率已经非常有限，主要应用在某些特定的行业中。也就是因为此，很多人在划分操作系统派系的时候，去除了 NetWare。其实，如果是 20 世纪 80 年代前出生的老 IT，对于 NetWare 这个名词就会异常熟悉了，因为在当初各种设备和网络都比较落后的年代，NetWare 在局域网应用中占据着绝对的高额市场；而就算是目前，在一些特定行业和事业单位中，NetWare 优秀的批处理功能和安全、稳定的系统性能也有很大的生存空间。NetWare 目前常用的版本主要有 3.11、3.12、4.10、5.0 等中英文版。

3）UNIX 服务器操作系统由 AT&T 公司推出，主要支持大型的文件系统服务、数据服务等应用。由于一些出众的服务器厂商生产的高端服务器产品只支持 UNIX 操作系统，因而在很多人的眼中，UNIX 甚至成为高端操作系统的代名词。目前市面上流传的主要有 SCO SVR、BSD 系列、IBM-AIX。

4）Linux 服务器操作系统是国外几位 IT 前辈，在 POSIX 和 UNIX 基础上开发出来的，支持多用户、多任务、多线程、多 CPU。Linux 开放源代码，使得基于其平台的开发与使用无须支付任何单位和个人的版权费用，成为后来很多操作系统厂家创业的基石，同时也成为目前国内外很多保密机构服务器操作系统采购的首选。目前国内主流市场中使用的 Linux 系统主要有 Ubuntu、RedHat 系列等。

3.5 计算机技术的新进展

未来的计算机技术将向超高速、超小型、并行处理、智能化的方向发展。计算机将具备更多的智能成分，它将具有多种感知能力、一定的思考与判断能力及一定的自然语言能力。除了提供自然的输入手段（如语音输入、手写输入）外，让人产生身临其境感觉的各种交互设备已经出现，虚拟现实技术是这一领域发展的集中体现。未来的计算机界面将完全是图画式，凭直觉就可以使用，语音输入也将成为可能。

3.5.1 云计算

著名的美国计算机科学家、图灵奖得主麦卡锡（John McCarthy）在半个世纪前就曾思考过云计算这个问题。1961 年，他在麻省理工学院（MIT）的百年纪念活动中做了一个演讲。在那次演讲中，他提出了像使用其他资源一样使用计算资源的想法，这就是时下 IT 界的时髦术语 "云计算"（Cloud Computing）的核心想法。虽然云计算中的这个 "云" 字是后人所用的词汇，但其来历颇有历史渊源。早年的电信技术人员在画电话网络的示意图时，一涉及不必交代细节的部分，就会画一团 "云" 来搪塞。计算机网络的技术人员将这一 "偷懒" 的传统 "发扬光大"，就成为云计算中的这个 "云" 字，它泛指互联网上的某些 "云深不知处" 的部分，是云计算中 "计算" 的实现场所。而云计算中的这个 "计算" 也是泛指，它几乎涵盖了计算机所能提供的一切资源。麦卡锡的这种想法在提出之初风靡过一阵，但真正实现却是在互联网日益普及的 21 世纪初。下面分别介绍云计算技术的产生原动力、概念、主要服务形式、核心技术和发展现状。

1. 云计算产生的原动力

云计算产生的原动力，主要来源于以下几个方面。

1）芯片和硬件技术的飞速发展，使得硬件能力大大提高、成本大幅下降，让独立运作的公司集中有限的硬件能力实现规模效益成为可能。

2）虚拟化技术的成熟，使得硬件资源可以被足够小地分割和管理，以服务的形式提供硬件和软件资源成为可能。

3）面向服务架构的广泛应用，使得开放式的数据模型和通信标准越来越多地为人们使用，为云中资源与服务的组织方式提供了可行的方案。

4）软件即服务模式的流行，使得云计算以服务的形式向最终用户交付应用的模式被越来越多的用户所接受。

5）互联网技术的快速发展，使网络的带宽和可靠性都有了质的提升，也使得云计算通过互联网为用户提供服务成为可能。

6）Web 2.0 技术的流行和广泛接受，改变了人们使用互联网的方式，通过新的用户体验为云计算培育了使用群。

2. 云计算的概念

云计算是网格计算（Grid Computing）、分布式计算（Distributed Computing）、并行计算（Parallel Computing）、效用计算（Utility Computing）、网络存储（Network Storage Technologies）、虚拟化（Virtualization）、负载均衡（Load Balance）等传统计算机技术和网络技术发展融合的产物。核心思想是将大量用网络连接的计算资源统一管理和调度，构成一个计算资源池向用户按需服务。

狭义云计算是指计算机基础设施的交付和使用模式，指通过网络以按需、易扩展的方式获得所需的资源（硬件、平台、软件）。提供资源的网络被称为 "云"。"云" 中的资源在使用者看来是可以无限扩展的，并且可以随时获取，按需使用，随时扩展，按使用付费。

广义云计算是指服务的交付和使用模式，指通过网络以按需、易扩展的方式获得所需的服务。这种服务可以是计算机和软件、互联网相关的，也可以是其他的服务。

云计算通过使计算分布在大量的分布式计算机上，而非本地计算机或远程服务器中，企业数据中心的运行将与互联网更为相似。这使得企业能够将资源切换到需要的应用上，根据需求访问计算机和存储系统。云计算的特点主要包括以下几个方面。

1）数据安全可靠：云计算的数据存储中心是最可靠、最安全的，用户无须担心数据丢失、病毒入侵等问题。

2）客户端需求低：云计算对用户端的设备要求最低，使用起来也更方便。
3）轻松共享数据：不同设备间的数据与应用共享可以通过云计算实现。
4）可能无限多：云计算为人们使用网络提供了几乎无限多的可能。

3．云计算的主要服务形式

（1）基础设施即服务（Infrastructure-as-a-Service，IaaS）

提供给消费者的服务是处理、存储、网络和其他基本的计算资源，用户能够利用这些计算资源部署和运行任意软件，包括操作系统和应用程序。消费者不能管理或控制任何云计算基础设施，但能控制操作系统、存储、部署的应用，也有可能获得有限的网络组件（如防火墙、负载均衡器等）的控制。

（2）平台即服务（Platform-as-a-Service，PaaS）

提供给消费者的服务是把客户使用的开发语言工具（例如 Java、Python、.Net 等）、开发或购买的应用程序部署到供应商的云计算基础设施上。消费者不需要管理或控制底层的云基础设施，包括网络、服务器、操作系统、存储等，但客户能够控制部署的应用程序，也可能控制运行应用程序的托管环境配置。

（3）软件即服务（Software-as-a-Service，SaaS）

提供给消费者的服务是运营商运行在云计算基础设施上的应用程序，消费者可以在各种设备上通过客户端界面访问，如浏览器（例如基于 Web 的邮件）。消费者不需要管理或控制任何云计算基础设施：网络、服务器、操作系统、存储，甚至独立的应用能力等，消费者仅仅需要对应用进行有限特殊的配置。

4．云计算的体系结构

云计算的体系结构由五部分组成，如图 3-20 所示，分别为资源层、平台层、应用层、用户访问层和管理层，云计算的本质是通过网络提供服务，所以其体系结构以服务为核心。

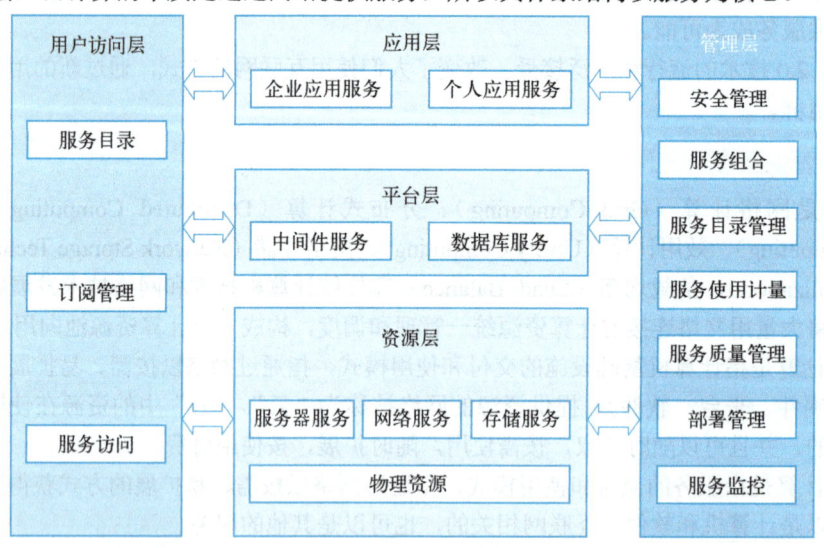

图 3-20　云计算体系结构图

（1）资源层

资源层是指基础架构层面的云计算服务，这些服务可以提供虚拟化的资源，从而隐藏物理资源的复杂性。物理资源指的是物理设备，如服务器等。服务器服务指的是操作系统的环境，如 Linux 集群等。网络服务指的是提供的网络处理能力，如防火墙、VLAN、负载等。存储服务为用户提供存储能力。

（2）平台层

平台层为用户提供对资源层服务的封装，使用户可以构建自己的应用。数据库服务提供可扩展的数据库处理能力。中间件服务为用户提供可扩展的消息中间件或事务处理中间件等服务。

（3）应用层

应用层提供软件服务。企业应用是指面向企业的应用，如财务管理、客户关系管理、商业智能等。个人应用指面向个人用户的服务，如电子邮件、文本处理、个人信息存储等。

（4）用户访问层

用户访问层是方便用户使用云计算服务所需的各种支撑服务，针对每个层次的云计算服务都需要提供相应的访问接口。服务目录是一个服务列表，用户可以从中选择需要使用的云计算服务。订阅管理是提供给用户的管理功能，用户可以查阅自己订阅的服务，或者终止订阅的服务。服务访问是针对每种层次的云计算服务提供的访问接口，针对资源层的访问可能是远程桌面或者 X Window，针对应用层的访问，提供的接口可能是 Web。

（5）管理层

管理层提供对所有层次云计算服务的管理功能。安全管理提供对服务的授权控制、用户认证、审计、一致性检查等功能。服务组合提供对自己已有云计算服务进行组合的功能，使得新的服务可以基于已有服务再创建。服务目录管理服务提供服务目录和服务本身的管理功能，管理员可以增加新的服务，或者从服务目录中除去服务。服务使用计量对用户的使用情况进行统计，并以此为依据对用户进行计费。服务质量管理提供对服务的性能、可靠性、可扩展性进行管理。部署管理提供对服务实例的自动化部署和配置，当用户通过订阅管理增加新的服务订阅后，部署管理模块自动为用户准备服务实例。服务监控提供对服务的健康状态的记录。

5. 云计算的核心技术

云计算系统运用了许多技术，其中以编程模型、海量数据分布存储技术、海量数据管理技术、虚拟化技术、云计算平台管理技术最为关键。

（1）编程模型

MapReduce 是一种由 Google 开发的基于 Java、Python、C++的编程模型，它是一种简化的分布式编程模型和高效的任务调度模型，用于大规模数据集（大于 1TB）的并行运算。严格的编程模型使云计算环境下的编程十分简单。它的思想是将问题分解成 Map（映射）和 Reduce（化简）的方式，先通过 Map 程序将数据划分为不相关的区块，分配（调度）给大量计算机处理，达到分布式运算的效果，结果由 Reduce 程序汇整输出。

（2）海量数据分布存储技术

云计算系统由大量服务器组成，服务于大量用户。云计算系统采用分布式存储数据，用冗余存储保证数据的可靠性。云计算系统广泛使用的数据存储系统是 Google 的 GFS（Google File System）和 Hadoop 团队开发的 GFS 的开源实现 HDFS。GFS 是一个可扩展的分布式文件系统。用于大型、分布式、对大量数据访问的应用，是针对大规模数据处理和 Google 应用特性而设计的。它运行于廉价的普通硬件上，但可以提供容错功能，为用户提供性价比较高的服务。

（3）海量数据管理技术

云计算需要对分布的、海量的数据进行处理、分析，所以数据管理技术必须能够高效地管理大量数据。数据管理技术主要是 Google 的 BT（Big Table）数据管理技术，另一个是 Hadoop 团队开发的开源数据管理模块 HBase。BT 是建立在 GFS、Scheduler、Lock Service 和 MapReduce 之上的一个大型的分布式数据库。它把所有数据都作为对象来处理，形成表格，用来分布存储大规模结构化数据。

(4) 虚拟化技术

软件应用与底层硬件相隔离可通过虚拟化技术实现，有分裂和聚合两种模式。虚拟化技术根据对象可分成存储虚拟化、计算虚拟化、网络虚拟化等。计算虚拟化又分为系统级虚拟化、应用级虚拟化和桌面虚拟化。

(5) 云计算平台管理技术

云计算资源庞大，服务器数量多且分布在不同的地方，百种应用同时运行。怎样高效地管理这么多的服务器及确保整个系统服务不间断是个巨大的挑战。云计算系统的平台管理技术能够使服务器协同工作，快速地进行业务部署和开通，及时地发现和恢复系统故障。大规模系统的可靠运营通过自动化、智能化的手段来实现。

6. 云计算的发展现状

从市场规模来看，近年来，全球云计算行业快速发展，市场规模不断扩大。2019 年，以 IaaS、PaaS 和 SaaS 为代表的全球云计算市场规模达到 1883 亿美元，增速 20.86%。预计未来几年市场平均增长率在 18%左右，到 2023 年市场规模将超过 3500 亿美元。2019 年，我国云计算市场规模达 1334 亿元，同比增长 38.6%。2019 年，我国公有云市场规模达 689.3 亿元，同比增长 57.6%，公有云市场规模首超私有云；私有云市场规模为 644.7 亿元，同比增长 22.8%。受益于新基建的推进，云计算行业将迎来黄金发展期。

我国从 2009 年到 2021 年间，云计算经历了三个阶段：第一个阶段是 2010 年之前，是准备发展阶段，主要是云计算的概念、架构的落地和大家初步的认识；第二个阶段是 2013 年左右，是成长的阶段，主要是公有云、私有云、混合云模式初步清晰；从 2013 年到现在，云计算进入高速发展阶段，云已经成为 IT 的重要基础设施。预计未来几年将保持稳定增长，到 2022 年市场规模预计将达到 2172 亿元。

3.5.2 大数据

今天人们的生活正被数据包围，全球 43 亿部电话、20 亿位互联网用户每秒都在不断地产生大量数据，人们发送微信给朋友、上传视频、用手机拍照、更新社交网站的信息、转发微博、点击广告等，使得机器产生和保留了越来越多的数据。数据的指数级增长对处于市场领导地位的互联网公司，如 Facebook、谷歌、雅虎、亚马逊、腾讯等提出了挑战。它们需要对 TB 级别和 PB 级别的数据进行分析处理，以发现哪些网站更受欢迎，哪些商品更具有吸引力，哪些广告更吸引用户。

大数据 (Big Data) 指无法在一定时间范围内用常规软件工具进行捕捉、管理和处理的数据集合，是需要新处理模式才能具有更强的决策力、洞察发现力和流程优化能力的海量、高增长率和多样化的信息资产。大数据的 5V 特点是：Volume (大量)、Velocity (高速)、Variety (多样)、Value (低价值密度)、Veracity (真实性)。

大数据分析的一个重要组成部分就是数据的收集、存储和组织，特别是相比于传统数据分析，大量非结构化数据的爆炸性增长使得这种需求更加紧迫。通过构造自己的网络爬虫从网上抓取内容，并将其中按照一定结构组织的信息抽取出来。

1. 大数据系统的体系结构

图 3-21 所示是大数据系统体系架构图，从中可以看到数据体系主要分为：数据采集层、数据处理层、数据存储层、数据服务层和数据展示层。

(1) 数据采集层

数据采集层的主要目标是从数据源收集数量巨大、来源分散、格式多样的数据到企业大数据平台。一般采取实时数据增量采集和历史数据批量采集两种解决方案。实时数据增量采集在监控领域应用比较广泛，快速、高效收集数据源产生的实时数据，以便即时响应和处理；历史数据批量采集则是将数据源一段历史时间的数据全部抽取到企业大数据平台，数据采集存在一定的延迟，适合数据补采、周期性计算等实时性要求不高的业务应用场景。

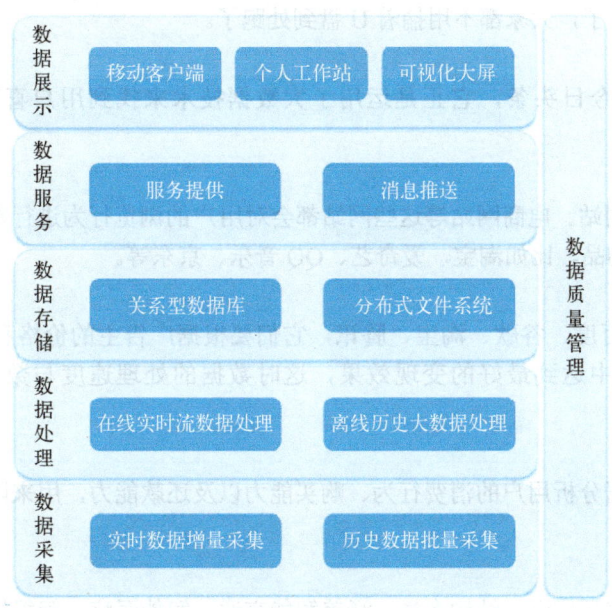

图 3-21　大数据系统体系结构图

（2）数据处理层

数据处理层是从大量的原始数据中发现新知识、创造新价值、提升新能力的过程，是企业大数据平台建设的关键环节。数据处理层既要满足常规的统计分析和有价值的数据挖掘等离线历史大数据处理要求，还要兼顾时效性要求高的在线实时流数据处理要求。在线实时流数据处理要求数据实时采集、实时处理、实时反馈和实时输出，响应时间在秒级甚至毫秒级。

（3）数据存储层

数据存储层是大数据集合、主题数据、业务数据、基础数据等持久化的存储中心。一般包括关系型数据库和分布式文件系统两种。

（4）数据服务层

数据服务层是大数据对外共享发布通道。目前应用最多的是以服务接口的形式对外提供，或者以消息订阅推送的方式对外提供。

（5）数据展示层

数据展示层是企业大数据平台的图形用户接口。展现形式可以多样化，最典型的三种方式是：移动客户端、个人工作站和可视化大屏幕。

数据质量管理是贯穿数据采集、数据处理、数据存储、数据服务和数据展现的全过程质量管理体系。

Hadoop 是由 Apache 基金会所开发的一个开源、高可靠、可扩展的分布式大数据计算框架系统，主要用来解决海量数据的存储、分析、分布式资源调度等。Hadoop 最大的优点就是能够提供并行计算，充分利用集群的威力进行高速运算和存储。

2．大数据的应用

目前，大数据已从概念落到实地，在精准营销、智慧医疗、影视娱乐、金融、教育、体育、安防等领域均有大量应用，随着云计算、物联网、移动互联网等支撑行业的快速发展，未来大数据将拥有更为广阔的应用市场空间。

（1）云存储

中国比较好的有百度云，国外比较好的有 AWS 等。正是因为有这些产品的出现，数据在云端的概念才终于变成现实了，大家都不用揣着 U 盘到处跑了。

（2）内容推送

最具代表性的有今日头条，它正是运用了大数据技术来找到用户喜欢的内容并且推荐给用户。

（3）物品推荐

电影网站、音乐网站、电商网站等这些网站都会对用户的浏览行为进行数据分析，从而根据用户的兴趣推荐相应的物品，比如淘宝、爱奇艺、QQ 音乐、京东等。

（4）广告计算

应用比较多的有百度、谷歌、淘宝、腾讯，它们要根据广告主的价格和广告的效果计算广告的排序，以便在流量中达到最好的变现效果，这时数据的处理速度与数据的量级直接影响了其收入。

（5）金融

银行正使用大数据分析用户的消费行为、购买能力以及还款能力，用来降低提供给用户的贷款风险，减少坏账率。

（6）智慧城市

智慧城市的数据来源广泛、结构多样，涵盖智能交通、智能医疗、智能楼宇、智能电网、智能农业、智能安防、智能环保、智慧旅游、智慧教育、智能水务等大数据资源，涉及众多方面。智慧城市比较有代表性的功能就是可以根据人流控制路灯的亮度，达到省电的效果；通过车流控制红绿灯的变化，减少道路拥堵。

2015 年 8 月，国务院颁布《促进大数据发展行动纲要》，大数据正式上升为国家发展战略。2016 年，工信部印发了《大数据产业发展规划（2016-2020 年）》，全国引来大数据产业建设高峰，目前已形成八大大数据综合试验区，建成 100 多个大数据产业园。伴随新一代信息技术、智慧城市、数字中国等发展战略，逐步推动社会经济数字化转型，大数据的产业支撑得到强化，应用范围加速拓展，产业规模实现快速增长。根据赛迪数据显示，2018 年中国大数据产业规模为 4384.5 亿元，同比增长 23.5%；到 2021 年，中国大数据产业规模估计将超过 8000 亿元。

3.6　思考题与习题

3-1　什么是数制？什么是码制？什么是 BCD 码？什么是 ASCII 码？

3-2　冯·诺依曼体系结构的基本思想是什么？

3-3　计算机硬件系统由哪几部分组成？简述各部分的功能和计算机的工作原理。

3-4　什么是算法？常用的算法描述工具有哪几种？

3-5　什么是数据结构？典型的数据结构有哪些？

3-6　什么是操作系统？操作系统有哪些功能？

3-7　数据库系统的特点是什么？

3-8　试述计算机硬、软件系统与用户之间的关系。

3-9　请列举当前主流服务器操作系统各自的优劣。

3-10　量子计算机研究的最新进展是什么？

3-11　与传统计算机相比，量子计算机的优势有哪些？
3-12　云计算的核心技术有哪些？

参 考 文 献

[1]　J.Glenn Brookshear. 计算机科学概论[M]. 12 版. 刘艺，译. 北京：人民邮电出版社，2017.
[2]　Behrouz A. Forouzan, Firouz Mosharraf. 计算机科学导论[M]. 刘艺，译. 北京：机械工业出版社，2018.
[3]　Nell Dale, John Lewis. 计算机科学概论[M]. 张欣，译. 北京：机械工业出版社，2016.
[4]　甘岚. 计算机科学技术导论[M]. 北京：北京邮电大学出版社，2018.
[5]　服务器操作系统. http://baike.baidu.com/ view/1913658.htm[EB/OL].
[6]　黄载禄. 电子信息科学与技术导论[M]. 北京：高等教育出版社，2016.
[7]　梁栋，张兆静，彭木根. 大数据、数据挖掘与智慧运营[M]. 北京：清华大学出版社，2017.
[8]　Tom White. Hadoop 权威指南：大数据的存储与分析[M]. 王海，华东，刘喻，等，译. 4 版. 北京：清华大学出版社，2017.
[9]　黄东军. Hadoop 大数据实战权威指南[M]. 2 版. 北京：清华大学出版社，2019.
[10]　易建勋. 计算机导论——计算思维和应用技术[M]. 2 版. 北京：清华大学出版社，2018.
[11]　吕云翔，张璐，王佳玮. 云计算导论[M]. 北京：清华大学出版社，2018.

第 4 章　现代传感器技术

当今社会正处于信息化发展的兴盛时期，信息化社会的任何活动都离不开信息的采集、处理和传输。因此传感器技术、计算机技术和通信技术并称为现代信息技术的三大支柱。作为信息获取的源头，传感器的应用如今越来越广泛，对其要求越来越高，需求也越来越迫切。从国防工程、航空航天、海洋开发、环境保护、工业制造到生命科学等各项现代科学技术研究以及人们的日常生活，无一不与传感器和传感器技术密切相关。传感器技术已经成为衡量一个国家科技水平的重要标志之一。

4.1　获取信息的传感器

4.1.1　什么是传感器

什么是传感器呢？其实只要细心观察就可以发现，在日常生活中使用着各种各样的传感器，如电冰箱、电饭煲中的温度传感器，空调中的温度和湿度传感器，煤气灶中的煤气泄漏传感器，手机中的光电传感器和指纹传感器，汽车中的燃料计和速度计等，不胜枚举。今天传感器已经给我们的生活带来了太多便利和帮助。

人们为了从外界获取信息，必须借助眼（视觉）、耳（听觉）、鼻（嗅觉）、舌（味觉）、皮肤（触觉）等感觉器官。人类依靠这些感官接受来自外界的信号，并将这些信号通过神经元传递给大脑，通过大脑的分析判断，发出相应的命令和动作。例如，当人们看到水果时，这个外界信息刺激到了人体感官，然后进入大脑形成想要去拿这个水果吃的神经冲动，然后大脑发送控制信号给肢体把水果拿过来，从而完成了一个完整的动作。对于机器系统而言，比如机器人要完成一个踢球的动作，首先需要将传感器获取的外界信息送入计算机处理系统，然后再设定、执行及完成机器人踢球的动作。将这两个过程对比（如图 4-1 所示）发现，传感器相当于人的感觉器官（"电五官"），计算机相当于人的大脑，执行器就相当于人的肢体。只有计算机和传感器协调地结合才有可能实现智能机器人及其他人工智能仪器设备。

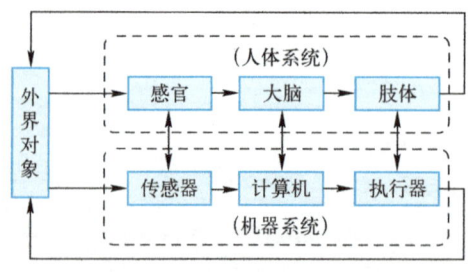

图 4-1　智能机器与人对比

早在电子技术应用于工农业生产和科学研究的初期，传感器技术就已应用于各种电量、非电量的测量。传感器的历史可以追溯到远古时代，早在公元前 1000 年左右，中国的指南针里就已开始使用；16 世纪前后出现了利用液体膨胀原理的温度测量仪；19 世纪建立了电磁学的基础，当时建立的物理法则直到现在作为各种传感器的工作原理仍在应用着。

以电学量作为输出的传感器，其发展历史最短，但是随着真空管和半导体等有源器件的可靠性的提高，这种传感器得到了飞速发展。目前只要提到传感器，一般是指具有电输出的装置。

传感器（Sensor/Transducer）是一种测量装置或器件。国家标准 GB/T 7665—2005 中对传感器的定义作了如下规定：能感受规定的被测量并按照一定的规律转换成可用输出信号的器件或装置，通常由敏感元件和转换元件组成。即：传感器是一种以一定精确度把被测量（主要是非电学量）转换为与之有确定关系、便于应用的某种物理量（主要是电学量）的测量装置。

这一定义包含了以下几方面的意思：①传感器是测量装置，能感受被测量的变化，完成检测任务；②被测量可能是物理量，也可能是化学量、生物量等；③它的输出信号是某种便于传输、转换、处理、显示的可用信号，如电信号（电压、电流、电容、电感）、光信号、频率信号等；④输出与输入有对应关系，且有相应的精确程度。由于电信号易于传输、转换和处理，因此一般概念上的传感器是指将被测量转换成电信号输出的测量装置。

4.1.2 传感器的重要性

在历次产业革命进程中，获取外部信息的传感器一直扮演着重要角色。从 18 世纪工业革命以来，特别是在 20 世纪信息革命中，传感器技术越来越多地由传感器来实现。传感器处于研究对象和测试系统的前端位置，是检测与控制系统的重要基础。在现代化工业生产尤其是自动化生产过程中，要用各种传感器来监测和控制生产过程中的各个参数，使设备工作在正常状态或最佳状态，并使产品获得最好的质量。可以说传感器是现代化生产的基础。传感器技术给现代社会带来的经济效益和社会效益已无法统计。一个国家的现代化水平是通过自动化水平衡量的，科技越发达，自动化程度越高，对传感器的依赖程度就越强烈。

21 世纪是信息技术的时代，构成现代信息技术的三大支柱是传感器技术、通信技术与计算机技术，在信息系统中它们分别完成信息的采集、传输与处理，其作用可以形象地比喻为人的"感官""神经"和"大脑"。其中传感器作为获取外界信息的窗口，是信息技术的第一个接口，同时也是物联网技术的关键基础。

4.1.3 传感器的应用领域

目前传感器应用的领域包括：现代大工业生产、基础学科研究、宇宙开发、海洋探测、军事国防、环境保护、资源勘探、医学诊断、智能建筑、汽车、家用电器、生物工程、机器人、商检质检、公共安全，甚至文物保护等极其广泛的领域。

（1）在航空航天领域的应用

在航空航天领域里，宇宙飞船的飞行速度、加速度、位置、姿态、温度、气压、磁场、振动等每个参数的测量都必须由传感器完成。例如，我国的神舟十号载人飞船（如图 4-2a 所示）上就装有超过千只的传感器，用于监测航天员的呼吸、脉搏、体温等生理参数和飞船升空、运行、返回等多项飞行参数。俄罗斯的"能源"号运载火箭在发射"暴风雪"号飞船时用了 39 种传感器，箭、船上传感器总量可达 3500 多只。可以说，整个宇宙飞船就是高性能传感器的集合体。

（2）在机器人领域的应用

在机器人研究中，其重要的内容是传感器的应用研究。根据传感器在机器人中应用的不同可分为内部检测传感器和外部探测传感器。机器人内部传感器主要有位移、角度、加速度等传感器，外部传感器主要有视觉、触觉、听觉、味觉、嗅觉、接近觉和滑觉等传感器。可以说，机器人的研究水平在某种程度上代表了一个国家的智能化技术和传感器技术的水平。图 4-2b 所示为智能机器人模型。

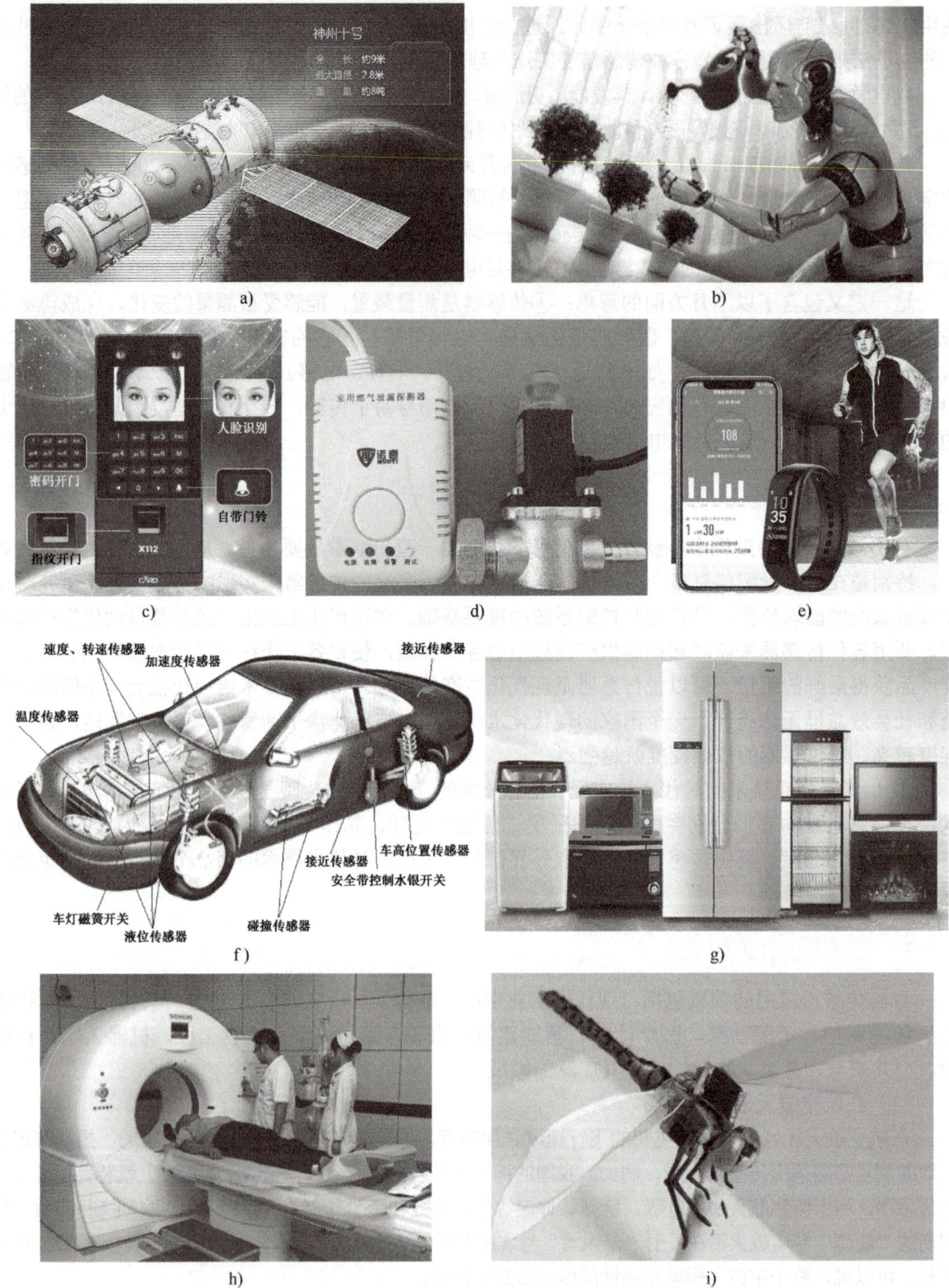

图 4-2 传感器的应用

a) 神舟十号飞船 b) 智能机器人 c) 指纹、人脸识别门禁 d) 燃气报警器
e) 智能运动手环 f) 汽车 g) 家用电器 h) 医疗诊断 i) 蜻蜓仿生无人机

(3) 在智能建筑中的应用

在楼宇自动化系统中，计算机通过中继器、路由器、网络、显示器等控制管理各种机电设备的空调系统、给排水系统、变配电系统、照明、电梯等，而实现这些功能需使用的传感器包括：温度、湿度、液位、流量、压差、空气压力传感器等；安全防护、防盗、防火、燃气泄漏可采用电荷耦合器件（Charge Coupled Device，CCD）监视器、烟雾传感器、气体传感器、红外传感器、玻璃破碎传感器；自动识别系统中的门禁管理主要采用感应式 IC 卡识别、指纹识别、人脸识别等方式，这种门禁系统打破了人们几百年来用钥匙开锁的传统。图 4-2c 所示为智能楼宇中集密码、指纹和人脸系统于一体的门禁。

(4) 在环境监测中的应用

大气环境是人类赖以生存的自然空间。随着工业生产技术的发展和生活水平的日益提高，汽车尾气排放、PM2.5、工业毒气泄漏等空气污染问题越来越引起了人们的重视和思考。环境监测主要依赖的是气体传感器，例如厨房里的燃气报警系统（如图 4-2d 所示）就是基于气体探测技术，能有效地警示煤气泄漏；甲醛传感器可以用来监测刚装修好的室内甲醛含量是否超标、建筑材料是否合格；酒后驾驶和汽车尾气超标都能通过气体传感器得以鉴别。

(5) 在可穿戴设备中的应用

随着电子移动设备技术的不断发展，可穿戴设备作为一种贴身移动电子设备已经成为服务于人类日常生活的智能设备。可穿戴设备种类繁多，广义上只要是能够穿戴或者附着在用户身体上的电子设备都可以认为是可穿戴设备。可穿戴设备可以实时监测人体的血糖、血压、心率、体温、呼吸频率、运动步数、睡眠质量等参数，这些都依赖于不同的传感器。图 4-2e 所示为一款智能运动手环，可以识别排球、瑜伽、健走、跑步、游泳等 15 项锻炼模式，全天监测心率和睡眠质量等，通过触屏显示指标。智能可穿戴设备将个人生活习惯和细节数字化、网络化，极大地提升了人们的生活质量。

传感器在汽车、家用电器、医疗诊断、仿生研究上的应用实例不胜枚举，图 4-2f～i 分别是传感器在汽车、家用电器、医疗诊断、仿生研究中的应用。

4.1.4 传感器的发展历程与趋势

1. 传感器的发展历程

传感器的发展大致可分为三个阶段，即"聋哑传感器""智能传感器"和"网络传感器"。

第一阶段的传感器是模拟仪表时代的产物。主要设计思想是把外部信息转变成模拟电压或电流信号。它的功能很少、输出幅值小、灵敏度低，因而被人们称为"聋哑传感器"。

20 世纪 70 年代以来，计算机技术、微电子技术和光电子技术获得了迅猛发展，加工工艺逐步成熟，新型的敏感材料不断被开发，在高新技术的渗透下，促使传感器技术与计算机技术相结合，开发出了具备一定的数据处理能力，并能自检、自校、自补偿的新一代传感器——智能传感器。

20 世纪 80 年代以来，网络通信技术逐步走向成熟并渗透到各行各业。人们把网络控制芯片与智能传感器集成起来并把通信协议固化到智能传感器 ROM 中，导致了"网络传感器"的产生，从而也迎来了智能传感器的真正信息化时代。

纵观整个传感器的发展过程，人们已经不再把精力全部投入到寻找新的、优良的传感材料上，而是要通过信号及数据处理功能将传感器数字化、网络化、微型化，增加其信息含量，从而提高传感器的准确性、可靠性。目前传感器的发展正处于"智能传感器"发展阶段的鼎盛时期，世界各国都在研制和开发各类智能传感器。智能传感器的功能以及精度得到了大幅提高。利用人工神经网络、人工智能、信息处理技术（如信息融合技术、模糊理论等）将使传感器具有更加高级的功能，如分析、判断、自适应、自学习等功能，并可以完成图像识别、特征检测、多维检测等复杂功能。而"网络传感器"的发展还处于起步阶段，在国内外还没有十分成熟的产品，这一阶段将是传感器发展的必然阶段。

2．传感器的发展趋势

传感器的发展一方面是要满足各领域日益增长的对未知量精确测量的需要；另一方面还要适应飞速发展的信息传递和处理技术。现代传感器正朝着集成化、多功能化、微（小）型化、数字化、智能化和网络化的方向发展，具有高精度、高性能、高灵敏度、高可靠性、高稳定性、长寿命、高信噪比、宽量程、无维护等特点。

（1）传感器的集成化、多功能化

传感器的集成化，是由于引入了半导体集成电路技术及开发的结果。传感器的集成化一般具有两方面含义：其一是将传感器与匹配的放大电路、运算电路、温度补偿电路等制成一个组件，实现一体化。这样与一般传感器相比，具有体积小、反应快、抗干扰、稳定性好的优点；其二是将同一类传感器集成于同一芯片上构成二维阵列式传感器（也称面型固态传感器）。由于从一开始就用一体化构造的形式来完成，不是在个别传感器制造后用组合或结合的方法构成，因而节约了时间及能耗，而制造成坚固、高准确度和高可靠性的传感器。

传感器的多功能化是与集成化相对应的一个概念。过去由几个元件连接成电路才能完成的功能，经多功能化后，只由一个半导体器件就能实现。并且，传感器与别的功能结合，可产生出新的功能。例如，温度传感器与开关元件集成化可构成某种热敏传感器。只要将这种元件的集电结反向饱和电流设计成随温度而变化，就能起控温作用。可见，这种热敏传感器同时具备温度传感器与开关两种功能。

传感器的集成化、功能化充分利用了传感器的特性，降低了制造成本，实现了系统的小型化和整体性能的提高。

（2）传感器的微型化

纳米/微米集成技术的问世和微机械加工技术（MEMS）的出现，使三维工艺日趋完善，为微型传感器的制备铺平了道路。体积微小、质量轻是微型传感器的显著特征，其体积和质量仅为传统传感器的几十分之一甚至几百分之一，而且其敏感元件的尺寸一般为微米或纳米级。

（3）传感器的数字化

数字技术是信息技术的基础，传感器的数字化不仅是提高传感器本身多种性能的需要，而且是传感器向智能化、网络化更高层次发展的前提。

（4）传感器的智能化

传感器由分立式向集成化、多功能化发展，另一方面，微型计算机的高性能、低成本给传感器的检测系统以极大的影响，从而出现了智能传感器的概念。智能传感器是将传统传感器与微型计算机结合为一个整体，实现了常规技术所不能完成的高功能系统。智能传感器除了具备一般传感器的功能（把被测量变换为电信号），还必须能够记忆、存储数据，进而解析和统计处理这些数据，最后以所需要的数据形式作为有用信息输出。智能传感器能实现硬件本身难以实现的功能，提高了传感器的性价比。

（5）传感器的网络化

传感器的网络化是传感器领域近些年发展起来的一项新兴技术，它利用通信协议，可使现场数据就近登录，通过 Internet 网与用户之间异地交换数据，实现了数据的实时发布和共享。传感器网络化的目标就是采用标准的网络协议，同时采用模块化结构将传感器和网络技术有机地结合起来，实现信息交流和技术维护，是发展物联网的重要技术基础。

4.2 传感器的组成、分类及特性

4.2.1 传感器的组成

传感器一般由敏感元件、转换元件、信号转换电路和电源等组成,如图 4-3 所示。

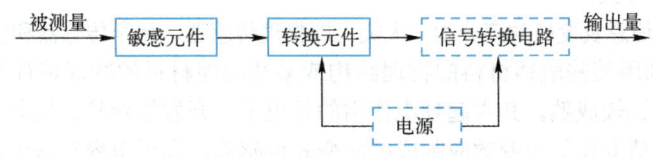

图 4-3 传感器的组成框图

敏感元件,是指传感器中能直接感受或响应被测量(输入量)的元件;转换元件,是将敏感元件的输出量转换成适于传输或测量的电信号的元件,又称变换器;信号转换电路是将转换元件输出的可用信号进行放大、显示和记录等功能的电路,常用的电子器件有电桥、放大器、振荡器和阻抗变换器等。

实际上,有些传感器并不能明显区分敏感元件和转换元件,而是二者合为一体。例如压电传感器、热电偶等,这些传感器没有中间转换环节,直接将被测量转换成电信号。最简单的传感器由一个敏感元件(兼转换元件)组成,它感受被测量时直接输出电量,如热电偶就是这样。两种不同的金属材料 A 和 B,串接为一个闭合回路,如图 4-4 所示,T 为工作端(待测温度),T_0 为参比端(参考温度),若两结合点处的温度不同($T \neq T_0$),则在两导体间产生一个与温度 T、T_0 有关的热电势,从而进行温度测量。

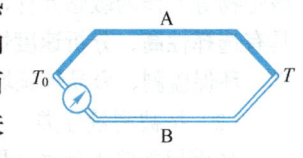

图 4-4 热电偶

有些传感器仅由敏感元件和转换元件组成。如图 4-5 所示的压电式加速度传感器,其中质量块是敏感元件,压电片是转换元件。由于压电片的输出是电学量,因此不需要信号转换电路。压电片和质量块为环形,通过螺母对质量块预先加载,使之压紧在压电片上。测量时将传感器基座与被测对象牢牢地紧固在一起,当待测试件以一定的加速度运动时,质量块以正比于加速度的交变力作用在压电元件上,压电元件的两个表面就会产生交变电荷,传感器的输出电荷(或电压)与作用力成正比,即与试件的加速度成正比。

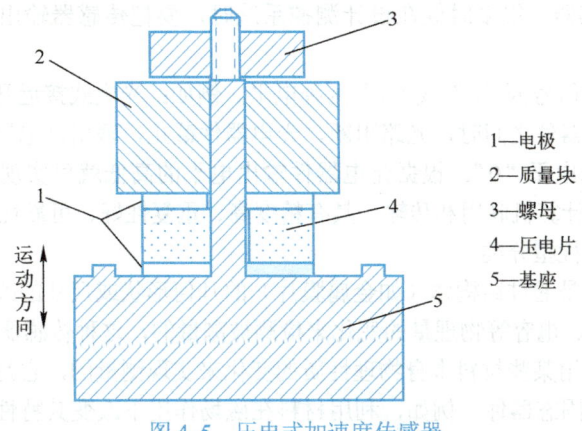

1—电极
2—质量块
3—螺母
4—压电片
5—基座

图 4-5 压电式加速度传感器

有些传感器转换元件不止一个,要经过若干次转换。敏感元件和转换元件在结构上通常是组装在一起的,为了减小外界环境的影响,转换电路也常常与它们封装在一起。因为不少传感器要通过信号转换电路之后才能输出电信号，从而决定了转换电路是传感器的组成部分之一。

4.2.2 传感器的分类

传感器的种类繁多，所涉及的面非常广，几乎涵盖现代所有的学科，其分类方法也有多种。目前国内外尚无统一的分类方法，这里仅介绍几种常用的分类方法。

（1）按工作原理分类

传感器按其外界信息及变换效应分为三大类，即物理传感器、化学传感器和生物传感器。

物理传感器是利用某些敏感材料的物理结构或某些功能材料的物理特性及效应而制成的传感器，因其开发较早，比较成熟。其中起导电作用的是电子，开发较容易。例如：利用金属材料在被测量作用下引起电阻值变化的应变效应制成的应变式传感器；利用电容在被测量作用下引起电容值变化制成的电容式传感器；利用压电材料在被测力作用下产生的压电效应制成的压电式传感器等。

化学传感器是利用电化学反应原理，把无机或有机化学的物质成分、含量等转换为电信号的传感器。最常用的是离子敏传感器，即利用离子选择性电极来测量溶液的 pH 值或离子（如 K^+、Ca^{2+}、H^+、Na^+ 等）活度。化学传感器种类极多，较为复杂，开发难度也较大，主要应用于化学分析、化学工业的在线检测及环保检测等领域。

生物传感器是利用生物活性物质（如分子、细胞甚至某些生物机体组织等）的选择性来识别和测定生物化学物质的传感器。这类传感器是以生物体活性物质（如酶、抗体、抗原、激素、细胞、微生物等）作为敏感元件，以选择性电极（如氧电极、氢电极、过氧化氢电极等）作为转换元件，具有选择性高、分析速度快、操作简单等优点，虽然其研究历史较短，但发展非常迅速，在生物医学、环保监测、食品等领域都有良好的应用前景。

（2）按被测量分类

传感器按输入信号（即被测量）分类能清晰地表示传感器的功能，也便于用户选择使用。按被测量的性质大致可分为位移传感器、压力传感器、速度传感器、加速度传感器、流量传感器、温度传感器、湿度传感器、气敏传感器等。生产厂家和用户都习惯于这种分类方法。

（3）按输出信号分类

传感器按输出信号的形式划分，可分为模拟传感器和数字传感器。

模拟传感器输出的信号在宏观上以连续方式改变，信息一般由幅度获得，很多传感器属于此类。例如感应同步器的滑尺相对定尺移动时，定尺上产生的感应电势为周期性模拟信号，感应同步器就是一种模拟传感器。很多时候在设计测控系统时，要把传感器输出的模拟信号转换成数字信号。

数字传感器输出的信号为"0"或"1"两种电平。例如：光电式接近开关检测不透明的物体，当物体位于光源和光电器件之间时，光路阻断，光电器件截止，输出高电平"1"；当物体离开后，光电器件导通，输出低电平"0"。根据光电器件输出电平的高低就可实现对被测物体的检测或计数。数字传感器便于与计算机联用和传输，具有精度高、重复性好、可靠性高等优点。

（4）按结构型和物性型分类

结构型传感器主要是通过结构体（如金属膜片）的几何形状或尺寸的改变，将外界被测参数转换成相应的电阻、电感、电容等物理量的变化来检测被测量的，这种传感器目前应用得最为普遍。

物性型传感器是利用某些材料本身物理性质的变化来实现测量的，它是以半导体、电介质、铁电体等作为敏感材料的固态器件。例如，利用材料在磁场作用下改变其特性可以制成磁敏传感器；利用材料在光照下改变其特性可以制成光敏传感器等。

（5）按敏感材料分类

传感器按照使用的敏感材料不同，可分为半导体传感器、光纤传感器、陶瓷传感器、金属传感器、高分子材料传感器、纳米材料传感器以及复合材料传感器等。

除以上几种常用的分类方法之外，还有一些其他的分类方法，例如：传感器按其应用领域可分为工业用、民用、军用、环境保护用、医疗卫生用等类型；按作用形式可分为主动型和被动型传感器；按传感器技术发展可分为聋哑传感器、智能传感器和网络化传感器等。

4.2.3 传感器的基本特性

在现代化生产和科学实验中，要对各种各样的参数进行检测和控制，就要求传感器能感受被测非电量的变化并将其不失真地变换成相应的电量，这取决于传感器的基本特性，即输出—输入特性（主要是指输出与输入之间的关系）。传感器的基本特性可用静态特性和动态特性来描述。

当输入量为常量，或变化极慢时，其输出量与输入量之间的关系称为传感器的静态特性；当输入量随时间较快地变化时，其输出量与输入量之间的关系称为传感器的动态特性。鉴于传感器在检测系统中的重要地位，有必要对其基本特性予以介绍，以方便传感器的设计、评价和选择。

1. 传感器的静态特性

描述传感器的静态特性主要有线性度、灵敏度、迟滞、精度、分辨率等。

（1）线性度

线性度是度量传感器输出与输入之间线性程度的一种指标，定义为输出—输入特性曲线与理论直线之间的最大偏差与输出满量程之比，即

$$\gamma_L = \frac{|\Delta L_{\max}|}{Y_{FS}} \times 100\% \tag{4-1}$$

式中，$|\Delta L_{\max}|$ 为输出与拟合直线之间的最大偏差的绝对值，Y_{FS} 为满量程输出。

（2）灵敏度

灵敏度是传感器对被测量变化的反应能力，定义为传感器在稳定条件下，输出变化量与输入变化量之比，即

$$S = \frac{\Delta y}{\Delta x} \tag{4-2}$$

式中，S 为常数，Δx 为输入变化量，Δy 为输出变化量。

（3）迟滞

传感器在正（输入量增大）反（输入量减小）行程中输出—输入特性曲线不重合的现象称为迟滞。迟滞特性如图 4-6 所示，它一般由实验方法测得。迟滞误差通常以满量程输出的百分数表示，即

$$\gamma_H = \pm(1/2)(\Delta_{H\max}/y_{FS}) \times 100\% \tag{4-3}$$

式中 $\Delta_{H\max}$ 为正反行程间输出的最大差值。

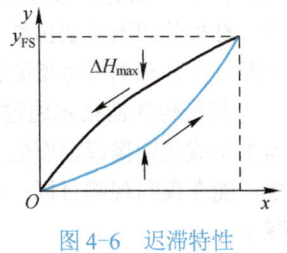

图 4-6 迟滞特性

迟滞误差也叫回程误差，常用绝对误差表示。检测回程误差时，可选择几个测试点。对每一输入信号，传感器正行程与反行程中输出信号差值的最大值即为回程误差。

（4）阈值与分辨力

当传感器的输入从零开始缓慢增大时，达到某一值后，输出才发生可以观测到的变化，这个值为传感器可测的最小输入值，称为阈值。

当传感器的输入从非零的任意值缓慢增大时，超过某一输入增量后，输出才发生可以观测到的变化，该输入量称为传感器的分辨力，它是传感器能检测到的最小输入增量。分辨力用绝对值表

示，当用与满量程的比值（百分数）表示时称为分辨率。

(5) 精确度

精确度简称精度，它是精密度和准确度两者的综合。精密度用来说明传感器输出值的分散性，也就是说，对某一稳定的被测量，由同一个测量者，用同一个传感器，在短时间内连续重复测量多次，其测量结果的分散程度。准确度用来说明传感器输出值与真值的偏离程度。精确度用来说明测量结果与真值的一致程度，精确度高表示精密度和准确度都比较高。

2. 传感器的动态特性

传感器在测量过程中，很多被测量是随时间变化的动态信号，这就要求传感器的输出能及时准确地反映这种动态变化。动态特性就是指传感器对随时间变化的输入量的响应特性，它反映传感器测量动态信号的能力。

对于任一传感器，只要输入量是时间的函数，那么输出量也应是时间的函数，二者间的关系可用动态特性方程来描述。设计传感器时，要根据其动态性能要求及使用条件选择合理的方案，确定合适的参数；使用传感器时，要根据其动态特性及使用条件确定合适的使用方法，同时对给定条件下的传感器动态误差、响应速度和动态灵敏度等做出估计。在实际检测过程中，如果传感器选择不当，输出量不能跟随输入量快速变化，将会导致较大的测量误差，所以研究传感器的动态特性具有十分重要的意义。

为了研究传感器的动态特性，可建立其动态数学模型，用数学中的逻辑推理和运算方法，分析传感器在动态变化的输入量的作用下，输出量如何随时间改变。实践中输入信号随时间的变化形式多种多样，通常只分析传感器在"标准"输入信号作用下的输出。工程上常用阶跃信号和正弦信号作为"标准"输入信号，通过对传感器输出响应的分析，获得对传感器动态特性的评价。例如，给传感器输入一个正弦信号，传感器输出就有一个频率响应，根据响应曲线就可以确定传感器的工作频率范围、相位误差等，从而可对传感器的动态特性做出具体的评价。

4.3 红外传感器

在夜晚，人眼无法看到很多物体，而狼眼却可以看到。但是人眼通过红外传感器也可以看到夜晚中的一些目标，因此红外传感器辅助了人眼的夜视功能。红外传感器主要由红外辐射源和红外探测器两部分组成，有红外辐射的物体就可以视为红外辐射源；红外探测器是指能将红外辐射能转换为电能的器件或装置。

4-1 气敏传感器

红外传感器技术通过非接触的方式传感红外线能量（热量），并将其转换为电信号，进而在显示器上生成热图像或温度值，并实现温度（热量）的量化。红外传感器的优点主要体现在温度场的成像，能在夜间观测目标；对不可见物体的探测，穿透烟、雾、雨的能力特别强，且在大气中传输衰减小。

4.3.1 红外辐射

红外辐射又称红外线，是一种不可见光，由于是位于可见光中红色光以外的光线，故称为红外线。波长在 0.76～1000μm，红外线在电磁波谱中位置如图 4-7 所示。在工程上又把红外线所占据的波段分为四个部分，即近红外、中红外、远红外和极远红外。

红外辐射和所有的电磁波一样，是以波的形式在空间直线传播的。红外线在通过大气层时，有三个波段通过率较高，分别是 2～2.6μm、3～5μm、8～14μm，统称为"大气窗口"。这三个波段对红外探测技术特别重要，因为红外探测器一般都工作在这三个波段之内。利用红外线作为检测媒介来测量某些非电学量,比可见光作为媒介的检测方法要好,具有不受可见光影响、可昼夜测量且不必设光源等特点。

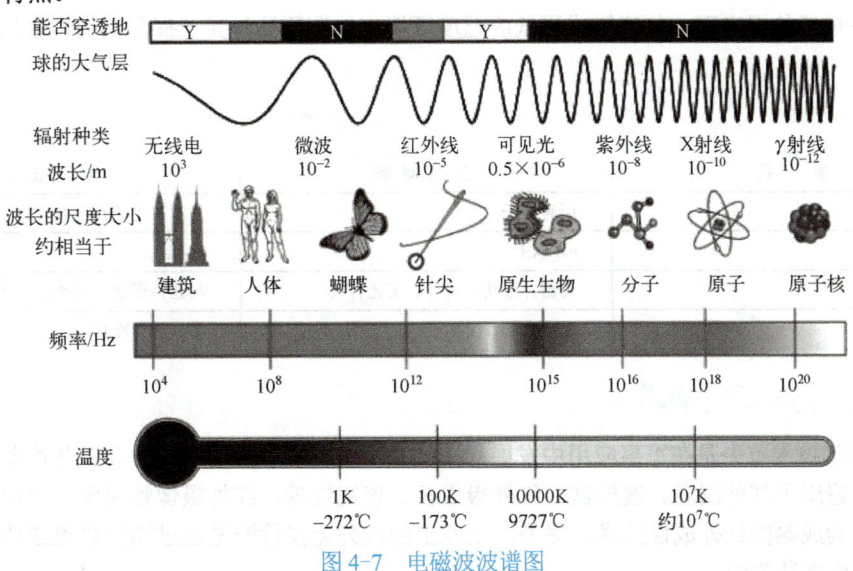

图 4-7 电磁波波谱图

4.3.2 红外探测器

红外探测器是能将红外辐射能转换成电信号的光敏器件,也称红外器件或红外传感器。常用的红外探测器有热探测器和光子探测器两大类,如图 4-8 所示。热探测器里又包括热释电传感器、热敏电阻和能够感知微小热量变化的元器件(如热电堆)等。光电型探测器包括光敏电阻、光伏探测器等。

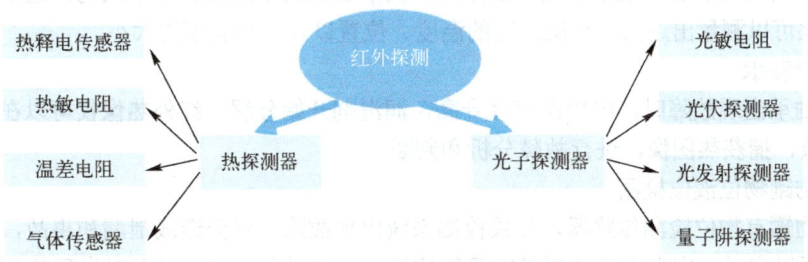

图 4-8 红外探测器的分类

热探测器的工作过程是:当器件吸收辐射能时温度上升,温升会引起敏感材料某些物理性能的变化,检测其中一种性能的变化,即可探知辐射的存在和强弱。比较有代表性的就是热释电传感器,当探测器吸收光辐射能后引起温度升高,利用器件的温度敏感特性将温度变化转换为电信号,这一过程包括了光→热→电的两次信息变换过程,而对波长频率没有选择,这一点与光电器件不同。在光→热→电转换过程中,光→热阶段,物质吸收光能,温度升高;热→电阶段,利用某种效应将热转换为电信号。

热探测器的主要优点是响应波段宽、可在室温下工作、使用方便等。但热电型探测器响应时间长、灵敏度较低。因此,一般用于红外辐射变化缓慢的场合。

在红外探测器中,光子探测器研究最多,应用最广。它是利用某些半导体材料在红外辐射的照射下产生光子效应,即通过吸收光子直接产生电子和空穴,使材料的电学性质发生变化而制成的。通过测量电学性质的变化,可确定红外辐射的强弱。光子探测器器件的主要特点是灵敏度高、响应速度快、响应频率高。但其成本高,一般要求在低温下工作,而且探测波段较窄。这是因为室温下热激发的载流子会随着禁带宽度的减小而大大增加,从而会产生很大的热噪声。所以这类传感器必须工作在很低的温度下,如液氮或更低的温度环境。热探测器与光子探测器的性能比较如表 4-1 所示。

表 4-1 热探测器与光子探测器的性能比较

参　数	热探测器	光子探测器
波长范围	所有波长	只对狭小波长区域灵敏
响应时间	ms 以上	ns 级
探测性能	与器件形状、尺寸、工艺有关	与器件形状、尺寸、工艺无关
适用温度	无须冷却	多数需要冷却

4.3.3　红外传感器的应用

红外探测技术首先是在军事应用中发展起来的,至今在军事应用中仍占有极其重要的地位。红外传感器普遍用于红外测温、遥控器、红外摄像机、夜视镜等,红外摄像管成像、电荷耦合器件成像是目前较为成熟的红外成像技术。另外,工业上的红外无损检测是通过测量热流或热量来检测材料的质量和内部缺陷的。

1. 工业检测

工业现场利用热成像技术进行实时检测是最新的测量技术之一。其特点是非接触测量,可用于安全距离检测;可快速扫描设备,及时发现故障;可测量移动的目标物体。工业红外成像仪应用实例如下。

(1) 高炉炉衬检测

当耐火材料出现裂缝、脱落、局部缺陷时,高炉表面的温度场分布不均匀,造成安全隐患。利用红外热像仪可以测量出过热(缺陷)区的温度、位置以及分布面积的大小。

(2) 检查轴承

当电机轴承出现故障时,电机温度会升高,润滑剂开始分解。红外热像仪可以在设备运行时进行热成像检查,捕获热图像,进行故障分析和判断。

(3) 储物罐物位液位检测

通常储物罐有物位检测传感器,如果检测系统出现故障,将会造成泄漏和事故,使生产中断。利用热像仪可以定时、定期直接拍摄储物罐物位线,帮助设备维护人员及时发现检测系统故障,避免潜在的危险。

2. 空间遥感

空间遥感不仅可以对目标国家和地区的资源状况进行侦查,还能有效地监控对方军事部署和大规模的军事移动,以帮助分析局部地形、资源状况,从而有针对性地对战术行动方案做出改进。例如,新一代静止轨道定量遥感气象卫星风云四号卫星(如图 4-9a 所示)可对范围广阔地区的气象及资源状况进行监测。红外遥感卫星系统在规定的时间内覆盖整个地球或指定的任何区域,当沿地球同步轨道运行时,它能连续地对地球表面某指定地域进行遥感。所有的遥感卫星都需要有遥感卫星地面站,获得的卫星数据用于土地森林和水资源调查、农作物估产、矿产和石油勘探、海岸勘察、地质与测绘、自然灾害监视、农业区划、重大工程建设的前期工作以及对环境的动态监测等。图 4-9b 为风云四号卫星拍摄到的台风"山竹"的影像。

图 4-9　红外探测技术在空间遥感中的应用

a) 风云四号卫星　b) 台风 "山竹" 的遥感影像图

3. 医疗护理

人类体温调节机制比较完善,其体温不因外界环境而变化,始终保持在一个稳定的范围。人体血液流过血管时,血液的温度高于周围组织的温度,因此通过观察血管的热成像图,医疗人员就能获知患者的血液流动是否处于正常状态。图 4-10 是用红外热像仪来探测人体受伤组织和急性阑尾炎。从图中可以看到,受伤或有炎症的部位在图片上颜色较深,炎症是一个极常见的病理现象,凡是急性炎症的病灶处其温度一定是高温。通过热像仪,医疗人员能准确地找到受伤或炎症的位置,使诊断变得迅速准确。

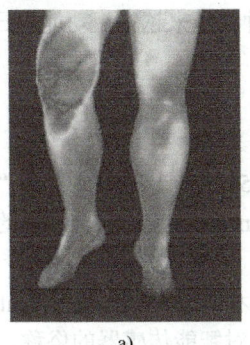
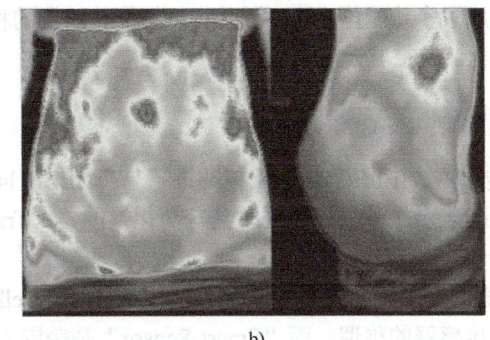

图 4-10　红外探测技术在医疗中的应用

a) 软组织挫伤　b) 急性单纯性阑尾炎

4. 安全驾驶

在夜间驾驶汽车的时候,如果远处有一辆车与你相向而行,当两车接近时,为了视线不被影响需要将远光灯变为近光灯,以防止强光照射到对方驾驶员的眼睛上。从远光灯变成近光灯的过程中,驾驶员的视野也随之变短了。如果在车里面安装一个红外探测器,驾驶员就可以在没有光照的情况下看到远处的景物,从而增加驾驶的安全性。图 4-11a 就是肉眼观察到的车辆通过时的情况。由于对方开着远光灯,肉眼实际是看不清楚前方情况的。但是,如果使用红外传感器,前方的景物和行人就能非常清晰地展现在眼前,如图 4-11b 所示。

除此之外,红外探测技术还可用于产品质量监控、检疫、消防施救、古画辨认、耐火材料及设备受损检测,路面温度分布监测等多个方面。

图 4-11　红外探测器用于夜间驾驶

a) 肉眼观察效果　b) 红外探测效果

4.4　智能传感器

随着微电子技术及材料科学的发展，传感器在发展与应用的过程中越来越多地与微处理器相结合，使传感器不但有视觉、触觉、听觉、味觉，还有存储、思维和逻辑判断等能力。NASA 在开发宇宙飞船的过程中最早提出智能传感器（Intelligent Sensor/Smart Sensor）的概念，由于宇宙飞船在升空过程中需要知道其速度、位置、姿态等数据，宇航员正常生活需要控制舱内温度、气压、加速度、空气成分等，因而要安装各种类型的传感器，同时进行科学研究也需要多种传感器。智能传感器将"电五官"与"微电脑"相结合，把对外界信息的获取、逻辑判断、自行检测、数据处理和自适应等能力集成，形成了多功能传感器。近几年，智能传感器的种类越来越多，功能也日趋完善，被广泛应用于工业自动化、航空航天等领域。

4.4.1　什么是智能传感器

关于智能传感器，IEEE 在 1998 年通过了一个 IEEE 1451.2 的专用定义，即"除产生一个被测量或被控量的正确表示之外，还能同时具有简化换能器（Transducer）的综合信息的功能以用于网络环境的传感器"。

目前关于智能传感器的中英文称谓尚未统一。John Brignell 和 Nell White 认为"Intelligent Sensor"是英国人对智能传感器的称谓，而"Smart Sensor"是美国人对智能传感器的俗称。一般认为，兼有信息检测与信息处理功能的传感器就是智能传感器（系统）。

智能传感器是测量技术、半导体技术、计算机技术、信息处理技术、微电子学、材料科学等综合密集型技术的结合，主要由传感器、微处理器（或微计算机）及相关电路组成。微处理器是智能传感器的核心，它不但可以对传感器测量的数据进行计算、存储、处理，还可以通过反馈回路对传感器进行调节。智能传感器充分利用计算机的计算和存储能力，对传感器的数据进行处理，并对其内部工作状况进行调节，使采集的数据最佳，且具有自补偿、自校准、自诊断、数值处理、双向通信、信息存储以及数字量输出等功能。智能传感器还可利用人工神经网络、人工智能、信息处理等技术，完成图像识别、特征检测和多维检测等复杂任务。

从结构上来说，智能传感器可以是集成化的，也可以是分离式的，通常由经典传感器和微处理器单元两个中心部分构成，图 4-12 给出了典型的智能传感器系统的结构框图。传感器将被测的物理量转换成相应的电信号，送到信号调理电路中，进行滤波、放大、模/数转换后，送到微处理器中。微处理器（可以是单片机、单板机，也可以是微型计算机系统）是智能传感器的核心，它不但可以对传感器测量数据进行计算、存储、数据处理，还可以通过反馈回路对传感器进行调节。微处理器的处理能力直接决定了智能传感器的智能程度。微处理器处理完毕，通过输出接口和外部（计算机或者网络）相连，实现双向通信，并输出标准数字量。

图 4-12　智能传感器系统的结构框图

4.4.2　智能传感器系统的层次结构及主要特色

智能传感器系统的层次结构大致可分为：底层、中间层、顶层，如图 4-13 所示。最高级的智能信息处理过程发生在顶层，而处理的功能是中央化的（如同人的大脑，处理的信息是抽象的），且与操作原理、传感器的物理结构无关。另一方面，处于底层的各类传感器组从外部目标收集信息，这些传感器的信号处理是以分布和并行的方式进行的，处理的信息强烈地依赖于传感器的原理和结构。传感器与期望的信号处理功能协调一致地结合就称为智能传感器。在中间层实现信号的中间处理功能。中间处理功能之一就是对来自底层的多重传感器信号的合成，当信号来自不同类型的传感器时，该功能又被称为传感器信号的融合；而另一种中间功能是调整传感器的参数以优化整个系统的功能。在整个系统结构中，智能传感器作为基本元件，其灵活性和适应性是最基本的要求。因此，可以这样总结各层的处理过程：底层实现信号采集；中间层实现信息处理；顶层实现知识处理。

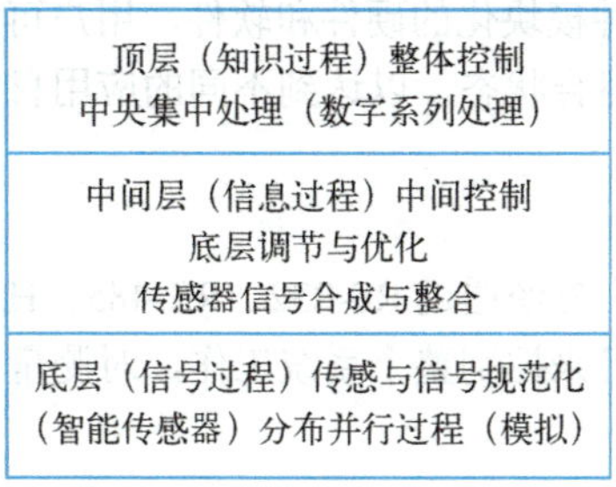

```
顶层（知识过程）整体控制
中央集中处理（数字系列处理）

中间层（信息过程）中间控制
底层调节与优化
传感器信号合成与整合

底层（信号过程）传感与信号规范化
（智能传感器）分布并行过程（模拟）
```

图 4-13　智能传感器系统的层次结构

智能传感器系统的一个主要特色就是所提供的数据更为可靠和完整。智能传感器可进行内部处理的特性使得系统不仅能向使用者提供处理后的数据，并可对传感器系统自身性能或运转状况进行自我评估，也可对处理后数据的可信度进行自我评价。智能传感器系统可以对系统内各个传感器的运行进行优化，并对数据、测量过程甚至测量的环境有更深入的了解。总之，微处理器与传感器的结合允许对核心系统的设计进行优化，在特定应用中适应测试环境的变化，以便满足种类繁多的不同应用的特殊需求。

智能传感器的第二个主要特色是新一代智能传感器可以联网，因而可对个别网络进行自我识别和通信，在必要时还可对智能传感器的程序进行调整。进一步说，可以对某一区域内的多个传感器系统所得到的数据进行关联性处理，而不局限于验证个别传感器的数据，从而对该区域内的状况有所了解。传感器系统之间的通信可以在单一传感器和通信枢纽之间进行，也可以在单一传感器之间直接进行。这种优异性能可以造就更为可靠和优越的系统，使它们能构成传感器测试网络，为用户提供互相关联的传感器数据。进一步来说，传感系统自身所具有的通信功能使得在测试现场就可以通过快速、可靠和高效的模式进行信息共享。

4.4.3　智能传感器的功能

智能传感器的功能是通过总结长期以来传感器测量的实际经验而提出的，主要功能如下。

(1) 自补偿和计算功能

智能传感器的自补偿和计算功能为传感器的温度漂移和非线性补偿开辟了新道路，即使传感器的加工不太精密，只要保证其重复性好，通过传感器的计算功能也能获得较为精确的测量结果。如美国凯斯西储大学（Case Western Reserve University）的科研人员已制造出一种芯片，含有 10 个敏感元件及带有信号处理电路的 pH 传感器，可测量平均值、方差和系统的标准差；如果某一敏感元件输出的误差大于±3 倍标准差，输出数据就可以将它舍弃，但输出这些数据的敏感元器件仍然是有效的，只是因为某些原因使所标定的值发生了漂移；智能传感器的计算能够重新标定单个敏感元件，使它重新有效。

(2) 自动诊断功能

普通传感器需要定期检验和标定，以保证它正常使用所需的准确度。智能传感器通过其故障诊断软件和自检软件，自动对传感器进行定期和不定期的检验、测试，及时发现故障，并给予操作提示。

(3) 复合敏感功能

智能传感器能够同时测量多种物理量和化学量，具有复合敏感功能，能够给出全面反映物质和变化规律的信息。如光强、波长、相位和偏振度等参数可反映光的运动特性；压力、真空度、温度梯度、热量、熵、浓度和 pH 值等分别反映物质的力学、热学和化学特性。

(4) 软件组态功能

在智能传感器中，设置有多种模块化的硬件和软件，用户可以通过微处理器发送指令，改变智能传感器硬件模块和软件模块的组合状态，以达到不同的应用目的，完成不同的功能，增强了传感器的灵活性和可靠性。

(5) 接口功能

智能传感器采用标准化接口，方便通过 RS-232、RS-485、HART 等总线和上位机进行通信。这样，可以由远距离中央控制计算机来控制整个系统工作，对测量系统进行遥控，也可以将测量数据传输给远方用户。

(6) 人机对话功能

将计算机、智能传感器、检测仪表组合在一起，配备各种显示装置和输入键盘，使系统具有灵活的人机对话功能，配合操作人员指导工作，减少操作失误。

(7) 信息存储和记忆功能

智能传感器具有信息存储和记忆功能，能把测量参数、状态参数通过 RAM 和 EPROM 进行存储。为了防止数据在掉电时消失，智能传感器中具有备用电源，当系统掉电时，能够把后备电源接入 RAM，保护数据不丢失。

4.4.4 智能传感器的应用

智能化设计是传感器系统设计中的一次革命，是传感器的发展趋势。随着智能传感器研究开发的深入及微机械加工技术的发展，出现了多种微型智能传感器。

(1) 智能数字压力传感器

深圳市惠贻华普电子有限公司推出了一款小体积、高精度的智能数字压力传感器 HP203B。该器件性能卓越，适合智能的高精度测量和数据采集，输出高精度的压力（或高度）和温度测量数据。

HP203B 采用了 I2C 接口以提供 24 位高分辨率精确的温度、压力或海拔高度数据，如图 4-14 所示。其海拔高度分辨率达到 10cm，内置 MEMS 压力传感器，压力和温度传感器的输出经高分辨率 24 位模/数转换器数字化输出，所有内置计算采用了高速 4MHz 的浮点运算，计算误差小。

图 4-14 HP203B 智能式数字压力传感器

HP203B 智能传感器已广泛用于各种智能便携设备中，包括手机、运动型手表以及天气预报产品等。此外，HP203B 智能传感器在航模定位、室内导航定位、户外运动产品、汽车和工业中也具有较为广泛的应用。

(2) 智能气体传感器系统

图 4-15 所示的是袋装型智能气体传感器系统，其重量小于 1 盎司（1 盎司=28.350 克），可选择性地测定氢气、硫化氢、一氧化碳、臭氧等气体。这一传感器系列的特殊设计满足了低成本、低能耗和长电池寿命的需求。传感器系统中包含了有声警报器（LED 显示、85 分贝的蜂鸣器和振动功能）和数字显示，同时还具有计算功能，例如温度补偿、时间权重平均计算、现场数据实时采集上传以及无线数据下载功能。之所以能在单一的超小型系统中实现所有上述功能，应该归功于传感器和微处理器的集成和电池寿命的延长。能在多长时间间隔内提供报警功能则受限于电池特性。一般来说，对样品的测定仅需消耗数微瓦能量。

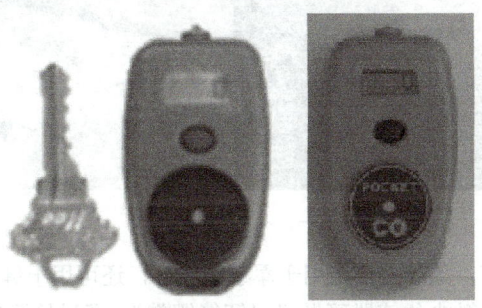

图 4-15 用于气体监测的袋装型智能传感器系统

(3) 智能穿戴设备

智能穿戴设备是智能传感器的另一个非常重要的应用。它主要是利用穿戴式技术对日常穿戴物品进行智能化设计，开发出可以穿戴的产品，如智能眼镜、智能手套、智能服饰等。例如，2017 年英国可穿戴科技公司 Cute Circuit 研制出全球首条"智能裙"——这条以石墨烯制造的小黑裙内置传感器，可因穿着者的呼吸速率而变色，如图 4-16a 所示。穿着智能裙的人当呼吸急速时，裙子会变成紫色，当深呼吸及呼吸缓慢时，裙子则会发出绿色光芒。

在医用可穿戴领域的应用如预防老年人摔倒骨折的智能腰带，如图 4-16b 所示。Active Protective 公司的智能可穿戴式安全腰带，从预防的角度极大程度地降低了老年人摔倒时髋部骨折的风险。这条智能腰带可不是一条皮带装上传感器和电池那么简单，它实际还有一个安全气囊，这个安全气囊在中老年人要摔倒的时候会快速充气，起到缓冲作用；腰带上的 3D 运动传感器能够实时监测用户的运动情况，并把数据传送给腰带上的微处理器处理并通过无线的方式发送出去。

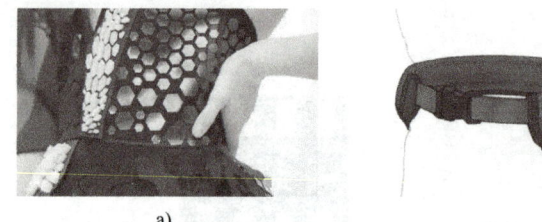
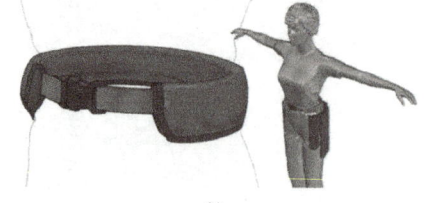

图 4-16　智能穿戴设备

a) 智能裙　b) 智能腰带

此类智能穿戴产品可以让家人及时了解老人当前的健康状况,以提高护理质量。此外,还能将智能传感器配到袜子、鞋上,以实时、系统地监测人体的生理参数、运动量和热量消耗等。

(4) 智能微尘

智能微尘又称为智能尘埃,是一种以无线方式传递信息的具有电脑功能的超微型传感器,体积定位在 $5mm^3$ 及以下。每一粒微尘都是由传感器、微处理器、通信系统和电源四大部分组成。主/被动传输装置及探测接收装置共同构成通信系统;模拟 I/O、DSP、控制模块构成微处理器;电源电容、太阳能电池、薄膜电池都属于电源部分;传感器是相对独立的模块。从肉眼来看,它与一颗沙粒没有多大的区别(如图 4-17 所示),但内部却包含了从信息采集、处理到传输所需的全部部件。它可以探测周围诸多环境参数,能够收集大量数据,进行适当计算处理,然后利用双向无线通信装置将这些信息在相距 1000 英尺(1 英尺=0.3048 米)的微尘器件之间往来传送。

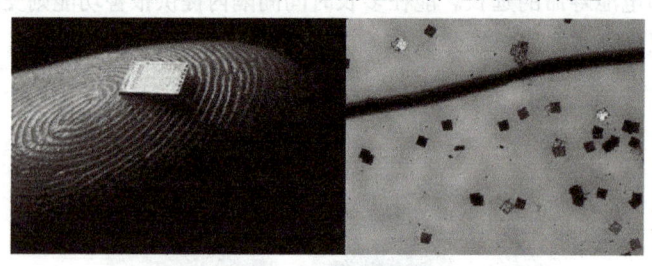

图 4-17　智能微尘

智能微尘的应用范围很广,除了主要应用于军事领域外,还可用于健康监控、环境监控、医疗等许多方面。在医疗方面,智能微尘传感器可做成"智能绷带",通过检测伤口化脓情况来确定使用哪一种抗生素;在防火领域,通过从直升机散播智能微尘可以了解森林火灾的情况等。

上述仅是智能传感器的一小部分应用实例,在其他诸如农业、人工智能、环境监测、汽车等领域都有广泛的应用,出现了相应的加速度传感器、图像传感器、温度传感器、液位传感器,还有专用于车道跟踪、车辆识别、车距探测、卫星定位等的新型智能传感器。

4.5　生物传感器

4.5.1　生物传感器的研究历史

生物传感器是一类特殊的化学传感器,是以生物体成分(如酶、抗原、抗体、激素等)或生物体本身(细胞、微生物、组织等)作为敏感元件,对被测目标物具有高度选择性的检测器件。生物传感器通过物理、化学信号转换器捕捉目标物与敏感元件之间的反应,并将反应的程度用离散或连续的电信号表达出来,从而得出被测量。

1956 年，美国的 L. C. Clark 教授发表了隔离式氧电极的经典论文，历史上首次提出了氧电极生物传感器。该传感器是生物传感器最早的雏形，也为后来发展的生物传感器提供了思路。1985 年，他还帮助创立了合成血液国际公司（Synthetic Blood International Company），将他的发明市场化。现在数百万糖尿病患者每天使用的葡萄糖传感器都归功于这项研究。

通常我们认为，生物传感器的历史始于 1962 年，L. C. Clark 等人首先提出了把酶与电极结合起来测定酶底物的设想。1967 年 Updike 和 Hicks 将葡萄糖氧化酶包含在聚丙烯酰胺胶体中加以固化，再将此胶体膜固定在隔膜氧电极的尖端上，研制出世界上第一支葡萄糖氧化酶传感器。国际上从 20 世纪 80 年代开始对生物传感器进行了广泛的研究。归结起来，生物传感器的发展大致经历了三个阶段。

1）20 世纪 60 年代为第一阶段。这一时期的生物传感器是由固定了生物成分的非活性基质膜（透析膜或反应膜）和电化学电极所组成，主要代表是酶电极。

2）20 世纪 70 年代为第二阶段。这时的生物传感器是将生物成分直接吸附或共价结合到转换器的表面，不需要非活性的基质膜，测定时不必向样品中加入其他试剂，主要代表有微生物传感器、免疫传感器、组织传感器等。

3）20 世纪 80 年代至今为第三阶段。20 世纪 80 年代生物传感器进入了将生物技术和电子技术相结合的生物电子学时期，传感器把生物成分直接固定在电子元件上，使它们可以直接感知和放大表面物质的变化，从而把生物识别和信号的转换处理结合在一起，酶场效应管、酶光电二极管是其中的典型代表；20 世纪 90 年代生物传感器又有新的发展，朝着微型化、集成化、智能化发展，纳米生物传感器、仿生传感器成为生物传感器中的新兴领域。

在生物传感器领域还要提到两个重要的诺贝尔奖获得情况。第一个是 1992 年的诺贝尔化学奖得主鲁道夫·马库斯（图 4-18a），他提出了著名的"马库斯电子转移理论"：电子转移反应速度取决于电子给体与受体间的距离、反应自由能的变化及反应物与周围溶剂重组能的大小。该理论已经广泛用于各种溶液体系及电化学生物传感器当中。第二个是 2008 年的诺贝尔化学奖得主，包括下村修、马丁·查尔菲和钱永健教授。他们的贡献主要是绿色荧光蛋白 GFP，绿色荧光蛋白被认为是当代科学和医学领域最重要的工具之一，它从显微水平上点亮了生命。下村修（图 4-18b）首次从水母中提炼出 GFP，他发现 GFP 蛋白会发出明亮的绿光。而马丁·查尔菲（图 4-18c）的贡献在于向人们展示了绿色荧光蛋白作为发光的遗传标签的作用，为科研人员在了解人类疾病是如何发生的等方面提供了重大的帮助。钱永健（图 4-18d）教授的主要贡献在于让人们理解了 GFP 发出荧光的机制，同时他还拓展出绿色之外的可用于标记的其他颜色，从而使科学家能够对各种蛋白和细胞施以不同的色彩，使得同一时间跟踪多个不同的生物学过程成为现实。

生物传感器目前已经是由生物、物理、化学、电子技术等多学科互相渗透的高新技术，具有选择性好、灵敏度高、分析速度快、成本低、可以进行连续监测和活体分析的特点，在生物、医学、环境监测、食品及军事等领域都有重要应用。生物传感器的自动化、微型化与集成化，降低了仪器操作的难度，更加适合在复杂体系下进行在线监测和野外现场分析。

4.5.2 生物传感器的组成、原理及分类

（1）生物传感器的组成

生物传感器一般由生物敏感膜、换能器和测量电路构成，也就是在基础电极上再耦合一个生物敏感膜，如图 4-19 所示。被测物质经扩散作用进入生物敏感膜，经过分子识别发生生物（物理、化学）反应，产生物理、化学现象或热、光、声等信号，由相应的变换器将其转换为易于检测、传输与处理的电信号，然后由测量电路对这个电信号进行处理、放大和输出。

图 4-18 诺贝尔化学奖获得者

a) 鲁道夫·马库斯 b) 下村修 c) 马丁·查尔菲 d) 钱永健

被测物质 → 生物敏感膜 → 换能器 → 测量电路 → 电信号

图 4-19 生物传感器的基本组成

（2）生物传感器的固化

敏感物质附着于膜上或包含于膜之中称为固化。生物活性物质的固化技术是生物传感器得以开发和改进的重要技术背景。固化的目的在于使酶等活性物质在保持固有性能的前提下处于不易脱落的状态，以便同基础电极组装在一起。目前可固化的生物活性物质有酶、辅酶、微生物菌体以及激素、抑制剂、各种细胞器等。而常用的载体有丙烯酰胺系的聚合物、甲基丙烯酸系的聚合物、苯乙烯系的聚合物等高分子，还有胶原、琼脂糖、纤维素、淀粉等天然高分子以及玻璃、矾土、不锈钢等无机物。

生物传感器的固化方法目前有两大类：物理法和化学法。另外随着集成电路工艺的发展，也出现了一些新的方法，包括光平板印刷法、旋涂法及气喷法。在物理方法中，主要有夹心法、吸附法和包埋法等；在化学方法中，主要有交联法、共价连接法，如图 4-20 所示。

常用的生物活性物质固化技术有：①吸附法：把生物活性物质吸附在惰性固体载体或离子交换剂上；②包埋法：把生物活性物质包裹在凝胶格子或聚合物的半透膜微胶囊里；③交联法：依靠双功能团试剂在分子间形成交换而聚合成网络结构；④共价法：通过共价联结在固相载体上。

采用这些方法可将生物传感器直接或间接地附着在基础电极上。直接法就是通过化学修饰法直接固定在基础电极上，如交联法。而间接法是将生物活性物质先固定在一种固体支撑体上，再安装在基础电极上，如吸附法、共价法和包埋法都属于间接法。无论采用何种方法，都必须兼顾生物活性与生物传感器稳定性两方面的因素。为避免生物活性物质的失活和破坏，通常在近中性和较温和的条件下制备。

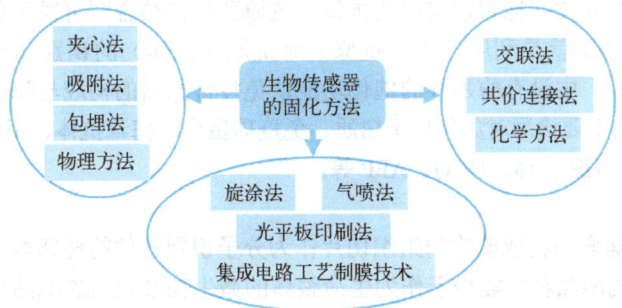

图 4-20　生物传感器的固定方法

（3）生物传感器的分类

生物传感器的分类方法很多，常用的有两种分类方法，即按生物活性物质（分子识别元件）和换能器来分。

按生物活性物质不同可分为五类：酶传感器、微生物传感器、细胞器传感器、组织传感器和免疫传感器。

按换能器不同可分为六类：生物电极、热生物传感器、介体生物传感器、半导体生物传感器、压电晶体生物传感器和光生物传感器。

随着生物传感器技术的发展，有很多新型的生物传感器出现，因此也出现了一些新的分类方法。如直径在微米级甚至更小的生物传感器称为微型生物传感器；以分子之间特异识别为基础的生物传感器称为亲和生物传感器；可同时测定两种以上指标或综合指标的生物传感器称为多功能传感器，如滋味传感器、血液成分传感器等；由两种以上分子识别元件组成的生物传感器称为复合传感器。

4.5.3　几种典型的生物传感器

（1）酶传感器

酶传感器是由固定在载体膜上的酶和电化学电极组成，能有效地检测出酶催化反应中生成或消耗的物质，将其转换成电信号输出。酶传感器包括酶电极传感器、酶光纤传感器和酶热敏电阻传感器等。酶是由蛋白质组成的生物催化剂，能选择性地快速识别特定的底物，并在较温和的条件下对底物起催化作用，所以酶是一种作为生物传感器的首选生物活性物质，利用酶的特性可以制造出高灵敏度、高选择性的传感器。自然界中已获鉴定的酶有 2500 种之多，但大多数酶的制备与纯化困难，加之固化技术对酶的活性影响很大，这就极大地限制了酶传感器的研究和应用。目前酶传感器已实用化，市售商品达 200 种以上，例如：葡萄糖氧化酶、尿素酶、过氧化氢酶、脂肪酶、青霉素酶生物传感器等。

（2）微生物传感器

微生物包括细菌、酵母、霉菌等，它们在适宜的条件下分裂繁殖很快，故活性微生物是生物电极的优良酶源。微生物传感器的分子识别是由固化微生物构成的，提出这类传感器的基本思路是：①微生物细胞内含有能使从外部摄入的物质进行代谢的酶体系，可以避免使用价格较高的分离酶，而且有些微生物的酶体系的功能是单种酶所没有的；②微生物能繁殖生长或在营养液中再生，因而有可能长时间保持生物催化剂的活性，延长传感器的有效使用期限。常见的微生物传感器能检测葡萄糖、甲醇、乙醇、谷氨酰胺制霉菌素、烟碱酸等。

（3）免疫传感器

免疫传感器的基本原理是免疫反应，当有病原菌或其他异种蛋白（抗原）侵入动物体内时，体内即可产生能识别这些异物并把它们排出的抗体，抗原和抗体结合即可发生免疫反应。免疫反应的特异性很高，免疫传感器就是利用抗体（抗原）对抗原（抗体）的识别功能而研制成的生物传感器。由于抗体（或抗原）中没有酶那样的催化功能，免疫传感器的构成与酶或微生物传感器略有区别。目前免疫传感器的主要检测对象包括蛋白质、免疫球蛋白、梅毒抗体、甲状腺素、牛胰岛素、血型、生物素（辅酶R）、HB抗体、HCG、AFP等。

（4）组织传感器

组织传感器是将哺乳动物或植物的组织切片作为分子识别元件的传感器。由于组织只是生物体的局部，组织细胞内的酶品种可能少于作为生命整体的微生物细胞内的酶品种。因此，组织传感器可望有较高的选择性。

1978年，雷赫尼茨（Rechnitz）成功研究第一支动物组织传感器，该传感器利用牛肝组织切片和尿酶与NH_3气敏电极结合。1981年，库里玛（Kuriyma）制成的第一支植物组织传感器利用南瓜组织切片与CO_2电极相结合测定L-谷氨酸，之后许多分析化学家也做出了大量工作，国内在此领域也有一些研究。

组织传感器一般可视为酶传感器的衍生物，其基本原理可以是酶催化反应，也可以是基于膜传输性质，关于组织传感器内部响应机制尚待进一步研究。

（5）生物芯片

生物芯片的概念来自计算机。经过20多年的发展，生物芯片的概念越来越完善。生物芯片是指能快速并行处理多个生物样品，并对其所包含的各种生物信息进行解析的微型器件。而这种微型器件由于其所处理和分析的对象是生物样品，所以称为生物芯片。生物芯片反应结果的测定可以用同位素法、化学荧光法、化学发光法或酶标记法显示，然后用精密的扫描仪或CCD摄像技术记录，最后通过计算机软件的分析，从而得到所需的信息。生物芯片的实质就是传感器分析的组合。目前生物芯片的种类繁多，以核酸芯片（也叫基因芯片或DNA芯片）、蛋白质芯片和组织芯片的研究最具有代表性。

4.5.4 生物传感器的应用

（1）在环境监测中的应用

近年来，环境污染问题日益严重，人们迫切希望拥有一种能对污染物进行连续、快速、在线监测的仪器，生物传感器满足了人们的需要。例如，大气环境监测中，SO_2是酸雨、酸雾形成的主要原因，传统的检测方法很复杂。Marty等人将亚细胞类脂类固定在醋酸纤维膜上，和氧电极一起制成安培型生物传感器，可对酸雨和酸雾样品溶液进行检测。

生化需氧量（Biochemical Oxygen Demand，BOD）的测定是监测水体被有机物污染状况的最常用指标，目前市场上测定水质的BOD分析仪以日本和德国为代表产品，图4-21所示为德国研发的环境废水BOD分析仪。

（2）在医学领域中的应用

生物传感器在医学领域发挥着重大的作用。生物传感技术不仅为基础医学研究及临床诊断提供了一种快速简便的新型检测方法，而且因其专一、灵敏度高、响应快等特点，在军事医学方面，也具有广阔的应用前景。

在临床医学中，酶电极是最早研制且应用最多的一种传感器。在军事医学中，对生物毒素及时、快速地检测是防御生化武器的有效措施，生物传感器除用于监测多种细菌、病毒及其他毒素，还可以用来测量乙酸、乳酸、尿酸、抗生素、谷氨酸等各种氨基酸，以及各种致癌物质，表4-2

列出了它在生物医学中的应用。

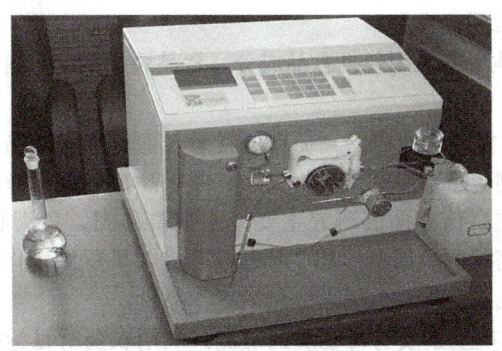

图 4-21　德国研发的环境废水 BOD 分析仪

表 4-2　生物传感器在医学中的应用

传感器类型	应用举例
酶传感器	酶活性检测、尿素、血糖、胆固醇、有机碱、农药、酚的监测
微生物传感器	BOD 快速监测，环境中致突变物质的筛选乳酸、乙酸、抗生素、发酵过程的监测
免疫传感器	探测抗原体反应、梅毒血清学反应、血型判断、多种血清学诊断
酶免疫传感器	妊娠诊断、超微量激素、TSH（促甲状腺激素）等监测

美国亚利桑那州立大学的科学家与中国科学院国家纳米科学中心（National Center for Nanoscience and Technology，NCNST）的研究人员合作，展开一种称为核酸适体的生物标靶机制研究。他们研发出一种可编程的 DNA 纳米机器人（如图 4-22 所示），生物传感器是这个纳米机器人的重要组成部分，也是其能否完成任务的关键。据称，该机器人可植入身体的肿瘤中，在确定目标细胞后，会现场释放药物，然后阻断血液供应，从而影响肿瘤的生长和转移。该实验在老鼠身上已获得成功，有望用于人体。

图 4-22　纳米机器人示意图

（3）在发酵生产中的应用

在微生物发酵过程中，检测多种有关的生化参数（生物量/细胞活性、底物/营养、产物/代谢物），是生物技术领域研究者和工程师们有效地对过程进行控制的必要前提。在各种生物传感器中，微生物传感器最适合发酵工业中诸多化学、生物参数的测定。因为发酵过程中常存在对酶的干扰物质，并且发酵液往往不是清澈透明的，不适用于光谱等方法测定，而应用微生物传感器则极有可能消除干扰，并且不受发酵液混浊程度的限制。同时由于发酵工业是大规模的生产，微生物传感

（4）在食品工业中的应用

生物传感器在食品工业中的应用包括食品成分、食品添加剂、有害毒物及食品新鲜度等的测定分析。

1）食品成分分析：在食品工业中，葡萄糖的含量是衡量水果成熟度和贮藏寿命的一个重要指标。已开发的酶电极型生物传感器可用来分析白酒、苹果汁、果酱和蜂蜜中葡萄糖的含量。

2）食品新鲜度的检测：该方面的研究主要集中在畜禽肉、鱼肉和牛乳新鲜度的评定上。目前，加拿大、日本正在出售检测鱼新鲜度的生物传感器。牛乳受细菌作用而产生乳酸，测定牛乳新鲜度的乳酸传感器已成为我国微生物传感器应用的基本品种。

3）食品中残留农药、抗生素及有毒物质的检测：利用农药对目标酶（如乙酰胆碱酯酶）活性的抑制作用研制的酶传感器，以及利用农药与特异性抗体结合反应研制的免疫传感器，在食品残留农药的检测中得到了广泛的研究。例如，杀虫剂阿特拉津可用压电晶体免疫传感器、流动注射分析免疫传感器、安培酶免疫电极等测定，测定下限分别是 $0.1\mu g/L$、$9\mu g/L$ 和 $1\mu g/L$，而光纤免疫传感器则可用于对硫磷的测定，检测限可达 $1nmol/L$ 和 $0.3nmol/L$。食品中的有毒物质主要是生物毒素，尤以细菌毒素和真菌毒素最严重。采用微生物传感器对黄曲霉毒素 B_1 和丝裂霉素的检查限分别为 $0.1\mu g/mL$ 和 $0.5\mu g/mL$。

4）食品添加剂的分析：亚硫酸盐通常用作食品工业的漂白剂和防腐剂，采用亚硫酸盐氧化酶为敏感材料制成的电流型二氧化硫酶电极可用于测定食品中的亚硫酸含量。2002 年，Morales 等人研究的一种聚四氟乙烯-酪氨酸酶生物传感器可以测量食物中的苯甲酸，原理是基于苯甲酸对酶的抑制作用。该生物传感器的电极可以长时间稳定运行，测量极限为 $9.0\times10^{-7}mol/L$，并且它的专一性好，在同时含有众多其他物质的食物中可以准确地检测苯甲酸的浓度而不受影响。

随着生物传感器在食品、医药、环境和过程监控等方面应用范围的扩大，要求传感器既不干扰测定对象而又不被测定对象中的其他相关组分影响。要满足这一要求，同时又能得出高精度的测量结果，不能只依靠对敏感元件的改进，而需要建立一套一体化、微型化的优化系统（包括进样、处理和测量）才能得到满意的结果。新的快速分析方法、新的生物仪器设备的来源、生物传感器与纳米技术、信息技术、微电子技术的交叉，将促使更多、更新的生物传感器的产生。

4.6 无线传感器网络

集传感器技术、嵌入式计算技术、现代网络及无线通信技术、分布式信息处理技术于一体的无线传感器网络（Wireless Sensor Network，WSN）是一种全新的信息获取和处理技术。无线传感器网络由大量价格低廉的无线传感器节点组成，覆盖一定的监测区域。在无线传感器网络中，节点通过无线通信的方式形成网络系统，以实现对监测区域中对象的信息感知和处理。

WSN 将数字化的信息世界与自然存在的物理世界融合在一起，改变了人类与客观世界的交互方式，是信息感知和采集的一场革命，也是未来物联网的重要组成技术之一。WSN 可以使人们在任何时间、地点和任何环境条件下获取大量翔实、可靠的信息，广泛应用于国防军事、国家安全、环境监测、交通管理、医疗卫生、制造业、反恐抗灾等领域。

由于无线传感器网络对国家和社会意义重大，国内外的研究正热烈开展，希望本节内容能够引起读者对这一新兴技术的重视，推动这一具有国家战略意义的新技术的研究、应用和发展。

4.6.1 WSN 的定义和术语

无线传感器网络是具备感应信息获取、数据处理和传输多种功能的无线自组织网络。

(1) WSN 节点

无线网络中的传感器节点称为 WSN 节点。WSN 节点由内置传感器、数据采集单元、数据处理单元、无线数据收发单元以及小型电池单元组成，通常具有小尺寸、低成本、低功耗、多功能等特点，因此常称为微型传感器节点。WSN 节点可把所处区域的环境参数、待测对象物理参数等通过无线网络传输到数据汇聚中心进行处理、分析和转发。WSN 节点不能仅仅理解为一个传感器。

近年来，随着微电子技术和无线通信技术的飞速发展，WSN 节点也得到了迅速发展。目前的传感器节点已经可以在很小的体积内集合信息采集、无线通信、数据存储和处理等多种功能，如图 4-23 所示。

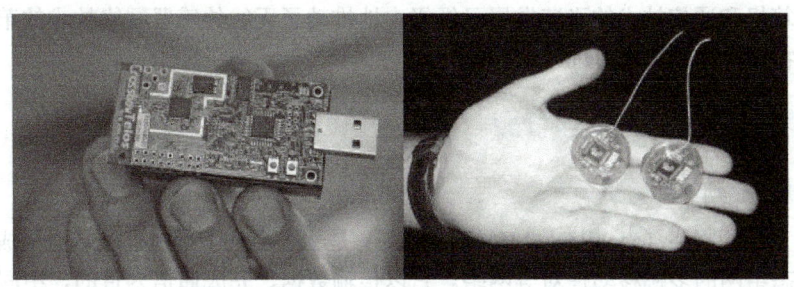

图 4-23　Crossbow Technology 公司生产的商用无线传感器

(2) 自组织网络（Ad-hoc）

网络的布设和展开无须依赖任何预设的网络设施，节点通过分层协议和分布式算法协调各自的行为，节点开机后就可快速、自动地组成一个独立的网络。

(3) 动态拓扑

WSN 是一个动态的网络，节点可以随处移动。一个节点可能会因电池能量耗尽或其他故障而退出运行网络，也可能由于工作的需要而被添加到网络中。这些都会使网络的拓扑结构随时发生变化，因此网络具有动态拓扑组织功能。

4.6.2　WSN 的发展历史

在现代信息技术发展的历史上，军事需求始终是研究和发展的重要推动力。WSN 最早可以追溯到 20 世纪 70 年代使用的传感器系统。

第二阶段是 20 世纪 80 年代至 90 年代之间。主要是美军研制的分布式传感器网络系统、海军协同作战能力系统、远程战场传感器系统等。这种现代微型化的传感器具备感知能力、计算能力和通信能力。1999 年，《商业周刊》将传感器网络列为 21 世纪最具影响的 21 项技术之一。

第三阶段是 21 世纪开始至今。这个阶段传感器网络的特点在于网络传输自组织、节点设计低功耗。除了应用于情报部门反恐活动以外，在其他领域更是获得了很好的应用，所以 2002 年美国国家重点实验室——橡树岭实验室提出了"网络就是传感器"的论断。

英特尔公司在 2002 年制定了基于微传感器网络的新型计算发展计划，拟将无线传感器网络应用于医学、环境监测、森林防护、海洋勘探和太空探测等领域。

美国自然科学基金委员会于 2003 年发布了无线传感器网络研究计划，在加州大学洛杉矶分校和伯克利分校开展相关研究项目，进行相关的理论研究，以实现无线传感器网络对现实世界的全面测试和监控，并被纳入下一代互联网的远景规划中。

在工业界，一些知名公司也开始从事无线传感器网络方面的相关研究，例如 FAU（Florida Atlantic University）和英特尔合作利用无线传感器网络进行野生动物监测研究；Microsoft 有专门针对无线传感器网络的网络嵌入式计算项目；IEEE 制定了适用于无线传感器网络的 802.15.4 标准；

ZigBee 联盟是国际上重要的无线传感器网络产业标准化组织，其制定的 ZigBee 标准是世界公认的无线传感器网络技术中的权威标准。

在现代意义上的无线传感器网络研究及其应用方面，我国与发达国家几乎同步启动，它已经成为我国信息领域位居世界前列的少数方向之一。国家自然科学基金委员会（National Natural Science Foundation of China，NSFC）从 2003 年开始持续对无线传感器网络研究项目进行资助，连续几年都设立了与其相关的重点项目。973、863 等国家级研究计划中也都设立了专项用来资助传感器领域中的关键技术研究。在 2006 年我国发布的《国家中长期科学与技术发展规划纲要（2006—2020 年）》中，为信息技术确定了三个前沿方向，其中有两项"智能感知"和"自组网技术"就与传感器网络直接相关。计算机和通信技术的飞速发展已经极大地推动了无线传感器网络技术的革新，朝着最初的全方位感知物理世界的设想前进。

4.6.3　WSN 的体系结构及其特点

1. 与传统无线网络的区别

无线移动自组织网络（Mobile and Hoc Network）是一个由几十到上百个节点组成的、采用无线通信方式、动态组网的多跳移动性对等网络。它以传输数据、完成通信为目的，中间节点具有持续的能量供应，仅负责分组数据的转发。它们注重在高度移动的环境中通过优化路由和资源管理策略，最大化带宽利用率，同时提供高性能的服务质量。

WSN 是以数据为中心，以获取信息为目的，中间节点不仅要转发数据，还要进行与具体应用相关的数据处理、融合和缓存，除了少数节点可能移动外，大部分节点都是固定不动的。

另外，传统无线网络的首要设计目标是提供高服务质量和高效带宽利用，其次才考虑节约能源；而由于传感器节点的能量、处理能力、存储能力和通信能力等都十分有限，所以 WSN 的首要设计目标是能源的高效使用，这也是 WSN 和传统无线网络最重要的区别之一。

2. WSN 的结构组成

无线传感器网络通常由三部分组成：传感器节点、基站和终端用户，如图 4-24 所示。

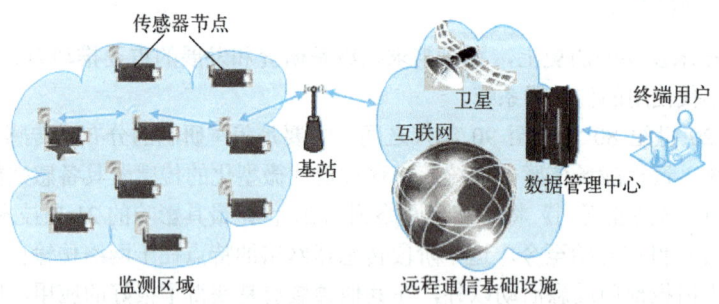

图 4-24　WSN 的体系结构

大量传感器节点被随机部署到目标区域内部，通过自组织方式构成无线网络，检测到感应对象的传感器节点通常先在本地进行初步处理，然后以多跳中继的方式传送至基站，最后通过卫星、互联网、移动通信网络等途径到达数据管理中心。终端用户则通过数据管理中心对无线传感器网络进行管理、收集数据或发布指令。传感器节点所感知的对象通常为温度、湿度、振动、声频、视频、图像等物理、化学现象的量化指标。基站用来连接无线传感器网络和外部网络，实现 WSN 与终端用户之间的通信，把采集到的数据信息发送到外部网络上，同时转发终端用户下达的指令。通常基站具备较强的通信能力、数据处理能力和存储能力，是一个增强型（保证能量供给，有较强计算能力和足够内存资源）的传感器节点。

由于 WSN 的随机、大量部署，通常要求传感器节点价格低廉、体积微小、靠电池供电，这些物理上的限制导致传感器节点的计算和存储能力相对较弱，同时通信距离也十分有限。因此，在设计 WSN 协议时要充分考虑传感器节点的这些限制。

3．WSN 的特点

除了传感器节点的资源严格受限，WSN 作为一个整体，与 Internet 或者移动自组织网络相比，还具有以下特点。

（1）应用密切相关

WSN 的主要目的是发现目标区域的感知对象，不同的应用所需要检测的物理量也不完全相同，这直接导致了传感器节点从硬件平台到软件系统、网络协议都不尽相同。因此，WSN 不同于互联网可以使用统一的通信协议平台，它需要根据具体应用背景设计具有针对性的网络协议。这也是无线传感器网络与传统网络的主要区别。

（2）网络规模大

为了获得物理世界的精确信息，WSN 可能由成千上万的传感器节点组成，甚至达到更高的数量级。WSN 通过大规模布置的嵌入式设备来提高系统的可靠性，弥补了单个设备能力不足的缺陷。

（3）网络自组织

大多数随机分布的 WSN 应用中，都无法预知传感器节点的位置信息和节点的相邻关系。同时传感器节点通常都是被部署在没有通信基础设施的环境中。这就要求 WSN 的建立和节点间的通信不依赖于任何预先设定的网络基础设施。传感器节点需要通过分布式网络协议自组织形成网络，网络拓扑能够随着节点的变化自动调整。

（4）拓扑结构动态变化

在 WSN 的运行过程中，可能会有节点因为能量耗尽或者人为破坏而失效，也可能会有新的节点加入，因此网络中的节点数目就会动态地增加或者减少。环境条件变化也可能造成无线通信链路的改变，另外还有节点的功率控制，节点进入睡眠状态等，这些因素都会导致即使是一个静止的WSN（指传感器节点不会自己移动），其网络的拓扑结构也会随着时间而动态变化。这就要求 WSN 系统能够适应这些变化，具有动态可重构能力。

（5）可维护性、可靠性和安全性差

传感器节点通常是被放置到人类不可到达的区域，或者是危险、敌对的区域，以代替人来完成对物理空间的监控。这种情况下，节点的部署通常是采用飞机播撒或者火箭弹发射等方式。因而基本上无法对部署出去的传感器节点进行人工维护，或者维护代价太高，不太现实。由于传感器节点往往在无人值守的状态下工作，在环境因素的变化不可预知的情况下，传感器节点可能发生不可控、不可逆、无法被外部感知的变化。除此之外，由于网络采用的是无线通信方式，使其更容易遭受到窃听、入侵和物理捕获等攻击。因此，在没有人工监测和维护的情况下，维持无线传感器网络的正常运行，对网络的自动配置和管理能力，以及网络安全保障能力等方面都提出了更高的要求。

（6）以数据为中心

由于所观测的物理对象的不同，WSN 具备很强的应用相关性。不同的应用背景下，无线传感器网络的需求也不相同（硬件平台和软件系统有差异），因此 WSN 不能像因特网那样，有统一的网络协议平台（IPv4、IPv6）。IP 网络是一种端到端的网络，是一种以地址为中心的网络；而 WSN 更为关心的是监控区域发生的事件，是一种以数据为中心的网络。因此 WSN 与传统网络有着截然不同的体系结构和协议标准。

WSN 的上述特点，都给其系统设计和软硬件开发带来了新的挑战。因而，在为 WSN 的具体应用设计网络协议时，必须考虑到这些特性所提出的新的要求，不能照搬传统网络上已经成熟的协议和解决方案。

4.6.4　WSN 的关键技术

WSN 作为多学科交叉的新一代技术，目前还处于基础理论研究和初步应用阶段，在向实用化发展的过程中仍然存在很多问题和关键技术亟待解决。

（1）覆盖控制技术

不同的应用背景对 WSN 有不同的性能要求。但是，作为感知环境、融合逻辑世界和物理世界的一项技术，所有 WSN 都必须首先满足一个性能要求，即对监控区域实现"良好"的覆盖，从而有效地对监控区域内的各种环境或对象进行感知与监测。覆盖问题是任何类型的无线传感器网络中的基本问题。

覆盖是获取物理世界信息的前提，是衡量 WSN 工作性能和服务质量的重要指标，同时也在很大程度上决定了 WSN 的其他一些性能指标，例如：通信能力、网络生存周期等。覆盖问题是 WSN 技术中特有的一项性能指标，是在传统的通信网络中从未出现过的研究课题。

（2）媒体访问控制技术

WSN 的媒体访问控制（Media Access Control，MAC）协议主要用来控制传感器节点的通信工作模式。传统网络的媒体访问控制协议需要考虑公平性、利用率和实时性等问题，而 WSN 的媒体访问控制协议主要考虑的是能量的有效性和可扩展性。为了减少能耗，MAC 协议应该能够支持节点休眠机制，使得节点在必要时可以关闭通信单元进入睡眠状态。

（3）路由技术

路由协议负责基站与节点间的数据传输。WSN 是以数据为中心，不同于传统网络中采用统一编址，因此设计 WSN 路由协议时不同于传统网络。由于 WSN 是与应用密切相关的，无法用统一的路由协议满足不同的应用需求。目前根据不同的应用需求，已经设计出了能量感知路由、基于地理位置的路由、分层路由、以数据为中心的路由等。另外，设计 WSN 路由协议时还需要考虑减少通信以节约能量，保持通信负载平衡，以及容错性和安全机制等问题。

（4）拓扑控制技术

拓扑控制技术对于自组织的传感器网络有十分重要的意义。通过拓扑控制技术生成良好的网络拓扑结构，有利于提高路由协议和 MAC 协议的效率，并为数据融合、目标定位等打好基础，因此拓扑控制技术是 WSN 研究的核心技术之一。

拓扑控制目前主要研究的问题是如何在满足网络覆盖和连通的前提下，通过功率控制和节点选择，精简节点间的无线链路，形成一个高效的网络拓扑结构，从而减少冲突，降低能耗，延长网络生存期。

（5）定位技术

定位技术是 WSN 的重要支撑技术之一，能够提供感应对象的具体位置信息，完成对感应对象的定位和跟踪。节点自身的正确定位是提供感应对象位置信息的前提，目前节点定位技术主要研究的问题是如何在有信标节点和无信标节点的情况下，利用各种测距方案或无需测距的方案，分布式地确定各节点的绝对或相对位置信息。节点定位还有助于提高路由效率，监测网络的覆盖情况、均衡网络负载等。

（6）数据融合技术

在大规模高密度部署的 WSN 中，若不对获得的感知数据进行处理就直接传输，将会带来巨大的网络通信负载。而采用分布式的方式对监测数据进行融合处理，不仅可以提高监测性能，还能有效地降低回传数据量。考虑到相邻节点对目标对象的感应数据可能会有较强的相关性，通过对多个节点采集的信息进行融合处理,可以降低信息冗余,减少需要传输的数据量,从而减少网络通信能耗。另外,单一节点的功能简单,采集信息的精度和可信度都不一定能满足应用需求,通过多节点数据融合处理后,可以充分发挥 WSN 节点协作的优势,提高采集信息的精度和可信度。

4.6.5　WSN 的应用领域及前景

WSN 作为一种新兴的信息获取和处理技术,在军事应用、灾难救援、环境监测、医疗护理、工业监控、智能建筑、精细农业、安全监控、物流管理、智能交通等各领域都有传统技术不可比拟的优势,因而有着十分广阔的应用前景。虽然由于技术等方面的制约,WSN 还需要攻克许多软硬件设计的瓶颈,目前还没有大规模商业化的应用出现,但是随着硬件成本的下降,嵌入式技术的发展,以及无线传感器网络协议的完善,WSN 的应用将无处不在,完全融入人们的生活。图 4-25 列举了目前无线传感器网络已经开始进入的应用领域。

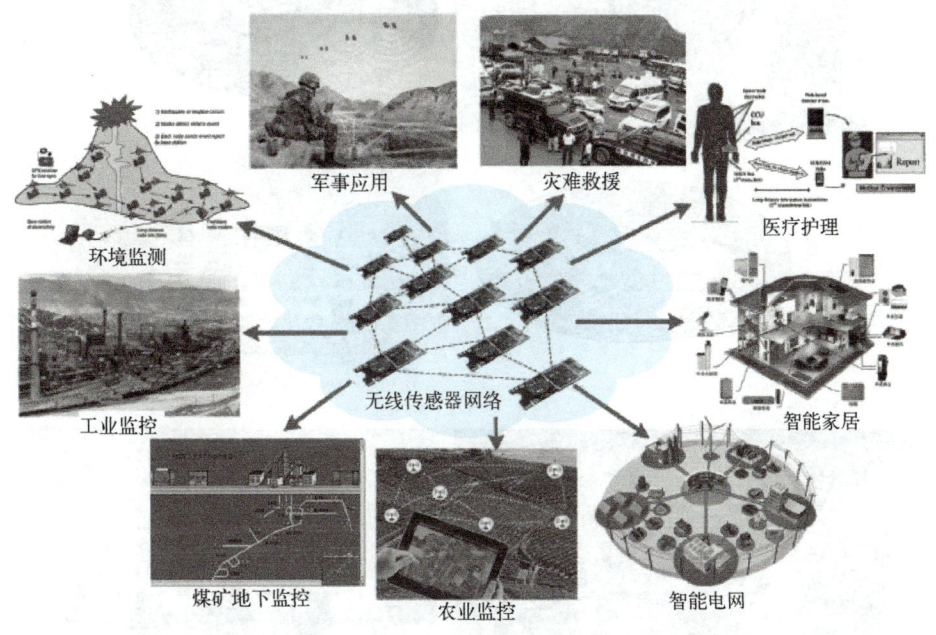

图 4-25　目前无线传感器网络的应用领域

（1）军事应用

WSN 的研究最早是源于军事领域的需要。大量廉价的传感器节点通过飞行器播撒、特殊炮弹发射等手段,遍布目标区域（例如敌方阵地内）,收集有价值的军事数据信息。由于无线传感器网络部署灵活、网络自组织、较高隐蔽性等特点,使其在军事领域有着广泛的应用,例如:目标定位攻击、监测生化武器、监控敌军兵力、侦察敌方地形、战场评估等。另外,无线传感器网络还可用来建立一个集指挥、控制、通信、计算机、情报、电子监听、侦察于一体的自动化指挥系统,如美国军方针对信息化战争而开发的灵巧传感器网络（Smart Sensor Web）和自动化指挥系统。

（2）环境监测

随着地球环境的日益恶化,环境保护问题已经迫在眉睫。利用 WSN 一方面可以极大拓展对环境数据的获取范围,另一方面还可以避免人工数据采集给环境带来的负面影响。环境监测方面的具体应用包括:自然灾害的监测预警（如森林火灾、洪水、地震、火山爆发等）、研究城市空气污染状况、土壤的状况检测、研究野生动物等。

（3）工业监测

WSN 也能够很好地满足工业生产监测的需求，在该领域的应用还在不断扩展。在工业自动化领域，WSN 可用于构建设备监控系统，降低设备检查成本，及时发现问题，提高生产效率；在一些危险的工业环境如矿井、核电站等，可利用 WSN 实施安全监测。

下面简要介绍 WSN 在厂房设备及环境监控中的应用。

如今的工业厂房规模日益增大，厂房车间等的实时环境成为影响生产安全和产品质量的重要因素。单靠人力去监测厂房设备及环境信息，会耗费大量的资源。如果在广大的厂房空间中布置好一定数量的传感器节点，这些节点就能组成网络实时采集设备及环境信息（如图 4-26a 所示），如温度、压力、烟雾浓度、有害气体含量等，并将信息实时反馈到监控中心。

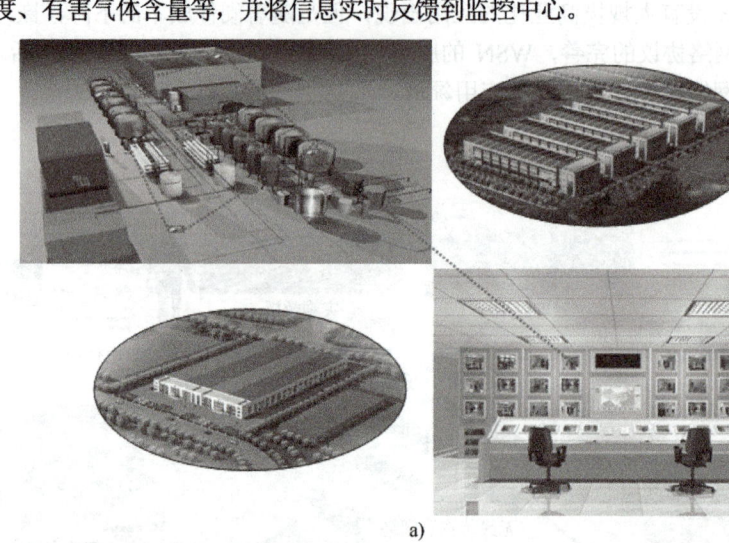

a)

b)

图 4-26　WSN 在厂房设备及环境监控中的应用

a) 厂房车间布置的传感器节点　b) 厂房内设备或环境信息异常，负责人员赶到现场及时处理

当监控人员发现厂房内设备或环境信息不正常时，能够立刻通知相关负责人第一时间赶到现场（如图 4-26b 所示），对设备及环境进行调整，以防止安全事故的发生并保持良好的生产环境。

（4）精细农业

农业的发展趋势是规模化、集约化种植，数字化农业的推广势在必行。如何省时省力有效管理好广大区域的农作物信息，是一个迫切需要解决的问题。WSN 为解决这个问题提供了现代科技手段。图 4-27 显示的是一幅部署了无线传感器网络系统的农田示意图。

微型传感器节点布置在农田当中，动态自组织形成网络，采集农田作物的实时信息，如温度、光照度、土壤酸碱度等，并将采集的数据通过 WSN 返回到监控中心，监控中心将参照农作物种植的最优化环境数据采取相应举措，如启动灌溉设备等。

图 4-27 WSN 在精细农业中的应用

（5）医疗护理

WSN 应用于医疗护理领域，可以长期采集人体生理数据、跟踪和监视患者的行为。如罗彻斯特大学的科学家使用无线传感器创建了一个智能医疗房间，用来测量居住者的重要身体参数（如血压、脉搏和呼吸）、睡觉姿势以及每天 24 小时的活动状况。Intel 公司也推出了基于 WSN 的家庭护理技术，该技术是为应对老龄化社会而开发的，通过在鞋、家具以及家用电器等设备中嵌入半导体传感器，帮助改善老龄人士、阿尔茨海默氏病患者以及残障人士的家庭护理工作。

（6）其他用途

WSN 还可以应用于其他一些特殊领域。例如，在空间探索领域，通过航天器播撒传感器节点，可以长期监测星球表面；在商业领域，WSN 可用于家居智能化、城市车辆监测和跟踪、物流管理等；在建筑领域，WSN 可用于建筑物健康检测，实时掌握建筑物的安全状况；在家庭生活领域，WSN 可以用来跟踪孩童的活动轨迹，让家长和老师随时可以了解学生的学习生活情况。

随着 WSN 的发展，其应用正逐渐深入人们的生产和生活领域，并且随着"智慧地球"和"物联网"概念的提出，未来的无线传感器网络应用将无处不在。

4.7 思考题与习题

4-1 什么叫传感器？举例说明传感器在信息技术中的作用。
4-2 传感器由哪几部分组成？简述各组成部分的作用。
4-3 传感器有哪几种分类方法？发展趋势主要有哪些？
4-4 为什么需要研制各种各样的传感器？生活中常见的传感器有哪些？
4-5 什么是红外传感器？红外传感器按其原理可分为几类？
4-6 红外传感器有哪些应用？
4-7 与传统传感器相比，智能传感器有哪些功能与特点？
4-8 请列举智能传感器的成功应用实例。
4-9 生物传感器的原理是什么？有哪几种类型？生物活性物质的固化技术有哪些？

4-10 生物传感器在生物医学中有何应用？试举例说明。
4-11 试述无线传感器网络的定义、组成和关键技术。
4-12 简述无线传感器网络的发展历史、国内外研究现状和可能的应用领域。

参 考 文 献

[1] 蒋亚东，谢光忠，苏元捷. 物联天下，传感先行：传感器导论[M]. 北京：科学出版社，2016.
[2] 吴建平，彭颖，贾章健. 传感器原理及应用[M]. 3版. 北京：机械工业出版社，2015.
[3] 苑会娟. 传感器原理及应用[M]. 北京：机械工业出版社，2017.
[4] 郁有文. 传感器原理及工程应用[M]. 4版. 西安：西安电子科技大学出版社，2019.
[5] 胡向东. 传感器与检测技术[M]. 3版. 北京：机械工业出版社，2018.
[6] 许毅，陈立家，甘浪雄，等. 无线传感器网络技术原理及应用[M]. 北京：清华大学出版社，2018.
[7] 熊茂华，熊昕. 无线传感器网络技术及应用[M]. 西安：西安电子科技大学出版社，2019.
[8] 王友钊，黄静，戴燕云. 现代传感器技术、网络及应用[M]. 北京：清华大学出版社，2015.
[9] 张志勇，王雪文，翟春雪，等. 现代传感器原理及应用[M]. 北京：电子工业出版社，2014.
[10] 王平，王恒. 无线传感器网络技术及应用[M]. 北京：人民邮电出版社，2016.
[11] 向守超，谢钱涛，吴俊霖. 无线传感器网技术与设计[M]. 西安：西安电子科技大学出版社，2018.

第 5 章　信号与信息处理技术

信号与信息处理技术是集信息采集、处理、加工、传播等于一体的现代科学技术，是信息科学的重要组成部分，是当今世界科技发展的重点，也是国家科技发展战略的重点。信号与信息处理学科是一门交叉学科，与通信、控制、计算机等学科紧密关联。信号与信息处理的研究与发展，离不开通信、计算机、自动控制等多个领域的发展，同样，信号与信息处理的应用，更离不开微电子技术的支撑，也正因为微电子技术的迅猛发展，才使得信号与信息处理的应用从理论成为现实。目前，信号与信息处理技术已广泛应用于信息科学的各个领域：如文本、语音、图形/图像、通信、仪器仪表、医疗、消费电子、军事与航空航天尖端科技、工业控制与自动化等。

5.1　信息处理技术

5.1.1　信息处理技术发展史

人类很早就开始进行信息的记录、存储和传输。在古代，信息存储的手段非常有限，有些部落通过口耳相授传承部落的信息，有些部落通过结绳记事存储信息。文字的创造、造纸术和印刷术的发明是信息处理的第一次巨大飞跃，电报、电话、电视及其他通信技术的发明和应用是信息传递手段的历史性变革，计算机的出现和普遍使用则是信息处理的第三次巨大飞跃。长期以来，人们一直在追求改善和提高信息处理的技术，大致可划分为三个时期。

（1）手工处理时期

手工处理时期是用人工方式来收集信息，用书写记录来存储信息，用经验和简单手工运算来处理信息，用携带存储介质的方式来传递信息。信息人员从事简单而烦琐的重复性工作。信息不能及时有效地传送给使用者，许多十分重要的信息来不及处理，甚至贻误战机。

（2）机械信息处理时期

随着科学技术的发展，以及人们对改善信息处理手段的追求，逐步出现了机械式和电动式的处理工具，如算盘、出纳机、手摇计算机等，在一定程度上减轻了计算者的负担。后来又出现了一些较复杂的电动机械装置，可通过在卡片上穿孔来记录数据并进行成批处理和自动打印结果。同时，由于电报、电话的广泛应用，极大地改善了信息的传输手段，机械式处理比手工处理提高了效率，但没有本质的进步。

（3）计算机处理时期

随着计算机系统在处理能力、存储能力、打印能力和通信能力等方面的提高，特别是计算机软件技术的发展，计算机的使用越来越方便，加上微电子技术的突破，使微型计算机日益商品化，从而为计算机在管理上的应用创造了极好的物质条件。这一信息处理时期经历了单项处理、综合处理两个阶段，现在已发展到系统处理阶段。这样，不仅各种事务处理达到了自动化，大量人员从烦琐的事务性劳动中解放出来，提高了效率，节省了行政费用，而且还由于计算机的高速运算能力，极大地提高了信息的价值，能够及时地为管理活动中的预测和决策提供可靠的依据。与此同时，电子计算机和现代通信技术的有效结合，使得信息的处理速度、传播速度得到了惊人的提高，人类处理信息和利用信息的能力达到了空前的高度。今天，人类已经进入了所谓的信息社会。

5.1.2 现代信息技术

到了近代，随着社会经济的发展，不同地域人之间的交往活动日益频繁，促进了信息技术的飞速发展。信息是人类的一种宝贵资源，大量、有效地利用信息，是社会发展水平的重要标志之一。社会的进步将不断发展更有效的手段来传递信息和处理信息，从而促使人类社会文明更快地发展。

19世纪30年代，美国画家莫尔斯发明了电报和莫尔斯电码，电报的发明使信息的传递跨入了电子速度时代。莫尔斯电码是电信史上最早的编码，是电报发明史上的重大突破。1844年，第一条有线实验电报线路正式开通。19世纪后半叶，莫尔斯电报已经获得了广泛的应用。图5-1所示为电报收报机及莫尔斯电码。

图 5-1　电报收报机及莫尔斯电码

电报有很大的局限性，它只能传达简单的信息，而且要译码，使用起来很不方便。从19世纪50年代起，就有一批科学家受电报发明的启发，开始了用电传送声音的研究。1876年，美国人贝尔和格雷各自发明了电话（见图5-2）。1877年，爱迪生又取得了发明碳粒送话器的专利。

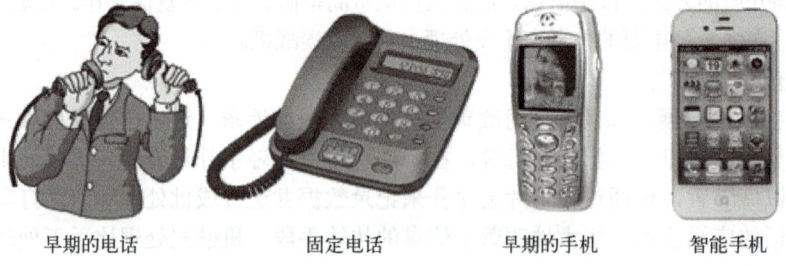

图 5-2　电话就像传说中的"顺风耳"

1896年，俄国36岁的波波夫和意大利21岁的马可尼分别发明了无线电收报机。人类从此开始了无线电通信时代。

1925年，英国的贝尔德进行了世界上首次电视广播试验，虽然图像质量很差，明暗变化不明显，但证实了电视广播的可能性（见图5-3）。时隔一年，贝尔德终于成功地发送了清晰、明暗变化显著的图像，揭开了电视广播的序幕。1936年，英国广播公司正式从伦敦播送电视节目。1941年彩色电视诞生。

1946年，世界上第一台计算机 ENIAC 诞生。随着现代电子技术尤其是微电子技术的发

第 5 章　信号与信息处理技术

展，计算机越来越普及，现在，计算机已经成为人们最主要的信息处理工具（见图 5-4）。

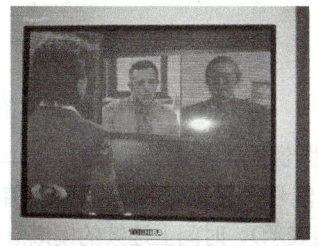
图 5-3　电视使人类拥有了"千里眼"

图 5-4　计算机是最主要的信息处理工具

1957 年 10 月 4 日，苏联成功发射了人类第一颗人造地球卫星"东方一号"，从此卫星通信开始了，如图 5-5 所示。

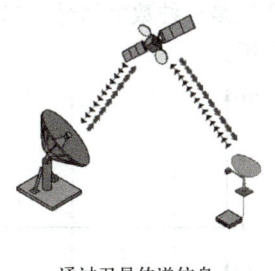
通过卫星传递信息

图 5-5　通过卫星传递信息

随着计算机和通信技术的发展与互相渗透，计算机网络逐渐普及。20 世纪 80 年代，全球性的计算机网络——Internet 逐渐建立。Internet 使信息的交流不再受时间和空间的限制。与此同时，各种通信网络非常发达，它们与互联网连接在一起，为我们的生活带来了极大的便利，人类的信息交流进入了一个崭新的时代。由 Internet 构建的校园网如图 5-6 所示。

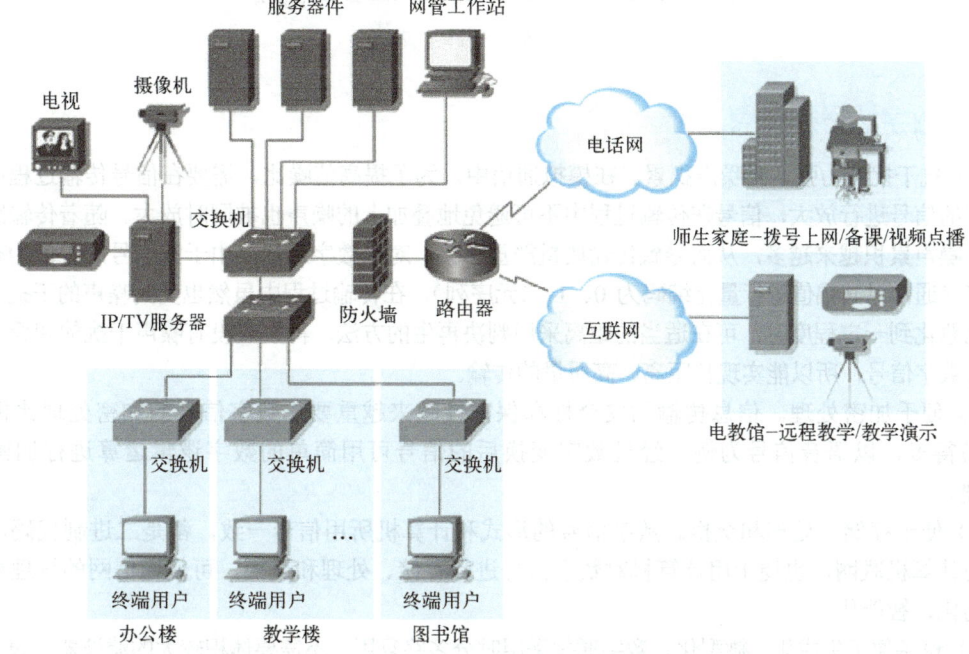
图 5-6　由 Internet 构建的校园网

5.2 数字信号及其处理

5.2.1 模拟信号和数字信号

5-1 数字信号处理

信号可用于表示任何信息，如符号、文字、语音、图像等，从表现形式上可归结为两类：模拟信号和数字信号。模拟信号与数字信号的区别可根据幅度取值是否离散来确定。模拟信号指幅度的取值是连续的（幅值可由无限个数值表示）。时间上连续的模拟信号如图 5-7a 所示，采样脉冲如图 5-7b 所示。时间上离散的模拟信号是一种采样信号，如图 5-7c 所示，它是对图 5-7a 的模拟信号每隔时间 T 进行一次采样所得到的信号，虽然其波形在时间上是不连续的，但其幅度取值是连续的，所以仍是模拟信号。数字信号指幅度的取值是离散的，即幅值被限制在有限个数值之内。二进制码就是一种数字信号。二进制码受噪声的影响小，数字电路易于对其进行处理，所以得到了广泛的应用。

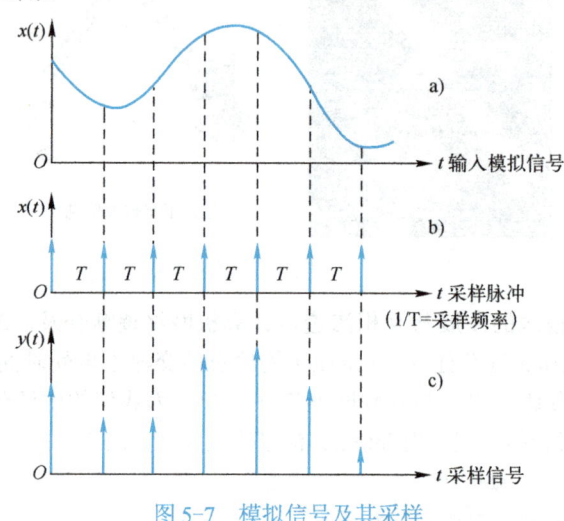

图 5-7 模拟信号及其采样

5.2.2 数字信号的特点

1）抗干扰能力强、无噪声积累。在模拟通信中，为了提高信噪比，需要在信号传输过程中及时对衰减的信号进行放大，信号在传输过程中不可避免地叠加上的噪声也被同时放大。随着传输距离的增加，噪声累积越来越多，从而导致传输质量严重恶化。对于数字通信，由于其信号的幅值为有限个离散值（通常对其幅值进行量化编码为 0、1 二元序列），在传输过程中虽然也受到噪声的干扰，但当信噪比恶化到一定程度时，可在适当的距离采用判决再生的方法，再生成没有噪声干扰的和原发送端一样的数字信号，所以能实现长距离、高质量的传输。

2）便于加密处理。信息传输的安全性和保密性越来越重要，数字信号的加密处理比模拟信号容易得多，以语音信号为例，经过数字变换后的信号可用简单的数字逻辑运算进行加密、解密处理。

3）便于存储、处理和交换。数字信号的形式和计算机所用信号一致，都是二进制代码，因此便于与计算机联网，也便于用计算机对数字信号进行存储、处理和交换，可使通信网的管理维护实现自动化、智能化。

4）设备便于集成化、微型化。数字通信采用时分多路复用，不需要体积较大的滤波器。设备中大部分电路是数字电路,可用大规模和超大规模集成电路实现,因此体积小、功耗低。

5.2.3 模拟信号的数字化

当今社会已进入迅猛发展的信息化时代,对信息进行处理的核心设备是计算机,计算机只能识别由二进制 0、1 组成的数字信号,而现实生活中的信号大多是模拟信号,比如电压、电流、声音、图像等,这些信号只有转换成数字信号,才能输入计算机进行处理。因而信息化的前提是实现模拟信号的数字化。把模拟信号转化为数字信号通常需要采样、量化和编码三个过程,如图 5-8 所示。

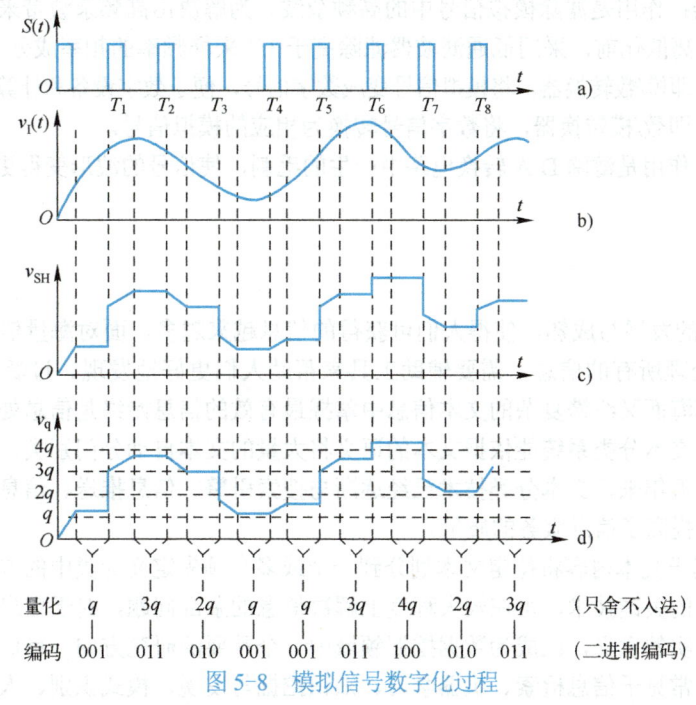

图 5-8 模拟信号数字化过程

a) 采样脉冲　b) 输入电压　c) 采样保持电压　d) 量化过程

(1) 采样

所谓采样就是每隔一定的时间间隔,抽取信号的一个瞬时幅度值,这就是在时间上将模拟信号离散化。模拟信号不仅在幅度取值上是连续的,而且在时间上也是连续的。要使模拟信号数字化,首先要对时间进行离散化处理,即在时间上用有限个采样点代替无限个连续的坐标位置,这一过程叫采样。采样后所得到的在时间上离散的样值称为采样序列。

(2) 量化

采样把模拟信号变成了在时间上离散的采样序列,但每个样值的幅度仍然是一个连续的模拟量,因此还必须对其进行离散化处理,将其转换为有限个离散幅度值,最终才能用有限个量化电平来表示其幅值,这种对采样值进行离散化的过程叫作量化,其实质就是实现连续信号幅度离散化处理。

(3) 编码

采样、量化后的信号变成了一串幅度分级的脉冲信号,串脉冲的包络代表了模拟信号,它本身还不是数字信号,而是一种十进制信号,需要把它转换成数字编码脉冲,这一过程称为编码。最简单的编码方式是二进制编码。

5.2.4 数字信号处理系统

在实际生活中的信号大部分是模拟信号,如声音、图像等。为了利用数字系统来处理模拟信号,必须先将模拟信号转换成数字信号,在数字系统中进行处理后再转换成模拟信号。典型的模拟信号数字化处理框图如图 5-9 所示,各部分的功能如下。

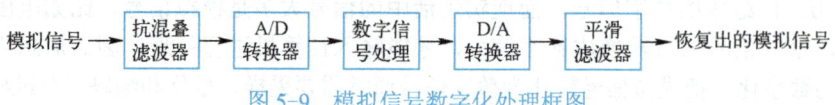

图 5-9　模拟信号数字化处理框图

抗混叠滤波器:作用是滤除模拟信号中的高频杂波。为解决由高频杂波带来的频率混叠问题,在对模拟信号进行离散化前,采用低通滤波器滤除高于 1/2 采样频率的频率成分。

A/D 转换器:即模/数转换器,将模拟信号变成数字信号,便于数字设备和计算机处理。

D/A 转换器:即数/模转换器,将数字信号转换为相应的模拟信号。

平滑滤波器:作用是滤除 D/A 转换电路中产生的毛刺,使信号的波形变得更加平滑。

5.3　文本信息处理

Internet 技术的发展与成熟,使得人们可获得的信息越来越多。面对海量信息,人们已经不能简单地靠人工来处理所有的信息,需要辅助工具来帮助人们更好地发现、过滤和管理这些信息资源。如何在浩若烟海而又纷繁复杂的文本信息中掌握最有效的信息始终是信息处理的一大目标。基于人工智能技术的文本分类系统能依据文本的语义将大量的文本自动分门别类,从而更好地帮助人们把握文本信息。近年来,文本分类技术已经逐渐与搜索引擎、信息推送、信息过滤等信息处理技术相结合,有效地提高了信息服务的质量。

文本分类是基于文本内容将待定文本划分到一个或多个预先定义的类中的方法,它作为处理和组织大量文本数据的关键技术,可在较大程度上解决信息的杂乱问题,对于信息的高效管理和有效利用都具有极其现实的意义,已成为数据挖掘领域中一个重要的研究方向。目前,文本分类方面的文献也非常丰富,常见于信息检索、机器学习、知识挖掘与发现、模式识别、人工智能、计算机科学与应用等各种国际会议及相关的期刊或杂志。

5.3.1　文本分类的研究现状

国外文本数据分类的研究始于 20 世纪 50 年代末,H.P.Luhn 在这一领域进行了开创性的研究,他首先将词频统计的思想用于文本数据分类中。1960 年 Maron、Kuhn 在《Journal of ACM》上发表了有关文本数据分类的第一篇论文 *On Relevance, Probabilistic Indexing and Information Retrieval*。1963 年,Borko 等人提出了利用因子分析法进行文献的自动分类。其后许多学者在这一领域进行了卓有成效的研究。Good 和 Fairthome 最早认为自动分类有助于文献检索。1971 年,Rocchio 提出了在用户查询中不断通过用户的反馈来修正类权重向量,构成简单的线性分类器。1979 年,Van Rijsbergen 对信息检索领域的研究进行了系统的总结。1992 年,Lewis 在其博士论文 "Representation and Learning in Information Retrieval" 中系统地介绍了文本分类系统实现方法的各个细节,是文本分类领域的经典之作。1995 年,Vapnik 基于统计理论提出了支持向量机(Support Vector Machine,SVM)算法,Thorsten Joachims 第一次将线性核函数的支持向量机用于文本分类。

总的来说,国外对自动分类技术的研究大致分为三个阶段,分别是自动分类的可行性研究、自动分类的实验研究和目前的自动分类实用化研究。在逐步的研究过程中,研究者们提出了多种分类模型和算法,如朴素贝叶斯(Naive Bayes)、K 近邻(K-Nearest Neighbor,KNN)、SVM、决策树、神经网络等，并将这些技术引入实际应用中，在信息检索、信息过滤、邮件分类等方面有着广泛的应用。比较有代表性的是 IBM 的文本智能挖掘机和 Autonomy 公司的 Concept Agents，还有一些自动分类系统，如麻省理工学院为白宫开发的邮件分类系统、路透社的 Construe 系统。此外，自动分类新闻稿件的文本分类系统和自动跟踪用户阅读兴趣的分类分析系统也引起了业界的广泛关注。

自 1995 年后，随着世界范围内不断出现的数字图书馆研究热潮，国外计算机界和图书情报界陆续开展了对网络信息资源自动分类的研究，也有人将其称为自动分类技术的第四个发展阶段，如 2000 年美国联机计算机图书馆中心（Online Computer Library Center，OCLC）的"蝎子计划"，用于自动分类技术建立网络目录的研究。

国内对文本自动分类的研究起步较晚。1981 年，侯汉清教授对计算机在文献分类工作中的应用进行了探讨，并介绍了国外在计算机分类检索、计算机自动分类等方面的概况。随后，国内的研究单位和学者都开始了系统性的深入研究。最初国内的文本分类研究均是在英文文本分类研究的基础上进行，采用英文语料库对分类算法及技术进行相应的改进，后来研究人员逐步把分类技术引入中文文本中，继而形成了中文文本自动分类技术研究体系。

1986 年，上海交通大学研究所的朱兰娟、王永成等开发了中文科技文献（计算机类）实验性分类系统；1995 年，清华大学的吴军开发了基于中文语料的文本自动分类系统；1998 年，东北大学张月杰等提出通过计算预定义类别和文本特征项之间相关性来进行自动分类；1999 年，南京大学邹涛、王继承等采用向量空间模型和基于统计的特征词提取技术，开发出中文技术文本分类系统。

此外，国内很多学者对中文文本分类算法也进行了深入的研究。黄萱菁等提出一种基于机器学习的、独立于语种的文本分类模型；周水庚等研究了隐含语义索引在中文文本处理中的应用；李荣陆等使用最大熵模型对中文文本分类进行了研究；张剑等提出一种在"知网"本体库基础上，建立文本的概念向量空间模型的特征提取方法；朱靖波等将领域知识引入文本分类，利用领域知识作为文本特征，提出一种基于知识的文本分类方法。目前，我国在中文文本自动分类领域已经取得了令人瞩目的研究成果，其中一些已被成功推广和应用。

相对于英文，对中文文本进行分类的一个关键因素是文本的预处理。英文文本中单词之间有空格，而中文则需要进行对文本的分词处理。相当长的时间内，中文分类技术研究都没有公开的数据语料库。目前使用较多的是复旦大学建立的自然语言处理语料库、北京大学的人民日报语料库、清华大学现代汉语语料库、谭松波等人整理的文本分类语料库以及搜狗实验室提供的网页新闻语料库。

5.3.2 文本分类的整体框架

文本自动分类是分析待定文本的特征，并与已知类别中文本所具有的共同特征进行比较，然后将待定文本划归为特征最接近的一类并赋予相应的分类号。文本分类一般包括文本预处理、文本特征提取、分类算法的选择、分类结果的评价与反馈等过程，文本分类的整体框架如图 5-10 所示。

1. 文本预处理

任何原始数据在计算机中都必须采用特定的数学模型来表示，目前存在众多的文本表示模型，如布尔模型、向量空间模型、聚类模型、基于知识的模型和概率模型等。其中向量空间模型具有较强的可计算性和可操作性，得到了广泛的应用。经典的向量空间模型是 Salton 等人于 20 世纪 60 年代末提出的，并成功应用于著名的 SMART 系统，已成为最简便、最高效的文本表示模型之一。

向量空间模型的最大优点在于它在知识表示方法上的优势。在该模型中，文本的内容被形式化为多维空间中的一个点，并以向量的形式来描述。对于文本分类、聚类等处理来说，可以方便地转化为对向量的处理、计算。也正是因为把文本以向量的形式定义到实数域中，才使得模式识别和数据挖掘等领域中的各种成熟的计算方法得以采用，大大提高了自然语言文本的可计算性和可操作性。因此，向量空间模型被广泛应用在文本挖掘的各个领域。

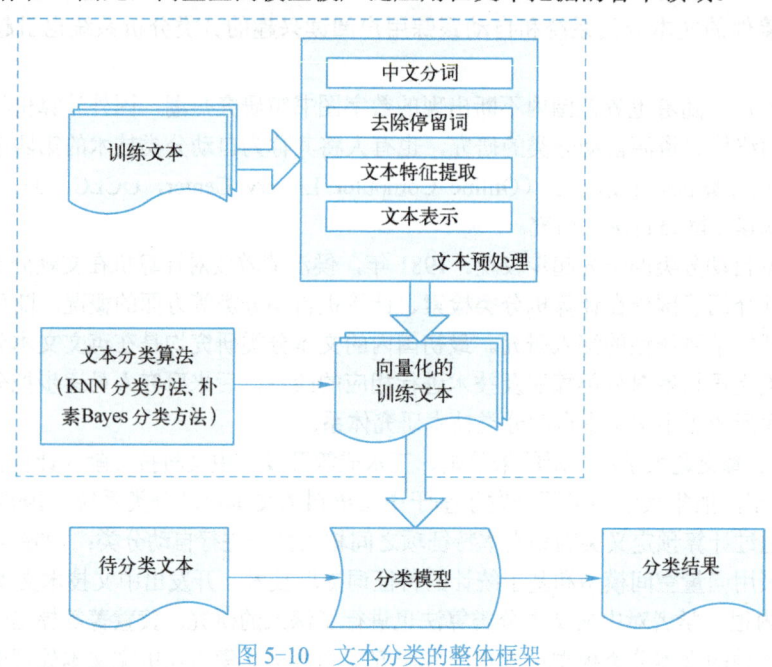

图5-10 文本分类的整体框架

对于基于向量空间模型的文本预处理，主要由四个步骤来完成：中文分词、去除停用词、文本特征提取和文本表示。

1）中文分词：中文分词是对中文文本进行分析的第一个步骤，是文本分析的基础。现在的中文分词技术主要有基于字符串匹配的分词技术、基于理解的分词技术、基于统计的分词技术和基于多层隐马尔可夫模型的分词技术。

2）去除停用词：所谓停用词是指汉语中常用到的"的""了""我们""怎样"等，这些词在文本中分布较广，出现频率较高，且大部分为虚词、助词、连词等，这些词对分类的效果影响不大。文本经中文分词之后，得到大量词语，而其中包含了一些频度高但不含语义的词语，比如助词。这时可以利用停用词表将其过滤，便于文本分类的后续操作。

3）文本特征提取：文本经过中文分词、去除停用词后得到的词语量特别大，由此构造的文本表示维数也非常大，并且不同的词语对文本分类的贡献也是不同的。因此，有必要进行特征项选择以及计算特征项的权重。

4）文本的表示：文本的表示主要采用向量空间模型。向量空间模型的基本思想是以向量来表示文本：$(W_1, W_2, W_3, \cdots, W_n)$，其中 W_i 为第 i 个特征项的权重，特征项一般可以选择字、词或词组。根据实验结果，普遍认为选取词作为特征项要优于字和词组。因此，要将文本表示为向量空间中的一个向量，就首先要将文本分词，由这些词作为向量的维数来表示文本，最初的向量表示完全是0、1形式，即如果文本中出现了该词，那么文本向量的该维为1，否则为0。这种方法无法体现这个词在文本中的作用程度，所以逐渐被更精确的词频（关键词出现的次数）代替。词频分为绝对词频和相对词频，绝对词频即使用词在文本中出现的频率表示文本，相对词频为归一化的词频，其计算方法主要运用词频-逆向文件频率（Term Frequency–Inverse Document Frequency，TF-IDF）公式。

2. 文本分类算法

训练算法和分类算法是分类系统的核心部分,目前存在多种基于向量空间模型的训练算法和分类算法,主要有最近 K 邻居算法、贝叶斯算法、最大平均熵算法、类中心向量最近距离算法、支持向量机算法和神经网络算法等。

简单向量距离分类算法的核心是利用文本与类中心向量间的相似度判断类的归属,而贝叶斯算法的基本思路是计算文本属于类别的概率。

K 邻居算法的基本思路是:在给定新文本后,考虑在训练文本集中与该新文本距离最近(最相似)的 K 篇文本,根据这 K 篇文本所属的类别判定新文本所属的类别。

支持向量机和神经网络算法在文本分类系统中的应用较为广泛。支持向量机的基本思想是使用简单的线性分类器划分样本空间。对于在当前特征空间中线性不可分的模式,则使用一个核函数把样本映射到一个高维空间中,使得样本能够线性可分。

神经网络算法采用感知算法进行分类。在这种模型中,分类知识被隐式地存储在连接的权值上,使用迭代算法来确定权值向量。当网络输出判别正确时,权值向量保持不变,否则进行增加或降低的调整,因此也称为奖惩法。

经过文本分类预处理后,训练文本合理向量化,奠定了分类模型的根基。向量化的训练文本与文本分类算法共同构造出了分类模型。在实际的文本分类过程中,主要依靠分类模型完成文本分类。

3. 分类结果的评价与反馈

文本分类系统的任务是:在给定的分类体系下,根据文本的内容自动地确定文本关联的类别。从数学角度来看,文本分类是一个映射的过程,它将未标明类别的文本(待分类文本)映射到已有的类别中。文本分类的映射规则是系统根据已经掌握的每类若干样本的数据信息,总结出分类的规律,从而建立判别公式和判别规则。然后在遇到新文本时,根据总结出的判别规则,确定文本相关的类别。

因为文本分类从根本上说是一个映射过程,所以评估文本分类系统的标志是映射的准确程度和映射的速度。映射的速度取决于映射规则的复杂程度,而评估映射准确程度的参照物是通过专家思考判断后对文本进行分类的结果(这里假设人工分类完全正确并且排除个人思维差异的因素),与人工分类结果越相近,分类的准确程度就越高。

5.3.3 文本信息处理的应用领域

人类历史上以语言文字形式记载和流传的知识占总量的 80% 以上,这些语言被称为自然语言,如汉语、英语、日语等。自然语言处理是指以计算机为工具对人类特有的书面和口头形式的自然语言的信息进行各种处理和加工的技术,是人工智能研究的重要内容之一。主要应用在以下几个研究领域。

5-2 文本信息的处理领域

1)机器翻译(Machine Translation):实现一种语言到另一种语言的自动翻译,常用于文献翻译、网页翻译和辅助浏览等。如著名的 Systran 系统(http://www.systransoft.com)。

2)自动文摘(Automatic Summarization/Abstracting):将原文档的主要内容或某方面的信息自动提取出来,并形成原文档的摘要或缩写。主要应用在电子图书管理、情报获取等方面。

3)信息检索(Information Retrieval):也称情报检索,即利用计算机系统从大量文档中找到符合用户需要的相关信息。如人们非常熟悉的两个搜索引擎网站 Google 和百度。

4)文档分类(Document Categorization):也叫文本自动分类(Automatic Text Categorization/Classification),即利用计算机系统对大量的文档按照一定的分类标准(如根据主题或内容划分等)

实现自动归类。主要应用在图书管理、内容管理和信息监控等领域。

5）信息过滤（Information Filtering）：利用计算机系统自动识别和过滤那些满足特定条件的文档信息。主要应用于网络有害信息过滤、信息安全等。

6）问答系统（Question Answering System）：通过计算机系统对人提出的问题，利用自动推理等手段，在有关知识资源中自动求解答案并做出相应的回答。问答技术有时与语音技术和多模态输入/输出技术，以及人机交互技术等相结合，构成人机对话系统（Man-Machine Dialogue System）。主要应用在人机对话、信息检索等领域。

5.4 语音信号处理

语音是语言的声学表现形式，是最符合人类自然习惯的一种人际信息传播方式，通过语音传递信息是人类最重要、最有效、最常用和最方便的交换信息的形式。语言是人类特有的功能，声音是人类常用的工具，是相互传递信息的最主要手段，它具有最大的信息容量和最高的智能水平。因此，用现代的手段研究语音处理技术，使人们能更有效地产生、传输、存储、获取和应用语音信息，对于促进社会发展具有十分重要的意义。

5.4.1 语音信号处理基础知识

1. 语音信号的特性

构成人类语音的声音是一种特殊的声音，是由人讲话所发出的声音。语音由一连串的音所组成，具有被称为声学特征的物理性质。语音中各个音的排列由一些规则所控制，对这些规则及其含意的研究属于语言学的范畴，而对语音中音的分类和研究则称为语音学。

语音是人的发音器官发出来的一种声波，它和其他各种声音一样，具有声音的物理属性。它具有以下一些特性。

音质：它是一种声音区别于其他声音的基本特征。

音调：即声音的高低。音调取决于声波的频率，频率快则音调高，频率慢则音调低。

音强及音量：又称响度，它是由声波振动幅度决定的。

声音的长短：也称音长，它取决于发音持续时间的长短。

语音信号最主要的特性是随时间而变化的，是一个非平稳的随机过程。但是，从另一方面看，虽然语音信号具有时变特性，但在一个短时间范围内基本保持不变。这是因为人的肌肉运动有一个惯性，从一个状态到另一个状态的转变是不可能瞬间完成的，而是存在一个时间过程。在没有完成状态转变时，可近似认为它保持不变。只要时间足够短，这个假设是成立的。在一个较短的时间内，语音信号的特征基本保持不变，这是语音信号处理的一个重要出发点。因而可以采用平稳过程的分析处理方法来处理语音信号。

2. 语音信号分析的主要方式

根据所分析的参数不同，语音信号分析又可分为时域、频域、倒频域等方法。时域分析具有简单、运算量小、物理意义明确等优点；但更为有效的分析多是围绕频域进行的，因为语音中最重要的感知特性反映在其功率谱中，而相位变化只起很小的作用。傅里叶分析在信号处理中具有十分重要的作用，它是分析线性系统和平稳信号稳态特性的强有力手段，在许多工程和科学领域得到了广泛的应用。这种以复指数函数为基函数的正交变换，理论上很完善，计算上很方便，概念上易于理解。傅里叶分析能使信号的某些特性变得很明显，而在原始信号中这些特性可能没有表现出来或至少不明显。

然而，语音波是一个非平稳过程，因此适用于周期、瞬变或平稳随机信号的标准傅里叶变换不能用来直接表示语音信号。前面已提到，可以采用平稳过程的分析处理方法来处理语音。对语音处理来说，短时分析的方法是有效的解决途径。短时分析方法应用于傅里叶分析就是短时傅里叶变换，即有限长度的傅里叶变换，相应的频谱称为"短时谱"。语音信号的短时谱分析是以傅里叶变换为核心的，其特征是频谱包络与频谱微细结构以乘积的方式混合在一起，另一方面是可用 FFT（Fast Fourier Transformation，快速傅里叶变换）进行高速处理。

3. 语音信号处理系统的一般结构

语音信号处理系统首先需要信号的采集，然后才进行语音信号的处理和分析，其一般结构如图 5-11 所示。

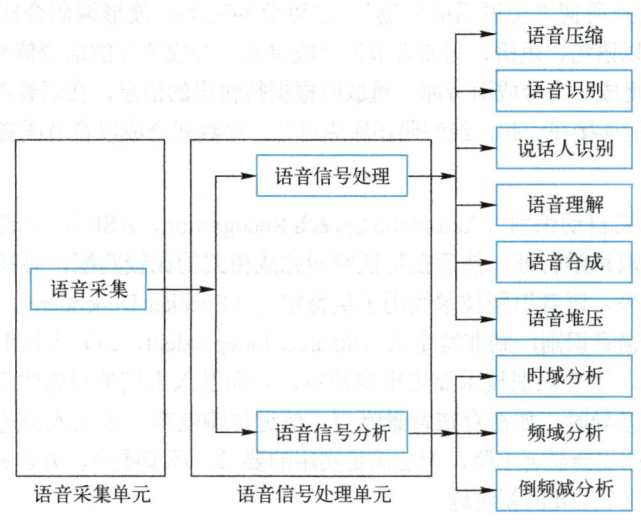

图 5-11　语音信号处理系统的一般结构

根据采集信号的不同，可分为模拟信号和数字信号，其处理系统也可分为模拟处理系统和数字处理系统。如果加上模/数转换和数/模转换芯片，模拟处理系统可处理数字信号，数字处理系统也可处理模拟信号。由于数字信号处理比模拟信号处理具有许多不可比拟的优越性，大多数情况都采用数字处理系统。其优越性具体表现为：

1）数字技术能够完成许多很复杂的信号处理工作。

2）通过语音进行交换的信息本质上具有离散的性质，因为语音可看作是音素的组合，这就特别适合于数字处理。

3）数字系统具有可靠性高、价格低、速度快等优点，很容易完成实时处理任务。

4）数字语音适于在强干扰信道中传输，也易于进行加密传输。因此，数字语音信号处理是语音信息处理的主要方法。

5.4.2　语音信号处理的关键技术

语音信号处理是一门研究用数字信号处理技术和语音学知识对语音信号进行处理的新兴学科，是目前发展最为迅速的信息科学研究领域的核心技术之一，同时又是综合性的多学科领域和涉及面很广的交叉学科。下面重点介绍语音信号数字处理应用技术领域中的语音编码、语音合成、语音识别与语音理解技术。

1. 语音编码技术（Speech Coding Technology）

在语音信号数字处理过程中，语音编码技术是至关重要的，直接影响到语音存储、语音合成、语音识别与理解。语音编码是模拟语音信号实现数字化的基本手段。语音信号是一种时变的准周期信号，而经过编码描述以后，语音信号可以作为数字数据来传输、存储或处理，因而具有一般数字信号的优点。语音编码主要有三种方式：波形编码、信源编码（又称声码器）和混合编码，这三种方式都涉及语音的压缩编码技术。通常把编码速率低于 64Kbit/s 的语音编码方式称为语音压缩编码技术。如何在尽量减少失真的情况下，降低语音编码的比特数已成为语音压缩编码技术的主要内容。换言之，在相同编码比特率下，如何取得更高质量的恢复语音是较高质量语音编码系统的要求。

2. 语音合成技术（Speech Synthesis Technology）

语音合成技术就是所谓"会说话的机器"。它可分为三类：波形编码合成、参数式合成和规则合成。波形编码合成以语句、短语、词或音节为合成单元。合成单元的语音信号被录入后直接进行数字编码，经数据压缩组成一个合成语音库。重放时根据待输出的信息，在语音库中取出相应的合成单元的波形数据，将它们连接在一起，经解码还原成语音。参数式合成以音节或音素为合成单元。

3. 语音识别技术（Speech Recognition Technology）

语音识别又称语音自动识别（Automatic Speech Recognition，ASR），语音识别基于模式匹配的思想，从语音流中抽取声学特征，然后在特征空间完成模式的比较匹配，寻找最接近的词（字）作为识别结果。几十年来，语音识别技术经历了从特定人（Speaker Dependent，SD）中小词汇量的孤立词语和连接词语的语音识别，到非特定人（Speaker Independent，SI）大词汇量的自然口语识别的发展历程。尽管如此，语音识别技术要走出实验室、全面融入人们的日常生活还需假以时日。当使用环境与训练环境有差异时，如在存在背景噪声、信道传输噪声、说话人语速和发音不标准等情况下，识别系统的性能往往会显著下降，无法满足实用的要求。环境噪声、方言和口音、口语识别已经成为目前语音识别中三个主要的新难题。

一个典型语音识别系统如图 5-12 所示，由预处理、特征提取、训练和模式匹配几部分构成。

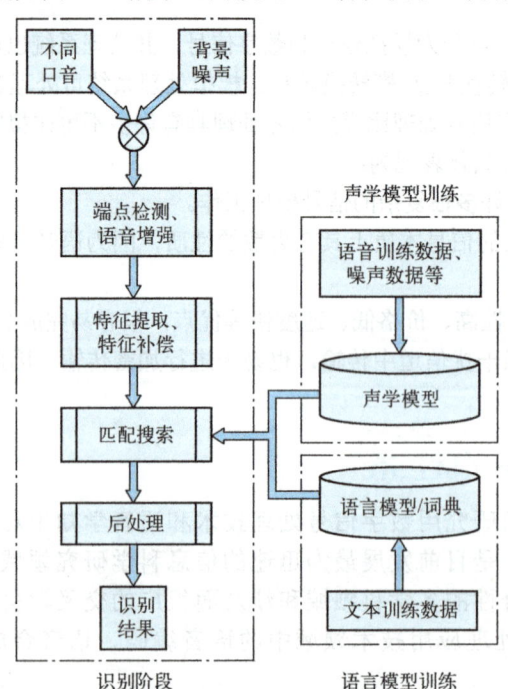

图 5-12 语音识别系统构成

1）预处理：预处理部分包括语音信号的采样、抗混叠滤波、语音增强、去除声门激励和口唇辐射的影响以及噪声影响等，预处理最重要的步骤是端点检测和语音增强。

2）特征提取：作用是从语音信号波形中提取一组或几组能够描述语音信号特征的参数，如平均能量、过零数、共振峰、倒谱、线性预测系数等，以便训练和识别。参数的选择直接关系着语音识别系统识别率的高低。

3）训练：训练是建立模式库的必备过程，词表中每个词对应一个参考模式，由这个词重复发音多遍，再由特征提取和某种训练得到。

4）模式匹配：模式匹配是整个系统的核心，其作用是按照一定的准则求取待测语言参数和语言信息与模式库中相应模板之间的失真测度，最匹配的就是识别结果。

让机器听懂人类的语言，是人类长期以来梦寐以求的事情。伴随计算机技术的发展，语音识别已成为信息产业领域的标志性技术，在人机交互应用中逐渐进入人们的日常生活，并迅速发展成为"改变未来人类生活方式"的关键技术之一。语音识别技术以语音信号为研究对象，是语音信号处理的一个重要研究方向，其终极目标是实现人与机器进行自然语言通信。

4. 语音理解技术（Language Understanding Technology）

语音理解又称自然语音理解（Natural Language Understanding，NLU），其目的是实现人机智能化信息交换，构成通畅的人机语音通信。目前，语音理解技术开始使计算机丢掉了键盘和鼠标，人们对语音理解的研究重点正拓展到特定应用领域的自然语音理解上。一些基于口语识别、语音合成和机器翻译的专用性系统开始出现，如信息发布系统、语音应答系统、会议同声翻译系统、多语种口语互译系统等，正受到各方面越来越多的关注。这些系统可以按照人类的自然语音指令完成有关的任务，提供必要的信息服务，实现交互式语音反馈。

5.4.3 语音识别技术的发展情况

语音识别技术的研究最早开始于 20 世纪 50 年代，1952 年贝尔实验室研发出了 10 个孤立数字的识别系统。从 20 世纪 60 年代开始，美国卡耐基梅隆大学的 Reddy 等开展了连续语音识别的研究，但是这段时间发展很缓慢。20 世纪 80 年代开始，以隐马尔可夫模型（Hidden Markov Model，HMM）方法为代表的基于统计模型方法逐渐在语音识别研究中占据了主导地位。HMM 模型能够很好地描述语音信号的短时平稳特性，并且将声学、语言学、句法等知识集成到统一框架中。此后，HMM 的研究和应用逐渐成为主流。例如，第一个"非特定人连续语音识别系统"是当时还在卡耐基梅隆大学读书的李开复研发的 SPHINX 系统，其核心框架就是 GMM-HMM 框架，其中 GMM（Gaussian Mixture Model，高斯混合模型）用来对语音的观察概率进行建模，HMM 则对语音的时序进行建模。20 世纪 80 年代后期，深度神经网络（Deep Neural Network，DNN）的前身——人工神经网络（Artificial Neural Network，ANN）也成为语音识别研究的一个方向。但这种浅层神经网络在语音识别任务上的效果一般，表现并不如 GMM-HMM 模型。20 世纪 90 年代开始，语音识别掀起了第一次研究和产业应用的小高潮，主要得益于基于 GMM-HMM 声学模型的区分性训练准则和模型自适应方法的提出。这时期剑桥发布的 HTK 开源工具包大幅度降低了语音识别研究的门槛。此后将近 10 年的时间里，语音识别的研究进展一直比较缓慢，基于 GMM-HMM 框架的语音识别系统整体效果还远远达不到实用化水平，语音识别的研究和应用陷入了瓶颈。

2006 年，Hinton 提出使用受限波尔兹曼机（Restricted Boltzmann Machine，RBM）对神经网络的节点做初始化，即深度置信网络（Deep Belief Network，DBN）。DBN 解决了深度神经网络训练过程中容易陷入局部最优的问题，自此深度学习的大潮正式拉开。2009 年，Hinton 和他的学生 Mohamed D 将 DBN 应用在语音识别声学建模中，并且在 TIMIT 这样的小词汇量连续语音识别数据库上获得成功。2011 年，DNN 在大词汇量连续语音识别上获得成功，从此，基于深度神经网络的建模方式正式取代 GMM-HMM，成为主流的语音识别建模方式。

基于深度学习（Deep Learning，DL）的语音识别技术在 21 世纪初走向舞台的中央，并不只是由于深度学习类机器学习算法的进步，而是大数据、云计算和深度学习这 3 个要素相互促进的结果。不同于之前 GMM-HMM 语音识别框架表达能力有限、效果对于大规模数据易饱和的情况，深度学习框架所具备的多层非线性变换的深层结构，则具有更强的表达与建模能力，使得语音识别模型对复杂数据的挖掘和学习能力得到了空前的提升，并使得更大规模的海量数据的作用得以充分发挥。大数据就像奶粉一样，"哺育"了深度学习算法，让深度学习算法变得越来越强大。

随着移动互联网、物联网技术和产品的普及，云计算使得多种类型的海量数据得以在云端汇集。而对大规模数据运算的要求则又显著提升了对于云计算方式的依赖，因此云计算成为了本次深度学习革命的关键推手之一。深度学习框架在云端的部署，则显著增强了云计算的能力。正是由于深度学习、大数据和云计算三者的相互促进，不仅成就了语音技术的飞速，而且也成就了当前的人工智能浪潮。相关研究证明，和传统的 GMM-HMM 框架相比，深度学习在大词汇量连续语音识别任务方面取得了 30%～60%的性能提升。毫不夸张地说，深度学习技术的确给语音识别的研究和应用带来革命性的历史突破。

中国科学院自动化研究所及其所属模式科技（Pattek）公司，在 2002 年发布了他们共同推出的面向不同计算平台和应用的"天语"中文语音系列产品——Pattek ASR，结束了中文语音识别产品自 1998 年以来一直由国外公司垄断的历史。

进入 21 世纪后，对于语音识别技术的研究，主要是对多种语种的同声翻译、即兴口语及自然语言对话等领域进行重点研究。任何时候提到语音识别，都不得不提总部位于马萨诸塞州的 Nuance 这家美国跨国公司。这家公司曾经在语音领域"一统江湖"，世界上有超过 80%的语音识别都用过 Nuance 识别引擎技术，其语音产品可以支持超过 50 种语言，在全球拥有超过 20 亿用户，几乎垄断了金融和电信行业。直到现在，Nuance 依旧是全球最大的语音技术公司，掌握着全球最多的语音技术专利。苹果语音助手 Siri、三星语音助手 S-Voice、各大航空公司和顶级银行的自动呼叫中心，都采用过他们的智能语音识别引擎技术。

Siri 的面世让 Nuance 这家技术供应商迎来了"高光时刻"，也激发了其他科技公司、创业公司对智能语音市场的狂热，苹果、谷歌、三星等公司早就悄悄自建团队，准备靠深度学习技术弯道超车。2010 年之后，深度学习被广泛应用到语音识别、语义理解、语音合成等场景中，让语音技术的识别准确率大幅提高，而随着谷歌、微软、百度等公司开源深度学习框架，语音识别技术与智能语音交互等功能日益成熟，整个行业进入爆发期，加强了行业巨头科技公司之间的竞争。

2017 年，科大讯飞推出了一款命名为——"晓译"的实时翻译机，凭借其精致易携带的机型与强大的实时翻译功能，一度成为网红。一段时间内，大到国家中央领导人的多国会面会议，小到人们日常出国工作、旅行，都能看到"晓译"的身影，这款实时翻译机在国内可谓是家喻户晓，甚至在国外也掀起了一阵使用这款实时翻译机的风潮。同年 4 月份，科大讯飞的另一款新产品——讯飞翻译器 2.0 诞生了，这款翻译机作为博鳌亚洲论坛指定翻译机，其实时翻译功能表现得极为突出，其不仅支持中文与全球 33 种语言的实时翻译，还支持粤语、四川话、河南话、东北话四种方言口音的识别，强大的功能使科大讯飞站上了国内语音识别翻译领域的巅峰，截至目前，科大讯飞已经占有中文语音技术市场 70%以上的份额。

5.4.4 语音信号处理技术发展趋势

语音信号处理技术是计算机智能接口与人机交互的重要手段之一。从目前和整个信息社会发展趋势看，语音技术有很多的应用。语音技术包括语音识别、说话人的鉴别和确定、语种的鉴别和确认、关键词检测和确认、语音合成、语音编码等，但其中最具有挑战性和应用前景的是语音识别技术。

1. 语音识别技术的发展趋势

首先对于说话人识别技术，近年来已经在安全加密、银行信息电话查询服务等方面得到了很好的应用。此外，说话人识别技术也在公安机关破案和法庭取证方面发挥着重要的作用；其次对于语音识别技术而言，在一些领域中正成为一个关键的、具有竞争力的技术。例如，在声控应用中，计算机可以识别输入的语音内容，并根据内容来执行相应的动作，包括声控电话转换、声控语音拨号系统、声控智能玩具、信息网络查询、家庭服务、宾馆服务、旅行社服务系统、医疗服务、股票服务和工业控制等。在电话与通信系统中，智能语音接口正在把电话机从一个单纯的服务工具变成一个服务的"提供者"和生活"伙伴"。使用电话与通信网络，人们可以通过语音命令方便地从远端的数据库系统中查询与提取有关的信息。随着计算机的小型化，键盘已经成为移动平台一个很大的障碍，想象一下，如果手机只有一个手表那么大，再用键盘进行拨号操作已经是不可能的，借助语音命令可以控制计算机的各种操作。再者，语音信号处理还可用于自动口语分析，如声控打字机等。

随着计算机和大规模集成电路技术的发展，复杂的语音识别系统已经完全可以制成专用芯片，进行大批量生产。在西方经济发达国家，大量的语音识别产品已经进入市场和服务领域。一些用户交互机、电话机、手机已经包含了语音识别拨号功能，还有语音记事本、语音智能玩具等产品也包含了语音识别与语音合成功能。人们可以通过电话网络，用语音识别口语对话系统查询有关的机票、旅游、银行等相关信息，并且取得很好的效果。

2. 语音合成技术的发展趋势

就语音合成而言，它已经在许多方面取得了实际的应用并发挥了很大的社会作用，例如公交汽车上的自动报站、各种场合的自动报时、自动报警、手机查询服务和各种文本校对中的语音提示等。在电信声讯服务的智能电话查询系统中，采用语音合成技术可以弥补以往通过电话进行静态查询的不足，满足海量数据和动态查询的需求，如股票、售后服务、车站查询等信息；也可用于基于微型机的办公、教学、娱乐等智能多媒体软件，如语言学习、教学软件、语音玩具、语音书籍等；也可与语音识别技术和机器翻译技术结合，实现语音翻译等。

3. 语音编码技术的发展趋势

对于语音编码而言，语音压缩编码作为语音信号处理的一个分支，从目前的研究状况来看，它的未来发展主要表现在如下几个方面。

1）研究简化算法。在现有编码算法中，处理效果较好的很多，但都是以算法复杂、速度低、性能降低为代价。在不降低现有算法性能的前提下，尽量简化算法，提高运算速度，增强算法的实用性，将是未来一段时间的研究课题。

2）随着大规模集成电路工艺的飞速发展，人们已经可以在单一硅片上方便地设计出含有几百万甚至上亿只的晶体管电路，信息处理速度得到飞速的提升，这是未来通信发展迫切需要的。

3）随着计算机技术的发展和硬件环境的不断改善，语音压缩技术将不单单运用现有的几种技术，而将不断开拓和运用新理论及新手段，如将神经网络引入语音压缩的矢量量化中，将子波交换理论应用到语音特征参数的提取（如基音提取等）中。由于神经网络理论和子波交换理论比较新，几乎是刚刚起步，它们的前景还比较难预料，但就其在语音压缩编码方面的应用而言，将有很大的潜力。

4）语音性能评价手段将是研究的主要内容之一。随着各种算法的不断出现和完善，性能评价方法的研究日益显得落后。研究性能评价方法远比研究出一两种算法更为重要，所以，许多研究者致力于语音性能评价方法的研究。目前这方面的研究成果没有大的突破，特别是 4 Kbit/s 以下语音编码质量的客观评价有待人们不断的努力。

5）研究语音的感知特性是未来很长一段时间内的基础研究工作之一。为了建立较理想的语音模型且不损失语音中的信息，在研究中必须考虑人的听觉特性，如人耳的升沉、失真和掩蔽现象等。

总之，语音压缩编码的研究，将朝着高性能、低复杂度、实用化的方向发展，而理论上将朝着多元化、高层次化的方向发展。

5.5 数字图像处理

5.5.1 数字图像处理概述

数字图像处理是通过计算机对图像进行去除噪声、增强、复原、分割、提取特征等处理的方法和技术。数字图像处理的产生和迅速发展主要受三个因素的影响：一是计算机的发展；二是数学的发展（特别是离散数学理论的创立和完善）；三是广泛的农牧业、林业、环境、军事、工业和医学等方面应用需求的增长。

20 世纪 20 年代，图像处理首次应用于改善伦敦和纽约之间海底电缆发送的图片质量。到 20 世纪 50 年代，数字计算机发展到一定的水平后，数字图像处理才真正引起人们的兴趣。1964 年，美国喷气推进实验室用计算机对"徘徊者七号"太空船发回的大批月球照片进行处理，收到明显的效果。20 世纪 60 年代末，数字图像处理具备了比较完整的体系，形成了一门新的学科。20 世纪 70 年代，数字图像处理技术得到迅猛的发展，理论和方法进一步完善，应用范围更加广泛。在这一时期，图像处理主要和模式识别及图像理解系统的研究相联系，如文字识别、医学图像处理、遥感图像的处理等。20 世纪 70 年代后期到现在，各个应用领域对数字图像处理提出越来越高的要求，促进了这门学科向更高级的方向发展。特别是在景物理解和计算机视觉（即机器视觉）方面，图像处理已由二维处理发展到三维理解或解释。近年来，随着计算机和其他各有关领域的迅速发展，例如在图像表现、科学计算可视化、多媒体计算技术等方面的发展，数字图像处理已从一个专门的研究领域变成了科学研究和人机界面中的一种普遍应用的工具。

数字图像处理技术在广义上是指各种与数字图像处理有关的技术的总称，目前主要指应用数字计算机和数字系统对数字图像进行加工处理的技术。这包括利用计算机和其他数字系统进行和完成的一系列数字图像处理任务，一个基本的图像处理系统由五部分组成，如图 5-13 所示。

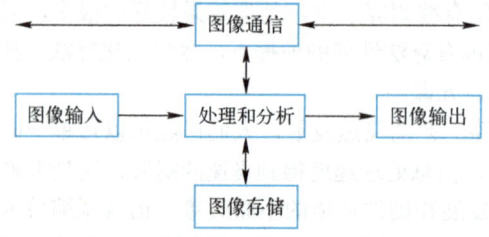

图 5-13 基本图像处理系统的组成

1）图像信息的获取（输入）：首先要获得能用计算机和数字系统处理的数字图像，其方法包括直接用数码照相机、数码摄像机等输入设备来产生，或利用扫描仪等转换设备（见图 5-14），将照片等模拟图像变成数字图像，这就是图像数字化。

图 5-14　图像获取设备

2）图像信息的存储：无论是获取的数字图像，还是处理过程中的图像信息，以及处理结果都要存储在计算机等数字系统中。按照要存储信息的不同用途，可分为永久性存储和暂时性存储。前者主要指要长期保存的原图像和处理结果，一般要先压缩编码，以减少存储数据量，再存储在永久（外）存储器（如硬盘、光盘等）中；而对于处理过程中要使用的图像信息，为了提高存取速度，一般要存储在计算机内存中，这就要求内存容量要大。

3）图像信息的处理和分析：这里的图像信息处理，就是数字图像处理，它是指用数字计算机或数字系统对数字图像进行的各种处理，以达到图像处理的目的。广义地讲，数字图像处理包括图像处理（图像变换、图像增强、图像恢复、图像压缩编码）、图像分析以及图像识别和分类。图像处理是在图像的像素级上进行的图像到图像的处理，以改善图像的视觉效果或者进行压缩编码；图像分析是对图像中的目标物进行检测，对目标物的特征进行测量，以获取图像目标物的描述，它将二维图像信息变成了一维的目标物特征，是图像识别分类的基础；图像理解是在图像分析的基础上，利用人工智能、认知理论和模式识别技术，对图像中的目标物进行识别和分类，以达到机器识别或实际应用的目的。

4）图像信息的传输（通信）：随着计算机技术尤其是网络技术的迅猛发展和广泛应用，需要传输（通信）的信息不仅有文字或者语音信息，也包括大量的静态或者视频图像信息。由于图像信息量很大，图像信息传输中要解决的主要问题就是传输信道和数据量的矛盾问题，一方面要改善传输信道，提高传输速率，而这些都要受到环境的限制；另一方面要对传输的图像信息进行压缩编码，以减少描述图像信息的数据量，而这也是图像处理的主要内容之一。

5）图像的输出和显示：图像处理的目的就是改善图像的视觉效果或进行机器识别分类，最终都要提供给人去理解，因此必须通过可视的方法进行输出和显示，包括硬拷贝（如照相、打印、扫描）和软拷贝（如 CRT 或液晶显示器）显示。

5.5.2　数字图像处理的内容

数字图像处理主要包括以下几个方面的内容。

1）图像变换：由于图像阵列很大，直接在空间域中进行处理，计算量很大。因此，往往采用各种图像变换的方法，如傅里叶变换、沃尔什变换、离散余弦变换等间接处理技术，将空间域的处理转换为变换域处理，不仅可减少计算量，而且可获得更有效的处理（如傅里叶变换可在频域中进行数字滤波处理）。目前新兴的小波变换在时域和频域中都具有良好的局部化特性，在图像处理中也有着广泛而有效的应用。

2）图像编码压缩：图像编码压缩技术可减少描述图像的数据量（即比特数），以便节省图像传输、处理时间和减少所占用的存储器容量。压缩可以在不失真的前提下获得，也可以在允许的失真条件下进行。编码是压缩技术中最重要的方法，它在图像处理技术中是发展最早且比较成熟的技术。

3）图像增强和复原：图像增强和复原的目的是为了提高图像的质量，如去除噪声，提高图像的清晰度等。图像增强不考虑图像降质的原因，突出图像中所感兴趣的部分。例如强化图像高频分量，可使图像中物体轮廓清晰，细节明显；强化低频分量可减少图像中噪声影响。图像复原要求对图像降质的原因有一定的了解，根据降质过程建立"降质模型"，再采用某种滤波方法，恢复或重建原来的图像。

4）图像分割：图像分割是数字图像处理中的关键技术之一。图像分割是将图像中有意义的特征部分提取出来，其有意义的特征包括图像中的边缘、区域等，这是进一步进行图像识别、分析和理解的基础。虽然目前已研究出不少边缘提取、区域分割的方法，但还没有一种普遍适用于各种图像的有效方法。因此，对图像分割的研究还在不断深入之中，是目前图像处理中研究的热点之一。

5）图像描述：图像描述是图像识别和理解的必要前提。作为最简单的二值图像可采用其几何特性描述物体的特性，一般图像的描述方法采用二维形状描述，它有边界描述和区域描述两类方法。对于特殊的纹理图像可采用二维纹理特征描述。随着图像处理研究的深入发展，已经开始进行三维物体描述的研究，提出了体积描述、表面描述、广义圆柱体描述等方法。

6）图像分类（识别）：图像分类（识别）属于模式识别的范畴，其主要内容是图像经过某些预处理（增强、复原、压缩）后，进行图像分割和特征提取，从而进行判决分类。图像分类常采用经典的模式识别方法，有统计模式分类和句法（结构）模式分类，近年来新发展起来的模糊模式识别和人工神经网络模式分类也越来越受到重视。

5.5.3　数字图像处理的应用领域

图像是人类获取和交换信息的主要来源，因此，图像处理的应用领域必然涉及人类生活和工作的方方面面。数字图像处理技术涉及数学、计算机科学、模式识别、人工智能、信息论、生物医学等，是一门多学科交叉的应用技术。

5-4　数字图像处理的应用领域

随着人类活动范围的不断扩大，图像处理的应用领域也将随之不断扩大。图像处理的研究领域主要有以下几个方面。

1. 遥感数字图像处理技术及其应用

遥感是从远离地面的不同工作平台上，如高塔、气球、飞机、火箭、人造地球卫星、宇宙飞船和航天飞机等，通过传感器对地球表面的电磁波辐射信息进行探测，然后经信息的传输、处理和判读分析，对地球的资源与环境进行探测与监测的综合性技术。遥感技术从远距离采用高空鸟瞰的形式进行探测，包括多点位、多谱段、多时段和多高度的遥感影像以及多次增强的遥感信息，能提供综合系统性、瞬时或同步性的区域信息，在环境科学领域的应用具有很大优越性。图 5-15 所示为月球和火星遥感图像。

图 5-15　月球和火星遥感图像

20 世纪 90 年代以来，环境遥感技术应用越来越广。从陆地的土地植被变化、城市扩展动态监测评价、土壤侵蚀与地面水污染负荷产生量估算，到生物栖息地评价和保护、工程选址以及防护林保护规划和建设；从水域的海洋和海岸带生态环境变迁分析，海面悬浮泥沙、叶绿素含量、黄色物质、海上溢油、赤潮以及热污染等的发现和监测，珊瑚和红树林的现状调查与变化监测，到堤坝的规划与水沙平衡分析、水下地形调查以及水域初级生产率的估算；从大气环境遥感中的城市热岛效应分析、大气污染范围识别与定量评价、大气气溶胶污染特征参数化，到全球水、气和化学元素等的循环研究、全球环境变化以及重大自然灾害的评估等。图 5-16 所示为遥感图像用于监测土地变化情况，图 5-17 为遥感图像用于检测水污染情况。

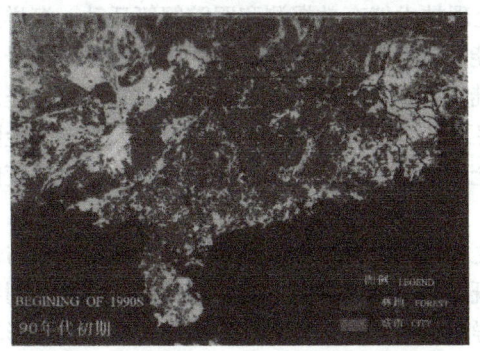

图 5-16　遥感图像用于监测土地变化情况

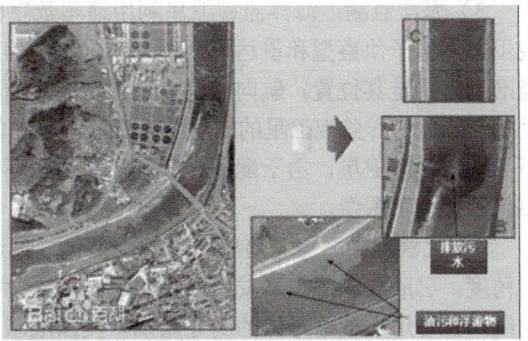

图 5-17　遥感图像用于检测水污染情况

遥感技术的应用几乎覆盖了整个地球系统，但其重要的应用还是在军事领域（见图 5-18）。遥感技术在军事上广泛用于军事侦察、导弹预警、海洋监视、武器制导、毒剂侦测、军事测绘和气象观测等。

a)　　　　　　　　　　　b)　　　　　　　　　　　c)

图 5-18　遥感图像用于军事领域

a) 飞行中的导弹——武器制导　b) 导弹预警机　c) 遥感卫星发射

1）军事侦察：遥感数字图像处理技术用于军事侦察，是目前最为有效、最为安全，同时又是最可靠的侦察手段。按照国际惯例，距离地球表面 100km 以上的太空，不属于地面国家的领空范围，不必担心侦察卫星的活动被指控为侵略行为。因此，航天遥感技术作为现代军事侦察的重要手段，具有侦察范围广、不受地理条件限制、发现目标快等优点，能获取其他途径难以得到的军事情报。由于卫星遥感技术和光纤通信技术的发展，国境内任何露天目标的情况都能被其他国家了如指掌；而卫星观测、远程理化分析及信息加工技术，又加强了截获军事情报及核查武器设施的能力，国家的军事主权和边界安全都面临无形侵袭的威胁。利用红外波段来处理数字信息，可昼夜工作；多光谱遥感技术能识别某些类型的伪装；微波遥感技术对云雾、植被和地表有一定的穿透能力，可全天候作业。从侦察卫星拍摄的遥感照片上，能看清飞机和导弹发射架等军事装备和设施，能分辨坦克和战车的类型，能识别直径较小的物体。在现代高技术战争中，对战场的动态监视和对瞬息万变的作战态势信息的准确把握，越来越成为决定战争胜负的重要因素。对作战区域全天候、全天时、全方位、高动态的航天遥感侦察，可以迅速、及时地获取多频段、多时相、高分辨率的遥感图像信息，从而了解敌方整体部署情况，监视、跟踪并预测敌方部队的未来行动，全面掌握打击目标的位置分布，引导精确攻击武器准确命中目标，并有效评估战场毁伤效果。值得注意的是，在遥感侦察方面，无人机将逐步取代有人驾驶飞机。

2）导弹预警：当导弹发射时，火箭发动机喷焰中含辐射很强的红外线。运行在地球静止轨道或椭圆轨道上的预警卫星，借助高灵敏度红外传感器和高分辨率电视摄像机，能在90s内发现目标并自动报警。

3）海洋监测：海洋监视卫星利用遥感数字图像处理技术能有效探测和跟踪舰艇活动。海洋监视卫星有电子侦察型和雷达型两种，通过星载信号，能准确截获舰艇发出或反射的各种电磁信号，能准确地确定其位置、航向和航速。由于海洋面积比陆地面积大一倍以上，监测的目标又往往是运动的，因此海洋监视卫星的轨道应高于监视陆地的侦察卫星。苏联1991年3月1日发射的"金刚石"地球资源卫星，由于配备合成孔径雷达，不仅能全天候拍摄地表图像，而且可透过一定深度的海水拍摄水下图像。

4）武器制导：随着遥感系统的小型化，把遥感技术和武器相结合以提高武器智能化水平与命中精度，已成为遥感技术发展的趋势之一。遥感技术既可用于战术导弹、炮弹和炸弹等武器的制导系统，也可用于战略导弹的制导系统。美国战略巡航导弹采用惯性加地形匹配制导技术，以地形轮廓线为匹配特征，以雷达（或激光）高度表为遥感器，把导弹在飞行过程中测得的实时地形图与弹上存储的基准图像匹配形成制导指令，导弹命中精度（圆概率偏差）可达到10m量级。

5）毒剂侦测：遥感技术用于毒剂侦测的原理是，电磁波和毒剂云团相互作用会产生吸收或散射作用。例如，沙林和梭曼等含磷的神经性毒剂对一定波长的红外线有强烈的吸收作用，而其他物质对此波长则不吸收或很少吸收。美国根据红外线吸收原理研制的M21型遥感式毒剂报警器，探测距离可达5km。法国也制成了类似的遥感式毒剂报警器。

6）军事测绘：军事遥感测绘技术在军事上的一个重要应用（见图5-19），就是为军事行动提供军用地形图以及为未来数字化战场做好测绘勤务保障。

7）气象观测（见图5-20）：气象条件对战争有重大影响。利用地面气象站、气球、飞机、探空火箭和气象雷达等进行观测，只能得到局部地区的气象资料，而地球上有将近80%区域的气象情况是无法用常规方法观测的。气象卫星在高度800～1500km的轨道上运行，通过星载的红外分光计和微波辐射计等气象遥感器，能接收和测量地球及其大气层的可见光、红外和微波辐射，并将它们转换成电信号发送到地面。卫星地面站将接收到的遥感信息进行加工处理，即可得到各种气象资料，为各军兵种制订气象保障措施提供科学依据。

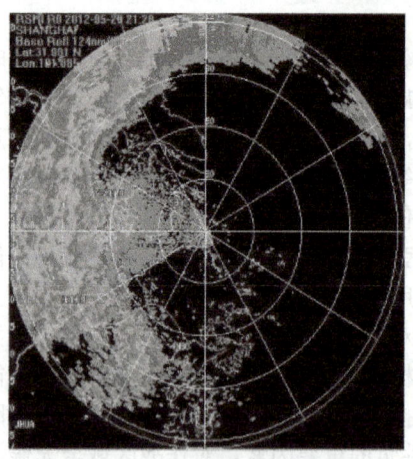

图5-19 遥感用于军事测绘

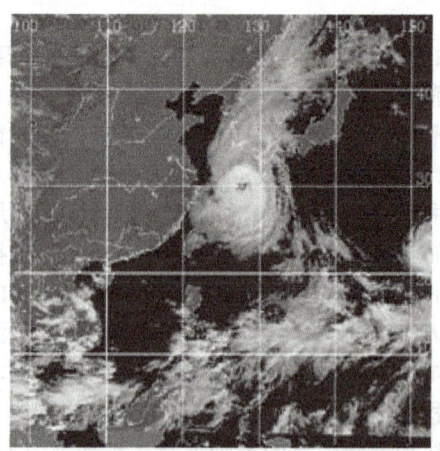

图5-20 遥感用于获取气象云图

2. 数字图像处理在安全领域的应用

人体指纹具有两个重要特性：个人的指纹是终身不变的，两个指纹完全相同的概率极小，可以认为世界上没有两个人会有相同的指纹。随着越来越多的电子设备进入人们的日常生活以及互联网的兴起，计算机、ATM、门禁控制、各种智能卡对个人安全及方便的身份识别技术要求越来越高，人们迫切需要有准确、安全、方便的识别技术，而指纹识别由于具有唯一性、稳定性使得其在安全领域得到了广泛的应用。图 5-21 所示为指纹应用领域。

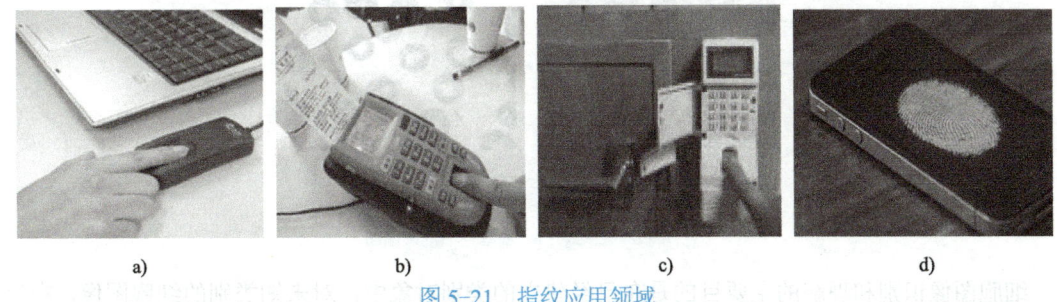

图 5-21　指纹应用领域

a) 指纹识别用于计算机　b) 指纹识别用于 ATM 机　c) 指纹识别用于门禁卡　d) 指纹识别用于智能手机

3. 数字图像处理在生物学中的应用

图像处理在医学界的应用非常广泛，无论是在临床诊断还是病理研究都大量采用图像处理技术。在医学领域利用图像处理技术可以实现对疾病直观、无痛、安全方便的诊断和治疗，受到了广大患者的欢迎。最突出的临床应用就是超声波、核磁共振（Nuclear Magnetic Resonance，NMR）、体扫描相机（Bodyscan Camera，Y 相机）和计算机断层扫描（Computer Tomography，CT）等技术（各种医学图像见图 5-22）。计算机图像处理在医学上应用最成功的例子就是 X 射线 CT（X-Ray Computer Tomography）技术，如 X 射线照片的分析、血球计数与染色体分类等。

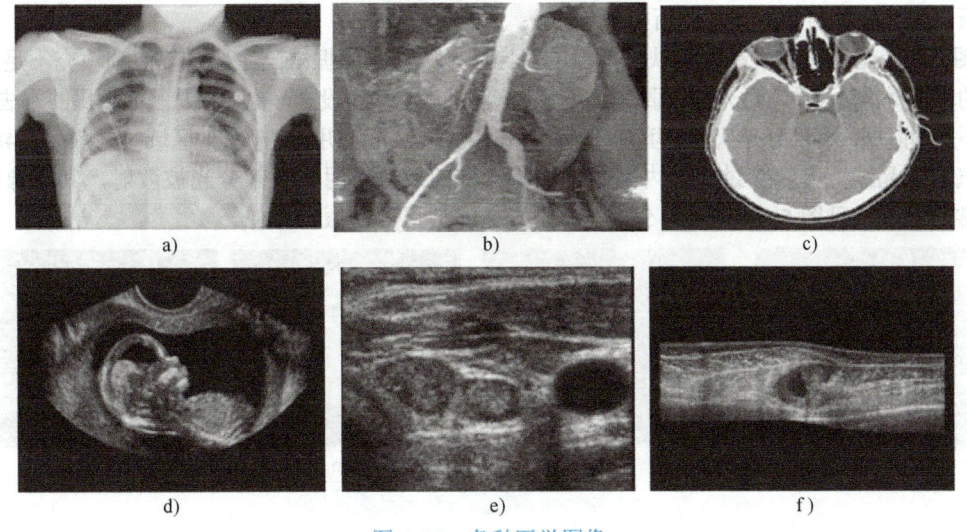

图 5-22　各种医学图像

a) 胸部 X 射线成像　b) 血管造影图像　c) 头部 CT 图像
d) 胎儿超声图像　e) 甲状腺超声图像　f) 受损肌肉层超声图像

细胞图像的处理是计算机图像处理在医学领域的另一个具体应用，主要包括细胞图像的增强技术，细胞图像的分析与识别技术等。细胞图像增强的主要目的是改善细胞图像的质量，针对给定细胞图像及其应用目的，突出细胞图像的整体或局部特征，以提高细胞图像的视觉效果和识别特征。

图 5-23 给出了细胞图像增强的实例，其中图 5-23a 为原始细胞图像，图 5-23b 为增强后的细胞图像。对比两幅图像可以看出，经过图像增强，细胞图像的视觉效果得到了明显改善。

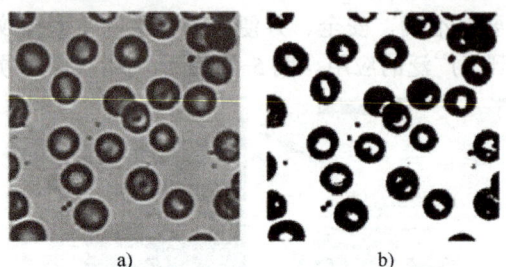

图 5-23 细胞图像增强实例

a) 原始细胞图像　b) 增强后的细胞图像

细胞图像识别和理解的主要目的是在已经建立的类别对象中，对未知类别的细胞图像，在经过适当分析处理的基础上，进行识别、分类及理解，并提供相应细胞图像所反映的有关信息。如利用早期癌细胞普查图像处理系统，可实现细胞自动分类。癌细胞的识别可选择的代表特征有细胞的胞核大小、细胞的外形、癌细胞核染色质等。这些特征在图像分析中是可以抽取出来的。抽取出生物的特征，就可以找出正确的识别分类的规则，进行图像识别的操作，以判断细胞是否有癌变，从而及早发现癌变，达到早期诊断和治疗的目的。

4．数字图像处理在工业中的应用

在生产线中对生产的产品及部件进行无损检测也是图像处理技术的重要应用。如计算机图像处理技术可应用于晶振元件缺陷检测。为了能够对晶振缺陷进行准确快速的检测识别，采用计算机图像处理的方法，把 CCD 摄像机对被检测晶振元件拍摄的图像传输到计算机，并对图像进行预处理和分析，得到缺陷检测的实验分析报告。

图 5-24 给出了正常晶振和缺陷晶振的对比图。筛选的晶振缺陷主要是气泡和填充不足，由于晶振的填充材料是晶体，透光性较弱，故采用点光源从底仓垂直投影，摄像头从上面拍摄的方法。对于填充不足的晶振，有部分光从未被填充晶体的晶振中穿过，光强明显大于其他区域（见图 5-24b）；对于有气泡的晶振，光源穿过晶体内部时，由于气泡的散射作用，大部分光被散射，其图像明显暗于正常的晶振（见图 5-24d），图 5-24a 和图 5-24c 是正常晶振的图像。

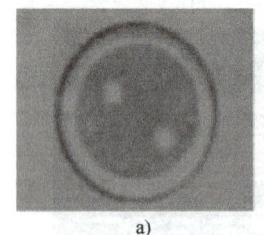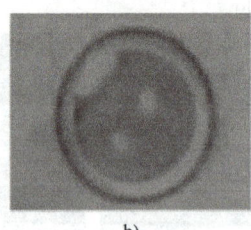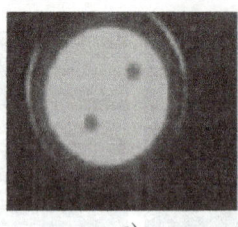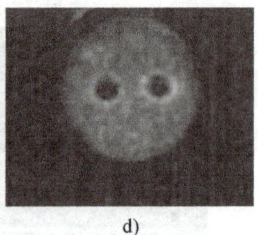

图 5-24 正常晶振与缺陷晶振对比

a) 正常填充的晶振　b) 填充不足的晶振　c) 无气泡的晶振　d) 有气泡的晶振

常见的预处理有去除噪声、降低不均匀光照的影响和增强图像的对比度。有气泡的晶振图像灰度值明显大于正常晶振，填充不足的晶振其未被填充的透光部分灰度值很低，针对这两种缺陷可以利用图像处理技术进行晶振缺陷检测，达到自动识别的目的。

此外，食品包装出厂前的质量检查、浮法玻璃生产线上对玻璃质量的监控和筛选、甚至在工件尺寸测量方面也可以采用图像处理的方法加以自动实现。另外图像处理在工业领域的诸多方面也有着非常广泛的应用,如零件、产品无损检测,焊缝及内部缺陷检查;流水线零件自动检测识别;邮件自动分拣、包裹分拣识别;印制板质量缺陷的检测;生产过程的监控;交通管制、机场监控;纺织物花型,图案设计;金相分析;支票、签名、文件识别及辨伪;运动车、船的视觉反馈控制;密封元器件内部质量检查等。各种工业用图像如图 5-25 所示。

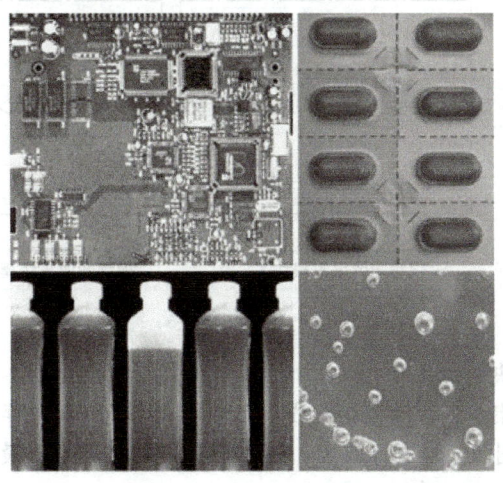

图 5-25 各种工业用图像

5.6 视频图像处理

5-5 视频信号处理

随着科技的发展和时代的不断进步,人们已经能够利用各种电子设备完成视频信息的采集、编解码、存储、传输和处理等操作,视频图像处理技术逐渐成熟,为高效地分析和处理客观世界提供了丰富的手段。视频图像作为现代生活中必备的元素,广泛应用在各个领域,在电影电视、视频监控、医学检查等方面具有至关重要的作用。

5.6.1 视频基本概念及其处理系统

1. 视觉暂留现象

人眼具有一种视觉暂留的生物现象,即人观察的物体消失后,物体映像在人眼的视网膜上会保留一个非常短暂的时间(0.1~0.2s)。利用这一现象,将一系列画面中物体移动或形状改变很小的图像,以足够快的速度(24~30 帧/s)连续播放,人就会感觉画面变成了连续活动的场景。

2. 视频的定义

视频又称为动态图像、活动图像或者运动图像,它是一组在时间轴上有序排列的图像,是二维图像在一维时间轴上构成的图像序列(见图 5-26)。视频不仅包含静止图像所包含的内容,还包含场景中目标运动的信息和客观世界随时间变化的信息。电影、电视和动画等都属于视频的范畴。

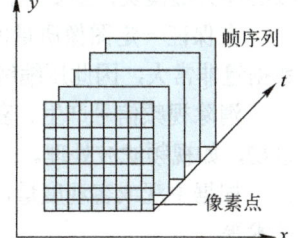

图 5-26 视频图像示意图

在视频中,一幅幅单独的图像称为帧(Frame),每秒连续播放的帧数称为帧率,典型的帧率是 24 帧/s、25 帧/s 和 30 帧/s,这样的视频图像看起来才能达到顺畅和连续的效果。通常伴随视频图像的还有一个或多个音频轨,以提供视频中的声音信号。

3. 典型的视频图像处理系统

一个典型的视频图像处理系统如图 5-27 所示。该系统由视频图像采集模块和视频图像算法两大部分组成，为完成各自的功能，每个模块都需要一些特定的设备。

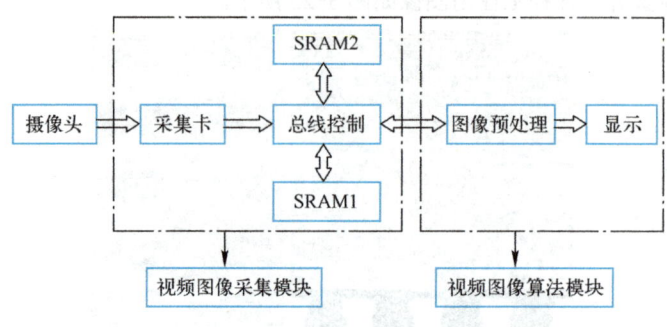

图 5-27　视频图像处理系统

（1）视频图像采集模块

该模块由摄像头、采集卡和存储模块构成，其主要功能是采集并存储数据。控制器控制采集卡对来自摄像头的模拟视频图像信号进行放大、模/数转换和格式转换，最终提供后端可以处理的数字视频数据，将数据存储在 SRAM 中。

1）摄像头：其功能是把光学图像信号转变为电信号，以便存储或传输。当拍摄一个物体时，此物体上反射的光被摄像头收集，使其聚焦在摄像器件的受光面上，再通过摄像器件把光信号转变为电信号，即得到了"视频信号"。

2）采集卡：主要作用是接收来自 CCD 摄像头的采集信号，完成视频信号从模拟信号到数字信号的转换、视频信号的格式转换，最终提供后端可以处理的数字视频数据，存储到 SRAM 中。

3）存储模块：视频数据量非常大，对存储设备要求很高。视频存储设备分为内置存储和外置存储两大类，内置存储主要指本地存储，如光盘、磁盘、磁带等各种存取器件；外置存储又分为直连存储和网络存储两类。

（2）视频图像算法模块

视频图像算法模块的主要作用是对视频图像数据进行处理，实现特定的图像算法，如视频滤波、视频去噪、视频压缩、视频增强、视频分割、视频检索等，并对处理后的视频图像进行显示。该模块主要包括图像处理和显示两大模块。

图像处理模块：数字视频处理是指根据人的要求对视频图像进行某种处理，是视频处理系统的核心和关键模块，主要包括以下功能。

在保证一定图像质量的前提下尽可能压缩视频图像的数据量（即视频压缩）。由于视频信号的数据量非常大，因此压缩编码技术是数字视频处理中最为重要的一环。

消除视频信号产生、获取和传输过程中引入的失真和干扰，使视频信号尽可能逼真地重构原始景物，如视频滤波处理。

根据主观或客观度量，尽量去除视频中的无用信息而突出其主要信息，如视频增强、视频稳像技术等。

从视频图像中提取某些特征，以便对其进行描述、分类和识别，如视频分割、目标检测与跟踪、视频检索等。

显示模块：其主要功能是将经过系统处理后的视频图像信号以用户能感知的形式显示出来。常用的显示设备有阴极射线荧光屏（CRT）、液晶显示屏（LCD）、等离子体显示屏（PDP）、场发射显示屏（FED）等。

5.6.2 视频信号的发展历程

早期的视频主要是模拟的视频信号，如传统的广播电视信号就是一种典型的模拟视频信号，它由摄像机通过电子扫描将随时间和空间变化的景物进行光电转换后，得到一维的时间函数的电信号，其电平的高低反映了景物的色彩值。模拟视频信号在传输、存储、处理和交互操作等方面具有很大的局限，为此可以将视频信号数字化，得到数字视频信号。数字视频信号便于传输、存储、处理和加密，无噪声累积，便于多媒体通信和设备的小型化。随着数字电路和微电子技术的进步，特别是超大规模集成电路的快速发展，数字视频信号的优点越来越突出，应用越来越广泛。例如高清晰度电视（High Definition Television，HDTV）、多媒体、视频会议、移动视频、监控系统、医疗设备、航空航天、教育、电影等。

数字视频处理技术的发展历史可大致分为初级阶段、主流阶段和高级阶段。在初级阶段，由于处理、存储和传输能力的不足，计算机通常捕获单幅视频图像，将其以指定的文件格式存储起来，再利用图像处理技术进行处理，将结果保存下来用于需要的各种场合。

随着计算机软硬件性能的不断提高，以及视频采集设备、大容量存储设备、视频显示设备等不断升级，最终使得视频捕获、存储、播放在个人台式机上成为可能。由此进入数字视频处理的主流阶段，即模拟视频不再是视频处理的主流。这其中非常关键的是压缩解压缩（Codec）技术的成熟，压缩可以极大地降低数据量。

在高级阶段，视频处理硬件与软件技术高度发达，这些都为数字视频的广泛传播起到了推动作用。在这个阶段，数字视频被进一步标准化，各种数字视频处理的应用（如智能视频监控、视频增强、视频滤波等）不断丰富，数字视频处理的理论和技术成为研究的前沿和热点。

5.6.3 视频的数字化及常用视频存储格式

早期的彩色电视视频，如国家电视制式委员会（National Television Systems Committee，NTSC）、逐行相位交换（Phase Alternative Line，PAL）或顺序传送彩色与存储（Sequential Couleur a memoire，SECAM）制式的视频信号都是模拟的，随着数字技术和互联网技术的蓬勃发展，HDTV逐渐成为数字电视的一种国际通用标准。HDTV从电视节目的采集、制作到电视节目的传输，以及到用户终端的接收全部实现数字化，因此 HDTV 给人们带来了极高的清晰度，分辨率最高可达 1920×1080 像素。

1. 视频的数字化及数字视频的优点

由于许多普通制式的视频大都是模拟信号，而计算机只能处理和显示数字信号，因此必须对这些模拟信号进行数字化处理，需要对视频信号进行扫描、采样、量化和编码。也就是说，光栅扫描形式的模拟视频数据流进入计算机，每帧画面均应对每一像素进行采样，并按颜色或灰度进行量化，故每帧画面均形成一幅数字图像。对视频按时间帧进行数字化得到的图像序列即为数字视频。因此，可以说图像是离散化的视频，而视频是连续的图像。

视频数字化后，就能做到模拟视频许多无法实现的事情。数字视频的主要优点如下。

（1）便于处理

模拟视频只能简单地调整亮度、对比度和颜色等，因此限制了处理手段和应用范围。而数字视频由于可以存储到计算机中，因此很容易进行创造性的编辑与合成，并可进行动态交互。

（2）再现性好

由于模拟信号是连续变化的，所以复制时失真不可避免，经过多次复制，误差就会很大。而数字视频可以不失真地进行多次复制，其抗干扰能力是模拟视频无可比拟的。它不会因复制、传输和存储而产生图像的退化，从而能够准确地再现视频图像。

（3）网络共享

通过网络共享，数字视频可以很方便地进行长距离传输，以实现视频资源共享。而模拟视频在传输过程中容易产生信号的损耗与失真。

2. 常用的视频存储格式

视频文件的存储格式与采用的标准有关，例如 AVI 格式和 Video for Windows 有关，MOV 格式与 Quick Time 有关，而 MPEG 则使用自己的专有格式。

（1）AVI 文件

音频视频交错格式（Audio Video Inter-leaved，AVI）于 1992 年由 Microsoft 公司推出，伴随 Windows 3.1 一起被人们认识和熟知。所谓音频视频交错，就是可以将视频和音频交织在一起进行同步播放。这种视频格式的优点是图像质量好，可以跨多个平台使用，其缺点是占用空间太大，而且压缩标准不统一。AVI 文件目前主要应用在多媒体光盘上，用来保存电影、电视等各种视频信息，有时也出现在 Internet 上，供用户下载并欣赏影视的精彩片段。

（2）MOV 文件

MOV 格式是由美国 Apple 公司开发的一种视频格式，可通用于 MAC 系统与 PC 平台，默认的播放器是苹果的 Quick Time Player。MOV 格式的视频文件可以采用不压缩或压缩的方式，其压缩算法包括 Cinepak、Intel Indeo Video R3.2 和 Video 编码，具有较高的压缩比率和较完美的视频清晰度，其最大的特点是跨平台性，既能支持 macOS 也能支持 Windows 系列。其中 Cinepak 和 Intel Indeo Video R3.2 算法的应用和效果与 AVI 格式类似，而 Video 格式适用于采集和压缩模拟视频，并可从硬件平台上高质量回放。

（3）WMV 文件

WMV（Windows Media Video，Windows 媒体视频）也是 Microsoft 推出的一种独立编码方式，可以直接在网上实时观看视频节目的文件压缩格式。相比同等画质的 MPEG、VOB 格式的视频文件，WMV 格式视频的主要优点包括文件相对较小、可本地或网络回放、可扩展或伸缩的媒体类型、视频流的优先级化、多语言支持、环境独立等。在同等视频质量下，WMV 格式的视频非常小，因此也很适合在网上播放和传输。

（4）RF 文件

RF 为 Real Networks 公司制定的音频/视频压缩规范，称为 Real Media，可以使用 Real Player 或 Real One Player 对符合 Real Media 技术规范的网络音频/视频资源进行实况转播，并且 Real Media 可以根据不同的网络传输速率制定出不同的压缩比率，从而实现在低速率的网络上进行影像数据实时传送和播放。这种格式的另一个特点是使用 Real Player 或 Real One Player 播放器可以在不下载音频/视频内容的条件下实现在线播放。

（5）MPEG 文件及运动图像压缩标准

运动图像专家组（Moving Picture Experts Group，MPEG）不是简单的视频文件格式，而是一种运动图像压缩算法的国际标准。它采用有损和不对称的压缩编码算法来减少运动图像中的冗余信息，同时保证 30 帧/s 的图像动态刷新率。其基本方法是在单位时间内采集并保存第 1 帧信息，然后只存储其余帧相对第 1 帧发生变化的部分，从而达到压缩的目的。它主要采用两种基本压缩技术，即运动补偿技术和变换域压缩技术，运动补偿技术（预测编码和插补码）实现时间上的压缩，变换域压缩技术（离散余弦变换——DCT）实现空间上的压缩。MPEG 的平均压缩比为 50∶1，最高可达 200∶1，压缩效率非常高，质量也非常好，有统一的标准格式，兼容性强。

MPEG 专家组从 1988 年开始，每年召开 4 次左右的国际会议，主要内容是制定、修订和发展 MPEG 系列运动图像压缩标准。已经制定的标准包括：音视频编码标准 MPEG-1 和 MPEG-2、低比特率的音视频多媒体编码标准 MPEG-4、多媒体内容描述标准 MPEG-7、多媒体框架标准 MPEG-21。目前，MPEG 系列国际标准已经成为影响最大的多媒体技术标准，对数字电视、视听电子消费产品、多媒体通信等信息产业中的重要产品产生极其深远的影响。

MPEG-1 是 1993 年 8 月正式通过的技术标准，其全称为"适用于约 1.5Mbit/s 以下数字存储媒体的运动图像及伴音的编码"。这里所指的数字存储媒体包括 CD-ROM、DAT、硬盘、可写光盘等。同时利用该标准也可以在 ISDN 或局域网中进行远程通信。它的目的是把 221Mbit/s 的 NTSC 图像压缩到 1.2Mbit/s，压缩率为 200∶1。它可对源输入格式（Source Input Format，SIF）标准分辨率（对于 NTSC 制为 352×240 像素；对于 PAL 制为 352×288 像素）的图像进行压缩，传输速率为 1.5Mbit/s，每秒播放 30 帧，具有 CD 音质，质量级别基本与 VHS（广播级录像带）相当。MPEG-1 的编码速率最高可达 4～5Mbit/s，但随着速率的提高，其解码后的图像质量有所降低。使用 MPEG-1 压缩算法可以把一部长 120min 的电影压缩到 1.2GB 左右。这种视频格式的文件扩展名包括.mpg、.mlv、.mpe、.mpeg 及 VCD 光盘中的.dat 文件等。

MPEG-2 是 1994 年 11 月发布的"运动图像及其伴音通用编码"标准，该标准可以应用于 2.048～20Mbit/s 的各种速率和各种分辨率的应用场合之中，如多媒体计算机、多媒体数据库、多媒体通信、常规数字电视、高清晰度电视以及交互式电视等。MPEG-2 格式主要应用在 DVD/SVCD 的制作（压缩）方面，同时在一些 HDTV 和一些高要求的视频编辑、处理上面也有相当的应用。MPEG-2 能够提供广播级的视像和 CD 级的音质，其音频编码可提供左右中及两个环绕声道，以及一个加重低音声道和多达 7 个伴音声道。这种视频格式的文件扩展名包括.mpg、.mpe、.mpeg、.m2v 及 DVD 光盘上的.vob 文件等。MPEG-2 兼容 MPEG-1 标准，除了作为 DVD 的指定标准外，MPEG-2 还可用于为广播、有线电视网、电缆网络以及卫星直播提供广播级的数字视频。

1999 年 1 月，MPEG-4 标准的 V1.0 版本公布，同年 12 月 V2.0 版本公布。该标准主要应用于超低速系统之中，例如多媒体 Internet、视频会议和视频电视等个人通信，交互式视频游戏和多媒体邮件，基于网络的数据业务、光盘等交互式存储媒体，远程视频监视及无线多媒体通信，特别是它能够满足基于内容的访问和检索的多媒体应用，且其编码系统是开放的，可随时加入新的有效算法模块。

MPEG-4 和 MPEG-1、MPEG-2 有着很大的不同，它不只是具体的压缩算法，而是针对数字电视、交互式绘图应用、交互式多媒体等进行整合及压缩技术的需求而制定的国际标准。MPEG-4 将众多的多媒体应用集成于一个完整的框架内，旨在为多媒体通信及应用环境提供标准的算法及工具，从而建立起一种能够被多媒体传输、存储、检索等应用领域普遍采用的统一数据格式。

MPEG-7 规定了一个用于描述不同类型多媒体信息的标准集合，被称为"多媒体内容描述接口"，可以更快、更有效地检索信息。主要应用在数字图书馆、广播媒体选择、多媒体编辑以及多媒体索引服务。

MPEG-21 的正式名称是"多媒体框架"或"数字视听框架"，它以将标准集成起来支持协调的技术来管理多媒体商务为目标，目的就是理解如何将不同的技术和标准结合在一起，需要什么新的标准，以及完成不同标准的结合工作。

5.6.4 数字视频图像处理的应用

1. 广播电视中的应用

广播电视是视频技术的传统领域，早期的电视采用的是模拟视频技术，而数字视频处理技术促进了数字电视的开发和使用。数字电视采用从节目摄制、编辑、制作、发射、传输、接收到节目显示完全数字化的系统，具有清晰度高、音频效果好、抗干扰能力强、占用带宽窄等优点。数字视频处理技术在广播电视中的应用主要包括：地面电视广播、卫星电视广播、数字视频广播、卫星电视直播、交互式电视、高清晰电视等。

2. 通信领域中的应用

视频压缩技术的发展，使得视频信号的码率大大降低，而通信技术的发展又为视频通信提供了所需的带宽。这两者的结合与发展，推动了视频通信的革命。数字视频处理技术在通信领域中的应用包括视频会议、可视电话、远程教育、远程医疗、视频点播业务、移动视频业务、数字网络图书馆、视频监控等。

3. 计算机领域中的应用

随着多媒体技术的迅猛发展，视频技术已广泛应用于计算机领域。目前计算机几乎都配置有视频解压缩卡和视频播放软件，这种多媒体计算机集视频画面的真实性和计算机的交互性于一体，已成为当前计算机领域的热门话题。数字视频处理技术在计算机领域的应用主要包括多媒体计算机、视频数据库、交互式电视、三维图形图像、多媒体通信、动画设计与制作、视频制作、虚拟显示等。

4. 其他领域中的应用

在工业生产方面，流水线上机械零件的自动检测、分类、内部结构分析或裂缝检测等，都可基于数字视频处理技术实现。在智能交通方面的应用包括车速、车型、车牌的识别，交通流量的监视以及车载导航系统等。在体育方面，视频图像处理技术应用于运动员动作分析，能够提高训练水平。此外，数字视频处理技术在卫星遥感、天气预报、军事、电子图书馆、电子新闻等方面都有广泛的应用。

5.7 信息融合技术

5.7.1 信息融合技术的起源及发展

随着传感器技术、计算机科学和信息技术的快速发展，多渠道的信息获取、处理和融合成为可能。多传感器信息融合技术首先是从军事领域发展起来的。20 世纪 70 年代，美国国防部为了检测某一海域中的敌方潜艇，很重视声呐信号理解的研究，尝试对多个独立连续的信号进行融合来检测敌方潜艇，这一尝试被认为对现代战争有非常重要的意义，从此信息融合技术作为新兴边缘学科首先在军事领域得到青睐。20 世纪 80 年代，传感器技术的飞速发展推动了数据融合技术的研究。1988 年，美国国防部把信息融合技术列为 20 世纪 90 年代重点研究开发的十项关键技术之一，其下设的 C3 技术委员会专门成立了信息融合专家组来组织和指导相关工作。同时英国、法国、日本等国也投入了大量的人力和物力进行信息融合技术的研究。

在学术方面，为了推动信息融合技术的发展及学术交流，美国于 1984 年成立了数据融合专家组（Data Fusion Subpanel，DFS）。从 1995 年开始，IEEE 每两年举办一次多传感器融合（Multisensor Fusion and Integration）学术会议。1998 年成立了国际信息融合学会（International Society of Information Fusion，ISIF），其总部设在美国。该学会每年都举办一次信息融合国际学术大会，系统全面地介绍该领域的最新研究成果。另外，美国三军数据融合年会、国际机器人和自动化会刊以及 IEEE 的相关会议和会刊等每年都会有与信息融合技术相关的专门讨论会议。除此之外，还有许多学者发表了很多具有代表性的著作。例如，Llinas 和 Waltz 的《多传感数据融合》、Hall 的《多传感数据融合的数学基础》都对多传感器信息融合的模型框架做了系统的介绍，并且全面地论述了其研究内容。

我国对信息融合的研究相对国外起步较晚，20世纪80年代末才开始出现有关多传感器信息融合技术的研究报道。1995年在长沙召开了第一次信息融合学术会议，在政府的鼓励下，逐渐形成研究热潮，许多科学院、研究所以及高校对信息融合技术开始着手研究，并且发表了不少的译著和专著，比较有名的有：韩崇昭等人的《多源信息融合》、敬忠良的《神经网络技术与应用》、周宏仁等人的《机动目标跟踪》、康耀红等人的《数据融合理论与应用》、刘同明等人的《数据融合技术及应用》、何友等人的《多传感器信息融合及应用》、赵宗贵等人的《多传感信息融合》《数据融合方法概论》等，而且大量的学术论文也相继涌现。这些学者所做的工作对信息融合技术在我国的发展起到了重要的基础作用。但是也要清楚地看到，与其他国家的发展水平相比，我国还有很长的路要走。随着我国国内新一代的民用高科技领域的发展和国家军队高新技术的普及，势必对信息融合技术的研究应用提出了更高的要求和挑战。

5.7.2 信息融合技术概述

融合是指采集并集成各种信息源、多媒体和多格式信息，从而完整、准确、及时和有效地进行信息综合的过程。信息融合技术则是研究如何加工、协同利用多源信息，并使不同形式的信息相互补充，以获得对同一事物或目标更客观、更本质认识的信息综合处理技术。信息融合的基本目标是通过信息组合而不是出现在输入信息中的任何个别元素，推导出更多的信息，也就是最佳协同作用的结果，即利用多个传感器共同或联合操作的优势，提高传感器系统的有效性。

系统的信息融合相对于信息表征的层次相应地分为三类：数据层融合、特征层融合和决策层融合。多源信息融合在不同问题领域采用不同的实现形式，也使得我们难以对大量涌现的信息融合问题进行分类描述。一般来说，大多数的融合问题都是针对同一层次的信息形式来开展研究的，根据融合系统所处的信息层次，信息融合的方法分为数据层、特征层和决策层三个层次。

（1）数据层融合

数据层融合是直接在各种传感器的原始数据上进行综合和分析的过程。因为数据层融合是直接处理原始数据，这种融合可以保持尽可能多的现场数据，提供其他融合层次所不能提供的细微信息。

数据层融合通常用于多源图像合成、图像分析与理解等方面。数据层融合对数据传输带宽、数据之间配准精度要求很高。例如在图像分析与理解中，为了再现立体图像的深度，必须首先识别出相应于物体上的同一点像素。从信息融合的角度看，由于没有任何办法对多源原始数据所包含的特性进行一致性检验，因此数据层上的融合有很大的盲目性。因而多源信息融合原则上不建议在数据层上直接进行。但由于图像处理本身的特殊性，才保留了这一带有浓厚图像处理色彩的融合层次。无论简单的图像融合算法，或是基于金字塔分解的图像融合算法，以及基于小波变换的图像融合算法都是像素级的。

（2）特征层融合

特征层融合是利用从各个传感器的原始信息中提取的特征进行综合分析和处理的中间层次过程。通常所提取的特征信息应是原始信息的充分表示量或统计量，据此对多传感器信息进行分类、汇集和综合。特征层融合就是特征层的联合识别。特征层融合可以有效地改善识别性能，多特征提取可以比单特征提取提供更多识别目标的特征信息，增大空间维数。特征融合并不只是多个特征的简单叠加或综合，而是有明确目标地应用某种转换或演化得到有效的新特征。

（3）决策层融合

决策层融合是对同一目标的不同类型的信息源，通过关联处理、决策层融合判决，最终获得联合推断结果。决策层的融合输出是一个联合决策结果，理论上这个联合决策应比任何单个决策更精确或更明确，决策层的融合方法可采用 Bayes 理论、D-S 证据理论、模糊集理论及专家系统方法等。决策层融合在信息处理方面具有很高的灵活性，系统对信息传输带宽要求很低，能有效地融合反映环境或目标各个侧面的不同类型信息，而且可以处理非同步信息，因此目前有关信息融合的大量研究成果都是在决策层取得的，并且构成了信息融合的一个热点。

5.7.3 信息融合的应用领域

由于信息融合的早期研究大多着重于增强计算机的信息处理能力和寻求有效的数据融合方法，主要用于军事领域，因此在很长的一段时间内一直处于封闭状态。20 世纪 90 年代，随着融合估计理论研究的日益成熟和深入，信息融合估计技术在军事和许多民用领域都有了广泛的应用，如军事目标的检测、跟踪、定位和识别；复杂工业过程控制、机器人、自动目标识别、交通管制、惯性导航、海洋监视和管理、农业、遥感、医疗诊断、图像处理、模式识别等众多学科领域。

（1）军事应用

信息融合在军事上应用最早、范围最广，涉及战术或战略上的检测、指挥、控制、通信和情报任务的各个方面。主要的应用包括 C3I（Command，Control，Communication and Intelligence）系统、自动识别武器、自主式运载制导、遥感、战场监视和自动威胁识别系统等。例如，对舰艇、飞机、导弹的检测、定位、跟踪和识别，海洋监视、空对空防御系统等。迄今为止，美、英、法、意、日、俄等国家已经研制出了上百种军事信息融合系统，比较典型的有：全源分析系统、辅助空中作战命令分析专家系统、军用双工无线电/雷达瞄准系统、自动多传感器部队识别系统、目标获取核武器输送系统、炮兵情报数据融合和地面部队战斗态势评定系统等。

（2）图像融合

图像融合技术是指将多源信道所采集到的关于同一目标的图像经过一定的图像处理，提取各自信道的信息，最后综合成同一图像以供观察或进一步处理。高效的图像融合方法可以根据需要综合处理多源通道的信息，从而有效地提高了图像信息的利用率、识别的可靠性及系统的自动化程度。其目的是将单一的多波段信息或不同渠道所提供的信息加以综合，消除多源信息之间可能存在的冗余和矛盾，以增强影像中信息的透明度，改善解释的精度、可靠性以及利用率，以形成对目标清晰、完整、准确的信息描述。

在医疗诊断中，应用图像融合技术将超声波成像、核磁共振成像和 X 射线成像等多源数据进行融合处理，从而获得任何单一医学影像不能得到的结果，也可利用二维切片重构三维图像，以达到生动逼真的效果，使得医生能够快速准确地做出诊断结果。

（3）复杂工业过程控制

复杂工业过程控制是信息融合应用的一个重要领域。融合的目的是识别引起系统状态超出正常运行范围的故障条件，并据此触发若干报警器。通过时间序列分析、频率分析、小波分析，从各传感器获取的信号中提取特征数据，同时，将所提取的特征数据输入神经网络模式识别器进行特征级信息融合，以识别出系统的特征数据，并输入到模糊专家系统进行决策级融合；专家系统推理时，从知识库和数据库中取出领域知识规则和参数，与特征数据进行融合，决策出被测系统的运行状态、设备工作状况和故障等。

（4）工业智能机器人

信息融合技术的另一个典型应用领域为机器人。目前，主要应用在移动机器人和遥控操作机器人上，因为这些机器人工作在动态、不确定与非结构化的环境中，这些高度不确定的环境要求机器人具有高度的自治能力和对环境的感知能力，而信息融合技术正是提高机器人系统感知能力的有效方法。利用多源信息的冗余和互补的特性来获得机器人外部环境动态变化的、比较完整的信息，并对外部环境变化做出实时响应。目前，机器人学界提出向非结构化环境进军，关键问题就是多传感器系统和数据融合。

（5）遥感

遥感在军事和民事领域都有相当广泛的应用，可用于检测天气变化、矿产资源分布、农作物收成等。信息融合在遥感领域中的应用，主要是通过高空间分辨率全色图像和低光谱分辨率图像的融合，得到高空间分辨率和高光谱分辨率的图像，融合多波段和多时段的遥感图像可以提高分类的准确性。在农业工程中，遥感应用主要是对地面目标或实体进行监视、识别与定位。其中，包括对自然资源，如水利资源、森林资源和矿产资源等的调查与定位；对自然灾害、原油泄漏、核泄漏、森林火灾和自然环境变化进行监测等。

（6）刑侦

信息融合技术在刑侦中的应用，主要是利用红外、微波等传感设备进行隐匿武器检查、毒品检查等。将身体的各种生物特征如人脸、指纹、声音、虹膜等进行适当融合，能大幅度提高对人的身份识别与认证能力，这对提高安全保卫能力是非常重要的。

5.8 思考题与习题

5-1 简述信息处理技术发展史。计算机信息处理时期有什么优点？
5-2 现代信息社会中，常用的信息处理工具有哪些？
5-3 数字信号有哪些优点？怎样把模拟信号数字化？
5-4 典型的数字信号处理系统由哪几部分组成？各部分完成什么功能？
5-5 什么是文本分类？一个文本分类系统由哪几部分组成？与英文文本分类相比，中文文本分类的关键因素是什么？
5-6 常用的文本分类算法有哪些？文本信息处理主要应用在哪些领域？
5-7 简述语音信号的特点和主要处理方式。
5-8 语音信号处理的关键技术有哪些？典型的语音识别系统由哪几部分组成？
5-9 简述语音编码技术的发展趋势。
5-10 什么是数字图像处理？一个基本的图像处理系统由哪几部分组成？
5-11 简述图像处理的主要研究内容。
5-12 什么是遥感技术？遥感图像处理主要应用在哪些领域？
5-13 简述图像处理在生物医学和工业领域的应用。
5-14 简述图像和视频的区别和联系。常用的视频存储格式有哪些？举例说明你用到的视频格式。
5-15 什么信息融合技术？信息融合分为哪几个层次，各有何特点？

参 考 文 献

[1] 丁玉美，高西全. 数字信号处理[M]. 西安：西安电子科技大学出版社，2016.
[2] 崔争艳. 中文短文本分类的相关技术研究[D]. 开封：河南大学，2011.
[3] 杨俊丰. 文本信息抽取与分类系统研究与设计[D]. 长沙：湖南大学，2010.
[4] 周彦. 中文文本分类方法的研究与[D]. 武汉：华中科技大学，2016.
[5] 陈雅芳. 中文文本分类方法研究与实现[D]. 杭州：浙江大学，2010.
[6] 苗夺谦，卫志华. 中文文本信息处理的原理与应用[M]. 北京：清华大学出版社，2007.
[7] 韩纪庆，张磊，郑铁然. 语音信号处理[M]. 北京：清华大学出版社，2019.

[8] 叶勇. 汉语语音识别系统中关键词检测技术的研究[D]. 北京：北京邮电大学，2015.
[9] 王海坤，潘嘉，刘聪，等. 语音识别技术的研究进展与展望[J]. 电信科学，2018，34(2)：7-17.
[10] 冈萨雷斯，伍兹. 数字图像处理[M]. 阮秋琦，阮宇智，译. 北京：电子工业出版社，2011.
[11] John R Jensen. 遥感数字影像处理导论[M]. 陈晓玲，龚威，李平湘，译. 北京：机械工业出版社，2007.
[12] 李兵，邓善熙，李焕然. 计算机图像处理技术应用于晶振元件缺陷检测[J]. 仪器仪表学报，2003，24(4)：46-47.
[13] 赵娟，王典洪. 指纹图像匹配的算法研究及其实现[J]. 计算机工程与应用，2005，13: 66-69.
[14] 江东. 基于医学图像的细胞识别统计系统[D]. 成都：四川大学，2006.
[15] 张晓燕，单勇，符艳. 数字视频处理及应用[M]. 西安：西安电子科技大学出版社，2014.
[16] 马金伟. 基于多信息融合技术的视频人脸检测研究[D]. 重庆：重庆大学，2009.

第 6 章　通信与计算机网络

进入 21 世纪后，信息技术得到飞速发展，在信息化浪潮的推动下，通信技术和计算机技术也突飞猛进，这两种技术深刻地影响着人们的生活方式、工作方式和社会行为。如今，经济全球化的趋势越来越明显，全球经济一体化使得各个国家和地区都十分重视新技术的研发，各种技术之间的渗透和融合呈现空前的状态，因此通信技术和计算机技术出现了融合的发展趋势。计算机技术和通信技术的融合对社会和经济的发展起着非常重要的作用，而且能够让通信技术获得可持续发展。

随着通信技术与计算机的融合发展，计算机网络已经渗透到社会经济的各个领域，对社会经济的发展起着越来越重要的作用，也使人们的工作方式甚至生活方式发生着巨大的变革。今天人们对网络的依赖就像过去人们对电话的依赖一样，哪怕几分钟的中断也是难以容忍的。计算机网络和传统的电信网络是相互联系又不相同的一对兄弟，计算机数据网络的发展离不开电信网络的支持；而计算机数据网的发展从某种程度上来说又拓展了电信网络的业务范围，反过来支持和壮大了电信网络。基于此，本章首先对电信网的相关技术（即俗称的通信技术）进行讨论，接着探讨目前发展最迅猛的移动通信技术，在此基础上讨论以数据通信业务为支撑的计算机网络技术，进而延伸到无线局域网技术及其应用，最后从信息传输媒质的角度出发，对光纤通信技术及其发展趋势进行分析。

6.1　电话交换技术与电信网

通信技术是信息技术中非常重要的组成部分。从广义上来说，各种信息的传递均可称为通信。但由于信息涉及的内容极为广泛，因而人们并不把所有信息传递纳入通信的范围。通常只把语音、文字、数据、图像等信息的传递和传播称为通信。面向公众的单向通信，如报纸、广播、电视通常不包括在内。从总体上看，通信技术实际上就是通信系统和通信网的技术。通信系统是指点对点通信所需的全部设施，而通信网是由许多通信系统组成的多点之间能相互通信的全部设施。

通信的发展分为三个阶段。第一阶段是语言和文字通信阶段，在这一阶段，通信方式简单，内容单一，如古代的烽火台、飞鸽传书和旗语。第二阶段是电通信阶段，1837 年莫尔斯发明了电报机，并设计了莫尔斯电码，开创了人类利用电来传递文字信息的新时代；人类步入电信新时代的标志是贝尔 1876 年发明了电话机。这样，利用电磁波不仅可以传输文字，还可以传输语音，由此大大加快了通信的发展进程；1895 年，马可尼发明无线电设备，从而开创了无线电通信发展的道路；1918 年，调幅无线电波、超外差接收机问世；1936 年，调频无线电广播开播；1938 年，商业电视广播开播；1948 年，香农提出了信息论，建立了通信系统理论，标志着近代通信史的开始。在这个阶段，微波、卫星、程控交换技术、光通信和移动通信技术有了长足发展。

第三阶段是 1980 年以后的现代通信阶段，标志是光纤通信的应用和宽带综合业务数字网的建立，在这个阶段，信息技术和计算技术达到了高度融合和迅猛发展。从传统的电报、电话、传真、收音机、电视机到如今无处不在的移动通信、互联网、网络电视，这些极其便捷的现代通信方式使数据和信息的传递效率得到很大的提高。现代通信技术主要包括数字通信技术、程控交换技术、信息传输技术、通信及计算机网络技术、数据通信与数据网、ISDN 与 ATM 技术、宽带 IP 技术，接入网与接入技术。在这个阶段，光纤通信、数字移动通信、卫星通信、宽带综合业务数字网、多媒体通信、Internet 网、个人通信、智能通信、微波通信、公共电话网得到了迅猛的发展。

6.1.1 电话交换技术的基本原理及发展

自 1876 年美国科学家贝尔发明了电话机，才实现了真正意义上的双向实时通信，至此人类通信进入了语音通信时代。

电话通信是利用电信号的形式来传送语音信号。最简单的电话通信系统至少由电话终端和传输媒质组成，两个电话用户之间进行通话必须用一对通信线路连通才能实现。当电话用户很多，要实现任意两个用户都可以通话，按照这种简单直接的连接方式将所有用户两两相连是不可能的。如果在用户分布密集的中心安装一个公共设备，如图 6-1 所示，每个用户经各自的线路连接到该公共设备上。当任意两个用户之间需要通话时，该公共设备将这两个用户之间的通信线路连通，用户通话完毕，再将两者之间的通信线路断开，这个公共设备就是通常所说的电话交换机。其基本功能是将需要通话的用户连接起来，并在通话结束后及时拆断连线。

图 6-1　电话交换机

电话交换是伴随着电话通信的出现而产生的。自人类进入语音通信时代以来，电话交换技术一直在不断发展。从整个发展过程来看，电话交换技术的发展主要分为四个阶段。

1）人工交换机：这是人类通信史上最早的交换机，分为磁石式和共电式交换机两种，依靠人（话务员）完成主被叫用户之间的接续。这种交换机靠人工操作，接续速度慢，易出差错，现在基本上已被淘汰，但这种人工接续方式，在一些特殊场合还有应用。

2）步进制交换机：从人工交换机到自动交换机的革命性变革是由步进制交换系统完成的，步进制交换机由电机的转动带动选择器（又叫接线器）垂直和旋转的双重运动来完成主被叫用户之间的接续，分为直接和间接的两种控制方式。直接控制方式的特点是主叫用户的拨号脉冲直接控制交换网络中步进选择器的动作，从而完成电话的接续。间接控制方式的交换机采用了记发器，主叫用户的拨号脉冲由记发器接收，再通过译码器译码来控制接线器的升降或旋转，完成主被叫用户之间的接续。步进制交换机接续速度慢、杂音大、易磨损、维护工作量大。

3）纵横制交换机：该系统使用电磁力建立和保持接续。"纵横"是指它的选择器采用交叉的"横棒"和"纵棒"选择接点。后期的选择器虽然使用了专门设计的电磁继电器构成接线矩阵，但"纵横"一词却沿用下来。纵横制交换机有两个特点，一是在话路连接上各接点大多数采用金属接点，不易磨损、寿命长、维护工作量小、杂音小、通话质量好；二是采用公共控制方式，将控制功能与话路分开，集中由记发器和标志器完成，二者称为公共的控制设备。电话机的拨号脉冲先由记发器接收下来，在适当的时候转发给标志器，以控制选定路由中接线器横棒和纵棒的动作完成接续。

步进制和纵横制交换机又称为机电式电话交换系统。随着电子技术和计算机技术的迅速发展，传统的机电式交换机受到了严重冲击，交换机进入了电子交换机时代。

4）电子交换机：早期的电子交换系统，只是使用电子元件如晶体管和集成器件代替纵横制交换机中的电磁继电器等体积大、耗电多的机电元件。但随着计算机技术在通信技术中的应用，交换技术开始了它的第二次革命性的变革。新一代的交换系统利用预先编好的计算机存储程序来控制整个交换系统的运行，以代替布线方式连接起来的逻辑电路控制整个系统的运行，这种新型的交换系统叫作存储程序控制交换系统，简称程控交换系统。

早期的程控交换机在话路系统方面与机电式交换机并无本质区别，仍然使用了空间分割的话路交换网络，所交换的信息也都是模拟信号，因而这一类交换机叫作模拟程控交换机。随着脉冲编码调制技术（Pulse Code Modulation，PCM）的发展和应用，程控交换机向时间分割的数字交换机方向发展，其控制系统采用了计算机，话路系统采用了存储器和与非门，构成了数字交换网络，实现了传输和交换的数字一体化。由于程控数字交换技术的先进性和设备的经济性，电话交换技术跨上了一个新的台阶，而且为开通非语音业务，实现综合业务数字交换奠定了基础，因而成为交换技术的主要发展方向。随着微处理器技术和专用集成电路的飞跃发展，程控数字交换机的优越性愈加明显地展现出来。

6.1.2 程控交换机与交换网络

1. 程控交换机

程控交换机的结构框图如图 6-2 所示。程控交换机由话路子系统和中央控制子系统两大部分组成。中央控制子系统主要有中央处理器（CPU）和存储器（存储各种程序和数据）构成，中央处理器通过程序分析、处理进入交换机的各种信息，并对话路子系统和输入/输出设备发出指令。

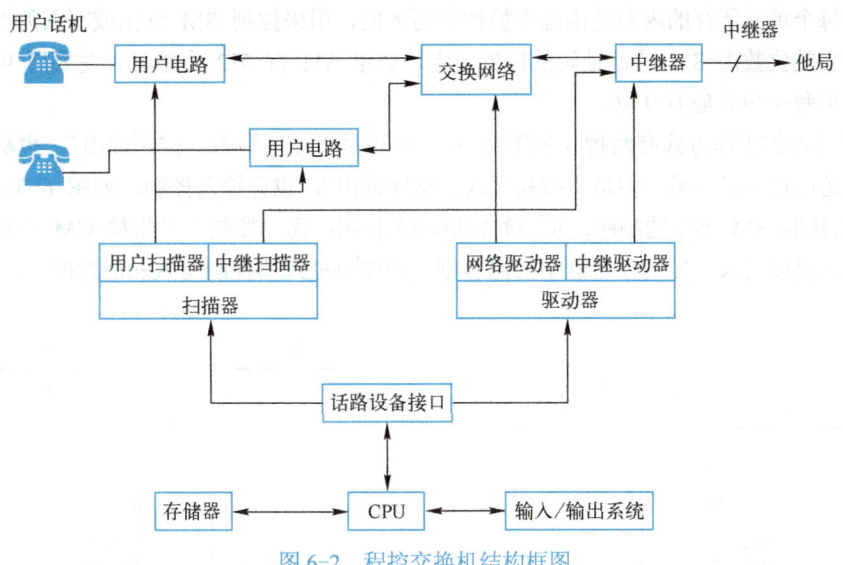

图 6-2 程控交换机结构框图

话路子系统把用户线连接到交换网络构成通话回路，由交换网络和外围电路构成，其中外围电路包括用户电路、中继器、扫描器、驱动器和话路设备接口、交换网络几部分，各部分的功能如下：

1）用户电路：交换机为每个用户配备一个用户电路，它是交换机连接各个用户的接口电路，用户电路共有七大功能，即馈电（Battery Feeding）、过压保护（Over Voltage Protection）、振铃控制（Ringing Control）、监视（Supervision）、编译码和滤波（Codec & Filters）、混合电路（Hybrid Circuit）和测试（Testing），简称 BORSCHT 功能。

2）中继器：分为入中继和出中继电路两大类，它是和其他交换机的接口电路，传输交换机之间的各种通信信号，也监视局间通话话路的状态。

3）扫描器：用来收集用户和中继线的状态信息，把状态变化通过扫描器传送到控制系统。

4）驱动器：在中央处理系统的控制下，具体执行交换网络中通路的建立和释放。

5）话路设备接口：又称信号接收分配器（收号器），基本功能是接收并转发用户的拨号信息，统一协调信号的接收、传送和分配。

6）交换网络：是交换机完成话路交换功能的核心部件，其主要功能是在各用户线之间、用户线和中继线之间以及中继线和中继线之间建立起语音信号临时通道（接续）。

2. 交换网络

交换网络作为完成交换机交换功能的核心部件，可以是各种接线器（如纵横接线器、编码接线器、笛簧接线器等），也可以是电子开关矩阵（电子接线器）。目前应用的交换机基本上都是数字程控交换机，经过 PCM 编码的各路数字信号在 PCM 帧结构中分别占用不同的时隙，所以数字交换网络话路接续的实质是数字信号的时隙交换。在现在的数字程控交换系统中，要实现数字信号的时隙交换，可以通过数字时分接线器（T 接线器）和空分接线器（S 接线器）实现。

（1）数字时分接线器

时分接线器的功能是完成一条 PCM 复用线上各时隙间信息的交换，它主要由语音存储器（SM）和控制存储器（CM）组成。

语音存储器是用来暂时存储语音信息的，故又称"缓冲存储器"。控制存储器是用来存储时隙地址的，又称"地址存储器"。控制存储器的作用是控制同步交换，其容量一般等于语音存储器的容量，它的每个单元所存的内容是由处理机控制写入的，用来控制 SM 读出或写入的地址。因此，CM 中每个字的位数由 SM 的地址码的位数决定。如果 SM 有 512 个单元，需要用 9 位地址码选择，则 CM 的每个单元应有 9 位。

时分接线器的工作方式有两种（见图 6-3）：一种是"顺序写入、控制读出"，也称输出控制，图 6-3a 就是这种方式；另一种是"控制写入、顺序读出"，也称输入控制，如图 6-3b 所示。这里"顺序"是指按照 SM 地址的顺序，可由时钟脉冲来控制；而"控制"是指按 CM 中规定的内容来控制 SM 的读出或写入。控制存储器中的内容则是由中央处理器控制写入和清除的。

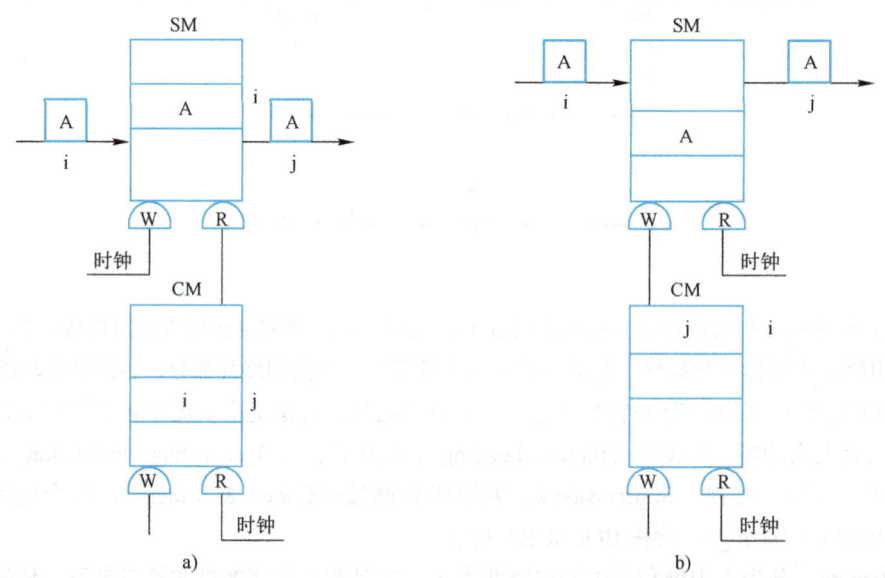

图 6-3 时分接线器的工作方式
a)"顺序写入、控制读出"方式 b)"控制写入、顺序读出"方式

图 6-4 给出了"顺序写入、控制读出"的 T 接线器进行时隙交换的过程。假设 T 接线器的输入

和输出各为一条 32 个时隙的 PCM 复用线。如果占用时隙 TS_3 的用户 A 要和占用时隙 TS_{19} 的用户 B 通话，在 A 讲话时，就应该把 TS_3 的语音信息交换到 TS_{19} 中去。在时隙脉冲的控制下，当 TS_3 时隙到来时，把 TS_3 的语音信息写入 SM 内地址为 3 的存储单元中（即顺序写入）。而此脉冲信息的读出是受 CM 控制的（即控制读出），当 TS_{19} 时隙到来时，从 CM 读出地址为 19 的内容 3，以 3 这个地址去控制读出 SM 中地址为 3 的存储单元内容。这样就完成了 TS_3 的语音信息码交换到 TS_{19} 中去的任务。同理，在 B 用户讲话时，应通过另一条时分复用线和另一接线器把 TS_{19} 中的信息交换到 TS_3 中去，这一过程和上述过程相似，这里就不再赘述。

"控制写入、顺序读出"的 T 接线器与上述工作方式相反，来话信息码写入由控制存储器所指定的存储单元，而去话信息码则按时隙顺序读出。这两种工作方式对于单个数字交换网络来讲并无区别，但在多级交换网络中，两种工作方式一般会交替使用。

从上面 T 接线器的工作过程可以看出，T 接线器完成了同一条输入、输出 PCM 复用线上的时隙交换，当完全不同的输入、输出 PCM 复用线之间要进行时隙交换时，就需要借助空分接线器来实现。

（2）数字空分接线器

在空分交换机中仅使用交叉接点矩阵即可构成空分交换网络，而数字程控交换机中的空分接线器并不等于空分交换机中的空分交换矩阵，它在结构上除了交叉点矩阵外，还包括一个 CM。它的作用是实现完全不同的 PCM 复用线之间的信息交换。

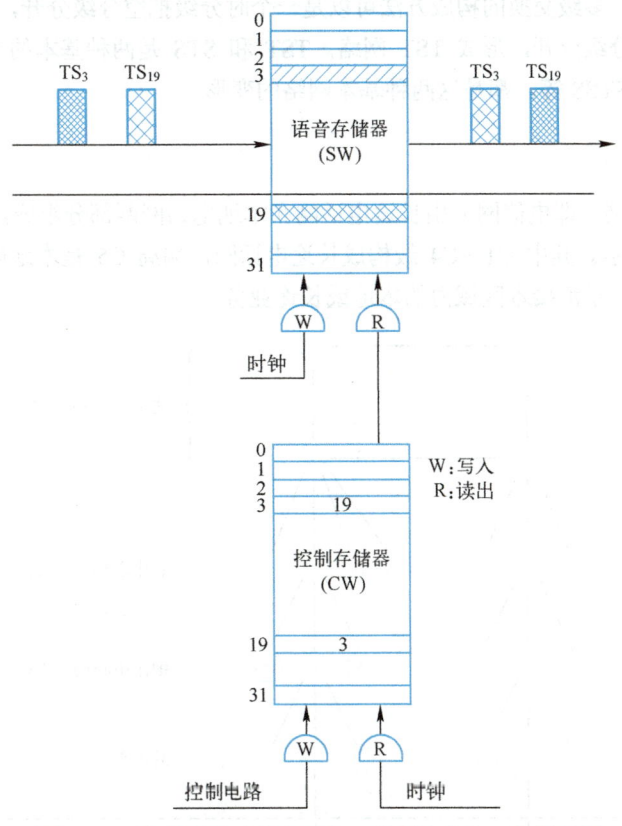

图 6-4　T 接线器的"顺序写入、控制读出"工作原理图

空分接线器中的 CM 对交叉接点的控制也有两种方式：一是输入控制方式，如图 6-5 所示，它对应于每条入线有一个 CM，由这个 CM 决定这条入线和哪条输出 PCM 线上哪个时隙的信息码要进行交换；另一种是输出控制方式，它对应于每条出线有一个 CM，由这个 CM 决定哪条输入 PCM

线上哪个时隙的信息码要交换到这条输出 PCM 线上来。通常情况下，两种控制方式在多级交换网络中交替使用。

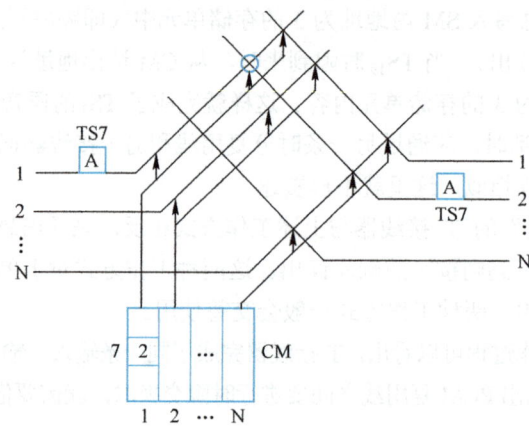

图 6-5　S 接线器的"输入控制"方式

（3）数字交换网络

在容量较小的程控数字交换机中，数字交换网络可以由单级 T 接线器构成，但容量较大时，只能使用多级交换网络。多级交换的构成方法可以是一个时分级把空分级分开，形成 STS 交换网络，或用一个空分级把时分级分开，形成 TST 网络。TST 和 STS 是两种基本的交换网络，其他更复杂的网络还有 TSST、SSTSS 等，都是这两种基本网络的变形。

6.1.3　电信网的组成

我国的电话通信网（即电信网）由长途电话网和本地电话网两部分组成，网络规划为五级的等级结构，如图 6-6 所示。其中 C1～C4 级构成长途电话网，端局 C5 是本地电话网的交换中心，本地网中的汇接局主要用于汇接本区域内的本地或长途业务。

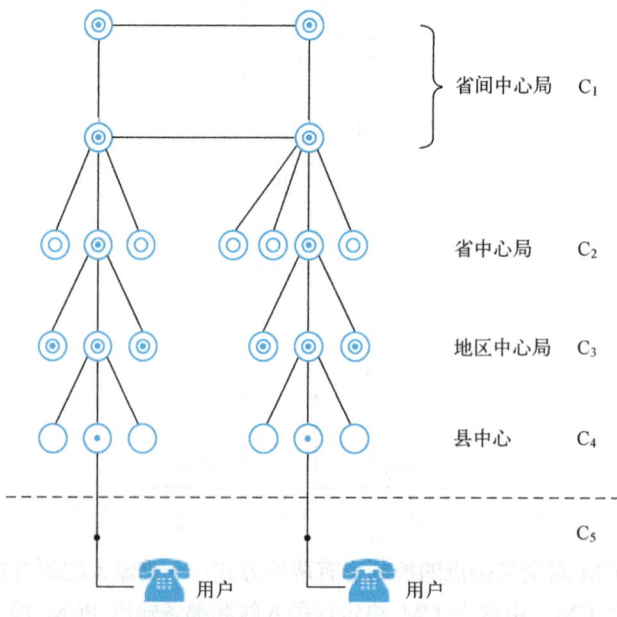

图 6-6　长途电话网网络结构

长途电话网中,一级交换中心 C1 以大区为中心,我国共有六个大区;二级交换中心 C2 为省中心,全国共有 30 个省中心;三级交换中心 C3 为地区中心,我国共有 350 多个地区中心;四级交换中心 C4 为县中心,全国共有 2200 多个县中心。长途电话网采用的是四级汇接辐射式网络结构,各级之间主要通过基干路由连接。另外,当两个城市之间的话务量很大且地理条件允许的情况下,可以建立直达路由,以提高接续效率。

现在世界各国的通信体系正向数字化的电信网发展,逐渐代替了模拟通信的传输和交换,并且向智能化、综合化的方向发展。

6.2 移动通信技术

6.2.1 移动通信发展史

移动通信可以说从无线电发明之日就产生了。早在 1897 年,马可尼在陆地和一只拖船之间用无线电进行了消息传输,成为移动通信的开端。至今,移动通信已有 100 多年的历史,从 1978 年的第一代模拟蜂窝网电话系统的诞生到第二代全数字蜂窝网电话系统的问世,再到支持高速数据传输和宽带多媒体服务的第三代移动通信系统的迅猛发展,再到集 3G 与 WLAN 于一体并能够传输高质量视频图像的第四代移动通信系统的实现和商用,现如今第五代移动通信系统的方案和实验均已逐步完善,并于 2019 年 9 月在我国正式投入使用,这期间移动通信技术日新月异,成为信息产业发展最快、应用最广泛的高新技术。

1. 第一代移动通信系统

20 世纪 70 年代末,美国 AT&T 公司通过使用电话技术和蜂窝无线电技术研制成功第一个蜂窝移动电话系统,取名为先进移动电话业务(Advanced Mobile Phone Service,AMPS)系统,而后其他工业化国家也相继开发出蜂窝式模拟移动通信网。第一代移动通信系统(1G)的主要特点是采用频分复用,语音信号为模拟调制,模拟用户信道间隔为 30kHz/25kHz。第一代移动通信系统主要有 3 种窄带模拟系统标准,即北美蜂窝系统 AMPS、北欧移动电话系统 NMT 和全接入通信系统(Total Access Communication System,TACS),我国采用的主要是 TACS 制式,即频段为 890~915MHz 与 935~960MHz。第一代无线网络技术的成就在于它去掉了将电话连接到网络的用户线,用户第一次能够在移动的状态下拨打电话。第一代移动通信的各种蜂窝网系统有很多相似之处,但是也有很大差异,它们只能提供基本的语音会话业务,不能提供非语音业务,并且保密性差,容易并机盗打,它们之间互不兼容,导致移动用户无法在各种系统之间实现漫游。

2. 第二代移动通信系统

为了解决由于采用不同模拟蜂窝系统造成互不兼容无法漫游服务的问题,1982 年北欧四国向欧洲邮电行政大会(Conference Europe of Post and Telecommunications,CEPT)提交了一份建议书,要求制定 900MHz 频段的欧洲公共电信业务规范,建立全欧统一的蜂窝网移动通信系统。同年成立了欧洲移动通信特别小组,简称 GSM(Group Special Mobile)。在 1982~1985 年期间,讨论焦点是制定模拟蜂窝网还是数字蜂窝网的标准,直到 1985 年才决定制定数字蜂窝网标准。1987 年,GSM 成员国经现场测试和论证比较,选定窄带时分多址(Time Division Multiple Access,TDMA)方案。1989 年,欧洲电信标准组织(European Telecommunications Standards Institute,ETSI)接手 CEPT 的电信业务标准化工作。1990 年第一个 GSM 规范说明完成,1991 年欧洲开通了第一个 GSM 系统,移动运营商为该系统设计和注册了满足市场要求的商标,将 GSM 更名为"全球移动通信系统(Global System for Mobile communications)",从此 GSM 获得了新含义。GSM 也是国内著名移动业务品牌——"全球通"这一名称的本源。

数字移动通信网相对于模拟移动通信,提高了频谱利用率(约为模拟网的 1.8~2 倍),支持多种业务服务,并与 ISDN 等兼容。第二代移动通信(2G)无线标准主要有 GSM、D-AMPS、PDC 和 IS-95CDMA 等。在我国,2G 网络主要以 GSM 和码分多址(Code Division Multiple Access,CDMA)为主。由于 GSM 标准的开放性,很快在世界范围获得了普及,并成为第二代数字移动通信网络的主导技术。GSM 的手机与"大砖头"模拟手机的区别是多了用户识别(Subscriber Identity Module,SIM)卡,没有插入 SIM 卡的移动台是不能接入网络的。GSM 网络一旦识别用户的身份,即可提供各种服务。

为了适应数据业务的发展需要,在 2G 技术后还诞生了 2.5G,也就是 GSM 系统的通用无线分组(General Packet Radio Service,GPRS)和 CDMA 系统的 IS-95B 技术,提高了数据传送能力。2G 移动通信系统在引入数字无线电技术以后,数字蜂窝移动通信系统提供了更好的网络,不仅改善了语音通话质量,提高了保密性,防止了并机盗打,而且为移动用户提供了无缝的国际漫游。第二代移动通信系统以传输语音和低速数据业务为目的,因此又称为窄带数字通信系统。

3. 第三代移动通信系统

第三代(3G)移动通信系统最早由国际电信联盟(International Telecommunication Union,ITU)于 1985 年提出,当时称为未来公众陆地移动通信系统(Future Public Land Mobile Telecommunication System,FPLMTS)。这种系统早在 1991 年就进入了实验阶段,1993 年 Inter Digital 公司向联合技术委员会(JTC)提交了宽带 CDMA(Broadband CDMA,B-CDMA)的技术方案。1995 年 9 月该方案通过审议,被采纳为北美蜂窝移动通信的公用空中接口,编号为 IS-665,并把名称 B-CDMA 改为 W-CDMA(Wideband-CDMA)。1996 年更名为 IMT-2000(International Mobile Telecommunication-2000),意味着该系统工作在 2000MHz 频段,最高业务速率可达 2000Kbit/s。第三代移动通信技术是一种真正意义上的宽带移动多媒体通信系统,它能提供高质量的宽带多媒体综合业务,并且实现了全球无缝覆盖、全球漫游,它的数据传输速率高达 2Mbit/s,其容量是第二代移动通信技术的 2~5 倍,最具代表性的有美国提出的 MC-CDMA(Multi Carrier-CDMA,也称 CDMA2000),欧洲和日本提出的 W-CDMA 和中国提出的 TD-SCDMA(Time Division-Synchronous Code Division Multiple Access,时分同步码分多址)。1999 年 11 月 5 日,国际电信联盟小组 ITU-R TG8/1 第 18 次会议通过了"IMT-2000 无线接口技术规范"建议,其中我国提出的 TD-SCDMA 技术写在了第三代无线接口规范建议的 IMT-2000 CDMA TDD 部分中。TD-SCDMA 是以我国知识产权为主的、被国际上广泛接受和认可的无线通信国际标准,是我国电信史上重要的里程碑。相对于另两个主要 3G 标准 CDMA2000 和 WCDMA,它的起步较晚,技术还不够成熟。

3G 采用的三种 CDMA 技术性能指标对比如表 6-1 所示。

表 6-1 WCDMA、TD-SCDMA 和 CDMA2000 技术比较

	WCDMA	TD-SCDMA	CDMA2000
载波间隔	5MHz	1.6MHz	1.25MHz
码片速率	3.84Mcps	1.28Mcps	1.2288Mcps
帧长	10ms	10ms(分为两个子帧)	20ms
基站同步	不需要	需要	需要,典型方法 GPS

(续)

	WCDMA	TD-SCDMA	CDMA2000
功率控制	快速功控：上、下行 1500Hz	0～200Hz	反向：800Hz；前向：慢/快速功控
下行发射分集	支持	支持	支持
频率间切换	支持，可用压缩模式进行测量	支持，可用空闲时隙进行测量	支持
检测方式	相干解调	联合检测	相干解调
信道估计	公共导频	DwPCH，UpPCH，Midamble	前向，反向导频
编码方式	卷积码，Turbo 码	卷积码，Turbo 码	卷积码，Turbo 码

第三代移动通信技术最大的特点是能够实现高速数据传输和宽带多媒体服务。与以模拟技术为代表的第一代和以 GPRS 为特征的第二代数字移动通信技术相比，3G 有更宽的带宽，其传输速度最低为 384kbit/s，最高为 2Mbit/s，带宽可达 5MHz 以上。不仅能传输语音、数据，还能提供快捷、方便的无线应用，如无线接入 Internet。第三代移动通信网络能将高速移动接入和基于互联网协议的服务结合起来，提高无线频率利用效率。提供包括卫星在内的全球覆盖并实现有线和无线以及不同无线网络之间业务的无缝连接。满足多媒体业务的要求，从而为用户提供更经济、内容更丰富的无线通信服务。

4. 第四代移动通信系统

自 2000 年确定了 3G 国际标准之后，ITU 就启动了 4G 的相关工作。2003 年 ITU 对 4G 的关键性指标进行定义，确定了 4G 的传输速率为 1Gbit/s。在 2005 年 10 月 18 日结束的 ITU-R WP8F 第 17 次会议上，ITU 将未来新的空中接口技术叫作 IMT-Advanced 技术。2007 年，ITU 给 4G 分配了新的频谱资源。

许多国家和地区（如中国、欧洲、美国、日本等）及通信技术规范机构（如 3GPP、3GPP2、IEEE 等）在移动通信技术领域的竞争也越来越激烈。在传统蜂窝移动通信技术快速发展的同时，宽带无线技术（如 WiMAX）也开始提供移动性能，试图抢占移动通信的部分市场。为了保证 3G 移动通信的持续竞争力，满足市场对高数据业务、多媒体业务等新需求，同时具有与其他技术竞争的实力，3GPP 和 3GPP2 相应启动了 3G 技术长期演进（Long Term Evolution，LTE）策略。目前 WCDMA 已经演进到 WCDMA HSPA，CDMA2000 已经演进到 CDMA20001x EV-DO/EV-DV，中国拥有自主知识产权的 TD-SCDMA 标准，也演进到 TDD HSDPA/HSUPA 的技术标准方案。2008 年 ITU 开始公开征集 4G 标准，有三种方案成为 4G 标准备选方案，分别是 3GPP 的 LTE、3GPP2 的 UMB（Ultra Mobile Broadband）以及 IEEE 的移动 WiMAX，其中最被产业界看好的是 LTE。LTE、UMB 和移动 WiMAX 虽然各有差别，但是它们也有一些相同之处，3 个系统都采用正交频分复用（Orthogonal Frequency Division Multiplexing，OFDM）和多输入多输出（Multi Input Multi Output，MIMO）技术以提供更高的频带利用率。

2012 年 1 月 18 日，ITU 在 2012 年无线电通信全会全体会议上，正式审议通过将 LTE-Advanced 和 Wireless MAN-Advanced（802.16m）技术规范确立为 IMT-Advanced（俗称 4G）国际标准，中国主导制定的 TD-LTE-Advanced 和 FDD-LTE-Advanced 同时并列成为 4G 国际标准。

第四代移动通信集 3G 与 WLAN 于一体，并能够传输高质量视频图像，其图像传输质量与高清晰度电视不相上下。4G 系统能够以 100Mbit/s 的速度下载，上传的速度也能达到 20Mbit/s，并能够满足几乎所有用户对于无线服务的要求。而在用户最为关注的价格方面，4G 与固定宽带网络在价格方面不相上下，而且计费方式更加灵活，用户完全可以根据自身的需求确定所需的服务。此外，

4G 可以在数字用户专线（Digital Subscriber Line，DSL）和有线电视、调制解调器没有覆盖的地方部署，然后再扩展到整个地区。很明显，4G 有着不可比拟的优越性。

5. 第五代移动通信系统

近年来，第五代移动通信系统（5G）成为通信业界和学术界探讨的热点。5G 的发展主要有两个驱动力：一方面以 LTE 技术为代表的第四代移动通信系统已全面商用，对下一代技术的讨论提上日程；另一方面，移动数据的需求爆发式增长，现有 4G 技术难以满足未来需求，亟待研发新一代移动通信系统。

随着通信业界和学术界对发展 5G 逐步达成共识，ITU 自 2012 年起启动对 5G 的标准化工作。沿袭 3G（又称 International Mobile Telecommunication-2000，即 IMT-2000）和 4G（又称 IMT-Advanced）的命名规则，ITU 将 5G 称为 IMT-2020。图 6-7 给出了移动通信的演进过程。

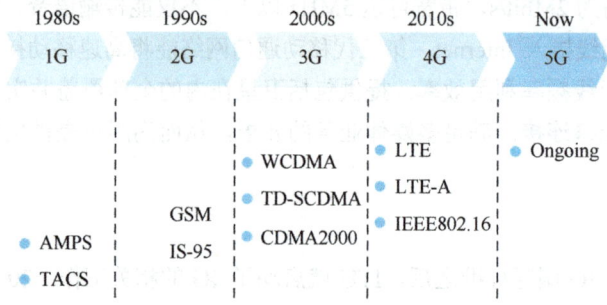

图 6-7　移动通信发展史

5G 标准化过程大致可以分为 3 个阶段。第一阶段是愿景规划的研究，在 2015 年 6 月之前，通过需求分析明确 5G 的愿景，即通过研究潜在的市场需求、用户需求技术发展的趋势以及未来频谱发展动向等，规划 5G 网络的整体框架，给出预期的能力。第二阶段是关键技术的研究以及相应的可行性评估，2015 年前要明确 5G 的技术发展趋势和未来网络的重点，包括频谱效率、带宽、业务、用户体验、节能、终端及安全等，分析得到 5G 技术应具备的能力。目前这方面的工作已经完成，发表了相关报告。第三阶段是候选关键技术的征集、遴选、验证和标准化工作，2015～2018 年，完成关键技术的征集和遴选，2018～2020 年，对 5G 进行验证和标准化，2020 年 7 月 3 日，3GPP 宣布 5G-R16 标准冻结，标志 5G 第一个演进版本标准完成。另外，在频谱方面，在 2015 年世界无线电通信大会（World Radio Communication Conference-15，WRC-15）之前完成对 5G 频谱需求的分析，2018 年确定 5G 核心技术之前，明确 5G 的频谱分配。

6.2.2　移动通信中的相关技术

1. 蜂窝技术

蜂窝移动通信网是指服务区划分为若干个彼此相邻的小区，每个小区设立一个基站的网络结构。由于每个小区呈正六边形，又彼此邻接，从整体上看，形状酷似蜂窝，所以人们称它为"蜂窝"网。用若干蜂窝状小区覆盖整个服务区的大、中容量移动电话系统就叫作蜂窝移动电话系统，简称蜂窝移动电话。

使用移动手机进行通信时，每个人都要占用一个信道，也就是说，系统要拿出一个信道供你使用。同时通话的人多了，有限的信道就可能不够使用，于是便会出现通信阻塞的现象。采用蜂窝结构就可以使用同一组频率在若干个相隔一定距离的小区重复使用，从而达到节省频率资源的目的。

图 6-8 是蜂窝移动通信网的频率复用示意图。

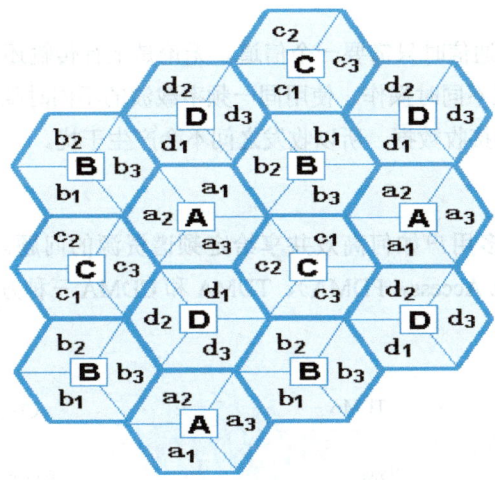

图 6-8 蜂窝移动通信网的频率复用技术

例如，将一个城市分成 72 个小区，每 12 个小区（A、B、C、D 各含 3 个小区）组成一个小区群，让它们共同使用 300 个频道。将 300 个频道分成 12 个频道组，每组 25 个频道，第一个小区群的 1 号小区使用第 1 组频道，第一个小区群的 2 号小区使用第 2 组频道，以此类推。经过适当安排，不同小区群的相同编号小区的频道组是可以重复使用的。尽管这些小区基站所使用的无线电频率相同，但由于它们彼此相隔较远，而电波作用范围有限，彼此不会造成干扰。这样，一组频率就可重复使用 6 次，原本 300 个频道只能供 300 个用户同时通话，现在可供 1800 个用户同时通话了。

2. 双工技术

双工技术主要讨论通信的收和发如何进行复接的技术。一般分为频分双工（Frequency Division Duplexing，FDD）和时分双工（Time Division Duplexing，TDD）两种方式。两种双工方式的复用情况对比如图 6-9 所示。

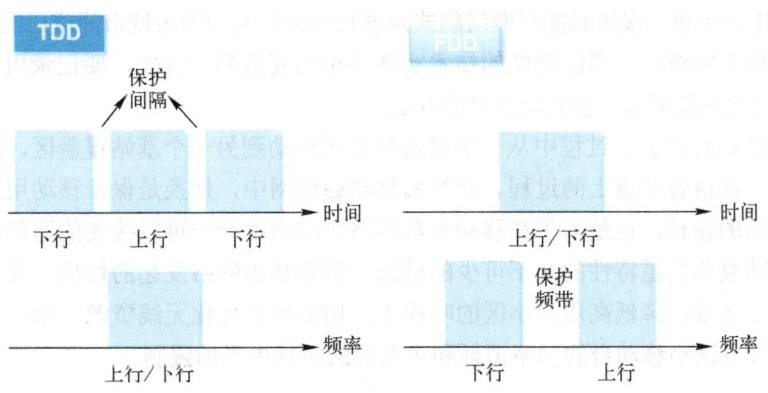

图 6-9 时分和频分双工示意图

FDD 也称全双工，其特点是需要两个不同频率的信道进行接收和发送，依靠频率来对上下行信道进行区分，两个独立的信道可以同时进行数据传输，一个信道用来传输上行数据，另外一个信道用来传输下行数据，两个信道之间存在一个保护频段，以防止邻近的发射机和接收机之间产生相互干扰。

TDD 也称为半双工，通信时只需要一个信道。无论是上行传输还是下行传输都只采用同一个信道，由于发射机与接收机不同时操作，使用同一频率载波的不同时隙来进行信道承载，采用某段时间发送数据另外一段时间接收数据，所以收发之间不会产生干扰。

3. 多址技术

多址技术主要解决众多用户如何高效共享给定频谱资源的问题。多址方式主要有频分多址（Frequency Division Multiple Access，FDMA）、TDMA 和 CDMA 三种方式。三种多址技术示意图如图 6-10 所示。

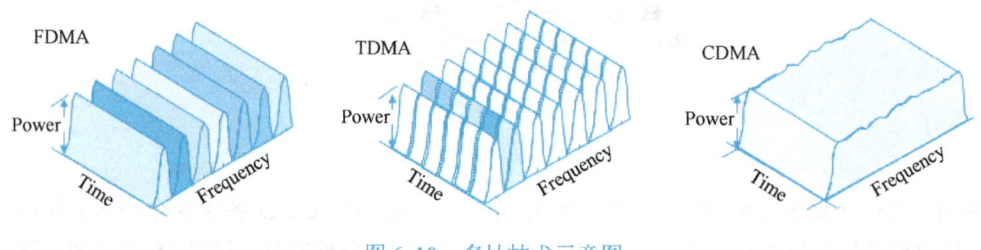

图 6-10　多址技术示意图

FDMA：将给定的无线频谱资源划分为若干个等间隔的频道（信道）供不同的用户使用。移动台发出的信息被调制到不同的载频位置上，这些载频在频率轴互不重叠，基站根据载波频率的不同来识别发射地址，从而完成多址连接。

TDMA：在一个无线频道上，按时间分割成若干个时隙，每个移动用户占用一个时隙，在规定的时间内收发信号。

CDMA：每个用户具有特定的地址码，利用公共频道传输信息。所有用户在同一时间、同一频段上，根据不同的编码获得业务信道。

4. 漫游和切换技术

漫游指的是蜂窝移动电话的用户在离开本地区或本国时，仍可以在其他一些地区或国家继续使用他们的移动电话手机。漫游只能在网络制式兼容且已经联网的国内城市间或已经签署双边漫游协议的地区或国家之间进行。漫游功能的技术实现是相当复杂的，首先，要记录用户所在位置，此外，在运营公司之间还要有一套利润结算的办法。

切换是指移动台在通话过程中从一个基站覆盖区移动到另一个基站覆盖区，或是由于外界干扰而切换到另一条语音信道上的过程。在蜂窝移动通信网中，切换是保证移动用户在移动状态下实现不间断通信的途径，也是为了在移动台与网络之间保持一个可以接受的通信质量、防止通信中断、适应移动衰落信道特性的必不可少的措施。特别是由网络发起的切换，其目的是平衡服务区内各小区的业务量，降低高用户小区的呼损率。切换可以优化无线资源（频率、时隙、码）的使用，还可以及时减小移动台的功率消耗和对全局的干扰电平的限制。

6.2.3　4G 及其关键技术

世界很多组织给 4G 下了不同的定义，而 ITU 代表了传统移动蜂窝运营商对 4G 的看法，认为 4G 是基于 IP 的高速蜂窝移动网，现有的各种无线通信技术从 3G 演进，并在 3G LTE 阶段完成了标准的统一。ITU 4G 要求传输速率比现有网络高 1000 倍，达到 100Mbit/s。

在 2005 年 10 月的 ITU-RWP8F 第 17 次会议上，ITU 给了 4G 技术一个正式的名称——IMT-Advanced。按照 ITU 的定义，3G 中的 WCDMA、HSDPA 等技术统称为 IMT-2000 技术；4G 采用的空中接口技术，叫作 IMT-Advanced 技术。IMT-Advanced 标准继续依赖 3G 标准化组织已制定的标准加以延伸，如 IP 核心网、开放业务架构及 IPv6。同时，其规划又必须满足整体系统架构能够由 3G 系统演进到未来 4G 架构的需求。

1. 4G 的特点

与 3G 相比，4G 移动通信系统技术有许多不可比拟的优势，其特点主要有：

（1）高速率

对于大范围高速移动用户（250km/h），数据速率为 2Mbit/s；对于中速移动用户（60km/h），数据速率为 20Mbit/s；对于低速移动用户（室内或步行者），数据速率为 100Mbit/s。

（2）以数字宽带技术为主

在 4G 移动通信系统中，信号以毫米波为主要传输波段，蜂窝小区相应也会小很多，很大程度上能提高用户容量，但同时也会引起一系列技术上的难题。

（3）良好的兼容性

4G 移动通信系统实现全球统一的标准，让所有移动通信运营商的用户享受共同的 4G 服务，真正实现一部手机在全球的任何地点都能进行通信。

（4）较强的灵活性

4G 移动通信系统采用智能技术使其能自适应地进行资源分配，能对通信过程中不断变化的业务流大小进行相应处理而满足通信要求，采用智能信号处理技术对信道条件不同的各种复杂环境进行信号的正常发送与接收，有很强的智能性、适应性和灵活性。

（5）多类型用户共存

4G 移动通信系统能根据动态的网络和变化的信道条件进行自适应处理，使低速与高速的用户以及各种各样的用户设备能够共存与互通，从而满足系统多类型用户的需求。

（6）多种业务的融合

4G 移动通信系统支持更丰富的移动业务，包括高清晰度图像业务、会议电视、虚拟现实业务等，使用户在任何地方都可以获得任何所需的信息服务。将个人通信、信息系统、广播和娱乐等行业结合成一个整体，更加安全、方便地向用户提供更广泛的服务与应用。

（7）先进技术的应用

4G 移动通信系统以几项突破性技术为基础，如 OFDM 多址接入方式、智能天线和空时编码技术、无线链路增强技术、软件无线电技术、高效的调制解调技术、高性能的收发信机和多用户检测技术等。

（8）高度自组织、自适应的网络

4G 移动通信系统是一个完全自治、自适应的网络，拥有对网络结构的自我管理能力，以满足用户在业务和容量方面不断变化的需求。

2. 4G 移动通信中的关键技术

为了适应移动通信用户日益增长的高速多媒体数据业务需求，4G 移动通信系统将主要采用以下关键技术。

（1）OFDM 技术

OFDM 是一种无线环境下的高速传输技术，其主要思想就是在频域内将给定信道划分成许多正交子信道，在每个子信道上使用一个子载波进行调制，各子载波并行传输。尽管总的信道是非平坦的，即具有频率选择性，但是每个子信道是相对平坦的，在每个子信道上进行的是窄带传输，信号带宽小于信道的相应带宽。OFDM 技术的优点是可以消除或减小信号波形间的干扰，对多径衰落和多普勒频移不敏感，提高了频带利用率。

（2）智能天线技术

智能天线具有抑制信号干扰、自动跟踪以及数字波束调节等智能功能，被认为是未来移动通信的关键技术。智能天线是一种基于自适应天线原理的移动通信技术，采用空分多址技术和数字信号处理技术，产生空间定向波束，使天线主波束对准用户信号到达方向，旁瓣或邻瓣对准干扰信号到达方向，达到充分利用移动用户信号并消除或抑制干扰信号的目的。这种技术既能改善信号质量又能增加传输容量。

（3）MIMO 技术

MIMO 技术是指利用多发射、多接收天线进行空间分集的技术，它采用的是分立式多天线，能够有效地将通信链路分解成许多并行的子信道，从而大大提高容量。信息论已经证明，当不同的接收天线和不同的发射天线之间互不相关时，MIMO 系统能够很好地提高系统的抗衰落和噪声性能，从而获得巨大的容量。在功率带宽受限的无线信道中，MIMO 技术是实现高数据速率、提高系统容量和传输质量的空间分集技术。

（4）软件无线电技术

软件无线电是利用数字信号处理软件实现传统上由硬件电路来完成的无线功能的技术，通过加载不同的软件，可实现不同的硬件功能。其核心技术是用宽频带的无线接收机来代替原来的窄带接收机，并将宽带的模拟/数字变换器、数字/模拟变换器尽可能靠近天线，并尽可能多地用软件来定义无线功能，各种功能和信号处理都尽可能用软件实现。软件无线电使得系统具有灵活性和适应性，能够适应不同的网络和空中接口。软件无线电技术能支持采用不同空中接口的多模式手机和基站，能实现各种应用的可变服务质量（Variable Quality of Service）。

（5）基于 IP 的核心网

4G 的核心网是一个基于全 IP 的网络，目前选择 IPv6 技术作为 4G 网络的核心协议。采用全 IP 可以实现不同网络间的无缝互连，全 IP 也是一种低成本集成目前网络的方法。此外，核心网独立于各种具体的无线接入方案，能提供端到端的 IP 业务，能同已有的核心网和 PSTN 兼容。核心网具有开放的结构，能允许各种空中接口接入核心网；同时核心网能把业务、控制和传输等分开。采用 IP 后，所采用的无线接入方式和协议与核心网络协议、链路层是分离独立的。IP 与多种无线接入协议相兼容，因此在设计核心网络时具有很大的灵活性，不需要考虑无线接入究竟采用何种方式和协议。

3. 中国的 4G 标准及发展

从 2009 年初开始，ITU 在全世界范围内征集 IMT-Advanced 候选技术。这些技术基本上可以分为两大类：一是基于 3GPP 的 LTE 的技术，我国提交的 TD-LTE-Advanced 是其中的 TDD 部分；另外一类是基于 IEEE 802.16m 的技术。ITU-R 下属的 WP5D 工作组最终确定了 IMT-Advanced 的两大关键技术，即 LTE-Advanced 和 802.16m。

TD-LTE-Advanced 是我国自主知识产权 3G 标准的发展和演进技术。TD-LTE 正式被确定为 4G 国际标准，标志着我国在移动通信标准制定领域再次走到了世界前列，为 TD-LTE 产业的后续发展及国际化提供了重要基础。TD-SCDMA 技术于 2000 年正式成为 3G 标准之一，但在过去的十几年中，TD-SCDMA 并没有成为真正意义上的国际标准，在产业链发展、国际发展等方面都非常滞后，而 TD-LTE 的发展明显要好得多。与 TD-SCDMA 3G 标准相比，TD-LTE 更为开放，吸引了多家企业参与研发和技术跟踪，TD-LTE 与其他国际上同类技术的差距在缩小。TD-SCDMA 技术当时主要集中在大唐和国家的科研院所手里，而 TD-LTE 参与方则非常广泛，包括华为、中兴、中国移动、爱立信等多方都参与 TD-LTE 的技术研发，参与的企业越多对这项技术产业化越有好处。产业链越成熟，建网成本就越低，其他国家可能也会采用这一技术建网，有助于 TD-LTE 的国际化。

2013 年 12 月 4 日，中国移动、中国电信和中国联通获得"LTE——第四代数字蜂窝移动通信业务（TD-LTE）"经营许可证，标志着我国移动 4G 建设进入关键性阶段。中国电信运营商大力投资 4G 网络建设，使一批设备厂商和终端手机制造商走出业绩低谷，并带动包括制造商、运营商及产品线在内的全产业链的升级。业界测算，4G 投资将直接拉动通信全产业链投资超过 5000 亿元人民币。

目前 LTE 系统已在全球范围内得到迅猛的发展，据全球移动供应商联盟（The global mobile supplier association, GSA）统计，2013 年全年全球移动用户数净增 3.99 亿户，年增长率为 6.25%，其中 LTE 用户年增加 1.25 亿户，且在第四季度用户增加超过 4000 万户，在所有移动通信技术中增长最快，年增幅达到 166%，是其他任何技术增长速度的 7 倍以上。2014 年底，LTE 用户达 4.97 亿，增速超过以往任何一代移动通信系统。截至 2015 年 4 月，全球有 138 个国家 393 个运营商已经提供了 LTE 商用业务，有 39 个国家的 64 个运营商提供了增强型 LTE（LTE-Advanced, LTE-A）业务。

6.2.4　5G 技术及发展

1. 5G 的优势

移动通信自 20 世纪 70 年代以来发展到现在，共经历了五代移动通信系统的演进。1G 实现了模拟语音通话、2G 实现了语音通信数字化、3G 实现了图片等多媒体通信、4G 实现了局域网高速上网。5G 比以往任何时候都能提供更快的速度和更稳定的连接，从而实现一个更智能、更互联的世界。5G 对于人们日常生活来说，主要有以下几个方面的优势。

1）极高的速度，5G 为用户提供了超大带宽，更大带宽意味着更快的速度，1Gbit/s 的下载速度将会成为常态。

2）极低的时延，5G 将与 3G 和 4G 技术一起提供服务，多种接入方式保障实现更快速的连接，其网络时延可低至 1ms，足以支撑汽车自动驾驶功能。

3）极大的容量，5G 将通过更高的频谱效率、更多的频谱资源以及更密集的小区部署等，共同满足移动业务流量增长的需求。在网络容量方面，5G 通信技术将比 4G 实现单位面积移动数据流量增长 1000 倍。

4）传输速率的大幅提升，将大大提升用户体验，例如虚拟现实（Virtual Reality, VR）、增强现实（Augmented Reality, AR）等场景的应用，能让用户身临其境，真真切切感受沉浸式体验的魅力。

5G 弥补了 4G 技术的不足，在吞吐率、时延、连接数量、能耗等方面进一步提升了系统性能。图 6-11 给出了 4G 和 5G 的关键性能指标对比。5G 采取数字全 IP 技术，支持分组交换，它既不是单一的技术演进，也不是几个全新的无线接入技术，而是整合了无线接入新技术和现有无线接入技术（WLAN、4G、3G、2G 等），通过集成多种技术来满足不同的需求，是一个真正意义上的融合网络。并且由于融合，5G 可以延续使用 4G、3G 的基础设施资源，实现与 4G、3G 的共存。

技术指标	峰值速率	用户体验速率	流量密度	端到端时延	连接数密度	移动通信环境	能效	频谱效率
4G参考值	1Gbit/s	10Mbit/s	$0.1\text{Tbit}\cdot s^{-1}/\text{km}^2$	10ms	$10^5/\text{km}^2$	350km/h	1倍	1倍
5G目标值	10~20Gbit/s	0.1~10Gbit/s	$10\text{Tbit}\cdot s^{-1}/\text{km}^2$	1ms	$10^6/\text{km}^2$	500km/h	100倍提升	3~5倍提升
提升效果	10~20倍	10~100倍	100倍	10倍	10倍	1.43倍	100倍	3~5倍

图 6-11　4G 和 5G 关键性能指标对比

2. 5G 关键技术的研究

关于 5G 的发展，有两种主要的技术路线。一种是演进型路线，即在当前 LTE 系统的基础上，考虑后向兼容，提升系统容量。这个方向上关注的主要技术包括 LTE-Hi 小型化基站相关技术（如高调制方式 256QAM、上行 OFDM 空中接口）、3D-MIMO、增强型 CoMP、增强型中继、FDD 和 TDD 的融合。另一种是革命型路线，即从网络架构到无线技术进行全面的创新，构建一个全新的移动通信网络。在这个方向上的无线接入技术方面，研究人员提出了多种高效的频谱技术，包括大规模天线、全双工技术、非正交接入（NOMA）以及增强型多载波（FBMC）技术等；在网络方面，未来 5G 可能采用新型网络拓扑和接入网构架，核心网则有望引入新型技术如软件定义网络（Software defined network，SDN）、网络功能虚拟化（Network function virtualization，NFV）、移动内容分发网络（Mobile content distribution network，Mobile CDN）等。

3. 我国 5G 技术的进展及应用场景

5G 作为新一代移动通信网络，将实现更为广泛的人与人、人与物、物与物之间的连接，为工业、农业、交通、教育、医疗服务等垂直行业领域的数字化、智能化创新奠定基础，实现万物互联，引领科技创新、实现产业升级、促进经济繁荣、发展数字经济的基础性平台。2018 年底，中央经济工作会议要求加快 5G 商用步伐，2019 年 6 月 6 日，工信部颁发 5G 商用牌照，我国正式进入 5G 商用元年。2019 年 10 月 31 日，在中国国际信息通信展览会开幕式上，时任工业和信息化部副部长陈肇雄和中国电信、中国移动、中国联通、中国铁塔董事长共同启动 5G 商用。

ITU 定义了 5G 三大应用场景：增强型移动宽带（eMBB）、海量机器类通信（mMTC）及低时延高可靠通信（uRLLC）。eMBB 场景主要提升以"人"为中心的娱乐、社交等个人消费业务的通信体验，适用于高速率、大带宽的移动宽带业务。mMTC 和 uRLLC 则主要面向物物连接的应用场景，其中 eMTC 主要满足海量物联的通信需求，面向以传感和数据采集为目标的应用场景；uRLLC 则基于其低时延和高可靠的特点，主要面向垂直行业的特殊应用需求。立足于 ITU 定义的三大应用场景，并结合当前 5G 应用的实际情况和未来发展趋势，我国的 5G 技术主要有十大应用场景，如图 6-12 所示，主要包括 VR/AR、超高清视频、车联网、联网无人机、远程医疗、智慧电力、智能工厂、智能安防、个人 AI 助理以及智慧园区等应用场景。

图 6-12　5G 十大应用场景示意图

4. 5G 技术的未来与发展

2019 年 2 月 26 日，在西班牙巴塞罗那举行的世界移动通信大会（MWC 2019）上，一加 CEO 刘作虎、高通公司总裁 Cristiano R. Amon 及 EE 公司 CEO Marc Allera 举行了一场以"One Plus 5G：速度重构未来"为主题的圆桌论坛，围绕 5G 的发展进行深度探讨。

在圆桌论坛上，刘作虎结合一加近年来在 5G 领域的探索，表达了关于 5G 技术的看法与思考，并对 5G 的未来发展进行了预测。他认为，5G 将会颠覆整个行业。过去 4G 时代主要解决人与人、人与资讯的快速连接，而未来 5G 时代，现实世界将数据化，实现人与物、物与物之间的连接，智能手机能更好地服务于人的需求。

关于 5G 的进程，刘作虎提出了 5G 3.0 概念。从长远来看，5G 将经历三个阶段。2019 年到 2021 年，智能手机及相关应用将发生从终端到云端的转变，5G 带来的速率提升让一切云端化，催生出云游戏、云视频和云购物等应用场景，这可以称为 5G 1.0 时代。从 2021 年开始到 2025 年左右，随着 AI 技术的成熟，将赋能 5G 手机连接更多的智能硬件，创造出全新的应用场景，进入 5G 的 2.0 时代。2025 年至 2030 年的 5 年间，随着市场上各种各样的智能设备的发展，将实现真正的万物互联，达到 5G 3.0 时代。

6.2.5　卫星移动通信系统

1. 卫星通信概述及分类

利用地球静止轨道卫星或中、低轨道人造卫星作为中继站，实现区域乃至全球范围的移动通信称为卫星移动通信。它一般包括三部分：通信卫星，由一颗或多颗卫星组成；地面站，包括系统控制中心和若干个把公共电话交换网和移动用户连接起来的关口站；移动用户通信终端，包括车载、舰载、机载终端和手持机。用户可以在卫星波束覆盖的范围内自由移动，通过卫星传递的信号，保持与地面通信系统和专用通信系统的用户或其他移动用户之间的通信。与其他通信方式相比，卫星移动通信具有覆盖区域大、通信距离远、通信机动灵活、线路稳定可靠等优点。卫星移动通信系统的应用范围相当广泛，可提供语音、电报、数据、图像、定位和寻呼等多种业务，可与地面蜂窝移动通信系统和其他通信系统相结合，组成全球无缝覆盖通信网，如图 6-13 所示。卫星移动通信既适用于民用通信，也适用于军事通信；既适用于国内通信，也可用于国际通信，已经成为通信业务的一个重要发展方向。

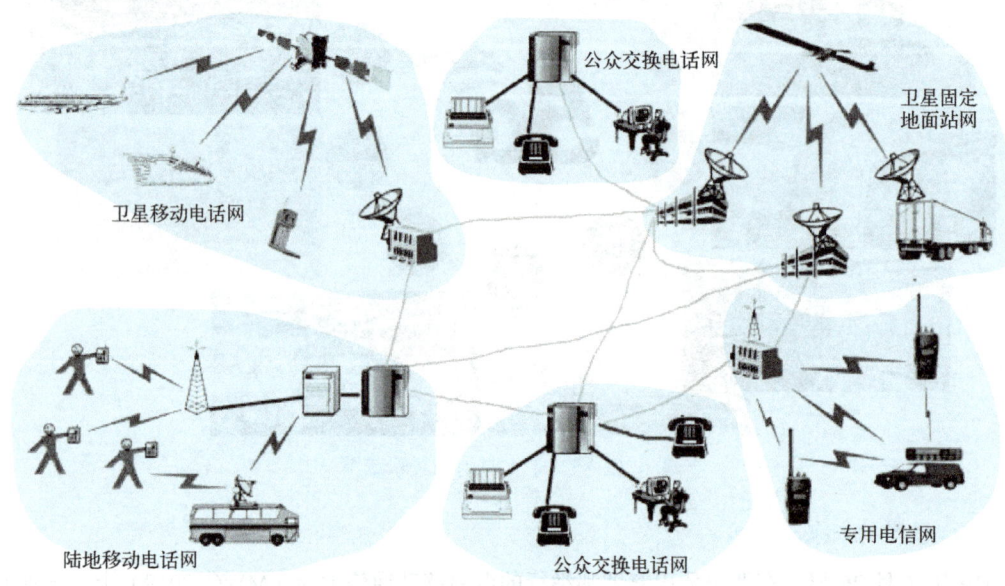

图 6-13　全球无缝覆盖通信网示意图

卫星通信按应用环境可分为海上、空中和地面，即海事卫星移动系统、航空卫星移动系统和陆地卫星移动系统。

1）海事卫星移动系统（MMSS）：主要用于改善海上救援工作，提高船舶使用的效率和管理水平，增强海上通信业务和无线定位能力。

2）航空卫星移动系统（AMSS）：主要用于飞机和地面之间建立通信，为机组人员和乘客提供语音和数据通信服务。

3）陆地卫星移动系统（LMSS）：主要用于为行驶的车辆提供通信、定位和导航服务。

卫星通信按系统采用的卫星轨道可分为同步轨道（GEO）和非同步轨道卫星通信系统。非同步轨道又可分为低轨道（LEO）、中轨道（MEO）和高轨道（HEO）系统。

1）低或中高轨道：在这种轨道上运行的卫星相对于地面是运动的。它能够用于通信的时间短，卫星天线覆盖的区域也小，并且地面天线还必须随时跟踪卫星。

2）同步轨道：这种卫星位于高达 36000km（即在赤道平面内）的圆形轨道；卫星的运行周期与地球自转一圈的时间相同，在地面上看卫星好似静止不动，也称为同步定点卫星；静止卫星天线波束最大覆盖面大于地球表面总面积的三分之一。因此，在静止轨道上，只要等间隔地放置三颗通信卫星，其天线波束就能基本上覆盖整个地球（除两极地区外），实现全球范围的通信，可以进行 24h 的全天候通信。

2．全球定位系统

GPS（Global Positioning System，全球定位系统）起始于 1958 年美国军方的一个项目，1964 年

投入使用。20 世纪 70 年代，美国陆海空三军联合研制了新一代卫星定位系统 GPS，主要目的是为陆海空三大领域提供实时、全天候和全球性的导航服务，并用于情报收集、核爆监测和应急通信等一些军事目的。用户端通过 GPS 接收设备实现定位导航功能。GPS 系统有军用、民用两种用途，它的军用定位精度要比民用高得多，没有了 GPS，美国的精确制导武器将失去效能。

GPS 导航系统是以全球 24 颗定位人造卫星为基础，向全球各地全天候地提供三维位置、三维速度等信息的一种无线电导航定位系统。该系统由三部分构成：一是地面控制部分，由主控站、地面天线、监测站及通信辅助系统组成。二是空间部分，由 24 颗卫星（21 颗工作星和 3 颗备用星，其星座分布如图 6-14 所示）组成，分布在互成 60°的 6 个轨道平面上。三是用户装置部分，由 GPS 接收机和卫星天线组成。

GPS 作为全球应用最广泛的定位系统，在越来越多的领域得到迅猛的发展，主要应用在以下几个方面。

图 6-14　GPS 卫星星座分布图

1）三维导航是 GPS 的首要功能。GPS 测量可同时精确测定观测站平面位置和大地高程，提供全球统一的三维坐标。飞机、轮船、地面车辆以及行人都可以利用 GPS 导航器进行导航。GPS 卫星的数目较多，且分布均匀，保证了地球上任何地方任何时间至少可以同时观测到 4 颗 GPS 卫星，确保实现全球全天候连续的导航定位服务（除打雷闪电不宜观测外）。

2）GPS 应用于高精度测量。与传统的手工测量手段相比，GPS 技术有着巨大的优势：测量精度高；操作简便，仪器体积小，便于携带；全天候操作；观测点之间无须通视；测量结果统一在 WGS84 坐标下，信息自动接收、存储，减少烦琐的中间处理环节。当前，GPS 技术已广泛应用于大地测量、资源勘查、地壳运动、地籍测量等领域。

3）GPS 除了用于导航、定位、测量外，由于 GPS 的空间卫星上载有的精确时钟可以发布时间和频率信息，因此，以空间卫星上的精确时钟为基础，在地面监测站的监控下，传送精确时间和频率是 GPS 的另一重要应用，应用该功能可进行精确时间或频率的控制，可为许多工程实验服务，如电力、邮电、通信等网络的时间同步，此外，还可利用 GPS 获得气象数据，用于某些实验和工程。

6.3　计算机网络技术

6.3.1　计算机网络概述

计算机网络是计算机技术和现代通信技术相结合的产物，是随社会对信息的共享和社会信息化的要求而发展起来的，它将地理位置不同，并具有独立功能的多个计算机系统通过通信设备和通信线路连接起来，通过使用功能完善的网络软件（即网络通信协议、信息交换方式及操作系统等）实现数据通信和资源的共享。

计算机互联网有多种类型，进入 20 世纪 90 年代以后，以因特网（Internet）为代表的计算机互联网络得到了飞速的发展。Internet 是一个由各种不同类型和规模的、独立运行和管理的计算机网络组成的世界范围的巨大计算机网络——全球性计算机网络，它是全球最大和最具影响力的计算机互联网络，也是世界范围的信息资源宝库。目前接入因特网的计算机已覆盖 180 余个国家和地区，全球上亿台计算机连接而成了一个超大网络，连入的计算机存储着丰富的信息资源，网络正在悄无声息地改变着世界。计算机网络对社会的影响越来越大，现在 Internet 已深入到了政府办公、企业管理、商业、金融等社会的各个方面，人们获取信息、工作、学习和交往都已离不开网络。

Internet 的基础是已有的各种计算机网络和通信线路，它把世界各地的计算机网络、数据通信网，通过路由器和各种通信线路在物理上连接起来，利用 TCP/IP 实现不同类型的网络之间的相互通信，是一个"网络的网络"，如图 6-15 所示。Internet 的原型是 1969 年美国国防部远景研究规划局（Advanced Research Projects Agency，ARPA）为军事实验而建立的网络，名为 ARPANET。20 世纪 80 年代初期，ARPA 和美国国防部通信局研制成功了用于异构网络的 TCP/IP 并投入使用。1986 年，在美国国家科学基金会（National Science Foundation，NSF）的支持下，高速通信线路把分布在各地的一些超级计算机连接起来，以 NSFNET 接替 ARPANET。然后又经过十几年的发展形成了 Internet。Internet 的应用范围也由最早的军事、国防，扩展到美国国内的学术机构，进而迅速覆盖了全球的各个领域，运营性质也由科研、教育为主逐渐转向商业化。

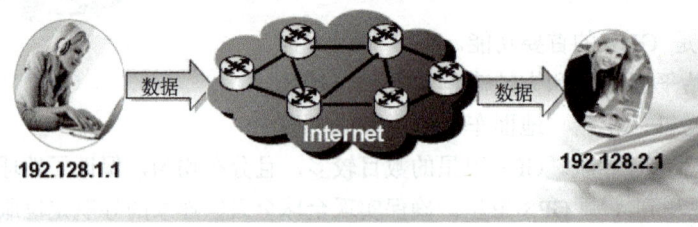

图 6-15　计算机网络

6.3.2　互联网的发展阶段

计算机网络的发展主要经历了以下几个阶段。

（1）联机系统阶段

20 世纪 50 年代，开始出现以单计算机为中心的联机系统，又称为面向终端的计算机网络。它是由一台主机和若干个终端组成的，如图 6-16 所示。主机是网络的中心和控制者，分布在各处的本地或远程终端通过公共电话网及相应的通信设备与主机相连，登录到主机上，使用主机上的资源。在主机和每个终端之间都有一条专用的通信线路；当连接的终端较多时，这一互联方式呈现出主机的负荷较重、通信线路利用率低、可靠性低等缺点。

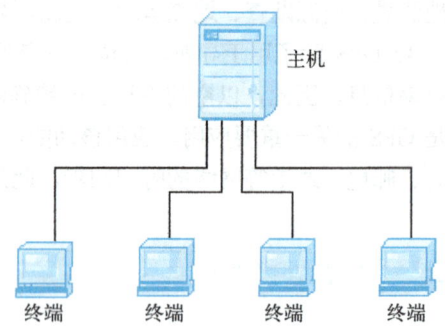

图 6-16　面向终端的计算机网络

在连接的终端数目增多的情况下，为减轻承担数据处理的中心计算机的负担，在通信线路和中心计算机之间设置了一个前端处理机（Front End Processor，FEP）或通信控制器（Communication Control Unit，CCU）专门负责与终端之间的通信控制，从而出现了数据处理和通信控制的分工，更好地发挥了中心计算机的数据处理功能。另外，在终端较集中的地区，设置集中器和多路复用器，采用低速线路将附近群集的终端连至集中器或复用器，然后将数据通过调制解调器（Modem）与远程中心计算机的前端机相连,构成如图 6-17 所示的以单计算机为中心的远程联机系统,从而提高了通信线路的利用率,节约了远程通信线路的投资。

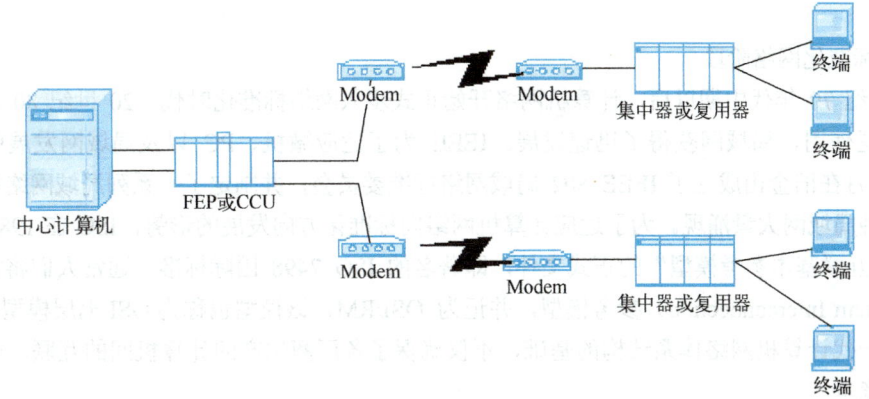

图 6-17　单计算机为中心的远程联机系统

(2) 多主机互联的初期网络阶段

20 世纪 60 年代后期,开始出现将多台主计算机通过通信线路互联构成的计算机网络,如图 6-18 所示。这种系统已由第一阶段利用一台中心计算机为所有用户服务的模式发展到了由多台分散的主计算机共同提供服务的模式。其典型代表是 ARPA 的 ARPANET。20 世纪 60 年代后期,ARPA 为促进对新型计算机网络的研究,提供经费资助了美国多所大学,并于 1969 年建成了一个具有 4 个节点的实验性网络,到 1973 年 ARPANET 发展到 40 个节点,而到 1983 年已经达到 100 多个节点。ARPANET 通过有线、无线与卫星通信线路,使网络覆盖了从美国本土到欧洲的广阔地域。ARPANET 是计算机网络技术发展的一个里程碑,它的主要贡献表现在以下几个方面。

1) 完成了对计算机网络的定义、分类描述。
2) 提出了资源子网、通信子网两级结构的概念。
3) 研究了报文分组交换的数据交换方法。
4) 采用了层次结构的网络体系结构模型与协议体系。
5) 促进了 TCP/IP 的发展。
6) 为 Internet 的形成与发展奠定了基础。

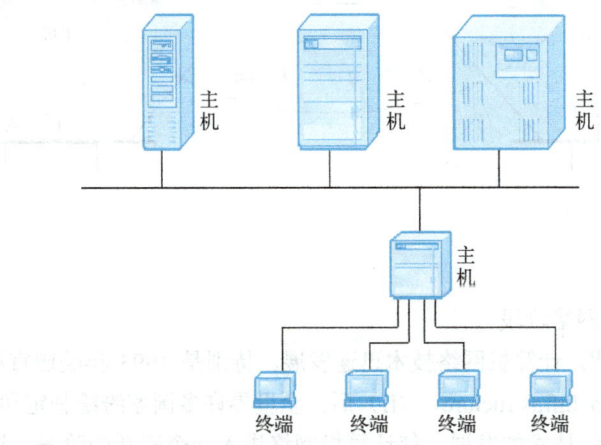

图 6-18　以多计算机为中心的网络逻辑结构图

但这些网络也存在不少弊端，主要问题是各厂家提供的网络产品实现互联十分困难。因此，人们迫切希望建立一系列的国际标准，这正是推动计算机网络走向国际标准化的一个重要因素。

（3）标准化网络阶段

20 世纪 70 年代中期以后，计算机网络开始正式步入网络标准化时代。20 世纪 80 年代，随着微机的广泛使用，局域网获得了迅速发展。IEEE 为了适应微机、PC 以及局域网发展的需要，于 1980 年 2 月在旧金山成立了 IEEE 802 局域网络标准委员会，并制定了一系列局域网络标准。在此期间，各种局域网大量涌现。为了适应计算机网络向标准化方向发展的形势，ISO 在 1984 年颁布了"开放系统互联基本参考模型"的正式文件，即著名的 ISO 7498 国际标准，通常人们将它称为 OSI （Open System Interconnection）参考模型，并记为 OSI/RM，该模型也称为 OSI 七层模型。OSI 参考模型是新一代计算机网络体系结构的基础，不仅确保了各厂商生产的计算机间的互联，同时也促进了企业的竞争。

典型的标准化网络结构如图 6-19 所示，计算机网络要完成数据处理与数据通信两大基本功能，在结构上必须分成两个部分：负责数据处理的主计算机与终端；负责数据通信处理的通信控制处理机（Communication Control Processor，CCP）与通信线路。资源子网负责全网的数据处理业务，向网络用户提供各种网络资源与网络服务，它由主计算机系统、终端、终端控制器、联网外设、各种软件资源与信息资源组成。通信子网是由通信介质、通信设备组成的，完成网络数据传输、转发等通信处理任务。

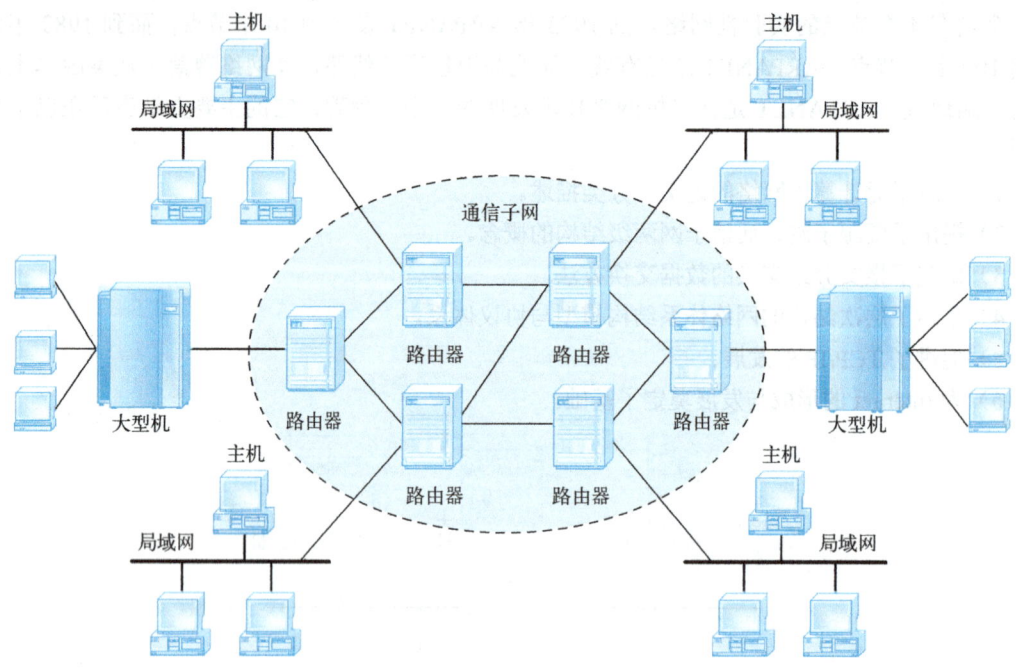

图 6-19　计算机网络的基本结构

（4）网络互联与高速网络阶段

进入 20 世纪 90 年代，计算机网络技术迅速发展。特别是 1993 年美国宣布建立国家信息基础设施（National Information Infrastructure，NII）后，全世界许多国家纷纷制定和建立本国的 NII，从而极大地推动了计算机网络技术的发展，使计算机网络进入一个崭新的阶段，这就是计算机网络互联与高速网络阶段，如图 6-20 所示。

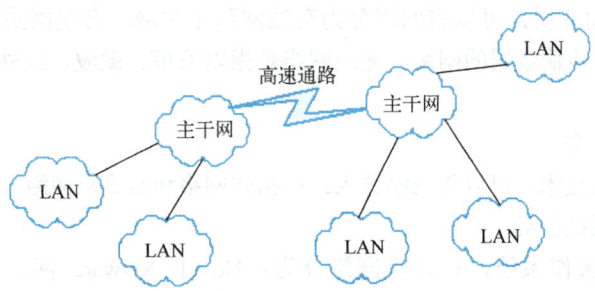

图 6-20　网络互联与高速网络的基本模型

6.3.3　计算机网络的分类

拓扑是一种研究与大小、形状无关的构成图形（线、面）特性的方法，即抛开网络中的具体设备，把工作站、服务器等网络单元抽象为"节点"，把网络中的电缆等通信介质抽象为"线"，形成点和线组成的图形，使人们对网络整体有比较直观的印象。这样从拓扑学的角度看计算机网络就变成了点和线组成的几何图形，这就是网络的拓扑结构，也就说网络拓扑结构是一个网络的通信链路和节点的几何排列或物理图形布局，在计算机网络中忽略了网络的具体物理特性，如节点之间的距离、各节点的位置，而着重研究节点之间的连接关系。

可以从不同角度对计算机网络进行分类。

（1）按网络的拓扑结构分类

可以将网络分为：星形网络（如图 6-21a）、总线形网络（如图 6-21b）、环形网络（如图 6-21c）、树形网络（如图 6-21d）、网状形网络（如图 6-21e）和混合型网络。

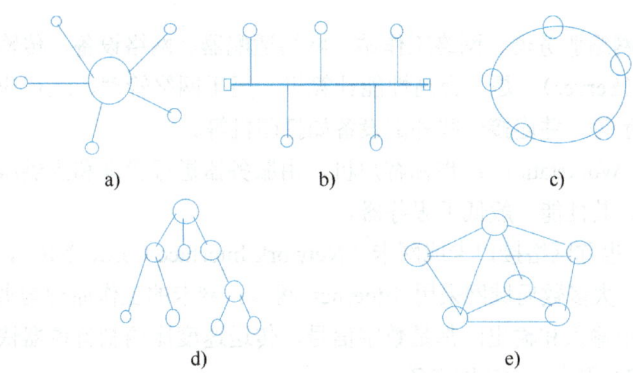

图 6-21　不同的网络拓扑结构

a）星形网络　b）总线形网络　c）环形网络　d）树形网络　e）网状形网络

（2）按网络覆盖的地理范围分类

这是最常用的分类方法，按照地理范围的大小，可以把计算机网络分为局域网、城域网、广域网三种类型。

（3）按网络协议分类

根据使用的网络协议不同，可将网络分为：使用 IEEE 802.3 标准协议的以太网（Ethernet）、使用 IEEE 802.5 标准协议的令牌环网（Token Ring）、另外还有 FDDI 网、ATM 网、X.25 网、TCP/IP 网等。

（4）按传输介质分类

根据所使用的传输介质，可以将网络分为有线网和无线网。有线网是指采用双绞线、同轴电缆、光纤等物理介质来传输数据的网络。无线网络是指以卫星、微波、红外线等无线电波为传输介质的数据通信网络。

（5）按传播方式分类

根据所使用的传输技术，可以将网络分为：广播式网络和点到点网络。

（6）按网络操作系统分类

根据使用的网络操作系统，可以将网络分为：Novell Netware 网、UNIX 网、Linux 网、Windows 网等。

6.3.4 网络硬件和软件

计算机网络是一个非常复杂的系统，从系统组成的角度来说，计算机网络包括硬件系统及软件系统两大部分：网络硬件提供的是数据处理、数据传输和建立通信通道的物质基础，而网络软件是真正控制数据通信的。网络软件的各种功能需依赖硬件完成，二者缺一不可。从系统功能的角度来讲，一个计算机网络又可分为资源子网和通信子网两大部分。通信子网是指计算机网络中实现网络通信功能的设备及其软件的集合，通信线路、通信设备、网络通信协议、通信控制软件等都属于通信子网，它是网络的内层，负责信息的传输，是网络的重要组成部分。资源子网是指计算机网络中实现资源共享的设备和软件的集合。主机和终端都属于资源子网。通信子网为资源子网提供信息传输服务，资源子网上用户之间的通信建立在通信子网的基础上。没有通信子网，网络不能工作，而没有资源子网，通信也就失去了意义，通信子网和资源子网的结合组成了统一、资源共享、完善的网络。

（1）网络硬件

网络硬件包括：网络服务器、网络工作站、网络适配器、网络设备、传输介质等。

1）网络服务器（Server）：是一台高性能计算机，用于网络管理、运行应用程序、处理各网络工作站成员的信息请示等，并连接一些外部设备如打印机等。

2）网络工作站（Workstation）：也称客户机，由服务器进行管理和提供服务、接入网络的任何计算机都属于工作站，其性能一般低于服务器。

3）网络适配器：也称网络接口卡或网卡（Network Interface Card，NIC），在局域网中用于将用户计算机与网络相连，大多数局域网采用 Ethernet 网卡。网卡的工作原理与调制解调器的工作原理类似，只不过在网卡中输入和输出的都是数字信号，传送速度比调制解调器快得多。它按总线类型可分为 ISA 网卡、EISA 网卡、PCI 网卡等。

4）网络设备：计算机与计算机或工作站与服务器进行连接时，除了使用连接介质外，还需要一些中介设备，如网络交换机、路由器、集线器等，这些统称为网络连接设备。

5）传输介质：用于网络设备之间的通信连接，常用的有双绞线、同轴电缆、光缆等。此外计算机网络还使用无线传输媒体，如微波、红外线和激光、卫星等。

（2）网络软件

网络软件包括网络系统软件和网络应用软件两大类。

1）网络系统软件：包括网络操作系统、网络协议软件、通信控制软件和管理软件等。网络操作系统（Network Operating System，NOS）是网络软件的基础，是向网络计算机提供服务的特殊操作系统，它在计算机操作系统下工作，使计算机操作系统增加了网络操作的功能。现在常用的 NOS

有 Novell NetWare、Windows、UNIX 和 Linux 等。

2）网络应用软件：指为某一应用目的而开发的网络软件，为用户提供访问网络的手段及服务，资源共享和信息传输。常用的应用软件有：数据库管理系统、远程教育软件、办公自动化、财务管理软件、Internet 信息服务软件等。

6.3.5 网络体系结构与协议

计算机网络是将多台位于不同地点的计算机设备通过各种通信信道和设备互连，使其能协同工作，以便计算机用户和应用进程交换信息和共享资源。因此，计算机网络系统的设计是个复杂的工程。网络的体系结构用分层的概念简化了计算机网络系统的设计与实现。

在网络中包含多种计算机系统，它们的硬件和软件各不相同，要实现它们之间的通信，就必须有一套通信管理机制，使通信双方能正确地发送和接收信息，并理解对方所传输信息的含义。这套通信管理机制也可以说是计算机通信双方事先约定的一种规则，它就是协议。协议是指实现计算机网络中数据通信和资源共享的规则的集合，它包括协议规范的对象以及应该实现的功能。一般来说，协议由语义、语法和交换规则三部分组成，即协议的三要素。层和协议的集合被称为网络体系结构，换句话说，计算机网络体系结构不是指具体的网络，是计算机网络的抽象模型，它是用分层研究方法定义计算机网络各层的功能、各层协议和接口的集合。

1．OSI/ISO 参考模型

OSI 参考模型是一种具有指导作用的抽象模型，并不是计算机网络协议的具体实现实例。在 OSI 参考模型的基础上，计算机网络协议的具体实现还有很多灵活性和可扩展空间。OSI 参考模型只给出了一些原则性的说明，并不是一个真正具体的网络，它将网络划分为七个层次：物理层、数据链路层、网络层、传输层、会话层、表示层、应用层，如图 6-22 所示，其各层实现的功能如表 6-2 所示。

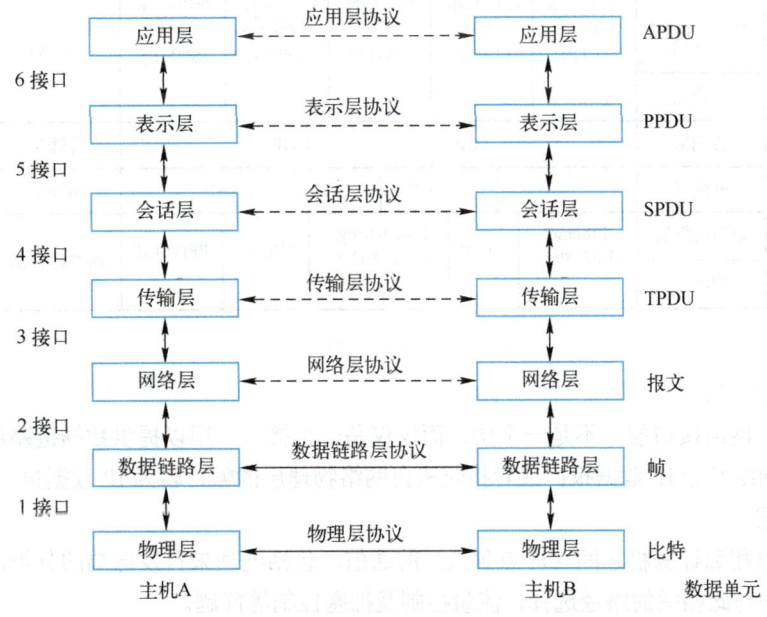

图 6-22　OSI 参考模型

表 6-2　OSI 模型的层功能

层名	功能	相应问题
应用层	与用户应用进程的接口	"做什么"
表示层	数据格式的转换	"对方看起来像什么"
会话层	会话管理与数据传输	"谁该讲话""从哪儿讲起"
传输层	端到端可靠的数据传输	"对方在哪儿"
网络层	分组传送、路由选择、流量控制	"走哪条路可以到达对方"
数据链路层	相邻节点间无差错传送帧数据	"每一步该怎么走"
物理层	在物理媒体上透明传输位信息流	"怎样利用媒体"

OSI 七层体系结构具有概念清楚、理论完整的特点，是一个理论上的国际标准，但不是事实上的国际标准。随着因特网在全世界的广泛使用，具有简单易用特点的 TCP/IP 四层体系结构成为事实上的标准，所以本书重点讨论 TCP/IP 分层协议模型。

2. TCP/IP 参考模型

TCP/IP 参考模型又称 Internet 协议参考模型。TCP（Transmission Control Protocol）是传输控制协议，IP（Internet Protocol）是网际协议。在 TCP/IP 中，TCP 和 IP 各有分工。TCP 是 IP 的高层协议，TCP 在 IP 之上提供了一个可靠的、面向连接的协议。TCP 能保证数据包的传输以及正确的传输顺序，并确保包头和包内数据的准确性。IP 为 TCP/IP 集中的其他所有协议提供"包传输"的功能，IP 为计算机上的数据提供了一个最有效的无连接传输系统。也就是说 IP 包不能保证到达目的地，接收方也不能保证按顺序收到 IP 包，它仅能确认 IP 包头的完整性。最终确认包是否到达目的地，还要依靠 TCP，因为 TCP 是有连接服务的。TCP/IP 参考模型由四个层次组成，如图 6-23 所示。

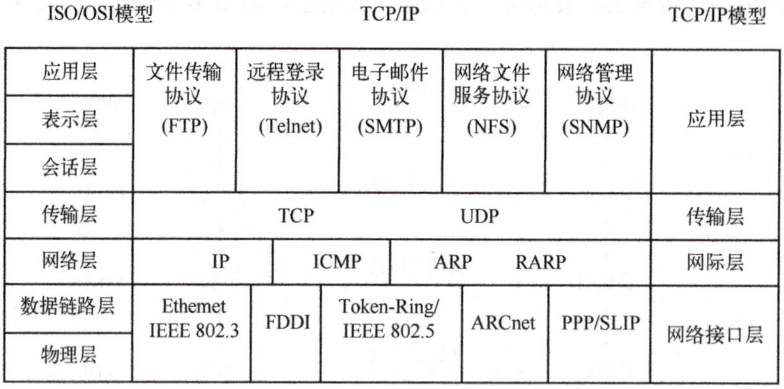

ISO/OSI模型	TCP/IP					TCP/IP模型
应用层	文件传输协议(FTP)	远程登录协议(Telnet)	电子邮件协议(SMTP)	网络文件服务协议(NFS)	网络管理协议(SNMP)	应用层
表示层						
会话层						
传输层	TCP			UDP		传输层
网络层	IP		ICMP	ARP	RARP	网际层
数据链路层	Ethernet IEEE 802.3	FDDI	Token-Ring/ IEEE 802.5	ARCnet	PPP/SLIP	网络接口层
物理层						

图 6-23　TCP/IP 参考模型

（1）网络接口层

严格来说，网络接口层并不是一个层，而仅仅是一个接口，用以提供数据链路层和物理层的接口。负责通过网络发送 IP 数据报；或者接收来自网络物理层的帧，转为 IP 数据报，交给 IP 层。

（2）网际层

网际层负责相邻计算机之间（即点到点）的通信，包括处理来自发送端的分组请求，检查并转发数据报，处理与此相关的路径选择，流量控制及拥塞控制等问题。

（3）传输层

提供可靠的端到端数据传输，确保源主机传送的分组正确到达目标主机。该层有 TCP、用户数据报协议（User Datagram Protocol，UDP）。TCP 是一种可靠的面向连接的协议，主要功能是保证信息无差错地传输到目的主机。UDP 是一种不可靠的无连接协议，与 TCP 不同的是，它不进行分组顺序检查和差错控制，而是把这些工作交给上一级应用层完成。

（4）应用层

应用层是 TCP/IP 参考模型的最高层，它向用户提供一些常用的应用程序，如电子邮件等。应用层包括了所有的高层协议，并且总是不断有新的协议加入。应用层协议主要有：网络终端协议（Telnet），用于实现互联网中的远程登录功能；文件传输协议（FTP），用于实现互联网中交互式文件传输功能；简单电子邮件协议（SMTP），实现互联网中电子邮件发送功能；域名服务（DNS），用于实现网络设备名字到 IP 地址映射的网络服务；网络文件系统（NFS），用于网络中不同主机间的文件系统共享。

6.3.6 因特网技术

Internet 不属于任何国家和组织，其最高管理机构是 Internet 协会（Internet Society，ISOC），总部设在美国。

1．Internet 协议

Internet 协议本身并不是任何协议而是一个协议族的总称，一般包括文件传输协议、电子邮件协议、超文本传输协议、通信协议等。Internet 采用的是 TCP/IP，由 TCP 和 IP 组合而成，实际是一组协议。IP 保证将数据从一个地址传送到另一个地址，但不能保证传送的正确性，TCP 则用来保证传送的正确性。对于 TCP/IP 各成员划分层次时，通常采用两种方式：一种是根据协议之间的服务调用关系；另一种是根据协议的作用和功能。大多数情况下，这两种划分方式配合得很好，但是偶尔也会出现一些二义性问题。以路由协议为例，从协议的作用和功能来说，路由协议应该被划分到网际层；但是路由协议中的边界网关协议（Border Gateway Protocol，BGP）是基于 TCP 进行封装和传输的，路由协议中的路由选择信息协议（Routing Information Protocol，RIP）是基于 UDP 进行封装和传输的，从服务调用关系来说，BGP 和 RIP 又应该被划分到应用层。由于 TCP/IP 参考模型是先有协议后有模型，因此在协议划分时会出现这种二义性问题。从这个层面上来说，TCP/IP 参考模型的结构不如 OSI 参考模型的结构严谨。图 6-24 列举了 TCP/IP 参考模型中各层的一些常见协议，这些协议仅仅是 TCP/IP 中的一小部分。随着网络技术的发展，TCP/IP 还不断有新的成员加入。

TCP/IP 通过网络接口层实现 IP 数据报在各种通信系统上的传输。这些通信系统既包括各种局域网（LAN），如 IEEE 802.3 标准，又包括各种广域网（WAN），如 X.25、帧中继、xDSL 和 ATM 等。这些通信系统向 TCP/IP 提供通信服务，但其本身并不属于 TCP/IP。

TCP/IP 各层主要协议如下。

（1）TCP/IP 协议在网络接口层的主要协议

1）串行线路 IP（Serial Line IP，SLIP）用于在点到点串行线路上封装和传输 IP 数据报的协议（已淘汰）。

2）地址转换协议（Address Resolution Protocol，ARP）用于实现逻辑地址（即 IP 地址）向物理地址（即 MAC）的转换。

3）反向地址转换协议（Reverse Address Resolution Protocol，RARP）用于实现物理地址（即 MAC）向逻辑地址（即 IP 地址）的转换。

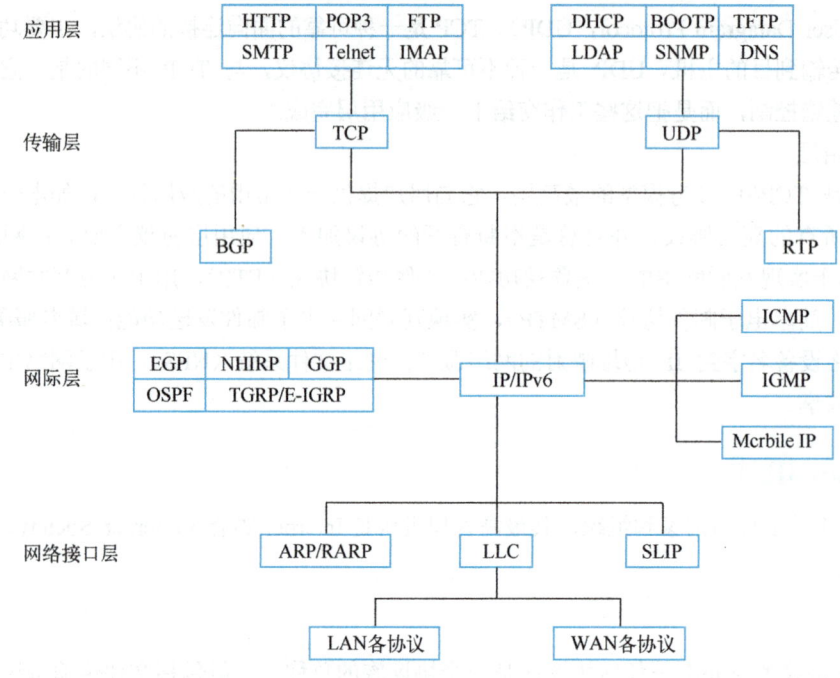

图 6-24　TCP/IP 参考模型中的常见协议

（2）TCP/IP 在网际层的主要协议

1）IP 也称 IPv4（Internet Protocol version 4，网际协议第 4 版），它定义了 IP 数据报的格式，其中包含地址信息和控制信息，使得数据报可以在网络中路由传送。IPv6（Internet Protocol version 6，网际协议第 6 版）是 IP 的最新版本，主要是把 IP 地址从 32bit 增加到 128bit，可以支持更多的寻址层次、更大数据的节点以及更简单的地址自动配置。

2）因特网控制信息协议（Internet Control Message Protocol，ICMP）用于传输在 TCP/IP 通信中出现的错误报告，以及通信控制信息和请求/应答信息。

3）因特网组管理协议（Internet Group Management Protocol，IGMP）是一个组播协议，用于在位于不同逻辑网络的成员之间传递 IP 数据报。

4）移动 IP（Mobile IP）是实现移动计算机联网的关键协议。在移动 IP 中，计算机通过绑定归属 IP 地址（固定地址）和移动地址（随计算机移动而变化）来实现移动状态下的不间断通信。

5）RIP 是一种基于 UDP 的内部网关协议，由于其功能是实现自治系统内部的路由，因此仍将它归属于网际层。开放最短路径优先（Open Shortest Path First，OSPF）是一个内部网关协议，其功能是实现自治系统内部的路由。

6）内部网关路由协议（Interior Gateway Routing Protocol，IGRP）和增强的内部网关路由协议（Enhanced Interior Gateway Routing Protocol，EIGRP）是思科公司专用的内部网关协议。

7）BGP 是一种基于 TCP 的外部网关协议，由于其功能是实现自治系统之间的路由，因此仍将它归属于网际层。外部网关协议（Exterior Gateway Protocol，EGP）是一种在自治系统间交换路由信息的外部网关协议，现已基本被 BGP 替代。

8）网关到网关协议（Gateway To Gateway Protocol，GGP）是一种早期 Internet 核心系统使用的路由协议，其作用是在核心路由器之间传播路由信息，目前已经被淘汰。

9）下一跳解析协议（Next Hop Resolution Protocol，NHRP）用于简化非广播多路访问（Non-

Broadcast Multi-Access，NBMA）网络中的路由转发过程，提高通信效率。

（3）TCP/IP 协议在传输层的主要协议

1）TCP 为两台主机提供高可靠性的数据通信。它所做的工作包括：把应用程序交给它的数据分成合适的小块，交给下面的网络层，确认接收到的分组，设置发送最后确认分组的超时时钟等。由于提供了高可靠性的端到端的通信，因此应用层可以忽略所有这些细节。为了提供可靠的服务，TCP 采用了超时重传、端到端的确认分组等机制。

2）UDP 为应用层提供一种非常简单的服务。它只是把称作数据报的分组从一台主机发送到另一台主机，但并不保证该数据报能到达另一端。一个数据报是指从发送方传输到接收方的一个信息单元（例如，发送方指定的一定字节数的信息）。UDP 任何必需的可靠性必须由应用层来提供。

（4）TCP/IP 在应用层的主要协议

1）域名系统服务（Domain Name Service，DNS）是一种分布式网络目录服务，主要用于域名和 IP 地址的相互转换。

2）超文本传输协议（Hypertext Transfer Protocol，HTTP）是应用层上一种请求/响应式的协议，实现客户端与服务器的通信，从而成为 WWW 发布信息的主要协议。

3）文件传输协议（File Transfer Protocol，FTP）用于计算机之间的文件传送。

4）简单邮件传输协议（Simple Mail Transfer Protocol，SMTP）是一种提供可靠且有效电子邮件传输的协议。

5）邮局协议（Post Office Protocol，POP）允许客户计算机动态地访问邮件服务器上的邮件，目前已经发展到第三版，称为 POP3。

6）因特网信息访问协议（Internet Message Access Protocol，IMAP）用于访问存储在邮件服务器系统内的电子邮件和电子公告板信息。

7）Telnet 协议是 TCP/IP 环境下的终端仿真协议，通过 TCP 建立服务器与客户机之间的连接，也是 Internet 远程登录服务的标准协议和主要方式。

8）动态主机配置协议（Dynamic Host Configuration Protocol，DHCP）是一种基于 UDP 的协议，使网络管理员能够集中管理和自动分配 IP 网络地址。

9）引导协议（Bootstrap Protocol，BOOTP）是一种基于 UDP 的协议，主要用于无盘工作站从服务器获得自己的 IP 地址、服务器的 IP 地址以及启动映像文件名。

10）简单文件传输协议（Trivial File Transfer Protocol，TFTP）是一种基于 UDP 的传输文件的简单协议。TFTP 只能从远程服务器上读、写文件（邮件）或者把读、写文件传送给远程服务器。

11）轻量级目录访问协议（Lightweight Directory Access Protocol，LDAP）用于访问 X.500 的目录服务。

12）简单网络管理协议（Simple Network Management Protocol，SNMP）是专门设计用于在 IP 网络管理网络节点（服务器、工作站、路由器和交换机等）的协议。SNMP 使网络管理员能够监控网络工作状态、管理网络性能，发现并解决网络问题。

2．Internet 地址和域名

（1）Internet 地址

所有 Internet 上的计算机都必须有一个唯一的编号作为其在 Internet 的标识，这个编号称为 IP 地址。IP 地址标识一个连接，它是网络上的通信地址，是计算机、服务器、路由器在 Internet 上的地址。

在网络通信中，每个数据包中包含发送方的 IP 地址和接收方的 IP 地址。

IPv4 地址是一个 32 位二进制数，被分为 4 段，每段 8 位（1 个字节），段与段之间用句点分隔。为了便于表达和识别，IP 地址是以十进制形式表示的，每段所能表示的十进制数最大不超过 255。为方便起见，通常将其表示为 w.x.y.z 的形式。其中 w、x、y、z 分别为一个 0～255 的十进制整数，对应二进制中的一个字节。这样的表示叫作"点分十进制表示"。例如，某台机器的 IP 地址为 11001010 01110010 01000000 00000010，则写成点分十进制表示形式为 202.114.64.2。IP 地址有五种类型分别用于不同规模的网络，如图 6-25 所示。

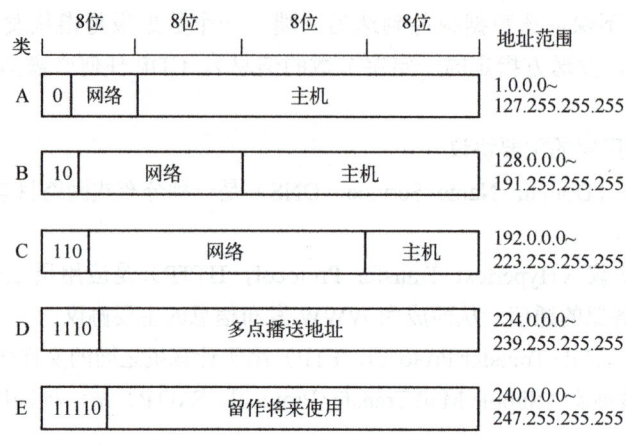

图 6-25　五类互联网地址

A 类地址的第一个字节的范围是 1～127，后三个字节为主机号。

B 类地址的第一个字节的范围是 128～191，后两个字节为主机号。

C 类地址的第一个字节的范围是 192～223，后一个字节为主机号。

D 类地址的第一个字节的范围是 224～239。

E 类地址的第一个字节的范围是 240～254。

A 类、B 类、C 类地址分别适用于大规模、中规模、小规模的网络。使用 D 类地址的网络用于多点传送给多个主机或者传递给特定子网，只有那些注册为包传送地址的主机才能接收包。E 类地址是一个实验地址，保留给将来使用。本书对 D 类、E 类地址不做太多讨论。IP 地址每一部分的长度都是经过精心设计的，在分配网络地址和本地地址时提供了最大的灵活性。以 C 类地址来说，大约允许网络数可有 200 万个，每个网络可有主机设备 254 个。但由于历史的原因，当今一些美国大学被划分给 A 类网络，而其他大部分国家的 Internet 系统只能被划分为 C 类网络。

内网就是局域网，为了把内网和公网的地址区分开，规定了内网地址的范围。内网地址在公网上是不存在的，是专门用来在局域网内进行地址的分配的。把一个大网缩小为若干小网，叫子网。利用子网掩码可以对网络进行子网划分，子网掩码是一个 32 位数，其中对应于主机地址的部分为 0，对应于网络地址的部分为全 1，子网地址也为 1。

A 类 IP 地址的子网掩码为 255.0.0.0；B 类 IP 地址的子网掩码为 255.255.0.0；C 类 IP 地址的子网掩码为 255.255.255.0。IP 地址 192.168.10.1 的第一个字节是 192，它属于 C 类地址的范围 192～223，因此，与之对应的子网掩码为 255.255.255.0。

并不是所有的 IP 地址都能分配给主机，有些 IP 地址具有特定的含义，因而不能分配给主机。回送地址是前 8 位为 01111111（十进制的 127）的 IP 地址，这个地址用于网络软件测试和本机进程间的通信。无论什么程序，如果它向回送地址发送数据，TCP/IP 软件立即将数据返回，不做任何网络传输。主机地址全为 0 的 IP 地址为子网地址，代表当前所在的子网。例如，当提到网络 150.24.0.0 时，指的是整个子网，150.24.0.0 这个地址不会分配给网络中的任何一台主机。主机地址为全 1 的 IP 地址为广播地址，向广播地址发送信息就是向子网中的每个成员发送信息。例如，在 A 类网络 18.0.0.0 中向地址 18.255.255.255 发出一条信息时，网络中的每台计算机都将接收到该信息。另外，如果需要在本网内广播，但又不知道子网地址，可以用地址 255.255.255.255 代替本网广播地址。

（2）Internet 域名

虽然 Internet 网上的主机（包括网关以及每一台连在网络上的计算机）都有唯一的一个 IP 地址，但是用户使用一个数字地址是很不方便的。就像人们习惯于用姓名，而不是用身份证号码来指明一个人那样，用户更愿意使用具有一定意义的名字来指明主机。为此，人们为每个已经分配了 IP 地址的主机指定一个名字。

TCP/IP 的域名系统提供了一整套名字管理的办法，其中一项主要工作是把主机的一个合法"名字"转换成相应的 IP 地址，当然还包括了其他功能。DNS 采用分布式数据库的方法，具有良好的伸缩性，非常适合处理网络的增长。在 DNS 中使用了树形结构，树的顶层被分成几个主要的组，由顶层往下的分支继续扩展，每一级被认为是一个域，每一级的名字和前面几级的名字连接在一起成为它的域名。例如下面的名字说明了不同的级，这些级都位于树的同一个分支上。

cn

edu.cn

henau.edu.cn

域名的格式由最低层开始，向上直到树根。这种树形结构的一个优点就是树中的每一级域的管理机构负责管理它自己的域，这些管理工作包括在树形结构中添加新的域。例如，"edu.cn"的管理机构可以增加"henau"，也可以增加"pku"域。"henau.edu.cn"代表中国教育科研计算机网河南农业大学的主机名字，而"pku.edu.cn"代表中国教育科研计算机网北京大学的主机名字。

当需要确定一个 IP 地址时，DNS 通过名字解析器先发一个请求给本地名字服务器，如果请求不成功，则必须越出本地域进行查找，最终可能要请求一个指定的 DNS"根"服务器。Internet 有多个 DNS 根服务器。根服务器是域名系统的最高部分，它可以回答请求或者指出能进一步查找的服务器，最后可以确定能提供名字解析的名字服务器。

一般来说，可以根据 Internet 网络节点所处的地理位置、所属机构的性质等对它们进行分类，并把它们组织成一个树形结构。Internet 的顶层（根）域的命名方式分两大类：一类是由三个字母组成的，表示所属的机构类型，美国常用三字母域名见表 6-3；另一类是由两个字母组成的，表示所在的国家或地区，常用的两字母域名见表 6-4。

表 6-3 美国的三字母域名

域名	说明
gov	政府部门
edu	教育机构
com	商业和工业组织
mil	军事部门
net	网络运行和服务中心
org	其他组织机构

表 6-4 常用的两字母域名

域名	国家或地区	域名	国家或地区
au	澳大利亚	ca	加拿大
cn	中国	de	德国
dk	丹麦	fr	法国
gb	英国	in	印度
it	意大利	jp	日本
ru	俄罗斯	us	美国

3. 网络设备

网络设备是构成网络的重要部分，主要有网卡、交换机、路由器等，如图 6-26 所示。

网卡　　　　交换机　　　　路由器

图 6-26　常见网络设备

（1）网卡

网卡是计算机与局域网的接口。一台计算机也可以同时安装两块或多块网卡。网卡的功能主要有两个：一是将计算机的数据封装为帧，并通过网线（对无线网络来说就是电磁波）将数据发送到网络上去；二是接收网络上传过来的帧，并将帧重新组合成数据，发送到所在的计算机中。每块网卡都有一个世界唯一的 ID 号，也叫作介质访问控制（Media Access Control，MAC）地址。MAC 地址用于在网络中标识计算机的身份，实现网络中不同计算机之间的通信和信息交换。

网络有多种类型，如以太网、令牌环、FDDI、ATM、无线网络等，不同的网络必须采用与之相适应的网卡。绝大多数局域网都是以太网，因此，一般所接触到的网卡也基本上都是以太网网卡。网卡的选择需要注意以下几个方面：端口类型、传输速率、支持全双工、总线接口、支持远程唤醒、支持远程引导。网卡的安装分为硬件安装和软件安装两部分。

（2）交换机

交换机的英文名称是 Switch，原意是"开关"。中国技术界在引入这个词汇时，翻译为"交换"。这里的"交换"特指电信技术中的信号交换，与物品交换不是同一个概念。交换机是一种用于电（光）信号转发的网络设备。这个设备是由源集线器的升级换代而来，从外观上来看和集线器没有很大区别。通信两端需要传输信息，通过设备或者人工把要传输的信息送到符合标准的对应路由器上的技术就是交换机技术。交换机通常有多个端口，每个端口都具有桥接功能，可以连接一个局域网或一台高性能服务器或工作站。实际上，交换机有时被称为多端口网桥。从广义上来说，在通信系统里实现信息交换功能的设备就是交换机，它可以为接入交换机的任意两个网络节点提供独享的电信号通路。最常见的交换机是以太网交换机，其他常见的还有电话语音交换机、光纤交换机等。

交换机根据工作位置的不同，可以分为广域网交换机和局域网交换机。广域网交换机主要应用于电信领域，提供通信用的基础平台。而局域网交换机则应用于局域网络，用于连接终端设备，如

PC 机及网络打印机等。从传输介质和传输速度上可分为以太网交换机、快速以太网交换机、千兆以太网交换机、FDDI 交换机、ATM 交换机和令牌环交换机等。从规模应用上又可分为企业级交换机、部门级交换机和工作组交换机等。

网络交换机是一个扩大网络的器材，能为子网络提供更多的连接端口，以便连接更多的计算机。随着通信业的发展以及国民经济信息化的推进，网络交换机市场呈稳步上升态势。它具有性价比高、高度灵活、相对简单和易于实现等特点。以太网技术已成为当今非常重要的一种局域网组网技术，网络交换机也就成为最普及的交换机。

（3）路由器

路由器（Router）又称网关设备（Gateway），用于连接多个逻辑上分开的网络，逻辑网络代表一个单独的网络或者一个子网。当数据从一个子网传输到另一个子网时，可通过路由器的路由功能来完成。因此，路由器具有判断网络地址和选择 IP 路径的功能，能在多网络互联环境中建立灵活的连接，可用完全不同的数据分组和介质访问方法连接各种子网。路由器只接收源站或其他路由器的信息，属于网络层的一种互联设备。

6.3.7 网络服务

（1）WWW 服务

万维网（World Wide Web，WWW）是一个基于超文本（Hypertext）方式的信息查询工具，其最大特点是拥有非常友善的图形界面、简单的操作方法以及图文并茂的显示方式。

WWW 系统采用客户机/服务器结构。在客户端，WWW 系统通过网页浏览器如 Internet Explorer 等软件提供了查阅超文本的方便手段。W3C 推荐了一种超文本标记语言（HyperText Markup Language，HTML），按 HTML 格式存储的文件被称作超文本文件。在每一个超文本文件中通常都有一些超链接（Hyperlink），把该文件与别的超文本文件连接起来构成一个整体。

常见的网站是由若干 Web 网页组成的（暂且不考虑网络应用程序），这些 Web 网页是直接或者间接（通过网页制作工具）由 HTML 书写成的。HTML 标准定义了 Web 网页的内容和显示方式，HTML 代码最终在客户机的浏览器上显示为包含文本、图形、声音、动画等内容的 Web 网页。HTML 对 Web 网页的内容、格式及网页中的超级链接进行描述，而 Web 浏览器的作用就在于读取 Web 站点上的 HTML 文档，再根据 HTML 文档中的描述组织来显示相应的 Web 页面。HTML 文档本身是文本格式的，用任何一种文本编辑器都可以对它进行编辑。HTML 文档的扩展名为".html"或".htm"，如图 6-27 所示。仅有 HTML 并不能完成 WWW 服务的全部内容，还需要在网络中传输这些 HTML 代码，这项工作是由 HTTP 完成的。HTTP 是一种应用层协议，它处于 TCP/IP 协议栈的最高层，具体定义了如何利用低层的通信协议完成正确的网络传输，从而在 Web 服务器与浏览器之间建立连接。

（2）FTP 服务

FTP 是 Internet 上用来传送文件的协议，是使用最普遍的文件传输协议。在 Internet 上通过 FTP 服务器可以进行文件的上传（Upload）或者下载（Download）。FTP 是实时联机服务，在使用之前必须是该服务的一个用户（即具有用户名和口令），工作时客户端必须先登录到作为服务器一方的计算机上。用户登录后可以进行文件搜索和文件传送等有关操作，如改变当前工作目录、列出文件目录、设置传输参数及传送文件等。使用 FTP 可以传送所有类型的文件，如文本文件、二进制可执行文件、图像文件、声音文件和数据压缩文件等。

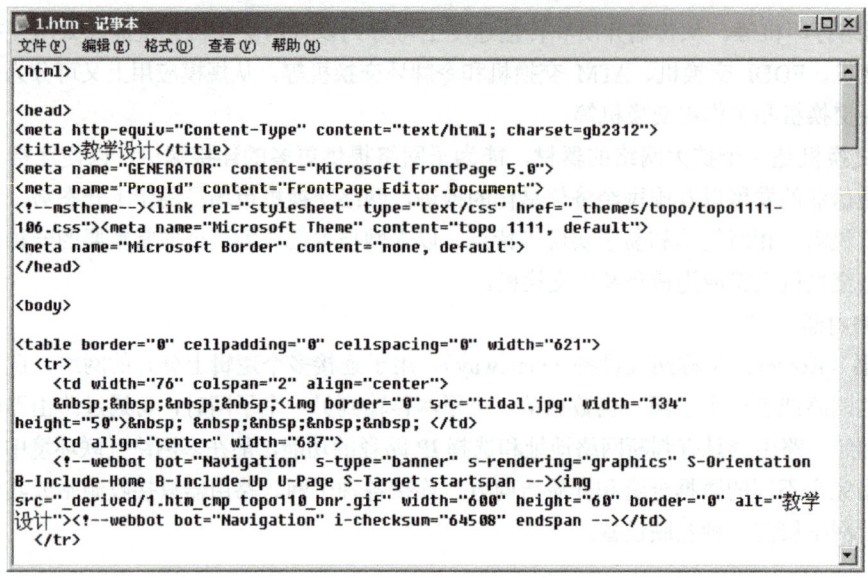

图 6-27　HTML 文档源文件

　　FTP 是 TCP/IP 的一种具体应用，工作在应用层。使用 TCP 传输的意义在于客户与服务器之间的连接是可靠的面向连接，为数据的传输提供了可靠的保证。

　　(3) DNS 服务

　　DNS 是互联网的一个重要组成部分，它起着域名解析的作用。在 TCP/IP 网络中，每台计算机都拥有一个用数字表示的 IP 地址，IP 地址唯一地标识一台计算机。如果某台计算机想访问网络中的其他计算机，它就应该知道对方的 IP 地址。但是仅仅用数字表示的名称标识太过烦琐，并且用户在访问网络中的资源时，一般并不希望使用对方的 IP 地址去访问，而是通过容易记忆的计算机名来访问。

　　为了便于记忆，便产生了使用 IP 地址之外的名称方案，也就是使用简单易记的名称来标识网络中的计算机（包括其他形式的网络节点），DNS 就是这样一个名称解决方案。

　　域名解析服务把人们易于记忆的地址（比如 www.microsoft.com）解析为 IP 地址（比如 207.46.198.30）。DNS 服务器的主要构件是一种分层的分布式数据库，包含了 DNS 主机名称到 IP 地址的映射信息。

　　通过 DNS，主机名称保存在数据库中，数据库可能分布到多个服务器上，这减轻了每一台服务器的负担，并提供了通过分区来管理这个命名系统的能力。DNS 支持层次化的名称，除了在主机文件中使用主机名称到 IP 地址的映射之外，DNS 也允许注明不同的数据类型。由于 DNS 数据库是分布式的，它的大小不受限制，而且当更多的服务器被使用时，其性能不会降低太多。

　　DNS 是基于客户机/服务器模式运行的。在这种模型中，DNS 服务器上有一个数据库，其中保存着 DNS 名称空间中名称和 IP 地址的映射关系，DNS 服务器利用这个数据库为客户端提供名称解析服务，这个数据库在 DNS 中被称为区域。DNS 客户机会向 DNS 服务器发出名称解析的查询请求，以获取有关 DNS 名称空间的全称域名（Fully Qualified Domain Name，FQDN）和 IP 地址的映射关系。如果这台 DNS 服务器的数据库不负责存储客户端所查询的名称和 IP 地址的映射关系，这台服务器就会向其他的 DNS 服务器发出查询，直到获得客户端请求的名称和 IP 地址的映射关系为止。

　　查询有递归查询和迭代查询两种类型，其查询过程如图 6-28 所示。

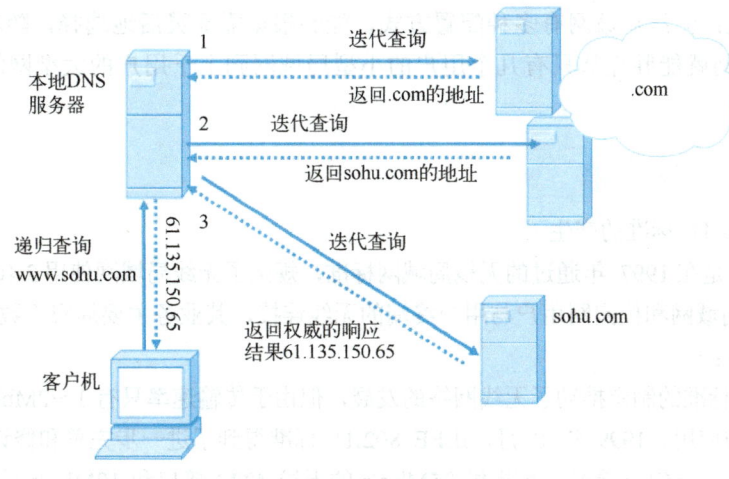

图 6-28　DNS 查询过程

6.4　无线局域网和 IEEE 802.11 标准

在无线局域网（WLAN）发明之前，人们要想通过网络进行联络和通信，必须先用物理线缆——铜绞线组建一个有线通信网络。为了提高效率和速度，后来又发明了光纤。当网络发展到一定规模后，人们又发现，这种有线网络无论组建、拆装还是在原有基础上进行重新布局和改建，都非常困难，且成本和代价也非常高，于是 WLAN 的组网方式应运而生。

6.4.1　无线局域网

无线局域网是计算机网络与无线通信技术相结合的产物。无线局域网利用了无线电多址通信信道来实现多台计算机之间的互联，为计算机的移动化、个性化和多媒体应用提供了可能。无线局域网不采用传统缆线，但可提供有线局域网相同的功能。

（1）无线局域网的产生

无线网络的初步应用，可以追溯到第二次世界大战。当时美国陆军采用无线电信号进行资料的传输，并采用加密技术。1971 年，夏威夷大学研制了一套基于"封包式"技术的无线电通信网络，包括了 7 台计算机，横跨夏威夷的四座岛屿，称为 ALOHA 网络，这可以算是早期的无线局域网络。新兴的无线通信技术、低价位的无线设施、网际网络的普及化，加速了无线网络的发展。目前市面上有多种无线通信网络设备，如红外线（InfraRed）、蓝牙（Bluetooth）、Wi-Fi、WiMAX、ZigBee 等。

（2）无线局域网的优点

无线局域网无需线缆介质，可与有线网互联，它是对有线联网方式的一种补充和扩展；无线域网上的计算机具有可移动性，能够提供漫游等有线网络无法提供的功能。与有线网络相比，无线局域网具有以下优点。

1）安装便捷：一般只要安装一个或多个接入点（Access Point，AP）设备，就可建立覆盖整个建筑或地区的局域网络。

2）使用灵活：在无线网的信号覆盖区域内，任何一个位置上的计算机都可以接入网络。

3）经济节约：无线网络无需线缆介质，因而无线网络的花费较小。

4）易于扩展：无线局域网有多种配置方式，能够根据需要灵活地选择，随着接入点设置的增多，无线局域网就能胜任从只有几个用户的小型局域网到上千用户的大型网络；扩容灵活、简便。

6.4.2 IEEE 802.11 标准

（1）IEEE 802.11 标准的产生

IEEE 802.11 是在 1997 年通过的无线局域网标准，规定了无线局域网使用 2.4GHz 频段，主要用于解决办公室局域网和校园网用户与用户终端的无线连接，其业务主要局限于数据访问，速率最高只能达到 2Mbit/s。

IEEE 802.11 标准的制定推动了无线网络的发展，但由于传输速率只有 1～2Mbit/s，该标准未能得到广泛的发展与应用。1999 年 8 月，IEEE 802.11 标准得到了进一步完善和修订，制订了 IEEE 802.11a，增加了一段 5GHz 频带，可提供 25Mbit/s 的无线 ATM 接口和 10Mbit/s 的以太网无线帧结构接口，并支持语音、数据、图像业务。1999 年 9 月，802.11b 正式被批准，实行动态传输速率，允许数据速率根据信道状况在 1bit/s、2bit/s、5.5bit/s、11Mbit/s 等多种速率下自行调整。它从根本上改变了无线局域网的设计和应用现状，扩大了无线局域网的应用领域，大多数厂商生产的无线局域网产品都基于 802.11b 标准，IEEE 802.11b 已成为当今 WLAN 的主流标准。2001 年 11 月，IEEE 批准了一种新技术 802.11g。它是一种混合标准，既可以在 2.4GHz 频段提供 11Mbit/s 数据传输速率，也可以在 5GHz 频段提供 54Mbit/s 数据传输速率。

（2）IEEE 802.11 协议系列

通常所说的 IEEE 802.11 协议并不是指某一个具体的 WLAN 协议标准，而是一个不断发展的协议系列，具体的协议系列如下。

IEEE 802.11 通过于 1997 年，是原始标准协议（网速 2Mbit/s，工作在 2.4GHz 频段）。

IEEE802.11a 通过于 1999 年，是物理层补充协议（网速 54Mbit/s，工作在 5GHz 频段）。

IEEE 802.11b 通过于 1999 年，是物理层补充协议（网速 11Mbit/s，工作在 2.4GHz 频段）。

IEEE 802.11c 是符合 802.1D 的媒体接入控制层桥接（MAC Layer Bridging）。

IEEE 802.11d 是根据各国无线电规定做的调整。

IEEE 802.11e 是对服务质量（QoS）的支持。

IEEE 802.11f 规范了基站的互连性（Inter-Access Point Protocol，IAPP），2006 年 2 月被 IEEE 撤销。

IEEE 802.11g 通过于 2003 年，是物理层补充协议（网速 54Mbit/s，工作在 2.4GHz 频段）。

IEEE 802.11h 通过于 2004 年，是无线覆盖半径的调整，规定室内和室外信道（工作在 5GHz 频段）。

IEEE 802.11i 通过于 2004 年，对无线网络的安全方面进行了补充。

IEEE 802.11j 通过于 2004 年，根据日本规定进行了升级。

IEEE 802.11l 用于预留或准备不使用。

IEEE 802.11m 用于维护标准，给出互斥及极限情况。

IEEE 802.11n，通过于 2009 年 9 月，WLAN 的传输速率由 802.11a 及 802.11g 提供的 54Mbit/s、108Mbit/s，提高到 350Mbit/s 甚至 475Mbit/s。

IEEE 802.11p 通过于 2010 年，这个通信协议主要用在车用电子的无线通信上。它的设定是从 IEEE 802.11 来扩充延伸的，符合智慧型运输系统（Intelligent Transportation Systems，ITS）的相关应用。应用层面包括高速率的车辆之间以及车辆与 5.9kMHz（5.85~5.925kMHz）波段的标准 ITS 路边基础设施之间的资料数据交换。

IEEE 802.11k 通过于 2008 年，该协议规范规定了无线局域网络频谱测量规范。该规范的制订体现了无线局域网络对频谱资源智能化使用的需求。

IEEE 802.11r 通过于 2008 年，该协议规范规定了快速基础服务转移，主要是用来解决客户端在不同无线网络 AP 间切换时的延迟问题。

IEEE 802.11s 通过于 2007 年 9 月，该协议规范规定了拓扑发现、路径选择与转发、信道定位、安全、流量管理和网络管理。

IEEE 802.11w 通过于 2009 年，是针对 802.11 管理帧的保护。

IEEE 802.11x 包括了 802.11a/b/g 等三个标准。

IEEE 802.11y 通过于 2008 年，是针对美国 3650~3700MHz 的规定。

IEEE 802.11ac 是 802.11n 之后的版本。工作在 5G 频段，理论上可以提供高达 1Gbit/s 的数据传输能力。

除了上面的 IEEE 标准，另外有一个被称为 IEEE 802.11b+的技术，通过分组二进制卷积码（Packet Binary Convolutional Code，PBCC）技术在 IEEE 802.11b（2.4GHz 频段）基础上提供 22Mbit/s 的数据传输速率。但事实上这并不是一个 IEEE 的公开标准，而是一项私有技术，产权属于美国德州仪器公司。

图 6-29 对本小节中提到的几种常用的无线网络进行了对比。图中横坐标表示的是无线的频率覆盖范围，纵坐标是用户数据率。图中除了标识出几种常用的无线网络的位置外，还给出了第二代（2G）蜂窝移动通信、第三代（3G）以及第四代（4G）移动通信的大致位置作为参考。

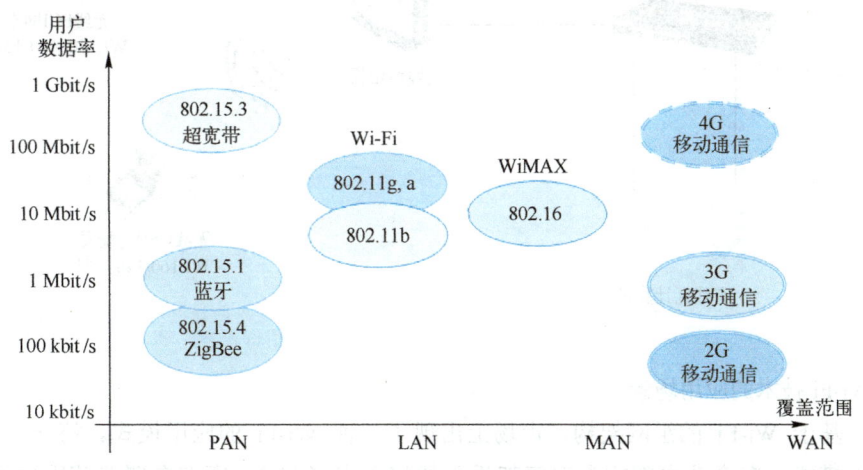

图 6-29　几种无线网络的比较

6.4.3　无线局域网技术的应用

1. Wi-Fi 技术及其应用

（1）Wi-Fi 技术

"Wi-Fi"其实就是无线保真（Wireless Fidelity）的缩写，是一种可以将个人计算机、手持设备（如 PDA、手机）等终端以无线方式互相连接的技术，事实上它是一个高频无线电信号。其目的是改善基于 IEEE 802.11 标准的无线网络产品之间的互通性。Wi-Fi 产品遵循 IEEE 所制定的 802.11x 系列标准，目前最流行的标准就是 IEEE 802.11b，该标准已从 802.11 的 2Mbit/s 基础带宽增加到 11Mbit/s，达到局域网水平。

　　Wi-Fi 技术是当今使用最广的一种无线网络传输技术，几乎所有智能手机、平板和笔记本都支持无线保真上网。其实质就是把有线网络信号通过无线路由器转换成无线保真信号，利用无线电波来联网，供支持其技术的计算机、手机、平板等终端设备接收。手机如果有无线保真功能，在有无线 Wi-Fi 信号的时候就可以不通过移动、联通的网络上网，从而节省流量费。但是无线保真信号也是由有线网络提供的，比如家里的 ADSL、小区宽带等，只要接一个无线路由器，就可以把有线信号转换成无线保真信号。一个由无线路由器构建的无线 Wi-Fi 网络如图 6-30 所示。

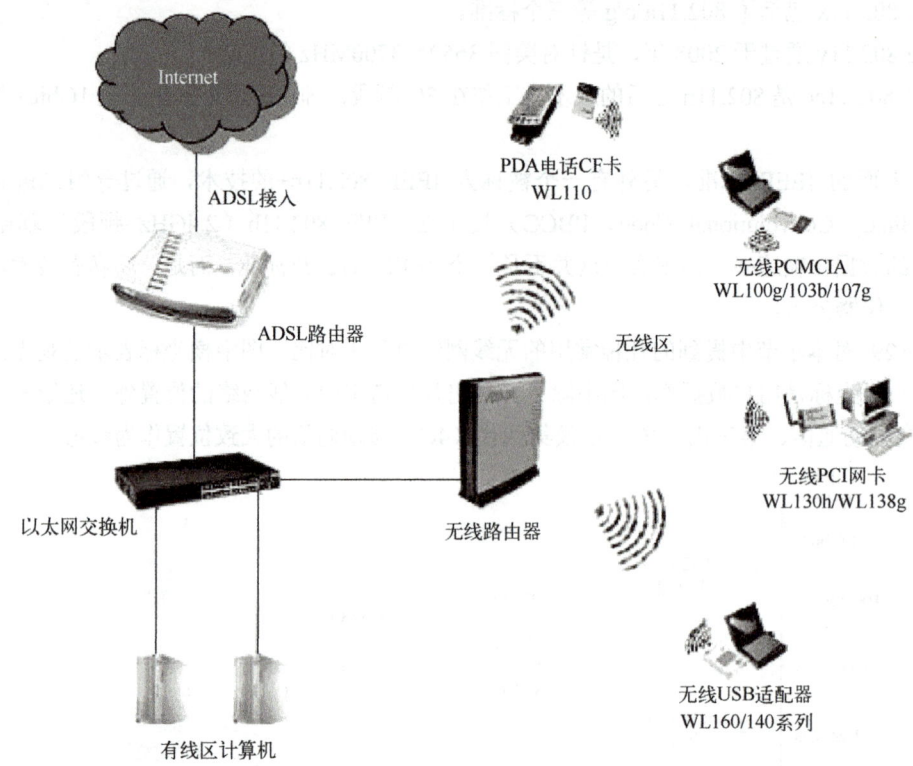

图 6-30　由无线路由器构建的无线 Wi-Fi 网络

　　（2）Wi-Fi 技术的应用场景

　　目前，基于 Wi-Fi 的组网架构，市场上出现了三种 Wi-Fi 的应用模式。第一，企业或者家庭内部接入模式，在企业内部或者家庭架设无线接入点（AP），所有在覆盖范围内的 Wi-Fi 终端，通过这个 AP 实现内部通信，或者作为宽带接入出口连接到互联网，这是最普遍的应用方式，这时 Wi-Fi 提供的就是网络接入功能；第二，电信运营商提供的无线宽带接入服务，通过运营商在很多宾馆、机场等公众服务场所纷纷架设 AP，为公众用户提供 Wi-Fi 接入服务；第三，"无线城市"的综合服务，基本是由市政府全部或部分投资建设，是一种类似于城市基础建设的模式。

　　① 掌上移动终端的应用

　　Wi-Fi 技术最让人耳熟能详也是最主要的应用，莫过于掌上移动终端的应用（见图 6-31），如智能手机、苹果系列的 iPad 及 iTouch 等。目前市场上支持非授权移动接入（Unlicensed Mobile Access，UMA）等技术，具备 WLAN 连接功能的智能手机越来越多。它们除了可以借助 GSM/CDMA 移动通信网络通话外，还能在 Wi-Fi 无线局域网覆盖的区域内，共享 PC 上网或 VoIP 通话。

图 6-31　各种 Wi-Fi 终端设备

② 数字家庭的应用

数字家庭的许多设备都已连接到 Wi-Fi 网络中，如图 6-32 所示。从家用个人计算机、游戏机或蓝光 DVD 播放器，到可以存储上万首歌曲与大量图片的硬盘，再到数码相机、打印机或高清电视，IEEE 802.11 系列产品能够提供足够的带宽，为这些需求或更多需求提供支持，让每个人都能够同时连接网络并仍可享受到数字音乐、流式视频和在线游戏带来的愉悦。

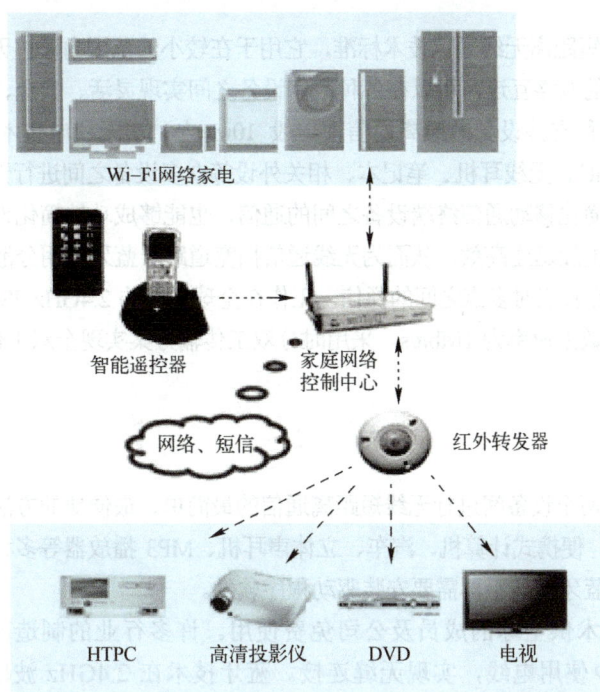

图 6-32　Wi-Fi 数字家庭

③ 其他方面的应用

今天的 Wi-Fi 在许多行业中都是一项非常重要的通信工具。在医疗保健领域，Wi-Fi 用来连接病患监测设备和中央分析计算系统，追踪患者生命体征，并向医生实时通报患者的状态变化情况。Wi-Fi 连接让医生能够快速访问诊断系统，查找病患信息，比较以前的健康档案，指挥进行测试并查看测试结果。在商用航空领域，Wi-Fi 被作为一项机上乘客服务，即使在高空，人们也能时刻保持连接，为广大航空公司提供一种能够创造收入的增值服务。在金融领域，通过安全可靠的 Wi-Fi 网络，金融市场每秒钟都会完成数十万次交易。现在，汽车制造商可以供应带有 Wi-Fi 功能的汽车系统，连接车载仪表设备与各种通信设备，让整辆车变成一个可以移动的 Wi-Fi 热点。物联网作为新兴产业正在迅速崛起，Wi-Fi 技术凭借其低成本、低功耗、灵活、可靠等优势在物联网产业中发挥着重要作用，可广泛应用于诸如电力、油田、环境、气象、水利、热网、供水、电表的检测、机房监控、车辆诱导方面，作为带 232 串口或 485 接口的 PLC、RTU 无线功能的扩展。

（3）Wi-Fi 技术的发展前景

互联网改变了人们的生活，而 Wi-Fi 改变了人们访问互联网的方式，使人们摆脱了电线的束缚，能够更加方便地访问互联网，使互联网更深刻地融入日常生活中。越来越多的机场、酒店、餐馆等场所开始提供 Wi-Fi 服务，三大运营商都在大规模布局 Wi-Fi 热点。Wi-Fi 凭借着自身特点，应用范围已经扩展到了医疗、物联网等领域，人们的生活将因 Wi-Fi 而改变。

Wi-Fi 是目前无线接入的主流标准，全面兼容现有 Wi-Fi 标准的 WiMAX 标准已投入使用，对比 Wi-Fi 的 802.11x 标准，WiMAX 就是 802.16x。与前者相比，WiMAX 具有更远的传输距离、更宽的频段选择以及更高的接入速度等。此外，Wi-Fi 可以在特定的区域和范围内发挥对移动通信技术的重要补充作用，Wi-Fi 技术与 4G/5G 技术相结合将具有广阔的发展前景。

2. 蓝牙技术及其应用

蓝牙是一个开放的短距离无线通信技术标准，它用于在较小的范围内通过无线连接的方式实现固定设备以及移动设备之间的网络互连，可以在各种数字设备之间实现灵活、安全、低成本、小功耗的语音和数据通信。蓝牙是一种支持设备短距离通信（一般 10m 内）的无线电技术，能在移动电话、PDA（Personal Digital Assistant）、无线耳机、笔记本、相关外设等众多设备之间进行无线信息交换。利用"蓝牙"技术，能够有效地简化移动通信终端设备之间的通信，也能够成功地简化设备与 Internet 之间的通信，使得数据传输变得更加迅速高效，从而为无线通信拓宽道路。蓝牙采用分散式网络结构以及快跳频和短包技术，支持点对点及点对多点之间的通信，工作在全球通用的 2.4GHz ISM（Industrial, Scientific and Medical）频段，其数据速率为 1Mbit/s。采用时分双工传输方案实现全双工传输，使用 IEEE 802.15 作为协议标准。

（1）蓝牙的优势

① 全球可用

蓝牙无线技术是在两个设备间进行无线短距离通信的最简单、最便捷的方法。它广泛应用于世界各地，可以无线连接手机、便携式计算机、汽车、立体声耳机、MP3 播放器等多种设备。由于有了"配置文件"这一独特概念，蓝牙产品不再需要安装驱动程序软件。

Bluetooth 无线技术供全球的成员及公司免费使用。许多行业的制造商都积极地在其产品中采用蓝牙技术，以减少使用电线，实现无缝连接。蓝牙技术在 2.4GHz 波段运行，该波段是一种无须申请许可证的 ISM 无线电波段。正因如此，使用 Bluetooth 技术不需要支付任何费用，但必须向手机提供商注册使用 GSM 或 CDMA，除了设备费用外，不需要为使用蓝牙技术再支付任何费用。

② 设备范围广泛

蓝牙无线技术是当今市场上支持范围最广泛，功能最丰富且安全的无线标准。全球范围内的资格认证程序可以测试成员的产品是否符合标准。自 1999 年发布蓝牙标准以来，总共有超过 4000 家公司成为 Bluetooth 特别兴趣小组的成员。同时，市场上蓝牙产品的数量也成倍地迅速增长。

蓝牙技术得到了空前广泛的应用，集成该技术的产品从手机、汽车到医疗设备，使用该技术的用户从消费者、工业市场到企业等。低功耗、小体积以及低成本的芯片解决方案使得 蓝牙技术甚至可以应用于极微小的设备中。

③ 易于使用

蓝牙技术是一项即时技术，它不要求固定的基础设施，易于安装和设置，不需要电缆即可实现连接。新用户使用亦毫不费力，只需拥有蓝牙品牌产品，检查可用的配置文件，将其连接至使用同一配置文件的另一蓝牙设备即可。后续的 PIN（Personal Identification Number）流程就如同在 ATM 机器上操作一样简单。外出时，用户可以随身带上自己的个人局域网（Personal Area Network，PAN），甚至可以与其他网络连接。

（2）蓝牙的应用

由于具有低成本、低功耗、高速率、高可靠性和兼容性等特点，蓝牙技术在越来越多的领域得到广泛应用。

① 智能家居

智能家居的基本目标是为人们提供一个舒适、安全、方便和高效率的生活环境，一个由蓝牙构建的智能家居系统示意图如图 6-33 所示。智能家居的一个重要功能就是对居住环境的控制，即自动或远程控制家庭的温度、湿度、光照、空气质量和热水器等；家庭中的水、电、燃气和供暖能够实现定时开关；保障家庭体系的安全，其中既包括人身和家庭财产的安全，也包括家庭设备的安全。为了实现这种安全体系，需要配备相关的防卫措施，例如电子门禁、对讲系统、电子防盗系统、室内有毒/害气体的检测等。

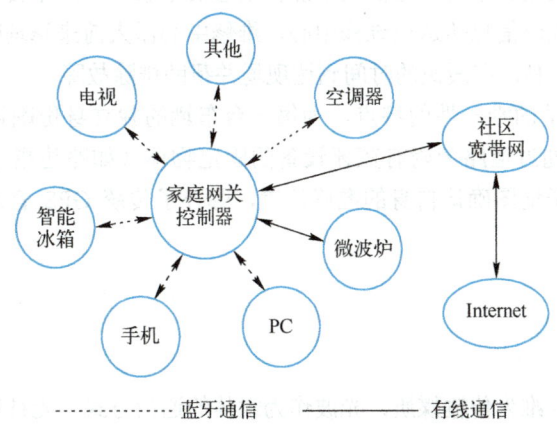

图 6-33　由蓝牙构建的智能家居系统

② 办公智能化

过去的办公室布线因各种电线纠缠不清而非常混乱。通过蓝牙无线技术，办公室里再也看不到凌乱的电线，整个办公室也像一台机器一样有条不紊地高效运作，由蓝牙构建的无线办公系统如图 6-34 所示。PDA 可与计算机同步以共享日历和联系人列表，外围设备可直接与计算机通信，员工可通过蓝牙耳机在办公室内边走边打电话，所有这些都无须电线连接。

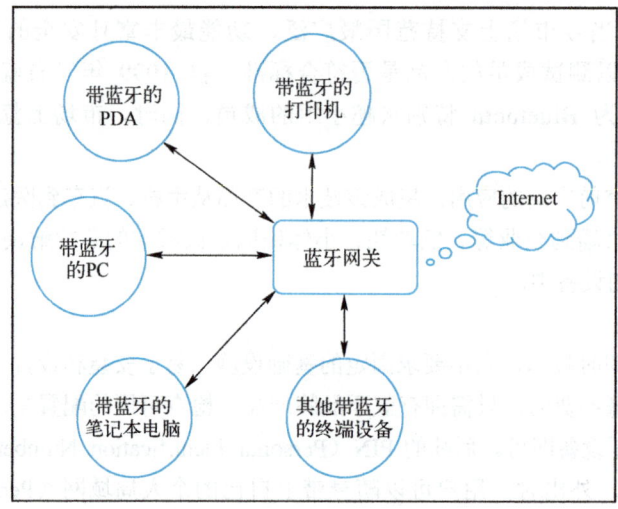

图 6-34　由蓝牙构建的无线办公系统

蓝牙技术的用途不仅限于解决办公室环境的杂乱情况。启用蓝牙的设备能够创建自己的即时网络，让用户能够共享演示文稿或其他文件，不受兼容性或电子邮件访问的限制。蓝牙设备能方便地召开小组会议，通过无线网络与其他办公室进行对话，并将白板上的构思传送到计算机。

③ 智能交通

最早，蓝牙技术主要应用于汽车的电话通信，当移动电话随用户进入车内，车载系统就会自动连接上用户手机。用户在行车过程中，无须用手操作就可以用声控完成拨号、接听、挂断和音量调节等功能，可通过车内麦克风和音响系统进行通话，甚至通过语音指令就能控制车上的所有开关，形成了人与车的小型互联系统，在行车时也能架构更加安全的通话及控制系统。

随着蓝牙研究和应用的快速发展，在智能交通领域出现了各种蓝牙应用，如远程车辆状况诊断、车辆安全系统实时监测、车对车通信及多媒体信息的下载等。汽车自动故障诊断系统可以通过手机的蓝牙功能将故障代码信息传送至维修中心，维修中心派人前来修理时可以按故障代码信息准备好相应的配件和修理工具，在最短的时间到达现场并帮助排除故障。

此外，凭借蓝牙地址的唯一性的特点，为每一台车辆的独立身份确认提供了技术解决方案。汽车上的蓝牙设备可以通过道路旁附有蓝牙设备的固定物体（如路边指示牌、路灯、桥梁、大楼等）作为参照，再由电子地图确认自身的准确位置，弥补了传统 GPS 容易受大楼遮蔽而找不到信号的缺点。

6.5　光纤通信技术

光纤通信是以光导纤维为传输媒质，光波作为载体的通信方式。光纤通信具有传输损耗小、频带宽、重量轻、耐腐蚀、不受电磁干扰等优点，因而光纤通信成为现代通信的主要传输手段，并在现代通信网中起着非常重要的作用。

6.5.1　光纤接入网

近年来，以互联网为代表的新技术革命正在深刻地改变传统的电信概念和体系结构，随着各国接入网市场的逐渐开放、电信管制政策的放松、竞争的日益加剧和扩大、新业务需求的迅速出现、有线技术和无线技术的发展，接入网开始成为人们关注的焦点。在巨大的市场潜力驱动下，产生了各种各样的接入网技术。光纤通信由于其独特优点，在干线通信中扮演着重要角色；在接入网中，光纤接入也成为发展的重点，光纤接入网是发展宽带接入的长远解决方案。一个光纤接入网的网络结构如图 6-35 所示。

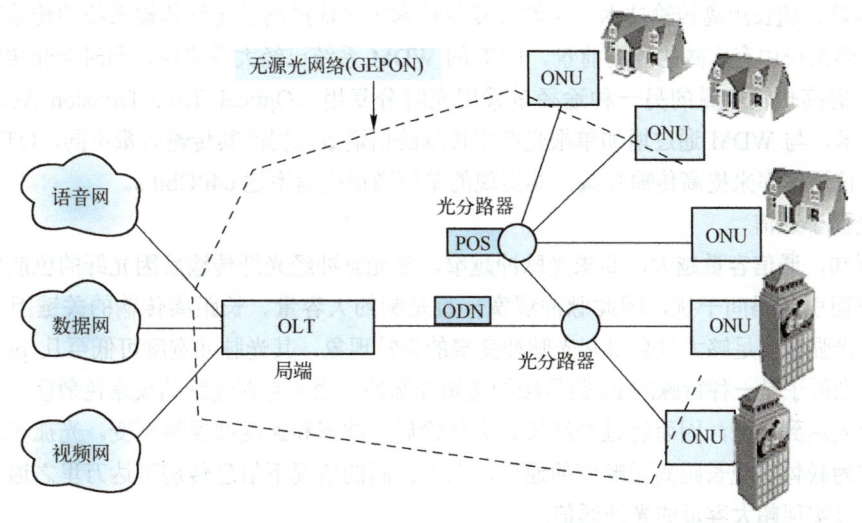

图 6-35　光纤接入网网络结构

　　光纤接入网（Optical Access Network，OAN），是指用光纤作为主要的传输媒质，实现接入网的信息传送功能。光纤接入网由远端设备——光网络单元（Optical Network Unit，ONU）、局端设备——光线路终端（Optical Line Terminal，OLT）和光配线网（ODN，俗称分光器）构成，通过光线路终端与业务节点相连，通过光网络单元与用户连接。它们在整个接入网中完成从业务节点接口（Service Network Interface，SNI）到用户网络接口（User Network Interface，UNI）间有关信令协议的转换。接入设备本身还具有组网能力，可以组成多种形式的网络拓扑结构。同时接入设备还具有本地维护和远程集中监控功能，通过透明的光传输形成一个维护管理网，并通过相应的网管协议纳入网管中心统一管理。

　　OLT 的作用是为接入网提供与本地交换机之间的接口，并通过光传输与用户端的光网络单元通信。它将交换机的交换功能与用户接入完全隔开。光线路终端提供对自身和用户端的维护和监控，它可以直接与本地交换机一起放置在交换局端，也可以设置在远端。

　　ONU 的作用是为接入网提供用户侧的接口。它可以接入多种用户终端，同时具有光电转换功能以及相应的维护和监控功能。ONU 的主要功能是终结来自 OLT 的光纤，处理光信号，并为多个小企业、事业用户和居民住宅用户提供业务接口。ONU 的网络端是光接口，而其用户端是电接口。因此 ONU 具有光-电和电-光转换功能。它还具有对语音的数/模和模/数转换功能。ONU 通常放在距离用户较近的地方，其位置具有很大的灵活性。

　　ODN 是把干线的光路信号分发到多个终端（ONU）上的设备，是由无源光元件（如光纤光缆、光连接器和光分路器等）组成的纯无源的光配线网，在 OLT 与 ONU 间提供光传输手段，主要功能是完成光信号功率分配的任务。

6.5.2　光纤通信的发展趋势

　　对光纤通信而言，超高速度、超大容量和超长距离传输一直是人们追求的目标，而全光网络也是人们不懈追求的梦想。以高速光传输技术、宽带光接入技术、节点光交换技术、智能光联网技术为核心,面向 IP 互联网应用的光波技术已构成了当前光纤通信的研究热点,在未来的一段时间里,人们将继续研究和建设各种先进的光网络,未来的光纤通信将朝着以下几个方面发展。

（1）波分复用（Wavelength Division Multiplex，WDM）系统

超大容量、超长距离传输技术——波分复用技术极大地提高了光纤传输系统的传输容量,在未来跨海光传输系统中有广阔的应用前景。1.6T 的 WDM 系统已经大量应用,同时全光传输距离也在大幅扩展。提高传输容量的另一种途径是采用光时分复用（Optical Time Division Multiplexing，OTDM）技术,与 WDM 通过增加单根光纤中传输的信道数以提高其传输容量不同,OTDM 技术是通过提高单信道速率来提高传输容量,其实现的单信道最高速率达 640Gbit/s。

（2）光孤子通信

众所周知,通信容量越大,要求光脉冲越窄。窄光脉冲经光纤传输后因光纤的色散作用出现脉冲展宽现象而引起码间干扰,因此脉冲展宽一直是制约大容量、长距离传输的关键因素。研究发现,当注入光强密度足够大时会引起光脉冲变窄的奇特现象,其光脉冲宽度可低至几 ps,即所谓光孤子脉冲。光孤子是一种特殊的 ps 数量级的超短光脉冲,由于它在光纤的反常色散区,群速度色散和非线性效应达到平衡,因而经过光纤长距离传输后,波形和速度都保持不变。光孤子通信就是利用光孤子作为载体实现长距离无畸变的通信,在零误码的情况下信息传递可达万里之遥。因此用光孤子脉冲可以实现超大容量的光纤通信。

（3）全光网络

未来的高速通信网将是全光网。传统的光网络实现了节点间的全光化,但在网络节点处仍采用电器件,限制了通信网干线总容量的进一步提高。全光网络以光节点代替电节点,节点之间也是全光化,信息始终以光的形式进行传输与交换,交换机对用户信息的处理不再按比特进行,而是根据其波长来决定路由。全光网是光纤通信技术发展的最高阶段,也是理想阶段,是人们长期追求的目标。

（4）光集成技术

光集成技术和电子技术中的集成电路相类似,是把许多微型光学元件如光源器件、光检测器件、光透镜、光滤波器、光栅等集成在一块很小的芯片上,构成具有复杂性能的光器件；还可以和集成电路等电子元件集成在一起形成功能更复杂的光电部件,如光发送机与光接收机等。采用光集成技术,不仅使设备的体积、重量大大减少,而且提高了稳定性与可靠性。

6.6 思考题与习题

6-1 通信系统由几部分构成？简述各部分的功能。

6-2 程控交换机由几部分构成？各部分完成什么功能？

6-3 简要说明移动通信中的相关技术。

6-4 移动通信经历了几个发展阶段？每个阶段有什么特点？

6-5 4G 移动通信有什么优点？它采用了哪些关键技术？5G 有哪些优点？

6-6 什么是计算机网络？计算机网络的功能有哪些？

6-7 OSI/RM 共分为哪几层？简要说明各层的功能。

6-8 TCP/IP 模型各层的主要功能是什么？

6-9 无线局域网具有哪些特点？IEEE 802.11 最常用的应用场景是什么？蓝牙技术遵循什么

协议标准？举例说明蓝牙技术的应用。

6-10 光纤接入网由哪几部分组成？各部分有什么功能？简述光纤通信的发展趋势。

参 考 文 献

[1] 樊昌信，曹丽娜. 通信原理[M]. 7 版. 北京：国防工业出版社，2013.

[2] 王丽丽，张玉玲，谢艳辉，等. 电子信息科学与工程导论[M]. 北京：清华大学出版社，2014.

[3] 张继荣，屈军锁，杨武军，等. 现代交换技术[M]. 西安：西安电子科技大学，2015.

[4] 李建东，郭梯云，邬国扬. 移动通信[M]. 4 版. 西安：西安电子科技大学，2014.

[5] 谢新梅，黄俊钦，宋荣方. 4G 无线通信系统及其关键技术分析[J]. 现代通信，2007，1：10-12.

[6] 周一青，潘振岗，翟国伟，等. 第五代移动通信系统 5G 标准化展望与关键技术研究[J]. 数据采集与处理，2015，30(4)：714-724.

[7] 张平，陶运铮，张治. 5G 若干技术评述[J]. 通信学报，2016，37(7)：15-29.

[8] 迟梁，蒋俊杰. 5G 通信场景与技术分析[J]. 移动通信，2015，15：88-93.

[9] 谢希仁. 计算机网络[M]. 北京：电子工业出版社，2013.

[10] FOROUZAN B A，FEGANSC 数据通信与网络[M]. 吴时霜，吴永辉，吴之艳，等译. 北京：机械工业出版社，2007.

[11] PETERSON L，DAVIE B. Computer networks: a systems approach [J]. San Francisco: Elsevier Science Technology，1998，36(5)：54.

[12] 任艳玲. 蓝牙技术及其主要应用研究[J]. 中国高新技术企业，2008，3：95-96.

[13] 郭磊，陈键. 蓝牙的未来[J]. 电子科技，2007，3：82-86.

[14] 李晓阳. WiFi 技术及其应用与发展[J]. 信息技术，2012，2：196-198.

[15] 顾生华. 光纤通信技术[M]. 北京：北京邮电大学出版社，2008.

[16] 王希军，陈丹. 中日美光电子技术产业的发展趋势与对策分析[J]. 工业技术经济，2006，25(11)：118-121.

第 7 章 物联网技术与应用

从计算机的诞生到互联网的大规模应用，经过半个多世纪的发展，信息技术给人们的工作和生活带来了巨大变化。由于通信、控制和感知等技术的快速发展，信息技术突破了传统的人—机交互领域，向物理世界扩展和延伸，在人与物、物与物之间构成信息传输和控制的平台，这就是被称为继计算机、互联网之后掀起信息化发展第三次高潮的物联网（Internet of Things，IoT）技术。

如果说计算机技术的出现和发展实现了人—机之间的直接对话，互联网技术的广泛应用满足了人—人之间的快速交流，那么物联网的出现将实现人—物交流、物—物交流的场景。每天清晨，公文包会提醒你不要忘记带上重要的文件；洗衣机会自动根据放入衣物的质地和颜色选择清洁剂的投放量和洗涤时间；家里的窗户会在大雨来临之际自动关闭；房间里的灯光会根据天气的变化调节亮度；手中的遥控器可以随时随地操控家中的电器等等。物联网将人类社会与物理世界进行整合，通过控制中心对网络内的人员、计算机、设备和基础设施等进行实时的控制和管理，提高资源利用率和生产水平，改善人与自然的关系。

7.1 物联网概述

7.1.1 物联网的定义

物联网的概念起源于比尔·盖茨于 1995 年所著的《未来之路》一书。书中首次提到"物联网"的设想，只是当时受限于无线网络、硬件和传感设备的发展，并未引起重视。"物联网"这一名词是在 1999 年由麻省理工学院（MIT）的 Auto-ID 实验室提出的，并将"物联网"定义为把所有物品通过射频识别等信息传感设备与互联网连接起来，实现智能化识别和管理。

2005 年 11 月 17 日，在突尼斯举行的信息社会世界峰会上，ITU 发布《ITU 互联网报告 2005：物联网》，对"物联网"的概念进行了扩展，提出了任何时刻、任何地点、任何物体之间互联，无所不在的网络和无所不在的计算的发展前景。报告指出，无所不在的"物联网"通信时代即将来临，世界上所有的物体，从轮胎到牙刷、从房屋到纸巾都可以通过互联网主动进行通信。射频识别（Radio Frequency Identification，RFID）技术、传感器技术、纳米技术、智能嵌入技术将得到更加广泛的应用。

根据 ITU 的描述，在物联网时代，通过在各种各样的日常用品上嵌入一种短距离的移动收发器，人类在信息与通信世界里将获得一个新的沟通维度，在任何时间、任何地点，将人与人之间的沟通联接扩展到人与物和物与物之间的沟通联接。物联网的兴起很大程度上得益于 ITU 2005 年以物联网为标题的年度互联网报告。然而 ITU 的报告对物联网的定义只是描述性的，缺乏清晰的定义。

欧盟对物联网的定义是：物联网是一种动态的全球网络基础设施，它具有基于标准和互操作通信协议的自组织能力，其中物理的和虚拟的"物"具有身份标识、物理属性、虚拟的特性和智能的接口,并与信息网络无缝整合。物联网与媒体互联网、服务互联网和企业互联网联合构成未来的互联网。对于物联网,可以从以下两个方面理解。

从技术层面理解,物联网是指物体通过智能感应装置,经过传输网络,到达指定的信息处理中心,最终实现人与物、物与物之间的自动化信息交互与处理的智能网络。

从应用层面理解,物联网是指把世界上所有的物体都连接到一个网络中,形成"物联网",然后"物联网"又与现有的互联网结合,实现人类社会与物理世界的整合,从而以更加精细和动态的方式管理生产和生活。物联网的应用目标是把新一代 IT 技术充分运用到各行各业中,实现任何时间、任何地点、任何人、任何事物充分互联,如图 7-1 所示。

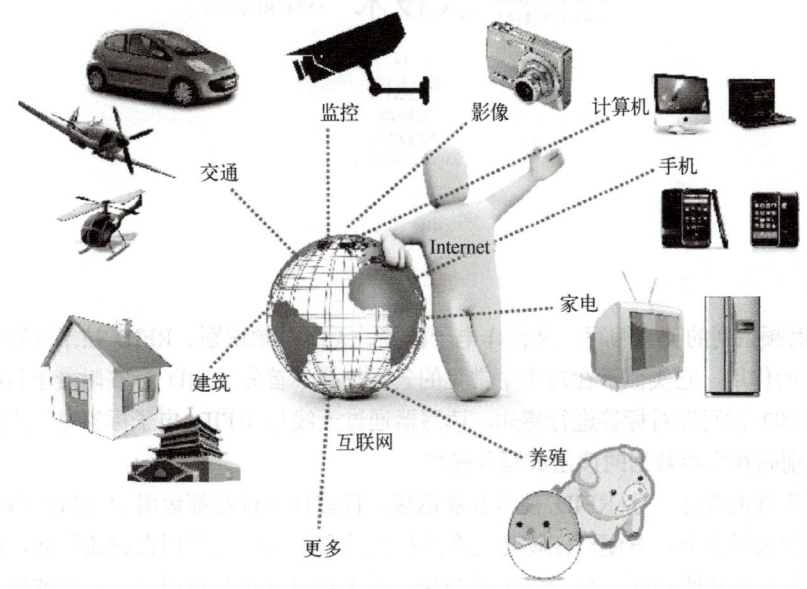

图 7-1　物联网的互联

2010 年中国政府工作报告中对物联网的定义是:通过信息传感设备,按照约定的协议,把任何物品与互联网连接起来,进行信息交换和通信,以实现智能化识别、定位、跟踪、监控和管理的一种网络。它是在互联网基础上延伸和扩展的网络。

简单来说,物联网就是"物物相连的互联网"。这有两层意思:第一,物联网的核心和基础仍然是互联网,是在互联网基础之上延伸和扩展的一种网络;第二,其用户端延伸和扩展到了任何物品与物品之间进行信息交换和通信。

物联网本身并不是全新的技术,更不是凭空出现的,而是在原有基础上的提升、汇总和融合。物联网的主要特征可以概括为全面感知、可靠传输、智能处理。"全面感知"指的是利用 RFID、传感器、二维码等随时随地获取物体的信息;"可靠传输"指的是通过无线网络与互联网的融合,将物体的信息实时、准确地传递给用户;"智能处理"指的是利用云计算、数据挖掘以及模糊识别等人工智能技术,对海量的数据和信息进行分析和处理,对物体实施智能化的控制。

正如邬贺铨院士所说,与其说物联网是网络,不如说物联网是业务或应用。物联网是继计算机、互联网之后世界信息产业的第三次革命,是一种新的计算模式的变革。物联网计算模式在提高人类的生产力、效率、效益的同时,将会带来巨大的产业发展机遇,能够进一步改善人类社会发展与地球生态和谐、可持续发展的关系。

7.1.2 物联网的支撑技术

物联网的四种支撑技术如图 7-2 所示，包括 RFID、传感网、M2M 和两化融合。

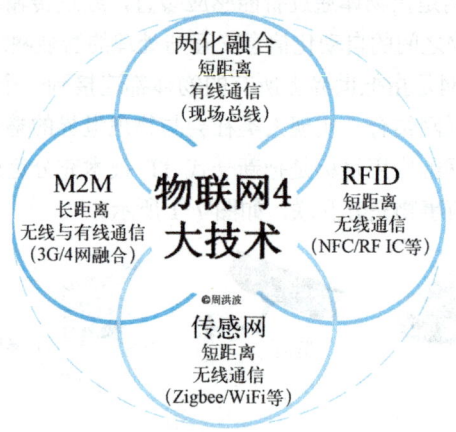

图 7-2 物联网四种支撑技术

1. RFID

RFID 是射频识别的英文缩写，又称作电子标签、无线射频识别。RFID 技术在物联网中起"使能"（Enable）的作用，它类似于在超市中常见的条码扫描。首先 RFID 标签附着于目标物上，然后使用专用的 RFID 读写器对标签进行感知，读写器通过天线与 RFID 电子标签进行无线通信，可以实现对标签识别码和内存数据的读出或写入操作。

从有线到无线的变迁，让 RFID 技术发展迅猛。目前许多行业都运用了 RFID 技术：射频标签可以附着于宠物和孩子身上，方便对宠物与儿童进行追踪和辨识；也可用在物流行业，给仓库中的物品贴上标签，方便物品的定位；而 RFID 的身份识别卡可以使员工得以进入机房或保密基地，汽车上的射频应答器可以用来征收停车费。

2. 传感网

传感网就是把传感器、定位系统、扫描仪器等信息传感设备和互联网结合起来而形成的一个巨大网络。它让所有的物品都与网络连接在一起，方便了识别和管理。传感网主要由集成了传感器、数据处理单元和通信单元的微小节点，它们通过自组织的方式相互连接，主要解决"最后 100 米"的连接问题。

3. M2M（Machine to Machine）

M2M 是将数据从一台终端传送到另一台终端，它是机器和机器之间的一种智能化、交互式的通信。也就是说，即使人们没有实时发出信号，机器也会根据既定程序主动进行通信，并根据所得到的数据智能化地做出选择，对相关设备发出正确的指令。可以说，智能化、交互式成了 M2M 有别于其他应用的典型特征，这一特征下的机器也被赋予了更多的"思想"和"智慧"。

目前，人们提到 M2M 的时候，更多的是指非 IT 机器设备通过移动通信网络与其他设备或 IT 系统的通信，它涵盖了所有人、机器、系统之间建立通信连接的技术和手段。

4. 两化融合

两化融合是指信息化和工业化的高层次的深度结合，只有把高端的技术引入日常的生活生产，才能产生真正的效益。两化融合包括技术融合、产品融合、业务融合、产业衍生四个方面。

1）技术融合是指工业技术与信息技术的融合，产生新的技术，推动技术创新。例如，汽车制造技术和电子技术融合产生的汽车电子技术，工业和计算机控制技术融合产生的工业控制技术。

2）产品融合是指电子信息技术或产品渗透到产品中，增加产品的技术含量。例如，普通机床加上数控系统之后就变成了数控机床；传统家电采用了智能化技术之后就变成了智能家电；普通飞机模型增加控制芯片之后就变成了遥控飞机。信息技术含量的提高使产品的附加值大大提高。

3）业务融合是指信息技术应用到企业研发设计、生产制造、经营管理、市场营销等各个环节，推动企业业务创新和管理升级。例如，计算机管理方式改变了传统手工台账，极大地提高了管理效率；信息技术应用提高了生产自动化、智能化程度，生产效率大大提高；网络营销成为一种新的市场营销方式，受众大量增加，营销成本大大降低。

4）产业衍生是指两化融合可以催生新产业，形成一些新兴业态，如工业电子、工业软件、工业信息服务业。工业电子包括机械电子、汽车电子、船舶电子、航空电子等；工业软件包括工业设计软件、工业控制软件等；工业信息服务业包括工业企业 B2B 电子商务、工业原材料或产品大宗交易、工业企业信息化咨询等。

现阶段，两化融合是工业化和信息化发展到一定阶段的必然产物。以信息化带动工业化、以工业化促进信息化，走新型工业化道路，是目前的重要课题。

7.1.3 物联网技术的发展

近年来，全球主要发达国家和地区都十分重视物联网的研究，各发达国家和地区纷纷公布了物联网相关的信息化战略，投入大量的资金深入研究和探索物联网。

1. 美国的物联网发展历程

美国在物联网技术领域的研究走在世界前列。1991 年，美国提出普适计算的概念，它描述了一种无处不在的计算模式，具有随时随地访问信息的能力，并能够通过传感器、嵌入式设备等，在不被用户察觉的情况下进行计算和通信。虽然普适计算的研究只停留在概念性和理论性的层面，但首次提出感知、传输和交互的三层结构，为物联网概念的提出奠定了基础。一些大学和科研机构在无线传感器网络方面开展的研究对物联网概念的提出和相关研究的开展起到了重要的促进作用。

2008 年，IBM 公司提出"智慧地球"的构想，其本质是以一种更智慧的方法，利用新一代信息通信技术改变现有人与人之间的交流方式，使各种物体都具有交流的能力，扩大信息通信的范围和方式，以获得更高效、更灵活的沟通。

2009 年 1 月 28 日，奥巴马与美国工商业领袖举行了一次圆桌会议。作为仅有的两名代表之一，IBM 首席执行官彭明盛首次提出"智慧地球"的概念，建议新政府投资新一代的智慧型基础设施，其中包括美国将要形成智慧型基础设施的"物联网"。这个战略得到奥巴马政府的积极响应，被上升为美国的国家级发展战略，在世界范围内引起轰动。

2010 年，美国 Digi 公司率先在全球推出一种物联网无线构建平台，该平台融合了多种新无线技术（包括 ZigBee、Wi-Fi、GPRS、3G 等）及典型的物联网应用解决方案等。

目前国际领先的 RFID 和传感网企业主要集中在美国，尤其是加利福尼亚州的硅谷地区集中了大量的研发基础芯片和设备的企业。在基础芯片和通信模块方面，作为数字嵌入及应用处理半导体解决方案供应商的德州仪器为物联网领域提供 ZigBee 芯片和移动通信芯片产品。英特尔在物联网领域提供包括 Wi-Fi 芯片、蓝牙芯片、WiMAX 芯片和 RFID 芯片在内的多种通信芯片产品。作为传感网技术的发源地，美国仍然保持在传感技术领域的领先地位。

2015年，AT&T专门成立了"移动和商业"事业部门，其物联网业务布局主要包括车联网、智慧城市、家庭连接、商业连接、智能设备和智能医疗六大模块，车联网是发展的重中之重。

随着物联网产业的发展，安全问题也不断凸显。为了缓解日益严峻的物联网安全形势，美国提出了若干物联网安全立法动议，如2017年提交国会的《物联网网络安全改进法案》等。2018年9月28日，美国加利福尼亚州批准通过了《IoT设备网络安全法》，成为全美首个物联网安全法。

2. 欧盟的物联网发展历程

欧盟认为，物联网的发展应用将为解决现代社会问题做出贡献，因此非常重视物联网战略。1999年，欧盟在里斯本推出"e-Europe"全民信息社会计划。2006年9月，欧盟召开了主题为"i2010——创建一个无处不在的欧洲信息社会"的大会，专门进行RFID技术的研究，并于2008年发布《2020年的物联网——未来路线》。

2009年6月，欧盟委员会向欧盟议会、理事会、欧洲经济和社会委员会及地区委员会递交了《物联网——欧洲行动计划》（Internet of Things：An Action Plan for Europe），以确保欧洲在构建物联网管理框架的过程中，在世界范围内所起的主导作用。该行动方案提出了关于加强物联网管理、保护隐私与个人信息、加强支持物联网相关研究的10项建议以及14项具体的行动计划。

2009年10月，欧盟委员会以政策文件的形式对外发布了物联网战略，提出让欧洲在基于互联网的智能基础设施发展方面领先全球。

目前欧盟在物联网研究与建设方面的具体行动主要分为两大部分。一方面，欧盟委员会继续加大物联网投入，特别是在微电子、非硅组件、定位系统、无线智能系统网络、安全设计、软件仿真等重点技术领域；另一方面，欧盟委员会将会在物联网领域加强与私营企业的合作，以吸引私营部门参与到物联网的建设中。

2013年，欧盟通过Horizon 2020计划，其研发重点集中在传感器、架构、标识、安全隐私等；此外，欧盟多国也在其国家科研计划中布建智能电网、智能交通等智能城市应用项目。

2015年3月，欧盟成立了物联网创新联盟，汇集欧盟各成员国的物联网技术与资源，创造欧洲的物联网生态体系。

从2014年至2017年，欧盟共投资1.92亿欧元用于物联网的研究和创新。目前欧盟物联网产业发展的重点领域包括：智慧农业、智慧城市、逆向物流（废弃产品回收）、智慧水资源管理和智能电网等。

3. 日本的物联网发展历程

日本是较早启动物联网应用的国家之一。自20世纪90年代中期以来，日本政府先后制定了"e-Japan""u-Japan""i-Japan"等多项国家信息技术发展战略，从大规模开展信息基础设施建设入手，稳步推进，不断拓展和深化信息技术应用，以此带动本国社会、经济发展。

1999年，日本制定"e-Japan"战略，大力发展信息化业务。"e-Japan"战略的实施迅速推进了高度信息化社会的建设，在宽带化、信息基础设施建设及信息技术的应用普及等方面取得了预期的进展。到2005年，成功实现赶超世界信息技术发达国家的目标，成为世界上拥有最先进信息技术的国家之一。在"e-Japan"取得成功之后，为了巩固其在世界信息产业中的领导地位，日本政府转向了IT立国战略的新阶段，提出"u-Japan"战略。

"u-Japan"战略以发展Ubiquitous社会为目标，希望到2010年将日本建设成一个实现随时、随地、任何物体、任何人均可连接的泛在网络社会，实现所有人与人、物与物、人与物之间的连接（ubiquitous、universal、user-oriented、unique，4U）。在技术方面，"u-Japan"战略的主要目标是作为世界信息产业的领导者,将泛在网络技术加以实现并应用,把"日本制造"的信息技术推向全世界,成为世界新的信息社会的基本技术。

2009年7月,日本IT战略部颁布了"i-Japan"战略,作为"u-Japan"战略的后续战略。为了让数字信息技术融入每一个角落,首先将政策目标聚焦在三大公共事业上:电子化政府治理、医疗健康信息服务、人才教育与培养。该战略提出到2015年,通过数字技术达到"新的行政改革",使行政流程简化、效率化、标准化、透明化,同时推动电子病历、远程医疗、远程教育等应用的发展。

日本的电信运营企业在物联网技术应用方面也进行了业务创新,NTT DoCoMo通过GSM/GPRS/3G网络平台推出了智能家居、医疗监测、移动POS等业务。KDDI公司与丰田、五十铃等汽车厂商合作推出了车辆应急响应系统。

2012年,日本总计发展物联网用户超过317万,主要分布在交通、监控、远程支付、物流辅助、抄表等九个领域。

2015年,日本发布中长期信息技术发展战略《i-Japan战略2015》,旨在通过打造数字化社会,参与解决全球性的重大问题,提升国家的竞争力,并于2015年10月成立了物联网推进联盟。

4. 韩国的物联网发展历程

韩国在物联网技术发展方面经历了与日本类似的过程。从1997年开始,韩国政府就出台了一系列推动国家信息化建设的产业政策,包括RFID先导计划、RFID全面推动计划,USN领域测试计划等。目前韩国是宽带普及率较高的国家。同时,它在移动通信、信息家电等方面也位居世界先进水平。

面对全球信息产业新一轮"u"化战略的政策动向,2004年韩国信息通信部提出"u-Korea"战略,并于2006年3月确定总体政策规划。根据规划,"u-Korea"发展期为2006-2010年,成熟期为2011~2015年。"u-Korea"战略制订了四项基础环境建设计划和五大应用领域的研究计划。其中四项基础环境建设包括平衡全球领导地位、生态工业建设、现代化社会建设和透明化技术建设,五个主要应用领域是亲民政府、智慧科技园、再生经济、安全社会环境和u生活定制化服务。

2009年10月13日,韩国通信委员会(KCC)通过了《物联网基础设施构建基本规划》,将物联网确定为新增长动力。该规划提出,到2012年实现"通过构建世界最先进的物联网基础设施,打造未来广播通信融合领域一流信息通信技术强国"的目标,并确定了构建物联网基础设施、物联网应用、物联网技术研发、营造物联网可扩散环境等4个领域和12项课题。

2010年6月,KCC宣布以政府部门、地方自治政府、公共机构、通信运营商等为对象,征集"基于广播电视通信网的物联网先导示范项目",最终首尔市提交的"市中心物联网体验服务"、气象厅提交的"采用物联网验证气象信息收集体系的效率"和LG电信与江陵市提交的"构建基于物联网的绿色城市统一观测系统"三大课题入围,这标志着韩国的物联网服务模式开发项目正式启动。

2014年是韩国物联网产业实施政策推动十分频繁的一年。2014年上半年,韩国正式出台《物联网基本规划》及《新一代智能设备Korea 2020》,确立了物联网在推动国家未来经济发展方面的重要产业地位。2014年下半年,韩国落实了《物联网信息保护路线图》,正式启动由九大机构协同开展的"物联网实证项目"。

5. 中国物联网的发展历程

物联网这一新兴产业在中国得到广泛的重视和发展,起步较早,研发水平领先。《国家中长期科学与技术发展规划(2006-2020年)》和"新一代宽带移动无线通信网"重大专项均将传感网列入重点研究领域。

2009年8月7日，时任国务院总理温家宝到中国科学院无锡高新微纳传感网工程技术研发中心考察，明确指出在传感网发展中要早一点谋划未来，早一点攻破核心技术，并且明确要求尽快建立中国的传感信息中心，或者叫作"感知中国"中心。

2009年9月，全国信息技术标准化技术委员会组建了传感器网络标准工作组。该工作组的主要工作是制定传感网的标准，深度参与国际标准化活动，为今后传感网的产业化发展奠定技术基础。目前，中国传感网标准体系已经形成初步框架，与德国、美国、韩国一起成为传感网领域中国际标准制定的主导国之一。

2009年11月13日，国务院正式批准同意支持无锡建设国家传感网创新示范区（国家传感信息中心）。

2010年1月12日，中国科学院筹备工作小组专职人员进驻无锡，江苏物联网研究发展中心揭牌运行。

2011年11月，工业和信息化部发布了《物联网"十二五"发展规划》。规划指出，"十二五"期间我国将重点发展九大领域的物联网应用示范工程，即智能工业、智能农业、智能物流、智能交通、智能电网、智能环保、智能安防、智能医疗、智能家居。

2013年中国将云计算、物联网列入重大科技规划，智慧城市数量达193个。

2014版工业和信息化部的物联网白皮书从战略、应用、技术和标准、产业四个角度分析并归纳了物联网的发展，同时对未来发展重点方向进行研判。

2019年10月，国家电网公司发布了《泛在电力网白皮书2019》，明确了泛在电力物联网的发展目标、技术及标准体系等战略问题。2019年10月27日，全国信息安全标准化技术委员会发布《物联网安全标准化白皮书（2019版）》，标志着物联网安全正式步入有国家标准指导的发展阶段。

2020年5月7日，工业和信息化部发表了《关于深入推进移动物联网全面发展的通知》，提出了5项重点任务，即：①加快移动物联网网络建设；②加强移动物联网标准和技术研究；③提升移动物联网应用广度和深度；④构建高质量产业发展体系；⑤建立健全移动物联网安全保障体系。

2020年12月，我国自主研发的一项物联网安全测试技术（TRAIS-P TEST）由国际标准化组织/国际电工委员会（ISO/IEC）发布成为国际标准。

7.2 物联网、互联网与泛在网

物联网并不是凭空出现的事物，它的神经末梢是传感器，它的信息通信网络则可以依靠传统的互联网和通信网等，海量信息的运算处理则主要依靠云计算、网格计算等计算方式。物联网与现有的互联网、通信网和未来的泛在网之间有着十分微妙的关系，下面就其关系详细讲述。

7-1 物联网与大数据

7.2.1 物联网与互联网的区别与联系

物联网在"智慧地球"提出之后引起强烈的反响。其实，在这个概念提出之初，很多人就将它与互联网相提并论。甚至有很多人预言，物联网不仅重现互联网的辉煌，甚至超过互联网。不少专家预测，物联网产业将是下一个万亿元级规模的产业，甚至超过互联网30倍。

互联网是物联网的实现基础。物联网既然称为网，其工作就离不开通信网络。从物联网的定义看，物联网是在互联网的基础上建立起来的，在其工作过程中，充分利用互联网的通信资源完成信息的交换和传输。事实上，物联网可利用的网络很多，不同的物联网应用会产生不同的网络需求。

物联网更像是在互联网的基础上面向某些任务而专门组建的专用网络，因此，可把它看作是在互联网上的一种业务或应用。互联网目前所使用的通信技术都可以支持物联网的信息传输，因此不需要为物联网专门建造基础的通信网络，但物联网所需要的底层感知技术和上层的智能信息处理技术是传统的互联网所不具备的。所以在物联网的实现过程中，互联网为其通信服务提供了基础，而物联网的真正实现还需要融合更多的信息技术。

物联网是对互联网的扩展和延伸。物联网的本质是不仅要以互联网为基础，而且要通过加入新的信息技术手段，赋予网络新的含义，实现人与物、物与物之间的融合和互动，甚至是交流和沟通。所以物联网不是互联网的翻版，也不是互联网的一个接口，而是对互联网的扩展和延伸。物联网将完成互联网无法完成的任务，实现互联网不能实现的功能，具备互联网不具备的特性。物联网对互联网的扩展和延伸主要体现在用户端的延伸、构建网络技术的扩展、服务的扩展以及应用范围的延伸。

相对于互联网的全球性，物联网是行业性的。物联网不是把任何物体都联网，而是把对联网有好处而且能够联网的物体联起来。物联网不是互联网，而是应用，具备三大特征：联网的每一个物体均可寻址、均可通信、均可控制。互联网是虚拟的，而物联网是虚拟与现实的结合，是"网络在现实世界里真正大规模的应用"。两者之间既有联系又有一定的区别，表 7-1 从不同方面对互联网与物联网做了比较。

由表 7-1 可知，人类对信息积累搜索的互联网方式逐步向对信息智能判断的物联网前进，而且这样的信息智能可以结合不同的信息载体进行。如果说互联网是使一个物体向用户提供多个信息源头，那么物联网则使多个物体和多个源头向用户提供一个判断的活信息。互联网教用户怎么看信息，物联网教用户怎么用信息，更具有智慧是其特点。

表 7-1 互联网与物联网的比较

	互联网	物联网
起源	计算机技术的出现及传播速度的加快	传感技术的创新和云计算
面向的对象	人	人和物
发展的过程	技术的研究到人类的技术共享使用	芯片多技术的平台应用过程
使用者	所有的人	人和物 人即信息体；物即信息体
核心的技术	主流的操作系统和语言开发商	芯片技术开发商和标准制定者
创新的空间	主要内容的创新和体验的创新	技术就是生活，想象就是科技，让所有物体都有智能
文化属性	精英文化；无序世界	草根文化；"活信息"世界
技术手段	网络协议 Web 2.0	数据采集；传输介质；后台计算

7.2.2　泛在网是物联网的发展方向

泛在网络由计算机科学家 Weiser 首次提出，它不是一种全新的网络技术，而是在现有技术基础上的应用创新，其不断融合新的网络，不断向泛在网络注入新的业务和应用，直至"无所不在、无所不包、无所不能"。

泛在网是指基于个人和社会的需求，利用现有新的网络技术，实现人与人、人与物、物与物之间按需进行信息获取、传输、存储、认知、决策、使用等服务，泛在网是智能的，具备超强的环境感知、内容感知能力，为个人和社会提供泛在而无所不含的信息服务和应用。泛在网的概念反映信息社会发展的远景和蓝图，具有比物联网更广泛的内涵。

从网络技术上，泛在网是通信网、互联网、物联网高度融合的目标，它实现多网络、多行业、多应用、异构多技术的融合与协同。如果通信网、互联网发展到尽头解决的是人与人之间的通信，物联网则实现的是物与物之间的通信，泛在网实现人与人、人与物、物与物的通信，涵盖传感器网络、物联网和已经发展中的电信网、互联网、移动互联网等。

物联网依托现有互联网，通过感知技术实现对物理世界的信息采集，从而实现物物相连，互联网的关键环节为感知、传输和处理。

虽然物联网和泛在网概念的出发点和侧重点不完全一致，但其目标都是突破人与人通信的模式，建立物与物、物与人之间的通信。物理世界的各种感知技术，即传感器技术、RFID 技术、二维码、摄像等是构成物联网、泛在网的必要条件。

7.3 物联网系统的基本构成及关键技术

7.3.1 物联网的体系结构

作为互联网的延伸和扩展，物联网在构成上沿用了互联网的分层次体系结构，从功能和技术方面对原有的互联网体系结构进行了扩展。一般认为，物联网的体系结构主要分为三个层次，即感知层（泛在化的末端感知网络）、网络层（融合化的网络通信基础设施）和应用层（普适化的应用服务支撑体系），如图 7-3 所示。其中感知层就像物联网的皮肤和五官，主要负责信息的采集和对物体的识别工作。网络层相当于物联网的神经中枢和大脑，负责传输和处理来自感知层的数据。应用层是物联网的社会分工，根据各行业对物联网的需求实现广泛的智能化。

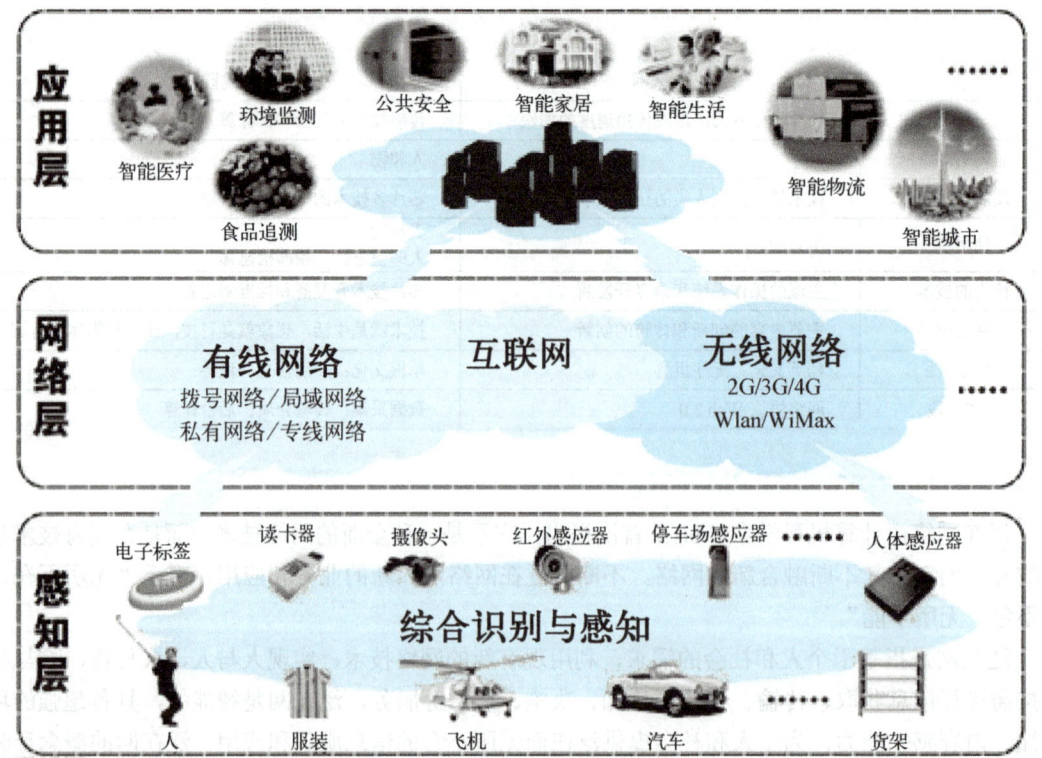

图 7-3 物联网的三层体系结构

7.3.2 感知层的关键技术

物联网的感知层主要以各种感知技术为支撑基础,结合相应的控制手段完成物体的智能感知与表达工作。采用的主要感知技术包括 RFID 技术、二维码技术、生物特征识别技术、图像处理技术、WSN 技术、ZigBee 技术、纳米技术、嵌入式技术等。

1. RFID 技术

RFID 是 20 世纪 90 年代开始兴起的一种自动识别技术,它利用射频信号通过空间电磁耦合实现无接触信息的传递,并通过所传递的信息实现物体的识别。RFID 技术可识别高速运动的物体,并可同时识别多个标签,能快速进行物体追踪、管理,具有可靠性高、保密性强、方便快捷等特点,与互联网、通信等技术相结合,可实现全球范围内的物体跟踪与信息共享。近年来 RFID 技术已进入商业化广泛应用阶段,被认为是 21 世纪非常有发展前景的信息技术之一。

目前广泛使用的 RFID 系统主要由电子标签(Tag)、阅读器(Reader)和天线(Antenna)三部分构成,如图 7-4 所示。电子标签进入阅读器产生的磁场后,读写器发出射频信号,凭借感应电流所获得的能量发送存储在芯片中的产品信息(无源标签或被动标签),或者主动发送某一频率的信号(有源标签或主动标签);阅读器读取信息并解码后,送至中央信息系统进行有关数据处理。

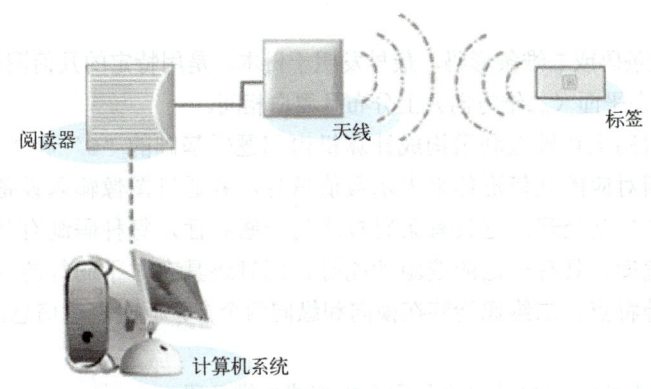

图 7-4 RFID 系统构成

电子标签分为被动和主动两种:主动标签自身带有供电电池,读写距离较远,体积较大,与被动标签相比成本更高,也称为有源标签;被动标签在阅读器产生的磁场中获取工作所需的能量,成本很低,且有很长的使用寿命,比主动标签更小、更轻,读写距离则较近,也称无源标签。

天线是电子标签和阅读器之间实现射频信号空间传播和建立无线通信连接的设备。RFID 系统中包括两类天线,一类是电子标签上的天线,由于它已经和标签集成为一体,因此不再单独讨论。另一类是阅读器天线,既可以内置于阅读器中,也可以通过电缆与阅读器的射频输出端口相连。

阅读器也称读写器,是对电子标签进行读/写操作的设备,主要包括射频模块和数字信号处理单元两部分。读写器是 RFID 系统中最重要的基础设施,一方面,电子标签返回的微弱电磁信号通过天线进入读写器的射频模块中转换为数字信号,再经过读写器的数字信号处理单元对其进行必要的加工整形,最后从中解调出返回的信息,完成对电子标签的识别或读写操作;另一方面,上层中间件及应用软件与读写器进行交互，实现操作指令的执行和数据汇总上传。在上传数据时，读写器会对电子标签中的原事件进行去重过滤或简单的条件过滤，将其加工为读写器事件后再上传，以减少与中间件及应用软件之间数据交换的流量，因此在很多读写器中还集成了微处理器和嵌入式系统，实现一部分中间件的功能，如信号状态控制、奇偶位错误校验与修正等。未来的读写器呈现出智能化、小型化和集成化趋势，还将具备更加强大的前端控制功能，例如直接与工业现场的其他设备进行交互甚至是作为控制器进行在线调度。在物联网中，读写器将成为同时具有通信、控制和计算功能的核心设备。

工作在不同频段或频率上的电子标签具有不同的特点，电子标签的工作频率不仅决定着 RFID 系统的工作原理（电感耦合还是电磁耦合）、识别距离，还决定着电子标签及读写器实现的难易程度和设备的成本。RFID 系统按应用频率可分为低频（LF）、高频（HF）、超高频（UHF）和微波（MW）四种，对应的频率分别为低频 135kHz 以下、高频 13.56MHz、超高频 860MHz、微波 2.45GHz 和 5.8GHz。

目前，RFID 在国内的很多领域都得到实际应用，包括物流、烟草、医药、身份证、门票、宠物管理等。尽管 RFID 正快速在各个领域得到实际应用，但相对于我们国家的经济规模，其应用范围还远未达到广泛的程度，即便在 RFID 应用比较多的交通、物流产业，也还处于点分布的状态，没能达到面的状态，在中国真正实施 RFID 技术的物流企业还屈指可数。

2. 二维码技术

二维码又称二维条码或二维条形码，最早发明于日本，是用特定的几何图形数据符号信息的，这些图形按一定规律在平面（二维方向）上分布且黑白相间。

二维码在代码编制上巧妙地利用构成计算机内部逻辑基础的"0"和"1"比特流的概念，使用若干与二进制相对应的几何形体来表示数值信息，并通过图像输入设备或光电扫描设备自动识读以实现信息的自动处理。它具有条码技术的一些共性，每种码制有其特定的字符集，每个字符占有一定的宽度，具有一定的校验功能等，同时还具有对不同行的信息自动识别功能、处理图形旋转变化等特点。二维码能够在横向和纵向两个方位同时表达信息，因此能在很小的面积内表达大量的信息。

二维条码可分为堆叠式/行排式二维条码和矩阵式二维条码。

（1）堆叠式/行排式二维条码

堆叠式/行排式二维条码（又称堆积式二维条码或层排式二维条码），其编码原理是建立在一维条码基础之上，按需要堆积成两行或多行。它在编码设计、校验原理、识读方式等方面继承了一维条码的一些特点，识读设备与条码印刷与一维条码技术兼容。但由于行数的增加，需要对行进行判定，其译码算法与软件也不完全相同于一维条码。有代表性的行排式二维条码有：Code 16K、Code 49、PDF417 等。

（2）矩阵式二维条码

矩阵式二维条码（又称棋盘式二维条码）是在一个矩形空间通过黑、白像素在矩阵中的不同分布进行编码。在矩阵相应元素位置上，用点（方点、圆点或其他形状）的出现表示二进制"1"，点的不出现表示二进制的"0"，点的排列组合确定了矩阵式二维条码所代表的意义。矩阵式二维条码是建立在计算机图像处理技术、组合编码原理等基础上的一种新型图形符号自动识读处理码制。具有代表性的矩阵式二维条码有：Code One、Maxi Code、QR Code、Data Matrix 等。

在目前几十种二维码中，常用的码制如图 7-5 所示。

Data Matrix　　Maxi Code　　Aztec Code　　QR Code　　Vericode

PDF417　　Ultracode　　Code 49　　Code 16K

图 7-5　常见的二维码

二维码是在一维条形码基础上发展起来的信息存储和解读技术，除具有一维条形码的优点外，二维条形码还具以下特点。

1）高密度编码，信息容量大：可容纳多达 1850 个大写字母或 2710 个数字或 1108 个字节，或 500 多个汉字，比普通条码信息容量约高几十倍。

2）编码范围广：该条码可以把图片、声音、文字、签字、指纹等可以数字化的信息进行编码，用条码表示出来；可以表示多种语言文字；可表示图像数据。

3）容错能力强，具有纠错功能：这使得二维条码因穿孔、污损等引起局部损坏时，照样可以正确得到识读，损毁面积达 50% 仍可恢复信息。

4）灵活实用：条码标识既可以作为一种识别手段单独使用，也可以和有关识别设备组成一个系统实现自动化识别，还可以和其他控制设备连接起来实现自动化管理。

5）易于制作：条码标签易于制作，对设备和材料没有特殊要求，持久耐用，识别设备操作容易，不需要特殊培训，且设备也相对便宜。

6）译码可靠性高：它比普通条码译码错误率百万分之二要低得多，误码率不超过千万分之一。

7）可引入加密措施：保密性、防伪性好。

8）阅读方便：二维条码可以使用激光或 CCD 阅读器识读。

上述这些特点使二维码技术在产品防伪/溯源、安全保密、商品交易、定位/导航、电子凭证、车辆管理、信息传递、Wi-Fi 共享等方面有着广泛的应用。如今智能手机"扫一扫"功能使得二维码的应用更加普遍。

3. 生物特征识别技术

生物特征识别技术（Biometric Identification Technology）即通过计算机与传感器等科技手段和生物统计学原理密切结合，利用人体固有的生理特性和行为特征来进行个人身份的鉴定。

生理特征与生俱来，多为先天性的；行为特征则是习惯使然，多为后天性的。将生理和行为特征统称为生物特征。常用的生理特征有脸相、指纹、虹膜等；常用的行为特征有步态、签名等。声纹兼具生理和行为的特点，介于两者之间。

并非所有的生物特征都可用于个人的身份鉴别。身份鉴别可利用的生物特征必须满足以下几个条件。

1）普遍性，即必须每个人都具备这种特征。

2）唯一性，即任何两个人的特征是不一样的。

3）可测量性，即特征可测量。

4）稳定性，即特征在一段时间内不改变。

当然在应用过程中还要考虑其他实际因素,比如：识别精度、识别速度、对人体无伤害、被识别者的接受性等。

生物特征识别技术实现识别的过程：生物样本采集→采集信息预处理→特征抽取→特征匹配。下面介绍几种常用的生物特征识别技术。

(1) 指纹识别

指纹识别技术是通过取像设备读取指纹图像,然后用计算机识别软件分析指纹的全局特征和局部特征,如脊、谷、终点、分叉点和分歧点等,从指纹中抽取特征值,可以有效地确认一个人的身份。

指纹识别的优点表现在：指纹图像获取设备小巧、技术相对成熟、成本较低。其缺点表现在：指纹识别是物理接触式的,具有侵犯性；指纹易磨损,手指太干或太湿都不易提取图像。

(2) 虹膜识别

虹膜是指眼球中瞳孔和眼白之间充满了丰富纹理信息的环形区域,每个虹膜都包含一个独一无二的基于水晶体、细丝、斑点、凹点、皱纹和条纹等特征的结构。虹膜识别(如图 7-6 所示)技术就是利用虹膜这种终生不变性和差异性的特点来识别身份的。

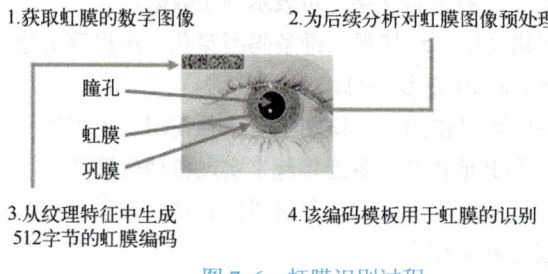

图 7-6　虹膜识别过程

目前世界上还没有发现虹膜特征重复的案例,和常用的指纹识别相比,虹膜识别技术操作更简便,检验的精确度也更高。

(3) 基因(DNA)识别技术

DNA(脱氧核糖核酸)存在于一切有核的动(植)物中,生物的全部遗传信息都存储在 DNA 分子里。DNA 识别技术是利用不同人体的细胞中具有不同的 DNA 分子结构。人体内的 DNA 在整个人类范围内具有唯一性和永久性。因此,除了对双胞胎个体的鉴别可能失去它应有的功能外,这种方法具有绝对的权威性和准确性。不像指纹必须从手指上提取,DNA 模式在身体的每一个细胞和组织都一样,这种方法的准确性优于其他任何生物特征识别方法,它广泛应用于识别罪犯。

DNA 识别的主要问题是被识者的伦理问题和实际可接受性,DNA 模式识别必须在实验室中进行,且抗干扰能力差、耗时长,这些都限制了 DNA 识别技术的使用。此外某些特殊疾病可能改变人体 DNA 的结构,系统无法对这类人群进行识别。

(4) 步态识别技术

步态是指人们行走时的方式,是一种复杂的行为特征。步态识别主要提取的特征是人体每个关节的运动。尽管步态不是每个人都不相同的,但是它也提供了充足的信息来识别人的身份。步态识别的输入是一段行走的视频图像序列,因此其数据采集与脸相识别类似,具有非侵犯性和可接受性。

但是因为序列图像数据量较大,所以步态识别的计算复杂性比较高,处理起来也比较困难。尽管生物力学中对于步态进行了大量的研究工作,基于步态的身份鉴别的研究工作却是刚刚开始。

（5）签名识别技术

签名作为身份认证的手段已经沿用了几百年，人们都很熟悉在银行的格式表单中以签名作为身份的标志。将签名进行数字化的过程为：测量图像本身以及整个签名的动作——在每个字以及字之间的不同速度、顺序和压力。签名识别易被大众接受，是一种公认的身份识别技术。但事实表明人们的签名在不同的时期和不同的精神状态下是不一样的，这降低了签名识别系统的可靠性。

（6）语音识别技术

让机器听懂人类的语音，是人们长期以来梦寐以求的。伴随着计算机技术的发展，语音识别已成为信息产业领域的标志性技术，在人机交互应用中逐渐进入人们的日常生活，并迅速发展成为改变未来人类生活方式的关键技术之一。

语音识别技术以语音信号为研究对象，是语音信号处理的一个重要研究方向。其最终目标是实现人与机器进行自然语言通信。

生物特征识别技术随着计算机技术、传感器技术的发展逐步成熟，在诸多领域会被更多地采用。

4. 嵌入式技术

嵌入式技术是将计算机技术、自动控制技术、通信技术等多项技术综合并与传统制造业相结合的技术，是针对某一行业或应用开发智能化机电产品的技术。作为计算机技术的一种应用，嵌入式技术主要针对具体的应用特点设计专用的计算机系统——嵌入式系统。

嵌入式系统是以应用为中心，以计算机技术为基础，软硬件可配置，并对功能、可靠性、成本、体积和功耗等有严格约束的专用系统，用于实现对其他设备的控制、监视和管理等功能。一般嵌入式系统由微处理器、外围硬件设备、嵌入式操作系统以及应用程序等部分组成。常用的嵌入式系统主要是基于单片机技术来设计的，同时 FPGA、ARM、DSP、MIPS 等嵌入式系统也得到了快速发展。

嵌入式系统由硬件和软件两部分组成（如图 7-7 所示），其物理基础是硬件系统，主要包括核心芯片、存储器、I/O 端口等；软件由操作系统和各种应用程序构成，有时把这两者结合起来，应用程序控制系统的运作和行为，而操作系统控制应用程序的编写以及与硬件的交互等。

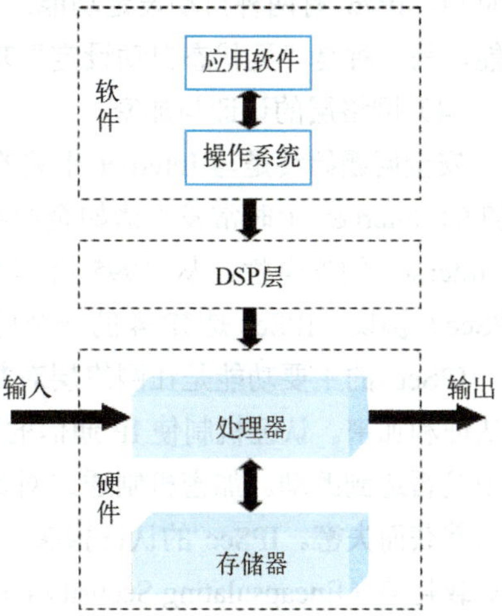

图 7-7 嵌入式系统的结构框图

物联网是在微处理器的基础上，互联网与嵌入式技术发展到高级阶段相互融合的产物。在物联网的识别和信息传输过程中，根据嵌入式系统的不同应用领域可分为嵌入式微处理器、嵌入式微控制器、数字信号处理器和嵌入式片上系统。如今，嵌入式系统正向多功能、低功耗和微型化方向转变，从面向对象设计逐渐向面向角色设计方向发展，并且提供丰富的开发应用接口。这些改变使嵌入式系统能够更好地应用于物联网的信息处理中。

7.3.3 网络层的关键技术

网络层的作用是连接感知层与应用层，把感知层感知到的数据安全、可靠地传送到应用层，主要解决的是感知层所获得的数据在一定范围内（尤其是远距离）的传输问题。IPv6 技术、Wi-Fi 技术、WiMAX 技术和 4G/5G 技术等都是网络层涉及的关键技术。

1. IPv6 技术

IPv6 是 Internet Protocol Version 6 的缩写，是在 IPv4 的基础上发展起来的，不仅与 IPv4 兼容，还有其自身特点。

（1）简化的报头和灵活的扩展

IPv6 对数据报头做了简化，以减少处理器开销并节省网络带宽。IPv6 的报头由一个基本报头和多个扩展报头构成，基本报头具有固定的长度（40B），放置所有路由器都需要处理的信息。IPv4 的报头有 15 个域，而 IPv6 的只有 8 个域。此外，IPv6 还定义了多种扩展报头，这使 IPv6 变得极其灵活，能提供对多种应用的强力支持，同时又为以后支持新的应用提供了可能。

（2）层次化的地址结构

IPv6 的地址空间按照不同的地址前缀来划分，并采用了层次化的地址结构，以利于骨干网路由器对数据包的快速转发。IPv6 定义三种不同的地址类型，分别为单播地址（Unicast Address），多播地址（Multi-cast Address）和泛播地址（Anycast Address）。所有类型的 IPv6 地址都是属于接口而不是节点。

（3）即插即用的联网方式

IPv6 把自动将 IP 地址分配给用户的功能作为标准功能。只要机器一连接上网络便可自动设定地址。它有两个优点：一是终端用户不用花精力就可以进行地址设定，二是可大大减轻网络管理者的负担。IPv6 有两种自动设定功能：一种是和 IPv4 自动设定功能一样的名为"全状态自动设定"功能，另一种是"无状态自动设定"功能。

（4）网络层的认证与加密

安全问题始终是与 Internet 相关的一个重要话题。由于在 IP 设计之初没有考虑安全性，因而在早期的 Internet 上时常发生诸如企业或机构网络遭到攻击、机密数据被窃取等不幸的事情。为了加强 Internet 的安全性，从 1995 年开始，IETF 着手研究制定了一套用于保护 IP 通信的 IP 安全（IPSec）协议。IPSec 是 IPv4 的一个可选扩展协议，却是 IPv6 的一个必要组成部分。

IPSec 的主要功能是在网络层对数据分组提供加密和鉴别等安全服务，它提供了两种安全机制即认证和加密。认证机制使 IP 通信的数据接收方能够确认数据发送方的真实身份以及数据在传输过程中是否遭到改动。加密机制通过对数据进行编码来保证数据的机密性，以防数据在传输过程中被他人截获而失密。IPSec 的认证报头（Authentication Header，AH）协议定义了认证的应用方法，安全负载封装（Encapsulating Security Payload，ESP）协议定义了加密和可选认证的应用方法。在实际进行 IP 通信时，可以根据安全需求同时使用这两种协议或选择使用其中的一种。AH 和 ESP 都可以提供认证服务，不过 AH 提供的认证服务要强于 ESP。

IPv6 解决了 IPv4 的地址不足问题，扩大了地址空间，这使全世界的物体都可以作为网络的节点，构筑一个物物相连的物联网世界，因此 IPv6 技术是物联网的关键技术之一。IPv6 具有很多适合物联网大规模应用的特性，但目前也存在一些技术问题需要解决。例如无状态地址分配中的安全性问题，移动 IPv6 中的绑定缓冲安全更新问题，流标签的安全防护，全球任播技术的研究等。虽然 IPv6 还有众多的技术细节需要完善，但从整体来看，使用 IPv6 不仅能够满足物联网的地址需求，同时还能满足物联网对节点移动性、节点冗余、基于流的服务质量保障的需求，很有希望成为物联网应用的基础网络技术。

2. WiMAX 技术

WiMAX 的全称是全球微波互联接入（Worldwide Interoperability for Microwave Access），又称为 IEEE 802.16 无线城域网，是一种为企业和家庭用户提供"最后一公里"的宽带无线连接方案。2007 年 10 月 19 日，国际电信联盟在日内瓦举行的无线通信全体会议上，经过多数国家投票通过，WiMAX 正式被批准成为继 WCDMA、CDMA2000 和 TD-SCDMA 之后的第四个全球 3G 标准。

WiMAX 曾被认为是最好的一种接入蜂窝网络，它让用户能够便捷地在任何地方连接到运营商的的宽带无线网络，并且提供优于 Wi-Fi 的高速宽带互联网体验；用户还能通过 WiMAX 进行订购或付费点播，类似于接受移动电话服务，这使 WiMAX 在一段时间备受业界关注。

WiMAX 的主要特点可以简要概括为以下几点。

（1）传输距离远

WiMAX 的无线信号传输距离最远可达 50km，是无线局域网所不能比拟的，其网络覆盖面积是 3G 基站的 10 倍，只要建设少数基站就能实现全城覆盖，这样就使得无线网络应用的范围大大扩展。

（2）接入速度高

WiMAX 所能提供的最高接入速度是 70Mbit/s，这个速度是 3G 所能提供的宽带速度的 30 倍。对无线网络来说，这的确是一个惊人的进步。WiMAX 采用与 WLAN 标准 IEEE 802.11a 和 IEEE 802.11g 相同的 OFDM 调制方式，每个频道的带宽为 20MHz。这也和 802.11a 和 802.11g 几乎相同。不过因为可通过室外固定天线稳定地收发无线电波，所以无线电波可承载的比特数高于 802.11a 和 802.11g。因此，可实现 74.81Mbit/s 的最大传输速度。

（3）无"最后一公里"瓶颈限制

作为一种无线城域网技术，它可以将 Wi-Fi 热点连接到互联网，也可作为 DSL 等有线接入方式的无线扩展，实现最后一公里的宽带接入。WiMAX 可为 50km 内的用户提供服务，用户无需线缆即可与基站建立宽带连接。

（4）提供广泛的多媒体通信服务

由于 WiMAX 较 Wi-Fi 具有更好的可扩展性和安全性，从而能够实现电信级的多媒体通信服务。高带宽可以将 IP 网的缺点大大降低，从而大幅度提高 VoIP 的 QoS（服务质量）。从技术层面讲，WiMAX 更适合用于城域网建设的"最后一公里"无线接入部分，尤其适合新兴的运营商。

WiMAX 全面兼容现有的 Wi-Fi，相对于 Wi-Fi 的 IEEE 802.11x 标准，WiMAX 使用 IEEE 802.16x 标准。整体来说，802.16 工作的频段采用的是无须授权频段，范围在 2～66GHz 之间，而 802.16a 则是一种采用 2～11GHz 无须授权频段的宽带无线接入系统，其频道带宽可根据需求在 1.5～20MHz 范围内进行调整。因此，802.16 所使用的频谱可能比其他任何无线技术更丰富，具有以下优点：①对于已知的干扰，窄的信道带宽有利于避开干扰；②当信息带宽需求不大时，窄的信道带宽有利于节省频谱资源；③灵活的带宽调整能力，有利于运营商或用户协调频谱资源。

3. ZigBee 技术

ZigBee 技术是一种基于 IEEE 802.15.4 标准的低功耗、短距离的无线通信技术。ZigBee 在中国被译为"紫蜂"，来源于蜜蜂的八字舞。蜜蜂是靠飞翔和"嗡嗡"地抖动翅膀的"舞蹈"来与同伴传递花粉所在的方位信息，也就是说蜜蜂依靠这样的方式进行群体中的通信网络。ZigBee 是一种介于无线标记技术和蓝牙之间的技术提案，其特点是近距离、低复杂度、自组织、低功耗、高数据速率，主要适合用于自动控制和远程控制领域，可以嵌入各种设备。

ZigBee 是一种低速短距离传输的无线网络协议，其中物理层和媒体访问控制层遵循 IEEE 802.15.4 标准的规定，网络层和安全层由 ZigBee 联盟制定，应用层根据用户的应用需要进行开发利用，因此该技术能够为用户提供机动、灵活的组网方式。

根据 IEEE 802.15.4 协议标准，ZigBee 可工作在 2.4GHz（全球）、868MHz（欧洲）和 915MHz（美国）3 个频段上，分别具有最高 250kbit/s、20kbit/s 和 40kbit/s 的传输速率，它的传输距离在 10～75m 的范围内，但可以继续增加。其中 2.4GHz 频段上分为 16 个信道，该频段为全球通用的 ISM 频段，是免付费、免申请的无线电频段。

ZigBee 网络中有三种设备类型：协调器（Coordinator）、路由器（Router）以及终端设备（End-Device）。协调器负责启动整个网络，它是网络的第一个设备。路由器允许其他设备加入网络，终端设备没有特定的维持网络结构的责任，它可以睡眠或者唤醒，也可以是一个电池供电设备。

ZigBee 是一个由可多到 65000 个无线数传模块组成的无线数传网络平台，在整个网络范围内，任意任两个 ZigBee 网络数传模块之间可以相互通信，每个网络节点间的距离可以从标准的 75m 无限扩展。ZigBee 技术具有强大的组网能力，可以形成星形、树形和网形（如图 7-8 所示）结构，实际项目根据需要选择合适的网络结构。网形拓扑结构的网络可以通过"多级跳"的方式通信，还可以组成极为复杂的网络，而且这种网络还具备自组织、自愈功能；星形和树形网络适合多点、短距离的应用。每个 ZigBee 网络结点不仅本身可以作为监控对象，还可以自动中转其他网络结点传过来的数据资料。

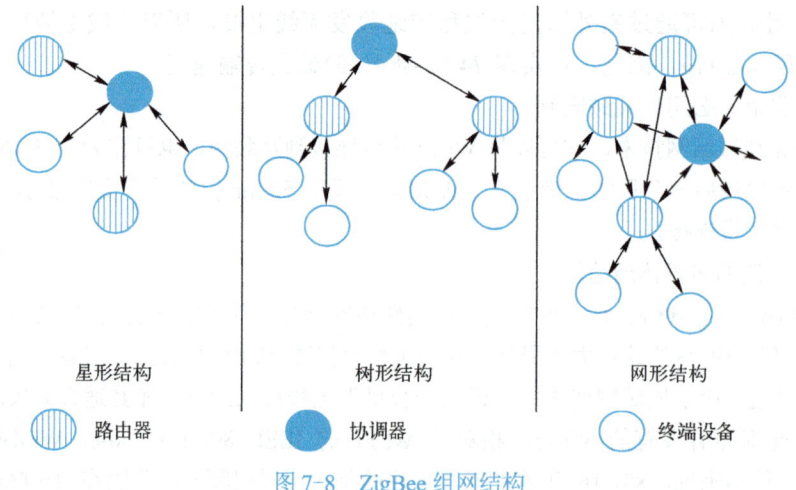

图 7-8　ZigBee 组网结构

作为一种无线通信技术，ZigBee 具有如下特点。

1）低功耗：由于 ZigBee 设备的传输速率低，发射功率仅为 1mW，而且采用了休眠模式，因此非常省电。据估算，ZigBee 设备仅靠两节 5 号电池就可以维持长达 6 个月到 2 年左右的使用时间，这是其他无线设备望尘莫及的。

2）成本低：ZigBee 模块的初始成本在 6 美元左右，估计很快就能降到 1.5～2.5 美元，并且 ZigBee 协议是免专利费的。

3）时延短：通信时延和从休眠状态激活的时延都非常短，典型的搜索设备时延是 30ms，休眠激活的时延是 15ms，活动设备信道接入的时延为 15ms。因此 ZigBee 技术适用于对时延要求苛刻的无线控制（如工业控制场合等）应用。

4）网络容量大：一个星形结构的 ZigBee 网络最多可以容纳 254 个从设备和一个主设备，一个区域内可以同时存在最多 100 个 ZigBee 网络，而且组网灵活。

5）可靠：采取了碰撞避免策略，同时为需要固定带宽的通信业务预留了专用时隙，避开了发送数据的竞争和冲突。MAC 层采用了完全确认的数据传输模式，每个发送的数据包都必须等待接收方的确认信息。如果传输过程中出现了问题可以进行重发。

6）安全：ZigBee 提供了基于循环冗余校验（CRC）的数据包完整性检查功能，支持鉴权和认证，采用了 AES-128 的加密算法，各个应用可以灵活确定其安全属性。

ZigBee 技术拥有上述特点使其成为 WSN 中的热门技术，也必将在物联网领域发挥重要作用。

4. 近距离通信（NFC）技术

近距离通信（Near Field Communication，NFC）是一种短距离的高频无线通信技术，允许电子设备之间进行非接触式点对点数据传输（在 10cm 内）交换数据。此技术由免接触式射频识别演变而来，并向下兼容 RFID，最早由 Philips、Nokia 和 Sony 主推。它能快速自动地建立无线网络，为蜂窝设备、蓝牙设备、Wi-Fi 设备提供一个"虚拟连接"，使电子设备可以在短距离范围进行通信。NFC 最初仅仅是遥控识别和网络技术的合并，但现在已发展成无线连接技术。

NFC 的设备可以在主动或被动模式下交换数据。在被动模式下，启动 NFC 通信的设备，也称为 NFC 发起设备（主设备），在整个通信过程中提供射频场。它可以选择 106kbit/s、212kbit/s、424kbit/s 中的一种传输速度，将数据发送到另一台设备。另一台设备称为 NFC 目标设备（从设备），不必产生射频场，而使用负载调制技术，即可以用相同的速度将数据传回发起设备。

移动设备主要以被动模式操作，可以大幅降低功耗，并延长电池寿命。电池电量较低的设备可以要求以被动模式充当目标设备，而不是发起设备。

主动模式下，每台设备要向另一台设备发送数据时，都必须产生自己的射频场。这是对等网络通信的标准模式，可以获得非常快速的连接设置。

NFC 是一个开放接口平台，可以对无线网络进行快速、主动设置，也是虚拟连接器，服务于现有蜂窝状网络、蓝牙和无线 802.11 设备。NFC 采用了和 RFID 不同的双向识别和连接，在 20 cm 距离内工作于 13.56MHz 频率范围。

NFC 技术的优势明显：具有距离近、带宽高、能耗低等特点，与现有非接触智能卡技术兼容，是一种近距离的私密通信方式，且优于红外和蓝牙传输方式，主要用于付款、购票、电子票证、智能媒体以及交换和传输数据。NFC 将非接触读卡器、非接触卡和点对点功能整合进一块单芯片，为消费者的生活方式开创了不计其数的全新机遇。

7.3.4 应用层的关键技术

应用层是物联网与行业专业技术的深度融合，主要功能是对物联网中的数据进行处理并实际应用。应用层是物联网发展的核心推动力，M2M 技术、云计算技术、数据挖掘技术和中间件技术等都是应用层涉及的主要技术。

1. M2M 技术

M2M 是现阶段物联网最普遍的应用形式，是实现物联网的第一步。未来的物联网将会由无数个 M2M 系统构成，不同的 M2M 系统会负责不同的功能处理，通过中央处理单元协同运作，最终组成智能化的社会系统。

简单来说，M2M 是将数据从一台终端传送到另一台终端，也就是机器与机器（Machine to Machine）的对话。广义的 M2M 可代表机器对机器（Machine to Machine）、人对机器（Man to

Machine)、机器对人（Machine to Man）、移动网络对机器（Mobile to Machine）之间的连接与通信，它涵盖了所有在人、机器、系统之间建立通信连接的技术和手段。

M2M 体系主要包括 M2M 终端、M2M 管理平台和应用系统三个部分，如图 7-9 所示。

（1）M2M 终端

M2M 终端主要负责接收远程 M2M 平台激活指令、本地故障报警、远程升级、使用短消息/彩信/GPRS 等几种接口通信协议与 M2M 平台进行通信等。

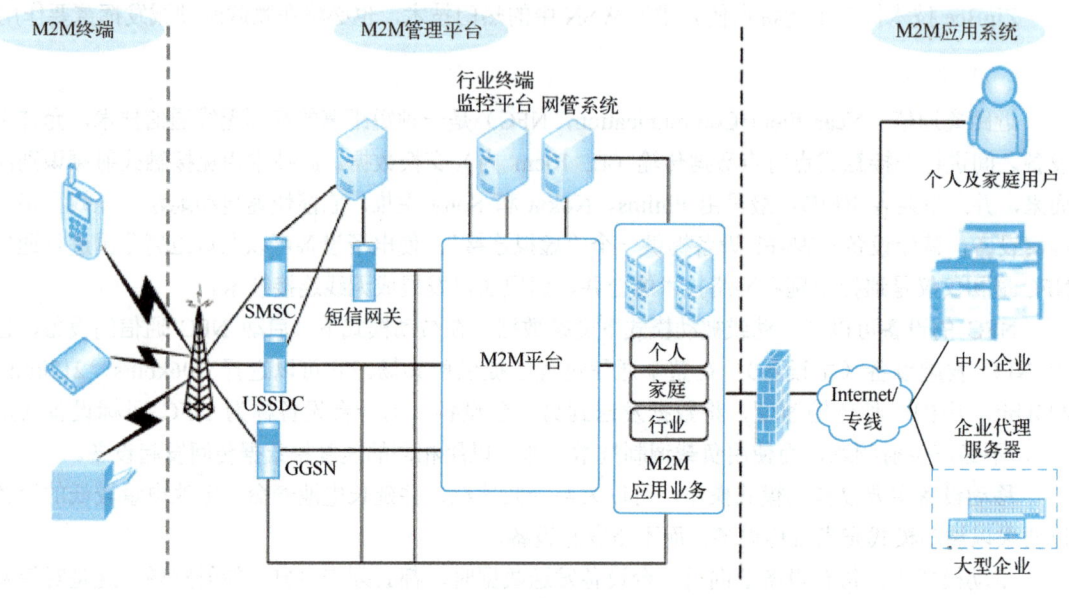

图 7-9　M2M 的体系结构

（2）M2M 管理平台

M2M 管理平台为客户提供统一的移动行业终端管理、终端设备鉴权，支持多种网络接入方式；提供标准化的接口使得数据传输简单直接；提供数据路由、监控、用户鉴权、内容计费等管理功能。

M2M 平台按功能可分为：①通信接入模块　具体包括行业网关接入模块和 GPRS 接入模块。行业网关接入模块负责完成行业网关的接入，通过行业网关完成与短信网关、彩信网关的接入，最终完成与 M2M 终端的通信。GPRS 接入模块使用 GPRS 方式与 M2M 终端传送数据。②终端接入模块　负责 M2M 平台通过行业网关或 GGSN 与 M2M 终端收发协议消息的解析和处理。③应用接入模块　实现 M2M 应用系统到 M2M 平台的接入。④业务处理模块　是 M2M 平台的核心业务处理引擎，实现 M2M 平台系统的业务消息的集中处理和控制。⑤数据库模块　保存各类配置数据、终端信息、集团客户（EC）信息、签约信息和黑/白名单、业务数据、信息安全信息、业务故障信息等。⑥Web 模块：提供 Web 方式操作维护与配置功能。

（3）应用系统

M2M 终端获得了信息以后，本身并不处理这些信息，而是将它们集中到应用平台上来，由应用系统来实现业务逻辑。应用系统把感知和传输来的信息进行分析和处理，做出正确的控制和决策，实现智能化的管理、应用和服务。

现在 M2M 应用遍及电力、交通、工业控制、零售、公共事业管理、医疗、水利、石油等多个行业，对于车辆防盗、安全监测、自动售货、机械维修、公共交通管理等，M2M 可以说是无所不能。然而 M2M 也面临一些亟待解决的问题：缺乏完整的标准体系；商业模式不清晰，未形成共赢的、规模化的产业链；窄带网络限制了 M2M 业务的发展以及业务信息承载方式的多样性；M2M 业务运营支撑系统不完善等。

2．中间件技术

中间件（Middleware）是位于平台（硬件和操作系统）和应用之间的通用服务，这些服务具有标准的程序接口和协议。针对不同的操作系统和硬件平台，它们可以有符合接口和协议规范的多种实现。由于标准接口对于可移植性和标准协议对于互操作性的重要性，中间件已成为许多标准化工作的主要部分。对于应用软件开发，中间件远比操作系统和网络服务更为重要，中间件提供的程序接口定义了一个相对稳定的高层应用环境，无论底层的计算机硬件和系统软件怎样更新换代，只要将中间件升级更新，并保持中间件对外的接口定义不变，应用软件几乎不需要任何修改，从而节省了企业在应用软件开发和维护中的大量投资。

在众多关于中间件的定义中，普遍被接受的是国际数据公司（International Data Corporation，IDC）的定义：中间件是一种独立的系统软件或服务程序，分布式应用软件借助这种软件在不同的技术之间共享资源，中间件位于客户机服务器的操作系统之上，管理计算资源和网络通信。IDC 对中间件的定义表明，中间件是一类软件，而非一种软件；中间件不仅实现互连，还要实现应用之间的互操作；中间件是基于分布式处理的软件，最突出的特点是其网络通信功能。

中间件能屏蔽操作系统和网络协议的差异，为应用程序提供多种通信机制，并提供相应的平台以满足不同领域的需要。目前出现的不同层次、不同类型的中间件产品，大致可分为以下几类。

（1）消息中间件

将数据从一个应用程序发送到另一个应用程序，这就是消息中间件的主要功能。它要负责建立网络通信的通道，进行数据的可靠传送。保证数据不重发、不丢失，消息中间件的一个重要作用是可以实现跨平台操作，为不同操作系统上的应用软件集成提供数据传送服务。它适用于进行非实时的数据交换，如银行间结算数据的传送等。

（2）交易中间件

交易中间件也和消息中间件一样具有跨平台、跨网络的能力，但它的主要功能是管理分布于不同计算机上的数据的一致性，协调数据库处理分布式事务，保障整个系统的性能和可靠性。它适用于联机交易处理系统，如银行的 ATM 系统、电信的计费营收系统。

（3）对象中间件

对象中间件一般也具有交易中间件的功能，但它是按面向对象的模式来组织体系结构的，在线的电子交易很适合采用这种中间件类型，因为这种类型的应用会被频繁地修改，面向对象的体系结构可以保持足够的弹性来应对这种改动。

（4）应用服务器

应用服务器主要用来构造基于 Web 的应用，是企业实施电子商务的基础平台。它一般是基于 J2EE 体系结构，让网络应用的开发、部署、管理变得更加容易，使开发人员专注于业务逻辑。

（5）企业级应用集成

一个大型企业内部往往有很多计算机应用系统，企业级应用集成（EAI）可用于对这些系统进行有效整合，使它们能够互相访问，实现互操作。EAI 所提供的上层开发工具或许是 EAI 和其他中间件最大的区别，它允许用户自定义商业逻辑和自动使数据对象符合这些规则，EAI 的典型用户是那些巨型企业的大量应用系统的整合。

（6）安全中间件

随着互联网的发展，信息安全越来越受到普遍关注，安全中间件也应运而生。安全中间件是以公钥基础设施（PKI）为核心的、建立在一系列相关国际安全标准之上的一个开放式应用开发平台，向上为应用系统提供开发接口，向下提供统一的密码算法接口及各种 IC 卡、安全芯片等设备的驱动接口。

中间件是软件技术发展的一种潮流，被誉为发展最快的软件品种，近年来势头强劲，这也是源于市场在全球范围内对中间件的支持。毫无疑问，中间件正在成为软件行业新的技术与经济增长点。

7.4 物联网技术的应用

应用是推动物联网发展的真正动力，物联网的应用领域广泛，遍及智能交通、环境保护、公共安全、工业控制、智能家居、医疗护理、环境监控、政务工作、食品安全、水系检测、动植物养殖及情报搜集等领域。物联网把新一代信息技术应用到各行各业中，实现了人类社会与物理世界的融合，在整个网络中，通过具有超级计算能力的计算机集群对网络内的人员、机器、设备和基础设施实施管理和控制，人们可以以更加精细和灵活的方式管理生产和生活，提高资源的利用率和生产力水平，使人与自然的关系更加和谐，人类的生活环境也更加智能化。随着物联网技术的进一步发展，其在各领域的应用也将逐渐实现，这将大大推进相关电子元件的生产，扩大网络运营商的服务，给市场带来商机。

物联网的主要应用领域如图 7-10 所示。下面以物联网的典型应用为例，介绍物联网在各行各业的应用。

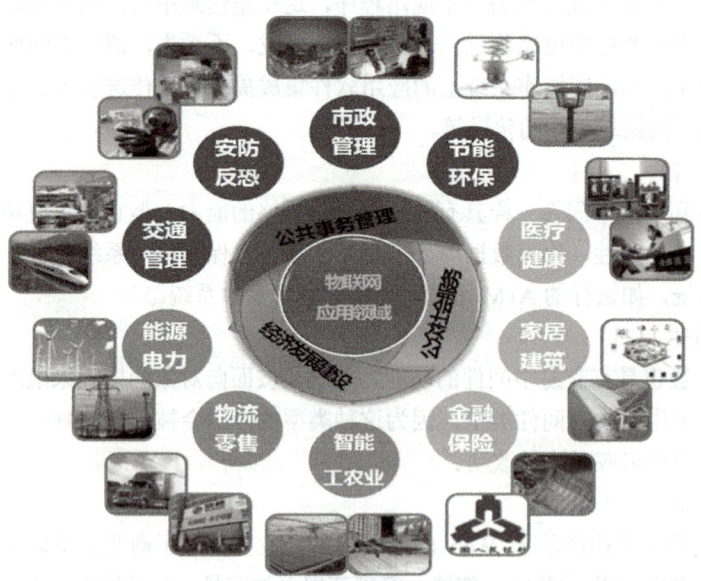

图 7-10 物联网的主要应用领域

7.4.1 智能物流

物流是人类最基本的社会经济活动之一。随着社会的发展，物品的生产、流通、销售逐步走向专业化，连接产品生产者与消费者之间的运输、装卸、存储就逐步发展成专业化的物流行业。物流是对企业与客户的系统整合,是从工业到消费的完整的供应链体系。

对于物流系统,物联网利用商品的唯一身份认证可以跟踪商品,互联网又把商品的信息共享给生产、存储和使用商品的人,以方便各个链条的人员对商品的流通做出及时反应。智能物流是利用集成智能化技术,使物流系统能模仿人的智能,具有思维、感知、学习、推理判断和自行解决物流中某些问题的能力,是未来物流信息化发展的方向。

智能物流打造了集信息展现、电子商务、物流配载、仓储管理、金融质押、园区安保、海关保税等功能于一体的物流园区综合信息服务平台。信息服务平台以功能集成、效能综合为主要开发理念,以电子商务、网上交易为主要交易形式,并为金融质押、园区安保、海关保税等功能预留了接口,可以为园区客户及管理人员提供一站式综合信息服务。其典型应用包括智能仓储、自动化物流、企业智能供应链、产品可追溯网络、物流过程可视化等。

图 7-11 所展示的整个物流过程的可视化系统,利用 GPS 卫星导航定位技术、RFID 技术、传感技术等多种技术,在物流过程中实时实现车辆定位、运输物品监控、在线调度与配送、可视化与管理。

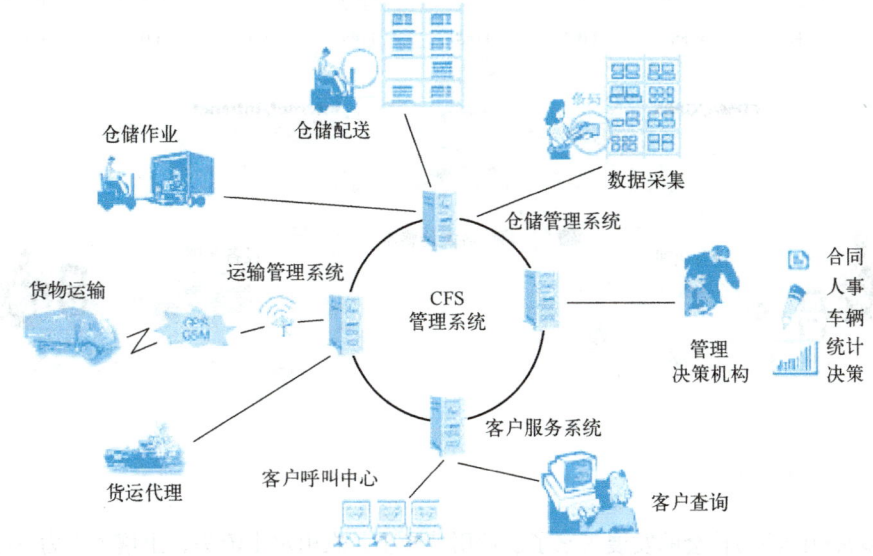

图 7-11 物流过程监控示意图

7.4.2 智能电网

电力是国家的经济命脉,是支撑国民经济的重要基础设施,也是国家能源安全的基础。电力系统的发展程度与技术水平是一个国家国民经济发展水平的重要标志。进入 21 世纪,全球资源环境的压力日趋增大,能源需求不断增加,而节能减排的呼声也越来越高,电力行业面临着前所未有的挑战。将电网升级到"智能电网"的任务摆到了各国政府的面前。

智能电网通过传感技术、测量技术、通信技术、先进设备、精确控制方法以及决策支持系统技术的应用,实现计算资源与物理资源的紧密结合与协调,达到电网的可靠、安全、经济、高效、环境友好和使用安全的目标。

智能电网本质上是物联网技术与传统电网融合的产物,它能够极大地提高电网信息感知、信息互联与智能控制的能力。物联网技术能够广泛应用于智能电网,从绿色发电、安全输电、可靠供电、变电配电到智能用电的各个环节,可以全方位地提高智能电网各个环节的信息感知深度与广度,支撑电网的信息流、业务流与电力流的可靠传输,以实现电力系统的智能化管理。

图 7-12 所示的是智能变电站系统。传感器用于智能变电站的多种设备之中,感知和测量各种物理参数,并将感知数据及时传输至设备监控中心,监控中心可以分析智能变电站的环境、安全及重要设备、线路的运行状态,实时掌握变电站运行状态,预测可能存在的安全隐患,及时采取预防措施。2011 年 1 月 3 日,国家电网首座 220kV 智能变电站——无锡市惠山区西泾变电站投入运行,并利用物联网技术建立传感测控网络,实现了真正意义上的"无人值守和巡检"。

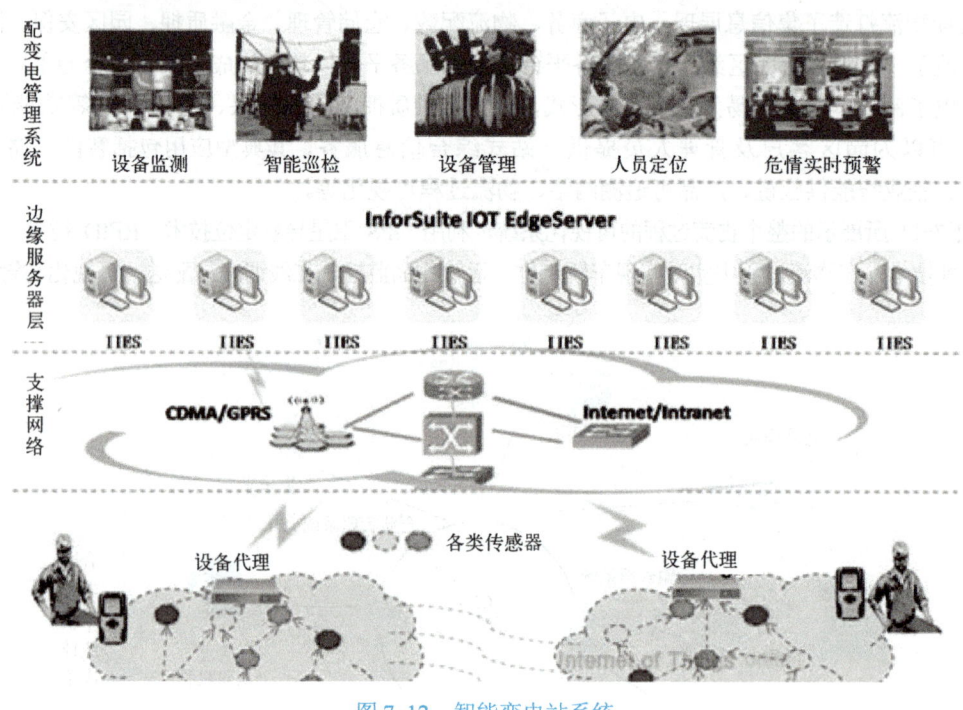

图 7-12 智能变电站系统

7.4.3 智能农业

农业和农村经济与社会的发展带来了农业用地减少、农田水土流失、土壤生产力下降的问题,大量使用化肥又导致农产品与地下水污染,以及生态环境恶化等问题。为了解决这些问题,科学工作者开始研究生态农业、绿色农业、精细农业等先进的农业技术。精细农业在农场经营规模较大的欧美发达国家已逐步得到发展和推广应用,我国在"十五"和"十一五"期间,也将精细农业列入农业科技重点发展方向。

随着物联网技术的发展,传统的精细农业理念已经被赋予了更深、更广的内涵。智能农业是一种由物联网技术与生物技术支持的定时、定量实时耕作与管理的生产经营模式,它是物联网技术与精细农业技术紧密结合的产物,是 21 世纪农业发展的方向。

物联网可以在农业生产的产前、产中和产后的各个环节发展基于信息和知识的精细化的过程管理。在产前,利用物联网对耕地、气候、水利、农用物资等农业资源进行监测和实时评估,为农业资源的科学利用与监管提供依据。在生产中,通过物联网可以对生产过程、投入使用、环境条件等进行现场监测,对农艺措施实施精细调控。在产后,通过物联网把农产品与消费者连接起来,使消费者可以透明地了解从农田到餐桌的生产与供应过程,解决农产品质量安全溯源的难题,促进农产品电子商务的发展。物联网在精细农业领域的应用,可以增强农业抗风险与可持续发展能力,引领现代农业产业结构的升级改造。其典型应用主要在智能温室、病虫害诊断预警、集约化水产养殖、精量饲喂、农产品质量安全追溯等方面，如图7-13所示。

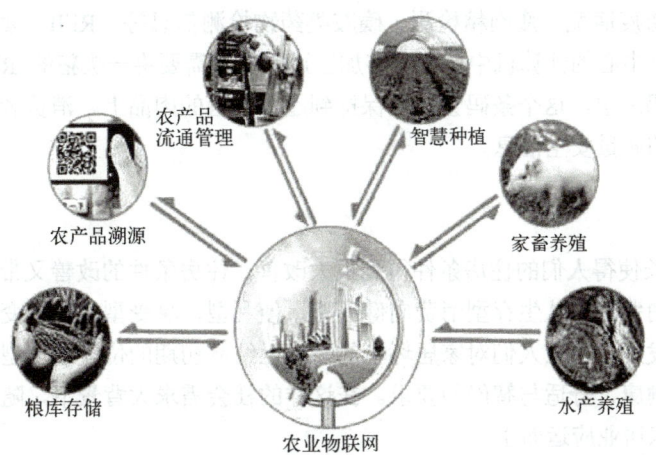

图7-13　农业物联网的应用领域

农产品流通是农业产业化的重要组成部分。农产品从产品采收或屠宰、捕捞后，要经历加工、储藏、运输、批发与零售等流通环节。流通环节作为农产品到餐桌的主要过程，不仅涉及农产品生产与流通成本，而且与农产品质量紧密相关。近年来食品安全问题，尤其是猪肉质量与安全问题突出，已经引起政府和消费者的高度重视，建立猪肉从养殖、屠宰、原料加工、收购储运、生产和零售的整个生命周期可追溯体系，是防范猪肉制品质量问题，保证消费者购买放心食品的有效措施。图7-14给出了基于RFID与条码技术的猪肉质量追溯系统示意图。

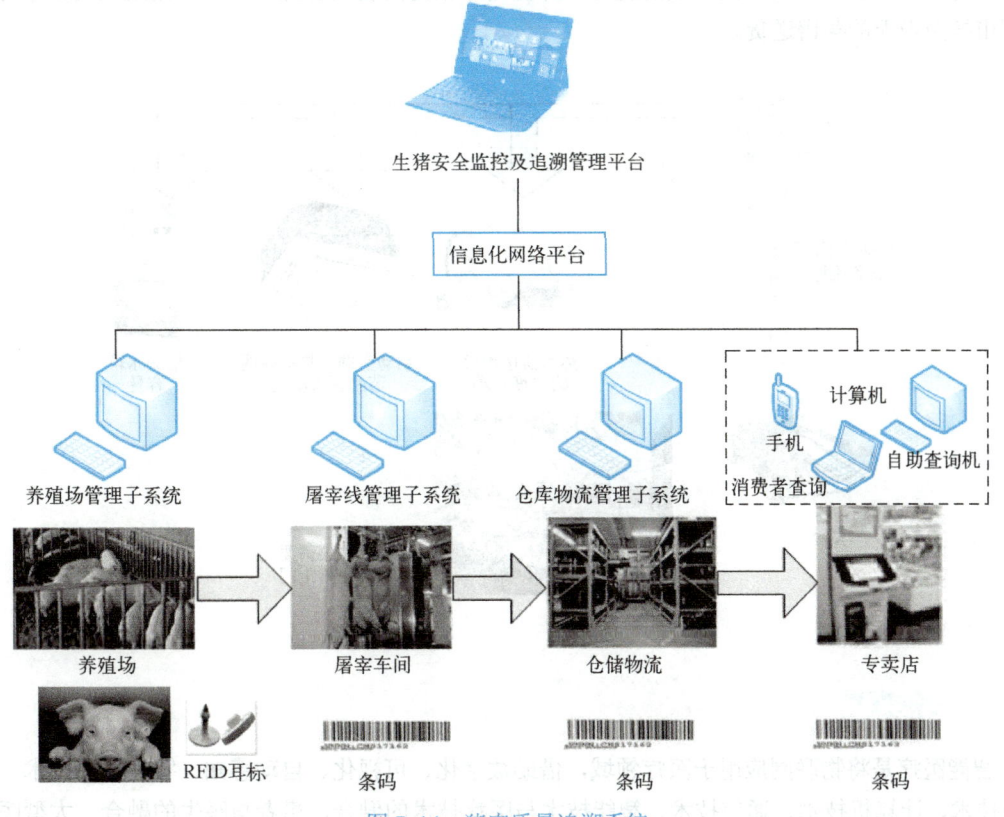

图7-14　猪肉质量追溯系统

在养殖环节，利用耳钉式 RFID 标签记录每一头生猪在养殖过程中所产生的重要信息，如用料情况、用药情况、防疫情况、瘦肉精检测、磺胺类药物检测信息等。RFID 读写器将这些信息读出并存储在养殖场控制中心的计算机中。在屠宰加工过程中，需要将一头猪的 RFID 标签记录的信息转存到可追溯的条码之中，这个条码会一直保持到超市出售的肉品上，消费者可通过手机、网络实时查询所购买猪肉的质量安全信息。

7.4.4 智能家居

经济的快速增长使得人们的住房条件得到很大改善，住房条件的改善又带动了家居条件与家电消费的增长。家电消费逐步从生存型消费向健康型、便利型、享受型消费转变，家用电器也正向数字化、智能化方向发展。现在人们对家居环境的要求已经从初期的位置、户型的要求，逐步转向对家居整体的安全、健康、舒适与智能的要求。在这样的社会需求大背景下，随着物联网技术的日趋成熟和应用，智能家居业应运而生。

智能家居融合自动化控制系统、计算机网络系统和通信技术于一体，将各种家庭设备（如音视频设备、照明系统、窗帘控制、空调控制、安防系统、数字影院系统、网络家电等）通过智能家庭网络联网实现自动化，通过宽带、固话和无线网络，可以实现对家庭设备的远程操控。与普通家居相比，智能家居不仅提供舒适宜人且高品位的家庭生活空间，实现更智能的家庭安防系统，还将家居环境由原来的被动静止结构转变为具有智慧能动的工具，提供全方位的信息交互功能。其典型应用是智能家电、家庭节能、家庭照明、通风以及安防等。

图 7-15 所示的是智能家居的应用场景，用户在下班回家的路上即可用手机启动"下班"业务流程，将热水器和空调调节到预设的温度，并检测冰箱内的食物容量，如不足则通过网络下订单要求超市按照当天的菜谱送货。

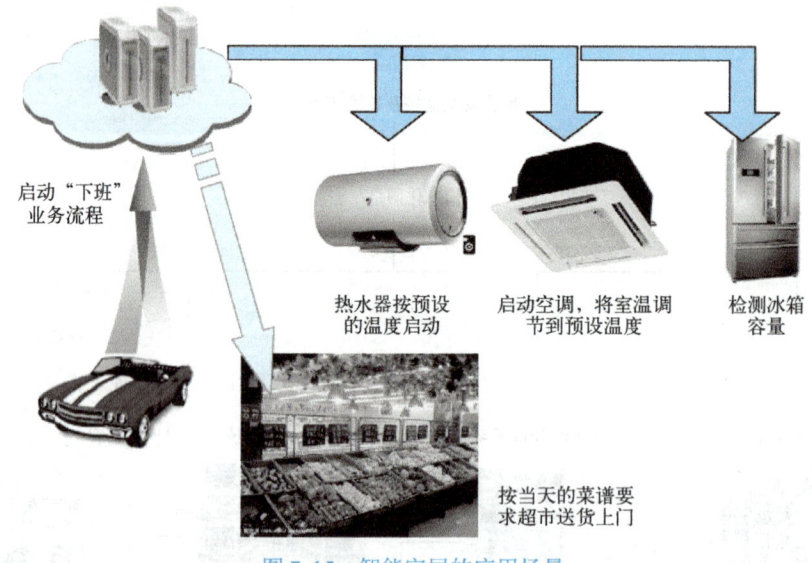

图 7-15 智能家居的应用场景

7.4.5 智能医疗

智能医疗是将物联网应用于医疗领域，借助数字化、可视化、自动感知、智能处理技术，实现感知技术、计算机技术、通信技术、智能技术与医疗技术的融合，患者与医生的融合，大型医院、专科医院与社区医院的融合,将有限的医疗资源提供给更多的人共享,把医院的作用向社区、家庭以及偏远农村延伸和辐射,提升全社会的疾病预防、疾病治疗、医疗保健与健康管理水平。

随着经济与社会的发展,以及欧洲、美国、日本和我国都先后步入老龄化社会,医疗卫生社区化、保健化的趋势日益明显,智能医疗必将成为物联网应用中实用性强、贴近民生、市场需求旺盛的重点发展领域。

通过智能医疗技术的研究与应用,建立保健、预防、监控与呼救一体的远程医疗、健康管理服务体系,使得广大群众能够以最快的速度、最短的距离、最低的成本,获得及时的诊断、有效的治疗,逐步变被动治疗为主动的健康管理,提高全民医疗保健水平。

智能医疗是物联网技术与医院、医疗管理融合的产物,它覆盖医疗信息感知、医疗监护服务、医院管理、药品管理、医疗用品管理,以及远程医疗等领域,实现医疗信息感知、医疗信息互联与智能医疗控制的功能。

图 7-16 所示为智能健康监控系统,主要可实现人体的监护、生理参数的测量等,并将数据传送到各种通信终端上。监控的对象不一定是病人,也可以是正常人。人体身上可以安装不同的传感器,对人的健康参数进行监控,并且实时传送到相关的医疗保健中心,如果有异常,保健中心通过手机提醒用户去医院检查身体。

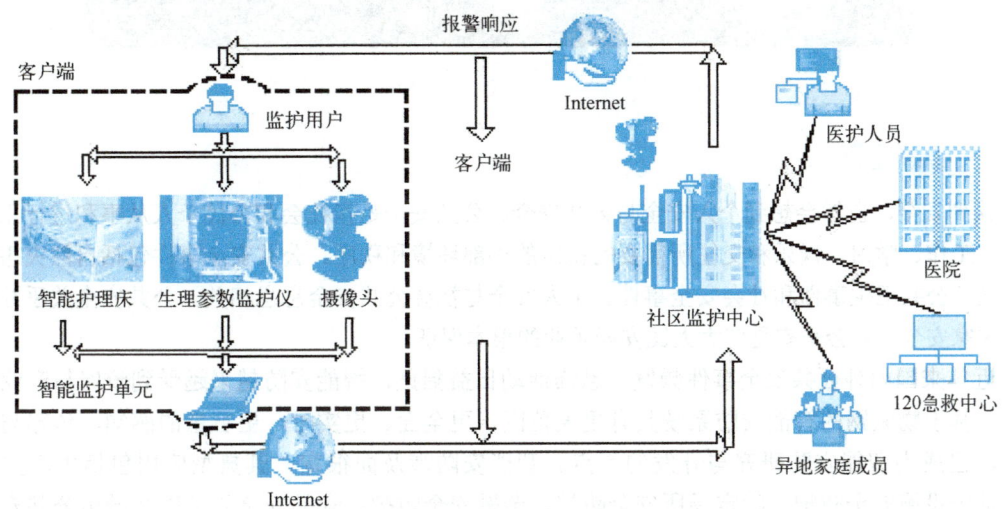

图 7-16　智能监护系统

7.4.6　智能环保

经济全球化与资源环境全球化的趋势日益明显,人类在全球环境恶化的现状下必须采取共同的应对策略,这一点在各国之间开始形成共识。最典型的例子就是温室效应对地球环境的影响问题。温室效应导致地球上的病虫害增加、气候反常、土地干旱、沙漠化面积增大。监测、控制二氧化碳等有害气体排放,需依靠物联网技术,同时利用物联网技术可以对自然灾害加以预测与防范,帮助解决好人类社会的可持续发展问题。

物联网技术在智能环保中的典型应用包括土壤、水、空气等污染监测、自然环境灾害监测、动植物生态环境监测、垃圾分类处理等。

随着工业和科学的发展,环境监测的内涵也在不断扩展,由初期对工业污染源的监测为主,逐步发展到对大环境的监测,延伸到对生物、生态变化的监测。通过网络对环境数据进行实时传输、存储、分析和利用，全面、客观、准确地揭示监测环境数据的内涵，对环境质量及其变化做出正确的评价、判断和处理。

太湖环境监控系统是我国科学家开展的用于环境监测的物联网应用示范工程项目。在太湖环境监控系统（如图 7-17 所示）中，传感器和浮标被布放在环太湖地区，建立定时、在线、自动、快速的水环境监测无线传感网络，形成湖水质量监测与蓝藻暴发预警、入湖河道水质监测以及污染源监测的传感网络系统。通过安装在环太湖地区的这些监控传感器，将太湖的水文、水质等环境状态提供给环保部门，实时监控太湖流域水质等情况，并通过互联网将监测点的数据报送至相关管理部门，该监测系统在水域环境保护中发挥了重要的作用。

图 7-17　太湖环境监控系统传感器、浮标和监控站

7.4.7　智能安防

谈到安全，自然会想到个人安全与公共安全。公共安全是指社会和公民个人从事和进行正常的生活、工作、学习、娱乐和交往所需要的稳定的外部环境和秩序。公共安全事件包括自然灾害、事故灾难、公共卫生事件和社会安全事件。个人安全与社会公共安全息息相关。公共安全关乎社会稳定与国家安全，社会平安是广大人民安居乐业的根本保证。

近年来国内外公共安全事件频发，恐怖活动日益猖獗，智能安防越来越受到政府与产业界的重视。基于物联网的智能安防系统具有更大范围、更全面、更实时、更智慧的感知、传输与处理能力，已成为智能安防研究与开发的重点。智能安防涉及面很宽，其典型应用包括生产安全防护、基础设施安全防护、特定场所安全防护、金融安全防护、食品安全防护以及城市公共安全防护等。

随着我国航空运输业的快速发展，机场的吞吐量屡创新高，急需借助物联网技术提高运营保障能力。机场周边防入侵系统作为机场防护的第一条防线，对于机场的安全防范有着重要的作用。目前，机场的防线主要集中在航站楼，分为物防、人防、技防等几种。一般来说，机场都会建立一个安全高效的防范体系，以便更好地完成安保工作，但是尽管如此，还是会出现一些意外的情况。而应用物联网技术中的传感器，再结合已有的健全完善的防范体系，就可以排除之前的不确定因素，加强机场的安全防范工作。例如目前国际上最大规模的周界安防物联网应用系统——上海浦东国际机场周界安防系统。机场安防系统（如图 7-18 所示）铺设了 3 万多个传感节点，覆盖了地面、栅栏和低空范围，能对翻越和破坏围界的行为及时发出报警和警告，确保飞行区安全。当入侵行为发生时，前端的视频监控模块对所采集的信号进行特征提取和目标特性分析，将分析结果通过数据传输模块传输至服务机处理平台；平台中的中央控制模块通过信息融合进行目标行为识别，并启动相应报警策略，实现全天候、全天时的实时主动防控。

第 7 章 物联网技术与应用

城市安全是典型的公共安全，它以公众的健康、生命和财产免遭损害为目的，以法制化和社会化的防控方式，把各种威胁始终控制在某种最低限度，并尽可能保持公共生活的正常秩序。城市公共安全是一个涉及内容广泛的系统工程，应用先进的物联网技术装备城市的安全系统，对保障城市发展、安全和稳定有极其重要的意义。图 7-19 所示为构建的物联网平安城市，利用部署在大街小巷的全球眼监控探头，实现图像敏感型智能分析与 110、119、120 等交互，实现探头与探头之间、探头与人、探头与报警系统之间的联动，从而构建和谐安全的城市生活环境。

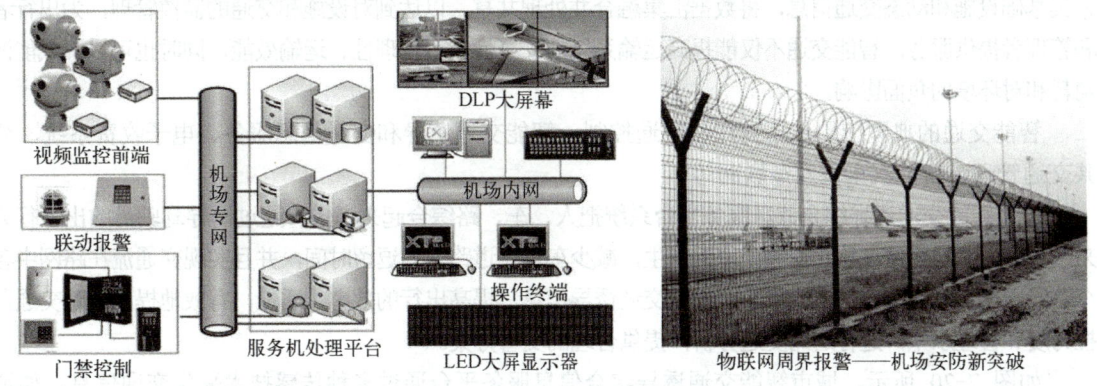

图 7-18　机场安防系统

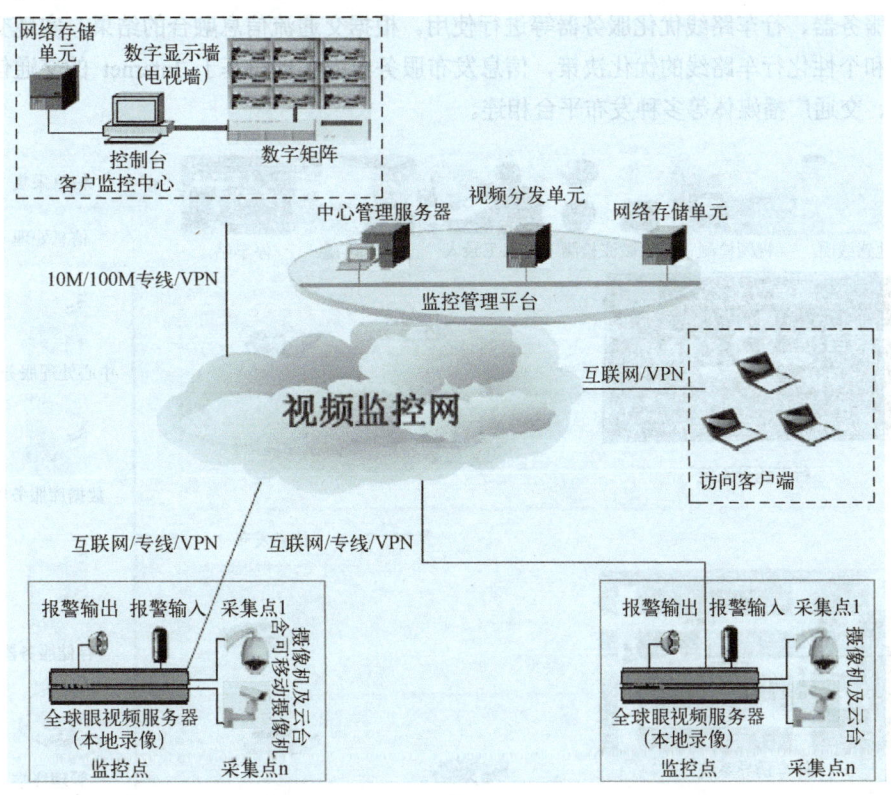

图 7-19　平安城市示意图

7.4.8　智能交通

交通是支持一个国家与地区经济以及社会发展的命脉，也是涉及每一个人日常生活的重要问题。随着城市规模越来越大，汽车越来越多，交通拥堵问题日渐突出，同时也带来了严重的污染与安全隐患。解决这些问题的有效方法之一是发展智能交通。

　　智能交通是一个基于现代电子信息技术面向交通运输的服务系统，其主要特点是以信息的收集、处理、发布、交换、分析和利用为主线，为交通参与者提供多样性服务。在交通系统中凡是与人、车、路的信息化和智能化有关的内容都可以归为智能交通，它存在于交通运输的各个领域，包括城市道路、高速公路、水域、铁路和航空等，通过在交通工具和通行环境中布设摄像机、射频标签、红外设备等传感设备，采集基础设施和动态交通信息，将数据汇集融合并处理共享，以达到对设施和交通的监控管理，为出行者和管理者提供服务。智能交通不仅能提高运输系统的安全性、可管理性、运输效能，同时也可以降低能源消耗和对环境的负面影响。

　　智能交通的典型应用包括自适应交通控制、智能交通诱导和交通信息服务、电子收费系统、公共交通管理、智能汽车以及车联网等。

　　城市智能交通诱导综合信息服务平台系统把人、车、路综合起来考虑，通过诱导驾驶员的出行行为来改善路面交通系统，防止交通阻塞的发生，减少车辆在道路上的逗留时间，并且实现交通流在路网中各个路段上的负载均衡；提供准确、全面的交通诱导信息，提高出行的效率、质量，有效地提高道路交通监控力度和管理水平，进行道路交通分析，提供合理的交管方案。

　　如图 7-20 所示，城市智能交通诱导综合信息服务平台通过多种传感技术采集交通信息，如地感线圈检测、浮动车检测、视频检测、微波检测等，将这些交通流参数分别发送到交通指挥中心、信息发布服务器、行车路线优化服务器等进行使用。根据交通流信息融合的结果，实现交通信息的公共发布和个性化行车路线的优化决策，信息发布服务器中实现与基于 Internet 的交通信息网、交通诱导屏、交通广播媒体等多种发布平台相连。

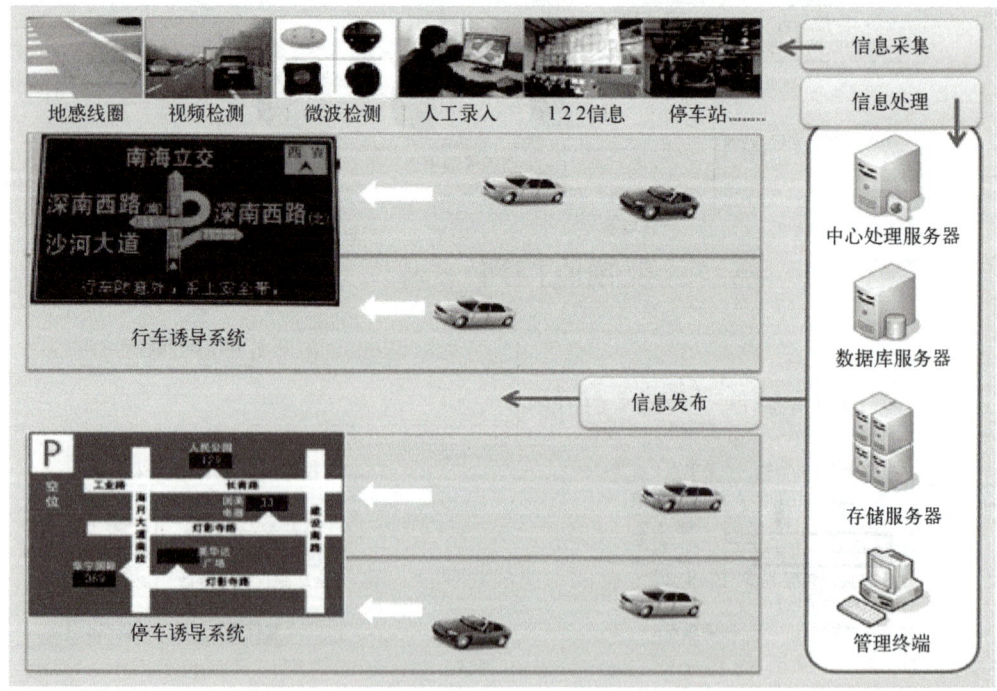

图 7-20　城市智能交通诱导综合信息服务平台

7.5 物联网技术的发展趋势和面临的问题

7.5.1 物联网的发展趋势

物联网是以移动技术为代表的普适计算与泛在网络，物联网的实现和应用将带来技术、生产和生活方式的进步与变革。

物联网技术会推动基础技术的进步，技术发展趋势呈现融合化、嵌入化、可信化和智能化的特征。物联网的基础技术主要包括物体感知与标识、体系架构、通信和网络、安全和隐私、服务发现和搜索策略、软硬件系统设计与实现、能量获取和存储、设备微型小型化等。在目标感知与标识方面，单个物体可能会有多个标识或多个传感器，标识或传感量与服务之间如何映射、如何保障用户隐私、标识之间怎样兼容等都是必须考虑的问题。在未来物联网的体系架构方面，如何挖掘物体间的关联性，怎样支持分布式的体系结构等问题还没有明确的答案。在通信技术方面，如何构建通信网络，构建怎样的通信网络，如何满足不同信息量和实时性的要求还需进一步研究。在隐私和安全性方面，主要涉及个人隐私、商业信任和国家安全，要获得服务需要交换很多私密的信息，同时必须对这些信息提供可靠的保护。在服务发现和搜索方面，从什么地方获得什么服务，如何向他人提供服务等，服务的提供和搜索机制需要进一步研究。在软件和硬件系统设计与实现上，集成电路、传感器、系统设计与装配、软件设计与调试等需要多种技术支持。这些相关集成技术的进步与发展，是物联网普及与发展的技术保证。

物联网应用发展呈现标准化、服务化、开放化、工程化的特征。物联网发展的关键在于应用，标准化是物联网走向产业化的一个重要阶段。人与物、物与物的连接做起来并不那么容易，标准化是物联网普及与应用的基础，标准化主要包括接口标准化和数据模型与应用模型标准化。标准化为科学管理奠定基础，是组织现代化生产的前提条件。服务化、开放化和工程化是物联网得到广泛应用的必然要求和前提条件，决定物联网服务的运营方式、服务的可扩展性及使用成本。

7.5.2 物联网发展中面临的问题

虽然物联网技术发展到今天已经取得了一些成果，但作为一个新兴产业，物联网技术未来的发展还将面临更多的考验，可能影响或制约其发展的问题主要集中在以下几个方面。

（1）认识问题

物联网的概念从应用中产生，随着应用技术的提高和应用领域的扩展，物联网的概念也在不断地更新，至今尚没有一个标准的定义。对物联网的正确认识是决定对其今后发展做出正确决策的关键。

除了在概念上正确认识物联网之外，还需要从技术构成上了解它，这将决定今后要在哪些技术层面上展开研究工作，需要对哪些领域的应用开发加以关注，如何制定出有效的发展方针和路线等。当前人们主要在传感技术、硬件制造、标准化制定等方面投入了较多的财力、物力和人力，硬件制造在物联网系统中只属于前端，而物联网中的数据传输、信息处理与业务系统管理等才是整个物联网的高端和核心部分。要在物联网技术方面获得良好的发展，就必须从物联网构成技术的多个层面出发构建多维发展空间，从多个角度展开物联网的研发工作，物联网技术才会在未来获得更好的发展。

（2）安全问题

网络安全问题一直是互联网领域的研究热点。各种网络安全技术不断出现，但始终不能完全解决互联网中信息的安全保证问题。作为互联网的扩展和延伸,物联网中的安全问题依然存在,并且是其发展过程中的一大障碍。由于物联网的接入终端更加多样化,网络的覆盖范围更广泛,所以物联网上承载的交互信息也更丰富,其中包括企业的商业机密、政府的关键性决策,以及广大民众的个人隐私等。如何能够保证物联网中这些信息的私密性和安全性成为物联网应用发展中所面临的一大难题。

从物联网的体系结构来看,物联网除了要面对通信网络(如 TCP/TP 网络、无线网络和移动通信网络等)中传统的网络安全问题,还必须考虑物联网自身产生的一些特殊的安全问题。一般来说,这些安全问题产生的根本原因来自物联网的感知层面。由于各种感知技术的应用,大量感知信息的隐秘性、可靠性受到威胁,这些威胁主要体现在个人隐私、感知节点自身的安全隐患、各种恶意攻击、应用业务的安全问题以及难以形成安全保护体系等方面。

(3) 标准问题

在互联网蓬勃发展的过程中,网络体系结构和通信协议标准的制定发挥了决定性作用。如果没有 TCP/IP,没有路由器协议,没有各种终端架构标准和操作系统统一工作方式的支持,互联网的发展就达不到目前的水平。随着物联网的发展,其体系结构中的感知层、网络层和应用层上会有大量的新技术出现,因此急需尽快统一技术标准,形成一个有效的管理机制,这样才有利于物联网整体技术的发展。

物联网新技术的不断涌现会产生各种技术标准。因此在物联网技术的研发过程中,各个国家之间应该加强交流与合作,以寻求一个能被普遍接受的标准。物联网各层次的实现技术很多,在全球范围内为所有的实现技术都制定出统一的标准需要经过一个漫长的过程。例如,RFID 技术已经出现多年,而且目前也有广泛的应用,但其标准至今没有统一。物联网的其他技术也与之类似,物联网标准的制定还要依靠处在物联网技术发展前沿的一些国家或团体共同协商。

(4) 管理问题

物联网不是一个小产品,也不是一个企业可以主导的,它的发展更需要国家层面的统筹协调,需要强有力的部门统一推进各方面工作。物联网的普及不仅需要相关技术的提高,更涉及各个行业和产业,需要多种力量的整合。这就需要国家在产业政策和立法方面予以支持,制定出适合这个行业发展的政策和法规,保证行业的正常发展。

在物联网时代,会有大量的信息需要传输和处理。若没有一个与之匹配的网络化管理平台,很难对这些数据进行管理与整合,物联网也将是空中楼阁。因此,如何建立一个满足需要的综合物联网管理平台,对各种感知信息进行收集,然后对其分门别类地管理,并进行有指向性的传输,已经成为物联网能否被推广的一个关键性问题。建立一个如此庞大的网络体系单单依靠某个企业的力量是很难完成的,必须由专门的机构统一组织开发。

(5) 应用问题

物联网技术发展的最终目的是物联网的大规模广泛应用,使人们的工作、生活、学习、娱乐方式等向着智能化方向改变。

物联网技术的大规模应用首先面临的是成本问题。为了使普通物品具有智能感知的功能,必须在物品中嵌入像电子标签、传感器这样的感知设备,并且需要安装用于获取和处理感知信息的读写设备以及庞大的信息处理系统,这就需要大量资金的投入。因此,在感知设备成本没有下降到足够低的水平之前,物联网的大规模应用将会受到限制。

除了成本问题之外,作为新兴产业,能否建立一种多方共赢的商业模式是该技术能否快速普及应用的关键。纵观新兴产业的发展历程,对于任何一次信息产业革命,出现一种新型且能够成熟发展的商业盈利模式是必然的结果，但是这一点至今还没有在物联网的发展中体现出来。在未来的物联网应用中，商业模式的建立成为推进物联网发展的关键因素之一。

7.6 思考题与习题

7-1　什么是物联网？物联网的支撑技术是什么？
7-2　各国对物联网为什么如此关注？都制订了哪些计划？
7-3　互联网、物联网和泛在网之间有什么样的关系？
7-4　试列举 RFID 技术在当今现实生活中的范例。
7-5　简要回答 ZigBee 的技术特点。
7-6　简述嵌入式技术在物联网中的应用。
7-7　与 IPv4 相比，IPv6 有哪些优点？
7-8　WiMAX 作为"最后一公里"的宽带无线连接方案，有哪些特点和优势？
7-9　中间件技术的作用是什么？
7-10　M2M 由哪几部分构成，试述 M2M 技术的应用实例。
7-11　物联网在物流领域有哪些应用？
7-12　物联网技术对发展智能医疗有什么作用？
7-13　结合你所学的专业，谈谈物联网技术在该领域的具体应用。

参 考 文 献

[1] 刘云浩. 物联网导论[M]. 3 版. 北京：科学出版社，2017.
[2] 刘军. 物联网技术[M]. 北京：机械工业出版社，2017.
[3] 侯莉莎. 云计算与物联网技术[M]. 成都：电子科技大学出版社，2017.
[4] 李梅，范东琦，任新成. 物联网科技导论[M]. 北京：北京邮电大学出版社，2015.
[5] 桂小林. 物联网技术导论[M]. 2 版. 北京：清华大学出版社，2018.
[6] 廖建尚. 物联网&云平台高级应用开发[M]. 北京：电子工业出版社，2017.
[7] 张飞舟. 物联网应用与解决方案[M]. 北京：电子工业出版社，2019.
[8] 曾宪武. 物联网导论[M]. 北京：电子工业出版社，2016.
[9] 小林纯一. 物联网的本质：IoT 的赢家策略[M]. 金钟，译. 广州：广东人民出版社，2018.

第 8 章　自动控制技术

自动控制，是指在没有人直接参与的情况下，利用外加的设备或装置（称控制装置或控制器），使机器、设备或生产过程（统称被控对象）的某个工作状态或参数（即被控量）自动地按照预定的规律运行。例如，数控车床按照预定程序自动地切削工件；化学反应炉的温度或压力自动地维持恒定；导弹能准确地命中目标；人造卫星能按预定轨道运行并返回地面；无人驾驶飞机按照预定航迹自动升降和飞行等，这些都是自动控制技术应用的结果。

自动控制技术是 20 世纪发展最快、影响最大的技术之一，也是 21 世纪最重要的高新技术之一。就定义而言，自动控制技术是控制论的技术实现和应用，是通过具有一定控制功能的自动控制系统，来完成某种控制任务，保证某个过程按照预设目标进行，或者实现某个预定的目标。

8.1　自动控制技术概述

人类在掌握了简单的制造技术之后，就有了创造自动装置的想法，试图减轻或代替人类自身的劳动，这就是自动控制思想的最初来源。自动控制技术的发展过程大致经历了四个阶段，即古代阶段、17～19 世纪阶段、19 世纪到"二战"阶段和"二战"以后阶段。这期间，经典控制理论、现代控制理论、大系统理论与智能控制理论等也从无到有地发展起来。

8.1.1　自动控制技术的早期发展

早在古代，劳动人民就凭借生产实践中积累的丰富经验和对反馈的直观认识，发明了许多闪烁着控制理论智慧火花的杰作。大约公元前 14 世纪到公元前 11 世纪，世界上包括中国、埃及和巴比伦等文明古国由于生产发展对计量时间的需要，都出现了能够自动计时的漏壶。汉朝科学家张衡发明了浑天仪和地动仪，把自动控制思想应用到了天文观测仪和地震观测仪中。古埃及和古希腊出现了半自动的简单机器，如教堂庙门自动开启装置、自动洒圣水的铜祭司和教堂门口自动鸣叫的青铜小鸟等自动装置，这些都是一些互不相关的原始的自动装置，是一些个别的发明。

17 世纪以后，随着生产的发展和科学的进步，在欧洲出现了多种自动装置，其中包括：1642 年法国物理学家帕斯卡发明的能自动进位的加法器；1657 年荷兰机械师惠更斯发明的钟表；1765 年俄国机械师波尔祖诺夫发明的浮子阀门式水位调节器，可以自动控制蒸汽锅炉的水位。这一时期，自动控制技术都是由于生产发展的需求而产生的。

1788 年，英国科学家瓦特发明了离心式调速器（也叫飞球调速器），如图 8-1 所示，用它来控制蒸汽机的蒸汽阀门，构成了蒸汽机转速的闭环自动控制系统，从而实现了离心式调速器对蒸汽机转速的控制。瓦特的这项发明开创了自动调节装置的研究和应用的新时期，对由蒸汽机带来的第一次工业革命及以后的控制理论的发展都有重要的影响。1868 年，法国工程师法尔科发明了反馈调节器，通过它来调节蒸汽阀，操纵蒸汽船的舵，这就是后来得到广泛应用的伺服机构。在 1868 年以前，自动化技术只是某些个别的发明和简单的应用；在 1868 年以后，自动控制系统逐渐形成了理论并开始了大规模的应用。

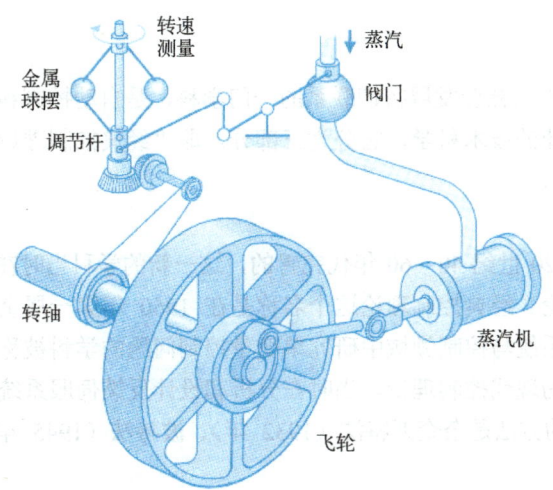

图 8-1　离心式调速器的基本结构

17~18 世纪是自动化技术的逐渐形成时期，数学描述和理论分析起到了至关重要的作用。人们最初遇到的是自动调节器的稳定性问题，由于瓦特发明的离心式调速器有时会造成系统的不稳定，使蒸汽机产生剧烈的振荡；到 19 世纪又出现了船舶上自动操舵机的稳定性问题。这些问题引起了人们的关注，一些数学家尝试用微分方程来描述和分析系统的稳定性问题。对自动控制系统最先进行数学描述的是英国物理学家麦克斯韦，他在 1868 年发表了《论调速器》一文，总结了无静差调速器的理论。

1892 年，俄国数学家李雅普诺夫发表了《论运动稳定性的一般问题》的专著，以数学语言形式给运动稳定性的概念下了严格的定义，给出了判别系统稳定性的两种方法，即近似法和直接法。李雅普诺夫稳定性理论至今仍是分析自动控制系统稳定性的重要方法。

进入 20 世纪以后，人们开始采用自动控制装置来解决工业生产中的控制问题。自动控制器的应用标志着自动化技术进入了新的历史时期。20 世纪 20 年代以后，美国开始采用比例、积分、微分调节器，简称 PID 调节器。PID 调节器是一种模拟调节器，现在仍然在许多工厂中使用。从 20 世纪 20 年代开始，越来越多的人致力于从理论上研究反馈控制和频率法。

1925 年，英国电气工程师亥维赛将拉普拉斯变换应用到求解电路网络的问题上，提出了运算微积分，求得瞬态过程。将拉普拉斯变换引入描述线性定常系统或线性元件的输入输出关系中，从而建立了传递函数，为分析自动控制系统提供了重要工具。在传递函数的基础上发展起来的频率响应法已经成为经典控制理论中分析自动控制系统的重要方法。

1932 年，美国电信工程师奈奎斯特提出著名的奈奎斯特稳定判据，可以直接根据系统的传递函数来判断反馈系统的稳定性。

1936 年，英国数学家图灵研制了著名的图灵机，成为现代数字电子计算机的雏形。他用图灵机定义了可计算函数类，并建立了算法理论和自动机理论。

1934 年，美国科学家黑森（Hazen）发表了《关于伺服机构理论》，1938 年，苏联电气工程师米哈伊洛夫提出了《频率法》。这些论文的发表标志着经典控制理论的诞生。1939 年，美国麻省理工学院建立了伺服机构实验室，同年苏联科学院成立了自动学和运动学研究所。这是世界上第一批关于系统与控制专业的研究机构，为 20 世纪 40 年代形成经典控制理论和发展局部自动化积累了理论和人才，也做了理论上和组织上的准备。

8.1.2 自动控制理论的形成

自动控制理论是与人类社会发展密切联系的一门学科，是自动控制科学的核心。自动控制理论是研究自动控制共同规律的技术科学，它分为三部分，即"经典控制理论""现代控制理论""大系统理论与智能控制理论"。

（1）经典控制理论

经典控制理论是在 20 世纪 40~60 年代完善的，这一新的学科当时在美国称为伺服机构理论，在苏联称为自动调节理论。经典控制理论这个名称是在 1960 年第一届全美联合自动控制会议上提出的。在这次会议上，系统与控制领域中研究单变量控制问题的学科被称为经典控制论，研究多变量控制问题的学科被称为现代控制理论。当时在分析和设计反馈伺服系统时广泛采用传递函数和频率响应的概念。最常用的方法是奈奎斯特法（1932 年）、波特法（1945 年）和埃文斯法（又称根轨迹法，1948 年）。

以传递函数为基础的经典控制理论采用频域方法，主要研究单输入单输出线性定常控制系统的分析与设计。经典控制理论是与生产过程的局部自动化相适应的，它具有明显的依靠手工进行分析和综合的特点，是与 20 世纪 40~50 年代生产发展的状况密切相关的。经典控制理论在对精度要求不高的情况下是完全可用的，其最大的成果之一就是 PID 控制规律的发现，PID 控制原理简单，易于实现，具有一定的自适应性与鲁棒性，对于无时间延迟的回路控制系统很有效，在现代工业过程控制中仍被广泛应用。经典控制理论也存在着一定的局限性，即对多输入多输出系统不适用，特别是对非线性时变系统更是无能为力。

（2）现代控制理论

20 世纪 40 年代中期计算机的出现及其应用领域的不断扩展，促进了自动控制理论朝着更为复杂也更为严密的方向发展。简单反馈已无法解决不确定性问题，在 20 世纪 50~60 年代开始出现了以状态空间分析（应用线性代数）为基础的现代控制理论。

1956 年，苏联数学家庞德亚金提出了极大值原理，同年美国学者别尔曼提出了解决最优控制问题的动态规划法。极大值原理和动态规划为最优控制提供了理论工具。动态规划还包含了决策最优化的基本原理，并发现了维数灾难问题。1959 年，美国学者卡尔曼提出了用状态方程描述系统的方法，以及对估计与预测有效的卡尔曼滤波。这种与状态方程有关的控制理论称为"现代控制理论"。因此现代控制理论是以庞德亚金的极大值原理、别尔曼的动态规划法和卡尔曼的滤波理论为其发展里程碑，揭示了一些极为深刻的理论结果。

现代控制理论本质上是一种时域法，主要用来解决多输入多输出系统的问题，系统可以是线性或非线性的、定常或时变的。现代控制理论研究内容非常广泛，主要包括三个基本内容：多变量线性系统理论、最优控制理论以及最优估计与系统辨识理论。现代控制理论从理论上解决了系统的可控性、可观测性、稳定性以及许多复杂系统的控制问题。

（3）大系统理论和智能控制理论

系统和控制理论的应用从 20 世纪 60 年代中期开始逐渐从工业方面渗透到农业、商业和服务行业，以及生物医学、环境保护和社会经济各个方面。由于现代社会科学技术的高度发展出现了许多需要综合处理的大系统，现代控制理论无法解决这样复杂的问题，系统和控制理论亟待新的突破。第三代控制理论即智能控制理论就是在这样的背景下提出来的，它是人工智能和自动控制交叉的产物，也是当今自动控制科学的发展方向之一。

大系统理论和智能控制理论的出现，使控制理论发展到了一个新的阶段。所谓大系统，是指规模庞大、结构复杂、变量众多的信息与控制系统，涉及生产过程、交通运输、生物控制、计划管理、环境保护、空间技术等方面的控制和信息处理问题。而智能控制系统是具有某些仿人智能的工程控制与信息处理系统，能很好地解决无法用精确的数学模型来表示的控制问题，其中最典型的是智能机器人。随着人工智能、机器人、计算机和空间技术的迅速发展，智能控制也取得了重大进展。各种智能咨询与决策系统、专家控制系统、学习控制系统、模糊控制系统和智能故障检测与诊断系统等已在工业过程控制、智能机器人控制、智能化生产系统和家用电器中都得到了成功的应用。

需要特别指出的是，数字计算机的出现与发展在科学技术上引起了一场深刻革命，计算机在自动控制中的基本应用是直接参与控制，执行控制系统中的控制器的任务，形成了计算机控制系统。计算机参与控制对系统的性能、结构及理论等多方面都产生了深刻影响。因此计算机控制是计算机技术与自动控制理论及自动化技术紧密结合并应用于实际对象控制的结果。

8.1.3　自动控制系统的控制方式

不同的被控对象和不同的控制装置构成了不同的控制系统，所以自动控制系统的种类繁多，一般可分为两种基本控制方式。

（1）开环控制

开环控制是指组成系统的控制装置与被控对象之间，只有顺向作用而没有反向联系的控制。控制系统按照事先确定好的程序，依次发出信号去控制对象。

开环控制的特点：①系统的输出量直接受输入量的控制；②信号（或信息）的传递是单向的，总是从输入端单向传至输出端。开环控制的结构简单、抗扰能力差、控制精度低，一般用于对控制性能要求不高的场合。

（2）闭环控制

闭环控制是指控制装置与被控对象之间既有顺向作用，又有反向联系的控制。如图 8-2 所示。它的控制过程大致为：对被控量（即输出量）进行测量，并与控制信号（输入量）进行比较，得到偏差信号，利用偏差信号产生控制作用，通过执行机构驱动被控对象运动，使其运动状态接近希望状态。这种利用偏差产生控制作用，达到消除（或减小）偏差的控制原理叫作反馈原理，一般反馈控制系统都是负反馈。

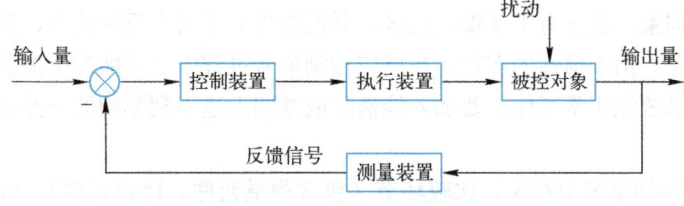

图 8-2　闭环控制系统方框图

闭环控制的特点：①系统的输出量返回到输入端并对控制过程产生影响；②输出量到输入量之间的信号形成一个回路。

在实际中，闭环（反馈）控制的方法多种多样，应用于不同领域和各个方面，当前广泛应用并快速发展的有：最优控制、自适应控制、专家控制（即以专家知识库为基础建立控制规则和程序）、模糊控制、容错控制、智能控制等。

8.1.4 自动控制系统的基本组成

简单的控制系统由两部分组成，即被控对象和控制装置，其中的控制装置，包括传感器、控制器、执行器等环节。对于闭环系统来说，尽管控制系统由不同元件组成，功能也不同，但它们基本都是基于负反馈工作原理的。一个闭环自动控制系统的组成如图 8-3 所示。

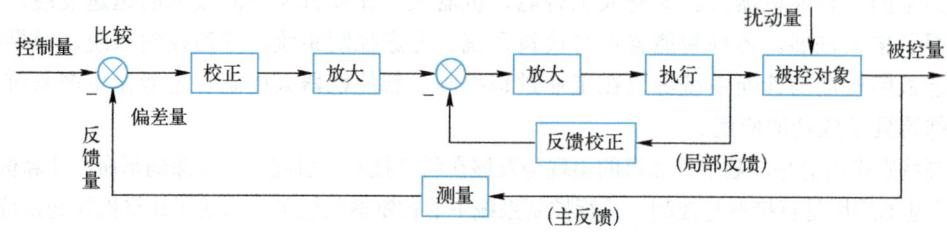

图 8-3　反馈控制系统的基本组成框图

（1）测量元件

测量元件是对系统被控量（输出量）进行测量的元件，因为它的精度直接影响控制系统精度，所以应尽可能用精度高的测量元件和合理测量线路。测量元件也称传感器。

（2）比较元件

比较元件是用来对系统输出量与输入量进行代数运算并给出偏差信号的元件，起综合、比较与变换作用。有时，这个作用是由综合电路或测量元件一起完成的。这时这些元件统称误差检测元件。

（3）放大元件

放大元件用来对微弱的偏差信号进行放大，使其有足够的幅值与功率。

（4）执行元件

执行元件是根据放大后的偏差信号，对被控对象执行控制任务，使其输出量与希望值趋于一致。

（5）被控对象

被控对象是指自动控制系统需要进行控制的机器、设备或生产过程。被控对象要求实现自动控制的物理量称为被控量或输出量。

（6）校正元件

实践证明，按反馈原理由上述元件简单组合的闭环控制系统，往往不能完成任务。这是因为系统存在不利控制的因素，由于有干摩擦、死区，系统输出并不马上反映输入，只有当偏差信号大到一定时系统才有反应。由于惯性的存在，在反应控制信号过程中还可能产生振荡，严重时破坏系统正常工作。为了使系统能正常工作，要加入能消除或减弱上述不利影响的一些元件，这样一类元件称为校正元件。

总之，可认为控制系统由对象、比较环节（包含测量元件、比较元件）、放大环节、执行环节和校正环节组成。一般来说，尽管反馈系统控制任务不同，以及使用元件的结构和能源形式不同，但就其信号传递、变换职能来说，都可抽象为上面的基本组成。

8.2　智能控制

智能控制是人工智能与控制理论交叉的产物，是传统控制理论发展的高级阶段。智能控制理论的创立和发展是对计算机科学、人工智能、知识工程、模式识别、系统论、信息论、控制论、模糊集合论、人工神经网络、进化论等多种前沿学科、先进技术和科学方法的高度综合集成。40多年的研究和发展，尤其是近20多年的研究成果表明，把人工智能的方法和控制理论相结合，能行之有效地解决复杂系统的控制难题。

8.2.1 智能控制的发展和学科的建立

智能控制思潮第一次出现于20世纪60年代，几种智能控制的思想和方法自此得以提出和发展。1967年，利昂兹（Leondes）等人首次正式使用"智能控制"一词。这个术语的出现比"人工智能"晚11年，比"机器人"晚47年。初期的智能控制系统采用一些比较初级的智能方法，如模式识别和学习方法等，而且发展速度十分缓慢。

1971年，傅京孙通过对含有拟人控制器的控制系统和自主机器人等方面的研究，以"智能控制"这个词概念性地强调系统的问题求解和决策能力，他把智能控制概括为自动控制和人工智能的交集。由于傅京孙的重要贡献，他已成为国际公认的智能控制的先行者和奠基人。

1985年，IEEE在美国纽约召开了第一届智能控制学术研讨会，智能控制原理和智能控制系统结构成为这次会议的主要议题。这次会议决定，在IEEE控制系统学会下设立一个智能控制专业委员会，这标志着智能控制作为一门独立的学科，已正式在国际上建立起来。

智能控制技术在国内也受到广泛重视，中国自动化学会于1993年在北京召开了第一届全球华人智能控制与智能自动化大会，1995年在天津召开了智能自动化专业委员会成立大会及首届中国智能自动化学术会议，1997年在西安召开了第二届全球华人智能控制与智能自动化大会。20世纪90年代至今，智能控制进入了新的发展时期，随着对象规模的扩大，以人工智能技术、信息论、系统论和控制论的发展，多元化的智能控制技术在应用实践方面取得了重大进展。

智能控制作为一门新的学科登上国际科学舞台和大学讲台，是控制科学与工程界以及信息科学界的一件大事，具有十分重要的科学意义和长远影响。

1）为解决传统控制无法解决的问题找到一条新的途径。多年来，自动控制一直在寻找新的出路，现在看来，出路之一就是实现控制系统的智能化，即智能控制。

2）促进自动控制向着更高水平发展。智能控制的产生和发展正反映了当代自动控制的发展趋势。智能控制已发展成为自动控制的一个新的里程碑，并获得日益广泛的应用。

3）激发学术界的思想解放，推动科技创新。智能控制采用非数学模型、非数值计算、生物激励机制和混合广义模型，并可与反馈机制相结合组成灵活多样的控制系统和控制模式，激励人们解放思想，大胆创新。

4）为实现脑力劳动和体力劳动的自动化——智能化做出贡献。智能控制已使一些过去无法实现自动化的劳动实现了智能自动化。

5）为多种学派合作树立了典范。与人工智能学科相比，智能控制学科具有较大的包容性，没有出现过激烈的对立和争论。

8.2.2 智能控制的基本概念

1. 智能控制的定义与性能

智能控制系统是实现某种控制任务的智能系统，一个系统如果具有感知环境、不断获得信息以减小不确定性和计划、产生以及执行控制行为的能力，就称为智能控制系统。智能控制系统通过智能机器自动地完成目标的控制过程，可以在熟悉或不熟悉的环境中自动地或人机交互地完成拟人任务。智能控制系统的理论基础是人工智能、控制论、运筹学和信息论等学科的交叉。

智能控制和传统控制在应用领域、控制方法、知识获取和加工、系统描述、性能考核及执行等方面存在明显的不同。根据智能控制的基本对象具有开放性、复杂性、不确定性等特点，一个理想的智能控制系统应具有如下性能。

（1）自学习能力

系统对一个未知环境提供的信息进行识别、记忆、学习，并利用积累的经验进一步改善系统性能，即在经历某种变化后，系统性能优于变化前的系统性能，那么就认为该系统具有自学习能力，称该系统为学习控制系统。学习控制系统是智能控制系统的一种，智能控制系统的学习功能有高有低，低层次的学习功能主要包括对控制对象参数的学习，高层次的学习功能则包括知识的更新和遗忘。

（2）自适应能力

系统具有适应受控对象动力学特性变化、环境变化和运行条件变化的能力，这种智能行为是不依赖模型的自适应估计。当系统的输入是未学习过的例子时，由于系统具有插补功能，从而可给出合适的输出，甚至当系统中某些部分出现故障时，系统也能够正常工作。如果系统具有更高程度的智能，它还能自动找出故障甚至具备自我修复的功能，从而体现更强的适应性。

（3）自组织能力

系统对于复杂任务和分散的传感信息具有自组织和协调功能，具有主动性和灵活性。也就是说智能控制器可以在任务要求的范围内自行决策，主动地采取行动；而当出现多目标冲突时，在一定的限制下，控制器可自行裁决。

除上述功能外，智能控制系统还应具有实时性、容错性、鲁棒性和友好的人机界面。

2. 智能控制系统的结构

图 8-4 为智能控制系统的结构图。在该系统中，广义对象包括通常意义下的控制对象和所处的外部环境。例如，对于智能机器人系统来说，机器人手臂、被操作物体及其所处环境统称为广义对象。

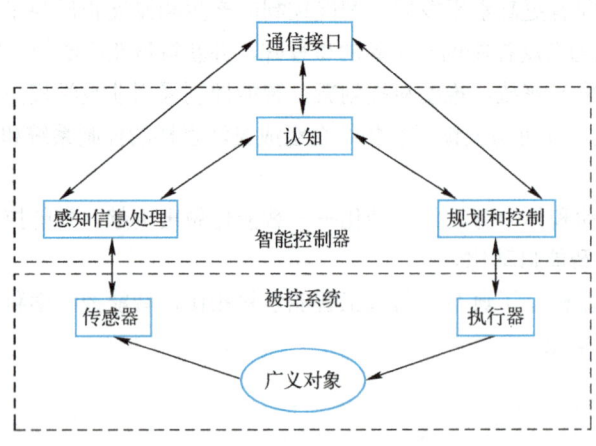

图 8-4　智能控制系统的结构

感知信息处理部分将传感器获取的分级和不完全的信息加以处理，并要在学习过程中不断加以辨识、整理和更新，以获得有用的信息。

认知部分主要接收和存储知识、经验和数据，并对它们进行分析推理，做出行动的决策并送至规划和控制部分。

通信接口除了建立人-机之间的联系外，也建立系统中各模块之间的联系。

规划和控制部分是整个系统的核心，它根据给定任务的要求、反馈的信息及经验知识，进行自动搜索、动作规划，最终产生具体的控制作用，经常规控制器和执行机构作用于控制对象。

8.2.3 模糊控制

模糊控制是智能控制中一个活跃的研究与应用领域。1965 年美国加州大学控制专家扎德教授发表了他的著名论文《模糊集合》（Fuzzy Sets），为模糊控制打下基础。此后，模糊控制的理论探索和实际应用被广泛研究，并取得一批令人感兴趣的成果。

1. 模糊理论的产生与发展

在现实世界中，有很多事物的分类边界是不分明的，或者说是难以明确划分的。比如，将一群人划分为"高"和"不高"两类，很难硬性规定一个划分的标准。如果硬性规定 1.80m 以上的人算"高个子"，否则不算，那么两个本来身高"基本一样"的人，例如一个身高 1.80m，另一个身高 1.79m，按照上述划分个子的规定，却被认为一个"高"，一个"不高"，这就有悖于常理，因为这两个人在任何人看来都是"差不多高"。这种概念外延的不确定性称为模糊性。

由此可见，普通集合在表达概念方面有它的局限性。普通集合只能表达"非此即彼"的概念，而不能表达"亦此亦彼"的现象。

一般来说，人脑具有处理模糊信息的能力，善于判断和处理模糊现象，而计算机对模糊现象识别能力较差，为了提高计算机识别模糊现象的能力，需要把人们常用的模糊概念设计成机器能够接受的指令和程序，以便机器能像人脑那样灵活地做出相应的判断，从而提高自动识别和控制模糊现象的效率。为此，需要寻找一种描述和加工模糊信息的数学工具，这就推动了数学家深入研究模糊数学的进程。模糊数学的产生是科学技术与数学发展的结果。

扎德教授从集合论的角度对模糊性的表示和处理进行了大量的研究，提出了模糊集、隶属函数、模糊关系、模糊变换以及模糊推理等重要概念，开创了模糊数学这一新兴的数学分支。模糊理论是对传统集合理论的一种推广，在传统集合理论中，一个元素或者属于一个集合，或者不属于一个集合；而对于模糊集来说，每一个元素都是以一定的程度属于某个集合，也可以同时以不同的程度属于几个集合。

模糊数学的诞生，解决了清晰数值与模糊概念之间的映射问题。以模糊集合论为基础的模糊数学，为经典数学与充满模糊的现实世界架起了一座桥梁。模糊数学能更好地表达现实生活中大量使用的一些含义确定但又不准确的语言表述，因此很多人认为模糊数学是解决很多人工智能问题尤其是常识性问题的最佳数学工具。

模糊数学产生后，客观事物的确定性和不确定性在量的方面的表现，可做如下划分。

$$
量\begin{cases} 确定性——经典数学 \\ 不确定性\begin{cases} 随机性——统计数学 \\ 模糊性——模糊数学 \end{cases} \end{cases}
$$

这里应该指出，随机性和模糊性尽管都是对事物不确定性的描述，但二者是不能混淆的。统计数学研究随机现象，所研究的事物本身有着明确的含义，只是由于条件不充分，使得在条件与事件之间不能出现决定性的因果关系，这种在事件的出现与否上表现出的不确定性称为随机性。模糊数学是研究和处理模糊现象的，所研究的事物的概念本身是模糊的，即一个对象是否符合这个概念难以确定，这种由于概念的模糊而造成的不确定性称为模糊性。

模糊数学在理论上不断发展与完善，应用也日益广泛。将模糊技术应用于不同的领域，就产生了一些新的学科分支，例如：与人工神经网络相结合，产生了所谓的模糊神经网络；应用到自动控制中，产生了模糊控制技术和系统；应用到模式识别，产生模糊模式识别等。

2．什么是模糊控制

随着科学技术的迅猛发展，各个领域对自动控制系统控制精度、响应速度、系统稳定性与适应能力的要求越来越高，所研究的系统也日益复杂多变。然而由于一系列原因，诸如被控对象或过程的非线性、时变性、多参数间的强烈耦合、较大的随机扰动、过程机理错综复杂、各种不确定性以及现场测量手段不完善等，难以建立被控对象的精确模型。虽然常规自适应控制技术可以解决一些问题，但范围是有限的。

与此相反，对于那些难以建立数学模型进行自动控制的复杂被控对象，有经验的操作人员进行手动控制，却可以得到令人满意的效果。在这样的事实面前，人们重新研究和考虑人的控制行为有什么特点，对于无法构造数学模型的对象，能否也让计算机模拟人的思维方式进行控制决策。通过研究发现，操作人员是通过不断学习、积累操作经验来实现对被控对象进行控制的，而这些经验信息通常是以自然语言的形式表达，其特点是能够进行定性的描述，所以具有模糊性。

基于此，人们探索出一套新的控制思想，即将人的手动控制决策用语言加以描述，总结成一系列条件语言及控制规则，例如：若炉温偏高，则减少燃料；若水池水位偏低，则加大进水流量等，再用计算机的程序来实现这些控制规则。这样计算机就起到了控制器的作用，取代了人对被控对象进行自动控制。因此，这种控制属于语言控制。由于自然语言具有模糊性，因此这种语言控制也称模糊语言控制，或简称模糊控制。

模糊控制是一种基于规则的智能控制，它是以模糊集合论、模糊语言变量和模糊逻辑推理为基础的一种计算机智能控制。其基本思想是用机器模拟人对系统的控制，就是在被控对象的模糊模型的基础上运用模糊控制器、近似推理等手段实现系统控制。与传统控制方法相比，它具有三个优点：①可以从行为上模拟人的模糊推理和决策过程；②不需要对象的数学模型即可实现较好的控制；③可以实现非线性控制任务，而常规控制器对非线性特性通常难以实现控制要求。

1974 年，英国的曼达尼（Mamdani）首次用模糊逻辑和模糊推理实现了世界上第一个实验性的蒸汽机控制，并取得了比传统的数字控制算法更好的效果，从而宣告了模糊控制的诞生。

1980 年，丹麦的霍姆布拉德（Holmblad）和奥斯特加德（Ostergard）在水泥窑炉中采用模糊控制并取得了成功，这是第一个商业化的有实际意义的模糊控制器。1986 年，世界上第一块基于模糊逻辑的人工智能芯片在贝尔实验室研制成功。至此，模糊控制的应用技术逐渐趋于成熟，应用范围也越来越广泛，目前已经扩展到大众化产品中，如洗衣机、电冰箱、空调、电饭煲、吸尘器等；另一方面，各芯片公司也纷纷推出了具有模糊运算、模糊推理功能的专用芯片，从而使模糊控制技术更好地用于各种产品的开发与研究。

3．模糊控制系统的基本结构

模糊控制系统是一种计算机控制系统，因此具有一般计算机控制系统的基本结构，如图 8-5 所示。模糊控制系统与传统控制系统的区别仅在于用模糊控制器取代了传统的控制器。

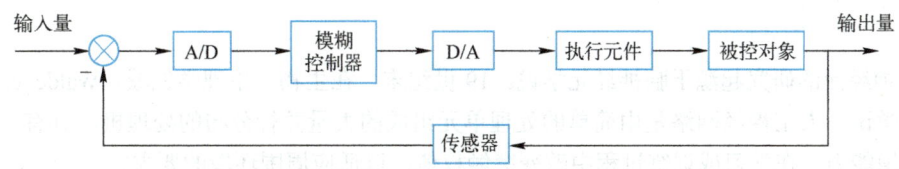

图 8-5 模糊控制系统结构图

模糊控制系统由传感器获取被控量（输出量）信息，并将其转化为与给定值（输入量）具有相同量纲的物理量，然后将转化后的物理量与给定值进行比较后获得误差信号，经 A/D 转换后变为数字信号输入控制器，信号在模糊控制器中经过模糊化、模糊推理、去模糊化等过程成为精确量由模糊控制器输出，再经 D/A 转换为模拟信号推动执行元件去控制被控对象。整个过程反复循环，从而实现了整个系统的反馈控制。

模糊控制器也称为模糊逻辑控制器，是模糊控制系统设计的关键，其基本结构主要由模糊化、知识库、模糊逻辑推理和去模糊化四部分组成，如图 8-6 所示。

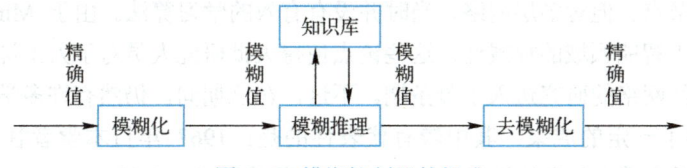

图 8-6 模糊控制器的组成

（1）模糊化

该模块的主要功能是将模糊控制器输入的精确量转换为模糊量，输入量一般为误差信号，以及误差变化率，输出量为模糊逻辑值。模糊逻辑是一种模拟人类思维过程的逻辑，要用某个确切数值来描述一个模糊命题的真假程度往往是很困难的。具有模糊性的语言叫作模糊语言，如高、低、大、小、冷、热等，语言变量是自然语言中的词或句，它的取值不是通常的数，而是用模糊语言表示的模糊集合。

（2）知识库

该模块通常由数据库和模糊规则两部分组成。数据库主要包括语言变量的隶属函数以及模糊空间的分级数等，规则库包含了一系列模糊规则。知识库反映了该领域专家的经验与知识。

（3）模糊推理

模糊推理是模糊控制系统的核心，该模块主要功能是根据输入模糊量与相应的模糊规则进行推理，获得模糊控制量。模糊推理是一种不确定性推理方法，以模糊判断为前提，运用模糊语言规则，推导出一个近似的模糊判断结论，现有的典型推理方法有：Zadeh 法、Mamdani 法、Baldwin 法、Tsukamoto 法和 Yager 法等。

（4）去模糊化

该模块主要功能是将推理所得的模糊量进行去模糊化处理，转化成可以被执行机构所实现的精确值。

8-1 人工神经网络控制动物大脑

8.2.4 人工神经网络控制

把神经网络机理用于控制，即神经网络控制是近 30 年发展起来的一种新的智能控制系统。随着人工神经网络（Artificial Neural Network，ANN）的研究得到新的进展，它已成为动态系统辨识、建模和控制的一种新的和令人感兴趣的工具。

1. 人工神经网络概述

人工神经元的研究起源于脑神经元学说。19世纪末，在生物、生理学领域，Waldeger等人创建了神经元学说。人工神经网络是由简单的处理单元组成的大量并行分布的处理机，具有一定的自适应与自组织能力。在学习或训练过程中改变突触权值，以适应周围环境的要求。

神经网络的研究始于20世纪40年代，大致经历了兴起、萧条和兴盛三个阶段。

1943年，神经解剖学家麦卡洛克（McCulloch）和数学家皮茨（Pitts）根据生物神经元的基本生理特征提出了MP神经元模型，揭开了神经网络研究的序幕。

1949年生理学家赫布（Hebb）提出了Hebb学习规则，为神经网络的学习算法奠定了基础。

1957年罗森布拉特（Rosenblatt）提出感知机模型。次年，又提出了一种新的解决模式识别问题的监督学习算法，并证明了感知机收敛定理。

1969年明斯基（Minsky）和帕伯特（Papert）发表了名为 *Perceptron* 的专著，提出单层感知器的功能是有限的，它无法解决线性不可分的两类样本的分类问题，要解决"异或"逻辑关系这类问题，必须加入隐层节点。但对多层网络，当时并没有有效的学习算法。由于Minsky对感知器的悲观态度以及其在人工智能领域的权威性，这些论点使得大批研究人员对于人工神经网络的前景失去信心。从此人工神经网络的研究进入了萧条期。不过，在这期间，仍然有许多学者坚持进行神经网络的研究，并取得了一定的成果。其中较有代表性的是：1967年日本学者甘利俊一（Shun Ichi Amarri）提出了自适应模式分类的学习理论；1972年芬兰学者克霍恩（Kohonen）提出了自组织映射理论；同年日本学者K. Fukushima提出了认知机模型；1976年，美国学者格罗斯伯格（Grossberg）提出了自适应谐振理论。

到了20世纪80年代，人工神经网络的研究迎来了又一个新的转折期。美国加州理工学院生物物理学家霍普菲尔德（Hopfield）教授在神经元交互作用的基础上引入一种递归型神经网络，这就是著名的Hopfield网络，它包括离散型（1982年提出）和连续型（1984年提出）两种，并在旅行商最优路径问题（Traveling Saleman Problem，TSP）优化计算等应用方面取得了突破性进展。1984年，G. Hinton等人结合模拟退火算法提出了Boltzmann机网络模型。1986年，路穆尔哈特（Rumelhart）和麦克莱兰（McClelland）提出了多层前馈网的误差反向传播算法，简称为BP算法，它解决了感知器所不能解决的问题。Hopfield网络和BP算法的提出使人们看到了神经网络的前景。1987年在美国召开了第一届国际神经网络会议，从此掀起了神经网络研究的热潮，神经网络的研究步入兴盛期。

1988年，布鲁姆黑德（Broomhead）和洛（Lowe）用径向基函数提出了分层反馈网络设计方法。特别是20世纪的最后10年，神经网络领域的研究取得了新发展，许多关于神经网络的新理论和新应用层出不穷。尤其是20世纪90年代初期，瓦普尼克（Vapnik）等人提出了以有限样本学习理论为基础的支持向量机。支持向量机的特征在于Vapnik Chervonenkis（VC）维特征蕴含在向量机的设计中，VC维数为衡量神经网络样本学习能力提供了一种有效的度量。

现在的人工神经网络研究处于平稳发展阶段。随着人工神经网络理论的不断完善和发展，其应用研究也不断取得新的进展，尤其是美国和日本逐渐实现神经网络的硬件化，生产了一些神经网络专用芯片，并逐渐形成产品。

2. 生物神经元模型

神经元是大脑处理信息的基本单元，人类大脑皮层中大约有100亿个神经元，分成约1000种类型，每个神经元大约与 $10^2 \sim 10^4$ 个其他神经元相连接，形成极为错综复杂而又灵活多变的神经网络。每个神经元虽然都十分简单,但是如此大量的神经元之间、如此复杂的连接却可以演化出丰富多彩的行为方式,同时,如此大量的神经元与外部感受器之间多种多样的连接方式也蕴含了变化莫测的反应方式。

神经元细胞种类繁多,其大小形状也各不相同,但它们在结构上有许多共性,且在接收或产生、传递和处理信息方面都有着相同的功能。

神经元由细胞体、树突和轴突组成,其结构如图8-7所示。

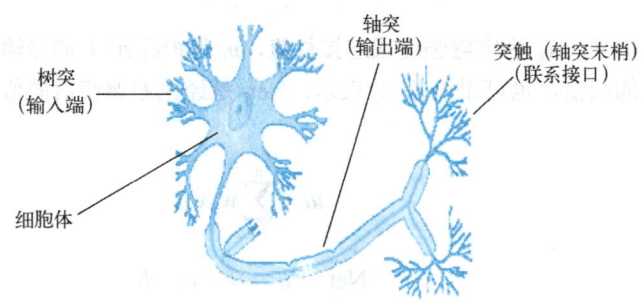

图8-7 生物神经元模型

细胞体是神经元的中心,它一般由细胞核、细胞质和细胞膜等组成。树突是由细胞体向外伸出的许多树枝状较短的突起,长约 1mm,它用于接受周围其他神经细胞传入的神经冲动。由细胞体向外伸出的最长的一条神经纤维称为轴突,其长度一般为数厘米到 1m。远离细胞体一侧的轴突端部有许多分支,称为轴突末梢或神经末梢,其上有许多扣结称为突触扣结。轴突通过神经末梢向其他神经元传出神经冲动。轴突的作用主要是传导信息,它将信息从轴突起点传到轴突末梢,轴突末梢与另一个神经元树突或细胞体构成一种突触的机构。通过突触实现神经元之间的信息传递。

细胞体具有"阈值作用",即当膜电位高出某个阈值时,就会产生输出脉冲,当低于阈值时,不会产生输出脉冲。一旦输出一次脉冲,膜电位下降到比静止电位更低,然后再慢慢返回原值。而且,脉冲发出后,即使再强大的输入信号也不能使神经细胞兴奋。

3. 人工神经网络模型

人工神经网络模型是一种模仿生物神经网络行为特征,进行分布式并行信息处理的数学模型,是生物神经网络的抽象、简化和模拟,反映了生物神经网络的基本特征。人工神经网络由大量处理单元互连而成,通过调整内部大量节点之间互相连接的关系,达到处理信息的目的。人工神经网络通常具有自学习和自适应的能力,可以通过预先提供的一批相互对应的输入-输出数据,分析和掌握其中蕴含的潜在规律,并根据这些规律,用新的输入数据来推算输出结果。这一学习分析的过程被称为"训练"。

人工神经元是组成神经网络的基本单元,一般具有以下三个要素。

1)具有一组突触或连接,神经元 i 和神经元 j 之间的连接强度一般用 w_{ij} 表示,称为权值。

2)具有反映生物神经元时空整合功能的输入信号累加器。

3)具有一个激励函数用于限制神经元的输出和表征神经元的响应特征。激励函数可以是阶跃函数、线性函数或者是 Sigmoid 函数等。

一个典型的人工神经元的模型如图8-8所示。

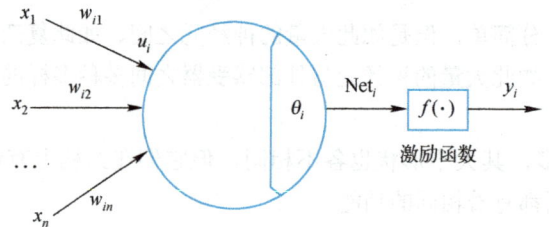

图 8-8 人工神经元模型

其中，x_i 为输入信号，w_{ij} 为突触强度或连接权值，u_i 是神经元 i 的净输入，是输入信号的线性组合。θ_i 为神经元的阈值，也可用偏差 b_i 表示，Net_i 是经偏差调整后的值，称为神经元的局部感应区。

$$ui = \sum_{j=1}^{n} w_{ij} x_j \tag{8-1}$$

$$\text{Net}_i = u_i - \theta_i = u_i - b_i \tag{8-2}$$

$f(\cdot)$ 是神经元的激励函数，y_i 是神经元 i 的输出

$$y_i = f(\text{Net}_i) \tag{8-3}$$

神经网络模拟人脑神经元的活动，利用神经元之间的连接与权值的分布来表示特定的信息，通过不断修正连接的权值进行自我学习，以逼近理论为依据进行神经网络建模，并以直接自校正、间接自校正、神经网络预测等方式实现智能控制。

人工神经网络的种类很多，从网络结构的角度可分为前向型和反馈型网络。前向型网络的典型代表是 BP 神经网络，反馈型网络的典型代表是 Hopfield 网络。还有一部分网络是在这二者的基础上派生出来的新型网络。另外还有些学者结合其他学科的知识提出了大量新型复合神经网络模型。

4．人工神经网络与智能控制

人工神经网络的下列特性对控制是至关重要的。

（1）并行分布处理

人工神经网络具有高度的并行结构和并行实现能力，因而能够有较强的容错能力和较快的总体处理能力。这特别适于实时控制和动态控制。

（2）非线性映射

人工神经网络具有固有的非线性特性，这源于其近似任意非线性映射（变换）能力。这一特性给非线性控制问题带来新的希望。

（3）通过训练进行学习

神经网络是通过研究系统过去的数据记录进行训练的。一个经过适当训练的神经网络具有归纳全部数据的能力。因此神经网络能够解决那些由数学模型或描述规则难以处理的控制过程问题。

（4）适应与集成

神经网络能够适应在线运行，并能同时进行定量和定性操作。神经网络的强适应和信息融合能力使得网络过程可以同时输入大量不同的控制信号，解决输入信息间的互补和冗余问题，并实现信息集成和融合处理。这些特性特别适于复杂、大规模和多变量系统的控制。

（5）硬件实现

神经网络不仅能够通过软件而且可借助硬件实现并行处理。近年来，一些超大规模集成电路实

现硬件已经问世,而且可以从市场上购买到。这使得神经网络成为具有快速和大规模处理能力的现实网络。

显然,由于神经网络具有学习和适应、自组织、函数逼近和大规模并行处理等能力,因而具有用于智能控制系统的潜力,特别适用于非线性控制系统和解决含有不确定性的控制问题。

根据控制系统的结构,可把神经网络的应用研究分为几种主要方法,如监督式控制、逆控制、神经自适应控制和预测控制等。

5. 神经网络控制的基本原理

神经网络控制是 20 世纪 80 年代末期发展起来的自动控制领域的前沿学科之一。它是智能控制的一个新的分支,为解决复杂的非线性、不确定系统的控制问题开辟了新途径。神经网络控制是人工神经网络理论与控制理论相结合的产物,是发展中的学科。它汇集了包括数学、生物学、神经生理学、脑科学、遗传学、人工智能、计算机科学、自动控制等学科的理论、技术、方法及研究成果。

神经网络控制是指在控制系统中,应用神经网络技术,对难以精确建模的复杂非线性对象进行神经网络模型辨识,或作为控制器,或进行优化计算,或进行推理,或进行故障诊断,或同时兼有上述多种功能。这样的系统称为神经网络控制系统。

神经网络控制是模拟人类神经中枢系统智能活动的一种控制方式。由于它具有自适应能力和自学习能力,因此适合用于复杂系统智能控制的研究。通常将人工神经网络技术与传统的控制理论或智能技术综合使用。神经网络在控制中的作用有以下几种。

1)在传统的控制系统中用以动态系统建模,充当对象模型。
2)在反馈控制系统中直接充当控制器。
3)在传统控制系统中起优化计算作用。
4)与其他智能控制方法,如模糊逻辑、遗传算法、专家控制等融合。

图 8-9 给出了一般反馈控制的神经网络原理图,图中人工神经网络是前向多层网络,采用 BP 算法。当用训练误差信号来调整网络中的连接权值而使 $e \to 0$ 时,就是网络的学习算法实现被控对象求逆模型的过程。可以说,被控对象或过程的模型求逆过程就是神经网络实现直接控制的基本思想。

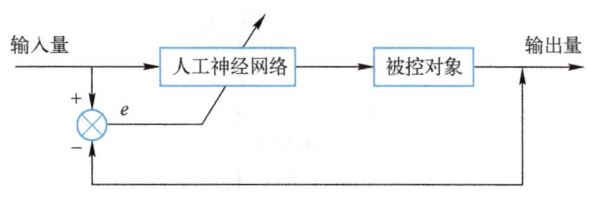

图 8-9 神经网络控制模型

8.2.5 专家控制

应用专家系统概念和技术,模拟人类专家的控制知识与经验而建造的控制系统,称为专家控制系统,最早由海斯·罗思(Hayes-Roth)等在 1983 年提出,是一个典型的和广泛应用的基于知识的控制系统。

1. 专家系统的概念与特点

专家系统(Expert System,ES)是一种模拟人类专家解决领域问题的计算机程序系统。它运用特定领域的专门知识和经验，通过推理和判断来模拟人类专家才能解决的各种复杂的、具体的问题，达到与专家具有同等解决问题能力的水平。专家系统的基本功能取决于它所含有的知识，因此，有时也把专家系统称为基于知识的系统（Knowledge-based System）。

与常规的计算机程序系统比较，专家系统一般具有如下一些基本特点。

1）启发性。专家系统要解决的问题，其结构往往是不合理的，其问题求解知识不仅包括理论知识和常识，而且包括专家本人的启发知识。

2）透明性。专家系统能够解释本身的推理过程和回答用户提出的问题，以便让用户了解推理过程，增大对专家系统的信任感。

3）灵活性。专家系统的灵活性是指它的扩展和丰富知识库的能力，以及改善非编程状态下的系统性能，即自学习能力。

4）符号操作。与常规程序进行数据处理和数字计算不同，专家系统强调符号处理和符号操作（运算），使用符号表示知识，用符号集合表示问题的概念。一个符号是一串程序设计，并可用于表示现实世界中的概念。

5）不确定性推理。领域专家求解问题的方法大多数是经验性的；经验知识一般用于表示不精确性并存在一定概率的问题。此外，所提供的有关问题的信息往往是不确定的。专家系统能够综合应用模糊和不确定的信息与知识，进行推理。

从概念上讲，专家系统也是一个程序系统，但它是具有知识推理的智能计算机程序，与传统的计算机应用程序有着本质上的不同。

2. 专家系统的结构

专家系统的结构是指专家系统各组成部分的构造方法和组织形式。系统结构选择恰当与否，与专家系统的适用性和有效性密切相关，选择什么结构最为恰当，要根据系统的应用环境和所执行任务的特点确定。存放知识和使用知识是专家系统的两个基本功能，而分别实现这两个功能的知识库和推理机是构成专家系统的核心部件。由于专家系统所需要完成的任务不同，所以其系统结构没有统一的模式。图 8-10 是理想专家系统结构，包括人机接口、推理机、知识库及其管理系统、数据库及其管理系统、知识获取机构和解释机构六个部分。

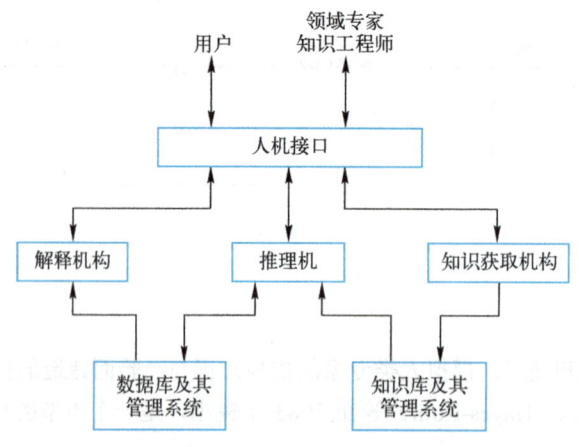

图 8-10　理想专家系统结构

（1）人机接口

人机接口是专家系统与领域专家知识工程师及一般用户间的界面，由一组程序及相应的硬件组成，用于完成输入输出工作。领域专家或知识工程师通过它输入知识，更新、完善知识库；一般用户通过它输入欲求解的问题、已知事实以及向系统提出询问；系统通过它输出运行结果，回答用户的询问或向用户索取进一步的事实。

（2）知识获取机构

这是专家系统中获取知识的机构，由一组程序组成。其基本任务是把知识输入知识库中，并负责维护知识的一致性及完整性，建立起性能良好的知识库。

（3）知识库及其管理系统

知识库是知识的存储机构，用于存储领域内的原理性知识、专家的经验性知识以及有关的事实等。知识库中的知识来源于知识获取机构，同时它又为推理机提供求解问题所需的知识。知识库管理系统负责对知识库中的知识进行组织、检索和维护等。专家系统中其他任务部分如果要与知识库发生联系，都必须通过该管理系统来完成，这样就可实现对知识库的统一管理和使用。

（4）推理机

推理机是专家系统的"思维"机构，是构成专家系统的核心部分。其任务是模拟领域专家的思维过程，控制并执行对问题的求解。它能根据当前已知的事实，利用知识库中的知识，按一定的推理方法和控制策略进行推理，求得问题的答案或证明某个假设的正确性。推理机的性能与构造一般与知识的表示方式及组织方式有关，但与知识的内容无关，这有利于保证推理机与知识库的相对独立性。

（5）数据库及其管理系统

数据库是用于存放用户提供的初始事实、问题描述以及系统运行过程中得到的中间结果、最终结果、运行信息等的工作存储器。数据库的内容是在不断变化的，在求解问题开始时，它存放的是用户提供的初始事实，在推理过程中它存放每一步推理所得到的结果。数据库是由数据库管理系统进行管理的，它与一般程序设计中的数据库管理基本相同。

（6）解释机构

解释机构由一组程序组成，它能跟踪并记录推理过程，当用户提出询问需要给出解释时，它将根据问题的要求分别做相应的处理，最后把解答用约定的形式通过人机接口输出给用户。

3．专家系统的类型

按照专家系统所求解问题的性质，可把它分为下列几种类型。

（1）解释专家系统（Expert System for Interpretation）

解释专家系统的任务是通过对已知信息和数据的分析与解释，确定它们的含义。作为解释专家系统的例子有语音理解、图像分析、系统监视、化学结构分析和信号解释等。

（2）预测专家系统（Expert System for Prediction）

预测专家系统的任务是通过对过去和现在已知状况的分析，推断未来可能发生的情况。预测专家系统的例子有气象预报、军事预测、人口预测、交通预测、经济预测和农作物产量预测等。

（3）诊断专家系统（Expert System for Diagnosis）

诊断专家系统的任务是根据观察到的情况（数据）来推断出某个对象机能失常（即故障）的原因。诊断专家系统的例子特别多，有医疗诊断、电子机械和软件故障诊断以及材料失效诊断等。

（4）设计专家系统（Expert System for Design）

设计专家系统的任务是根据设计要求，求出满足设计问题约束的目标配置。设计专家系统涉及电路（如数字电路和集成电路）设计、土木建筑工程设计、计算机结构设计、机械产品设计和生产工艺设计等。

（5）规划专家系统（Expert System for Planning）

规划专家系统的任务在于寻找出某个能够达到给定目标的动作序列或步骤。规划专家系统可用于机器人规划、交通运输调度、工程项目论证、通信与军事指挥以及农作物施肥方案规划等。

（6）监视专家系统（Expert System for Monitoring）

监视专家系统的任务在于对系统、对象或过程的行为进行不断观察，并把观察到的行为与其应当具有的行为进行比较，如有异常情况，发出警报。监视专家系统可用于核电站的安全监视、防空监视与警报、国家财政的监控、传染病疫情监视及农作物病虫害监视与警报等。

（7）控制专家系统（Expert System for Control）

控制专家系统的任务是自适应地管理一个受控对象或客体的全面行为，使之满足预期要求。空中交通管制、商业管理、自主机器人控制、作战管理、生产过程控制和生产质量控制等都是控制专家系统的潜在应用。

（8）调试专家系统（Expert System for Debugging）

调试专家系统的任务是对失灵的对象给出处理意见和方法。调试专家系统的特点是同时具有规划、设计、预报和诊断等专家系统的功能。调试专家系统可用于新产品或新系统的调试，也可用于维修站对待修设备的调整、测量与试验。

（9）教学专家系统（Expert System for Instruction）

教学专家系统的任务是根据学生的特点、弱点和基础知识，以最适当的教案和教学方法对学生进行教学和辅导。已经开发和应用的教学专家系统有美国麻省理工学院的 MACSYMA 符号积分与定理证明系统，以及我国一些大学开发的计算机程序设计语言和智能计算机辅助教学系统以及聋哑人语言训练专家系统等。

（10）修理专家系统（Expert System for Repair）

修理专家系统的任务是对发生故障的对象（系统或设备）进行处理，使其恢复正常工作。修理专家系统具有诊断、调试、计划和执行等功能。美国贝尔实验室的 ACI 电话和有线电视维护修理系统是修理专家系统的典型应用实例。

此外，还有决策专家系统和咨询专家系统等。

4. 专家控制系统

（1）专家系统与专家控制系统的概念

专家控制（Expert Control）是智能控制的一个重要分支，又称专家智能控制。所谓专家控制，是将专家系统的理论和技术同控制理论、方法与技术相结合，在未知环境下，效仿专家的经验，实现对系统的控制。专家控制试图在传统控制的基础上"加上"一个富有经验的控制工程师，实现控制的功能，它由知识库和推理机构成主体框架，通过对控制领域知识（先验经验、动态信息、目标等）的获取与组织，按某种策略及时地选用恰当的规则进行推理输出，实现对实际对象的控制。

模拟人类专家的控制知识与经验而建造的控制系统，称为专家控制系统。专家控制系统与专家系统的差别体现在两个方面。①专家系统只对专门领域的问题完成咨询作用，协助用户进行工作。专家系统的推理是以知识为基础的，其推理结果为知识项、新知识项或对原知识项的变更知识项。然而，专家控制系统需要独立和自动地对控制作用做出决策，其推理结果可为变更的知识项，或者为启动（执行）某些解析算法。②专家系统通常以离线方式工作，而专家控制系统需要获取在线动态信息，并对系统进行实时控制。实时要求遇到下列一些难题：非单调推理、异步事件、基于时间的推理以及其他实时问题。

(2) 专家控制系统的类型

专家控制系统是近年来非常活跃和应用广泛的智能控制领域之一。根据系统的复杂性，可把专家控制系统分为两类，即专家控制器和专家控制系统。专家控制器的应用更为广泛，尤其是在工业过程控制上的应用。按照系统的控制机理，又可分为直接专家控制系统和间接专家控制系统两种。

在直接专家控制系统中，控制器向系统提供控制信号，并直接对受控过程产生作用，如图 8-11 所示。

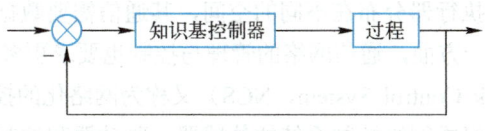

图 8-11　直接专家控制系统

在间接专家控制系统中，控制器间接地对受控过程产生作用，如图 8-12 所示。间接专家控制系统又可称为监控式专家控制系统或参数自适应控制系统。

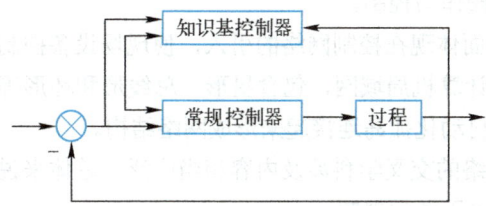

图 8-12　间接专家控制系统

上述两种控制系统的主要区别是在知识的设计目标上。直接专家控制系统的基于知识控制器直接模仿人类专家或人类的认知能力，并为控制器设计两种规则：训练规则和机器规则。训练规则由一系列产生式规则组成，它们把控制误差直接映射到受控对象。机器规则是由积累和学习人类专家/师傅的控制经验得到的动态规则，并用于实现机器的学习过程。在间接专家系统中，基于知识的智能控制器用于调整常规控制器的参数，监控受控对象的某些特征，如超调、上升时间和稳定时间等，然后拟定校正 PID 参数的规则，以保证控制系统处于稳定的和高质量的运行状态。

(3) 实时专家控制系统

近年来，在过程工业中开发和应用专家系统的兴趣与日俱增；其中大部分涉及监控和故障诊断，而且越来越多的专家系统被用于实时过程控制。

如果一个控制系统：①对受控过程表现出预定的足够快的实时行为；②具有严格的响应时间限制而与所用算法无关。那么这种系统称为实时控制系统。

实时系统与非实时系统（如医疗诊断系统）的根本区别在于，实时系统具有与外部环境及时交互的能力。换句话说，实时系统得出结论要比装置（对象、过程）快。专家系统与实时系统在控制上的集成是开发专家系统技术和实时系统技术的下一个合乎逻辑的步骤。实时专家控制系统能够在一定范围内代替或帮助操作人员进行工作。支持开发实时专家控制系统的一个理由是能够减轻操作者识别负担，从而提高生产效率。

由于专家控制主要依据知识表示技术确定问题的求解途径，采用知识推理的各种方法求解问题及制订决策，因此如何获取专家知识，并将知识构造成可用的形式就成为研制专家系统的主要"瓶颈"之一；另外，专家控制系统是一个动态系统，因此如何在控制过程中自动更新和扩充知识，并满足实时控制的快速准确性需求也是个难点问题。

8.2.6 网络控制

计算机网络通信技术的发展为智能控制用户界面向网络靠拢提供了技术基础,智能控制系统的知识库和推理机也都逐步和网络智能接口交互起来。网络控制已成为智能控制一个新的富有生命力的重要研究方向,并在近年来获得突破性发展,得到日益广泛的应用。

1. 网络控制系统的定义

进入 21 世纪,自动化与工业控制技术需要更深层次的通信技术与网络技术。一方面,现代工厂与智能传感器、控制器、执行器分布在不同的空间,其通信需要数据通信网络来实现,这是网络环境下典型的控制系统。另一方面,通信网络的管理与控制也要求更多地采用控制理论与策略。

网络控制系统(Network Control System,NCS)又称为网络化的控制系统,即在网络环境下实现的控制系统。一般来说,组成网络控制系统的传感器、驱动器和控制器分布在网络上,而且这些器件的相应控制回路也是通过网络层形成的。具体来说,网络控制是指在某个区域内一些现场检测、控制及操作设备和通信线路的集合,以提供设备之间的数据传输,使该区域内不同地点的设备和用户实现资源共享、协调操作与控制。

这里的"网络化"一方面体现在控制网络的引入,使现场设备控制进一步趋向分布化、扁平化和网络化,其拓扑结构参照计算机局域网,包含星形、总线形和环形等几种形式;另一方面,现场控制与上层管理相联系,将自动化孤岛连接起来形成网络结构。

网络控制作为控制和网络的交叉学科涉及内容相当广泛,总体来说可以从网络和控制角度进行研究。网络控制系统一般有如下两种理解。

(1)网络的控制(Control of Network)

网络的控制指对网络路由、网络数据流量等的调度与控制,是对网络自身的控制,可以利用运筹学和控制理论的方法来实现。

(2)通过网络传输信息的控制(Control Through Network)

通过网络传输信息的控制指控制系统的各节点(传感器、控制器、执行器等)之间的数据不是传统的点对点式的,而是通过网络来传输的,是一种分布式控制系统,可通过建立其数学模型用控制理论的方法进行研究。

2. 网络控制系统的一般结构

在一个网络控制系统中,受控对象、传感器、控制器和驱动器可以分布在不同的物理位置,它们之间的信息交换由一个公共网络平台完成,这个网络平台可以是有线网络、无线网络或混合网络。目前常用的网络环境有 DeviceNet、Ethernet、Firewire、Internet、WLAN、WSN 和 WMN(Wireless Mesh Network)等。

网络控制是以网络作为控制媒介而非控制机理,用户对受控对象的控制、监控、调度和管理必须借助网络及其相关浏览器、服务器。无论客户端在什么地方,只要能够上网(有线或无线上网)就可以对现场设备(包括受控对象)进行控制和监控。网络控制,其控制机理可以是经典 PID 控制、近现代控制(如自适应控制、最优控制、鲁棒控制、随机控制等)、智能控制(如模糊控制、神经网络控制、专家控制、进化控制等)以及它们的集成。

图 8-13 为网络控制系统的一般结构。客户通过浏览器与网络连接。客户的请求通过网络与现场(服务器)连接。局域网(企业网)通过路由器和交换机(还有防火墙)接入网络。服务端的现场计算机(即上位机)通过局域网与服务器及数据库服务器实现互连。网络服务器响应客户请求,

向客户端下载客户端控件。路由器把客户端的各种连接请求映射到局域网内的不同服务器上，实现局域网服务器与客户端的连接。网络控制的客户端以网络浏览器为载体而运行，向现场服务器发出控制指令，接收现场实现受控过程的信息和视频数据流，并加以显示。

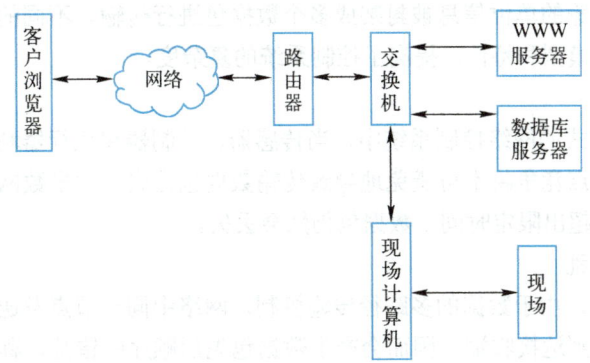

图 8-13 网络控制系统的一般结构

3．网络控制系统的特点和基本问题

传统的计算机控制系统中，通常假设信号传输环境是理性的，信号在传输过程中不受外界影响，或者其影响可以忽略不计。网络控制系统的性质很大程度上依赖于网络结构及相关参数的选择，这里包括传输率、接入协议、数据包长度、数据量化参数等。将计算机网络系统应用于控制系统中代替传统的点对点式的连线，具有简单、快捷、连线减少、可靠性提高、容易实现信息共享、易于维护和扩展、降低费用等优点。正因为如此，近几年来以现场总线为代表的网络控制系统得到了前所未有的快速发展和广泛应用。

与传统计算机控制系统相比，网络控制系统具有如下特点。
1）允许对事件进行实时响应的时间驱动通信，且要求有高实时性与良好的时间确定性。
2）要求有很高的可用性，在存在电磁干扰和地电位差的情况下能正常工作。
3）要求有很高的数据完整性。
4）控制网络的信息交换频繁，且多为短帧信息传输。
5）具有良好的容错能力，可靠性和安全性较高。
6）控制网络的通信协议简单，工作效率高。
7）控制网络构建模块化、结构分散化。
8）节点设备智能化、控制分散化、功能自治性。

由于网络控制是通过网络形成闭环控制，要比传统的点对点控制系统复杂，网络中存在诸多不确定问题，给系统设计与性能造成很大影响。这些问题主要有：

（1）网络共享资源调度

当一个控制网络存在多个控制回路连接时，网络带宽的优化调度显得特别重要。这使系统的控制性能不仅取决于控制算法的设计，而且有赖于共享网络资源的调度。

（2）网络诱导时延

网络控制系统中，多个网络节点分时共享网络通道。由于网络的带宽有限且数据流量变化不规则，在多个节点交换数据时往往会出现数据碰撞、连接中断、网络拥塞和多路径传输等现象。这就会出现网络交换时间的延迟，称为网络诱导时延。时延会使系统的性能降低，稳定性范围变窄，甚至使系统失稳。

（3）单包传输和多包传输

网络控制系统中，数据被封装成一定大小的数据包进行传输。单包传输是指网络控制系统中传感器或控制器等待传输的单位信息被封装成一个数据包进行传输，而多包传输是指网络控制系统中传感器或控制器等待传输的单位信息被封装成多个数据包进行传输。不同的数据包传输方式要求研究网络控制系统不同的模型和特性，提高了控制系统的复杂度。

（4）数据包丢失

在采用串行通信方式的网络控制系统中，当传感器、控制器和执行器利用网络传输数据和控制信息时，数据碰撞和节点竞争将不可避免地导致传输数据包丢失。大多数网络具有重传机制，但重传时间有所限制，如果超出限定时间，数据包仍然会丢失。

（5）数据包时序错乱

在网络控制系统中，由于数据的多路径传输机制，网络中同一节点发送到同一目标端的数据包不可能在相同的时间内到达接收端，因而会产生数据包先后顺序的错乱，称为数据包时序错乱。如果时序错乱问题得不到合理解决，就会导致数据包不能按时到达，控制系统不能及时利用数据信息，系统的实时性就无法保证。

（6）网络调度

网络调度是指网络控制系统节点在共享网络中发送数据出现冲突时，规定节点的优先发送次序、发送时刻和时间间隔。网络调度的目的是要尽量避免网络中信息冲突和拥塞现象的发生，从而降低网络诱导时延和数据包丢失率。

8.3 机器人控制

8.3.1 机器人的基本概念

1. 机器人的定义

自 20 世纪 60 年代初，美国 Unimation 公司成功研制"Unimate"机器人以及美国 AFM 公司成功研制"VERSTRAN"机器人以来，机器人技术就一直是研究的热点。机器人是一门横跨多个学科，结合了机构设计、机电一体化、控制、人工智能、计算机科学、生命科学等领域知识的综合性学科。机器人技术作为 20 世纪人类最伟大的发明之一，在科技领域与生产生活中都得到了广泛的应用和发展，并表现出了其优越性和潜力。机器人的出现对人类的生产和生活产生了重大的影响，目前机器人的应用已涵盖各行各业。

由于研究的侧重点不同，对于机器人的定义，国际上目前尚未有明确的统一标准。原因之一是机器人还在发展，新的机型、新的功能不断涌现，领域不断扩展。但根本原因是机器人涉及了人的概念，成为一个难以回答的哲学问题。也许正是由于机器人定义的模糊，才给了人们充分的想象和创造空间。

随着机器人技术的飞速发展和信息时代的到来，机器人所涵盖的内容越来越丰富，机器人的定义也不断充实和创新。下面给出几种较有代表性的定义。

1) 中国科学家的定义：机器人是一种具有高度灵活性的自动化的机器，这种机器具备与人或生物相似的智能，如感知能力、规划能力、动作能力和协同能力。

2) ISO 的定义：机器人是一种自动的、位置可控的、具有编程能力的多功能机械手，这种机械手具有几个轴,能够借助可编程程序操作来处理各种材料、零件、工具和专用装置,以执行种种任务。

3）美国机器人协会（RIA）的定义：机器人是一种用于移动各种材料、零件、工具或专用装置,通过可编程程序动作来执行种种任务,并具有编程能力的多功能操作机。

4）日本工业机器人协会（JIRA）的定义：工业机器人是一种装备有记忆装置和末端的执行器,能够转动并通过自动完成各种移动来代替人类劳动的通用机器。

尽管上述定义不同,但基本上指明了作为"机器人"所具有的两个共同点：①是一种自动机械装置,可以在无人参与下,自动完成多种操作或动作功能,即具有通用性；②可以再编程,程序流程可变,即具有柔性（适应性）。

综合各种定义,可将机器人理解为：机器人是一种在计算机控制下的可编程的自动机器,根据所处的环境和作业需要,它具有至少一项或多项拟人功能,另外还可能不同程度地具有某些环境感知能力（如视觉、力觉、触觉、接近觉等）,以及语言功能乃至逻辑思维、判断决策功能等,从而使它能在要求的环境中代替人进行作业。

2. 机器人的组成

机器人一般由以下几部分组成。

（1）机械本体

机器人的机械本体基本上分为两大类：一类是操作本体机构,它类似人的手臂和手腕,配上各种手爪与末端操作器后可进行各种抓取动作和操作作业,工业机器人主要采用这种机构。另一类为移动型本体机构,主要目的是实现移动功能,有轮式、履带式、足腿式机构以及蛇行、蠕动、变形运动等机构。壁面爬行、水下推动等机构也可归于这一类。

（2）驱动伺服单元

机器人本体机械机构的动作是依靠关节机器人的关节驱动,而大多数机器人是基于闭环控制原理进行的。伺服控制器的作用是使驱动单元驱动关节并带动负载朝减小偏差的方向动作。已被广泛应用的驱动方式有液压伺服驱动和电机伺服驱动,近年来气动伺服驱动技术也有一定进展。

（3）计算机控制系统

各关节伺服驱动的指令值由主计算机计算后,在各采样周期给出。主计算机根据示教点参考坐标的空间位置、方位及速度,通过运动学逆运算把数据转变为关节的指令值。

通常的机器人采用主计算机与关节驱动伺服计算机两级控制,有时为了实现智能控制,还需对包括视觉等各种传感器信号进行采集、处理并进行模式识别、问题求解、任务规划、判断决策等,这时空间的示教点将由另一台计算机——上级计算机根据传感信号产生,形成三级计算机系统。

（4）传感系统

为了使机器人正常工作,必须与周围环境保持密切联系,除了关节伺服驱动系统的位置传感器（称作内部传感器）外,还要配备视觉、力觉、触觉、接近觉等多种类型的传感器（称作外部传感器）以及传感信号的采集处理系统。

（5）输入/输出系统接口

为了与周边系统及相应操作进行联系与应答,还应有各种通信接口和人机通信装置。工业机器人提供一个内部 PLC,它可以与外部设备相连,完成与外部设备间的逻辑与实时控制。一般还有一个以上的串行通信接口,以完成磁盘数据存储、远程控制及离线编程、双机器人协调等工作。一些新型机器人还包括语音合成和识别技术以及多媒体系统,实现人机对话。

8.3.2 机器人的发展历史

机器人一词的出现和世界上第一台工业机器人的问世都是近几十年的事，然而人们对机器人的幻想与追求却已有几千年的历史。人类希望制造一种像人一样的机器，以便代替人类完成各种工作。

在近代，随着第一次、第二次工业革命，各种机械装置的发明与应用，世界各地出现了许多机器人玩具和工艺品。这些装置大多由时钟机构驱动，用凸轮和杠杆传递运动。

1920 年，捷克作家卡雷尔·卡佩克发表了科幻剧本《罗萨姆的万能机器人》。卡佩克在剧本中把捷克语"Robota"写成了"Robot"，引起了大家的广泛关注，被当成了机器人一词的起源。

1950 年，美国作家埃萨克·阿西莫夫在他的科幻小说《I, Robot》中首次提出了机器人学（Robotics）这一概念，并提出了所谓的"机器人三原则"，即：①机器人不应伤害人类；②机器人应遵守人类的命令，与第一条违背的命令除外；③机器人应能保护自己，与第一条相抵触者除外。

机器人学术界一直将这三原则作为机器人开发的准则，阿西莫夫因此被称为"机器人学之父"。

20 世纪五六十年代，随着机构理论和伺服理论的发展，机器人进入了实用化阶段。

1962 年，美国 AMF 公司生产了柱坐标型机器人 VERSATRAN，可作点位和轨迹控制，这是世界上第一种用于工业生产的机器人。1965 年，麻省理工学院演示了第一个具有视觉传感器的、能识别与定位简单积木的机器人系统。

1967 年，日本成立了人工手研究会（现更名为仿生机构研究会），同年召开了日本首届机器人学术会议。

1970 年，在美国召开了第一届国际工业机器人学术会议。之后，随着计算机技术、现代控制技术、传感技术和人工智能技术的发展，机器人的研究也得到了迅速普及。

1974 年，Cincinnati Milacron 公司成功开发多关节机器人；1979 年，Unimation 公司又推出了 PUMA 机器人，它采用多关节、全电动驱动、多 CPU 二级控制；采用 VAL 专用语言；可配视觉、触觉、力觉传感器，在当时是一种技术先进的工业机器人。现在的工业机器人机构大体上是以此为基础的。

这一时期的机器人属于"示教再现"型机器人。只具有记忆、存储能力，按相应程序重复作业，但对周围环境基本没有感知与反馈控制能力。这种机器人被称作第一代机器人。

进入 20 世纪 80 年代，随着传感技术，包括视觉传感器、非视觉传感器（力觉、触觉、接近觉等）以及信息处理技术的发展，出现了第二代机器人——有感觉的机器人。它能够获得作业环境和作业对象的部分有关信息，进行一定的实时处理，引导机器人进行作业。第二代机器人已进入了实用化，在工业生产中得到广泛应用。

第三代机器人是目前正在研究的"智能机器人"。它不仅具有比第二代机器人更加完善的环境感知能力，而且还具有逻辑思维、判断和决策能力，可根据作业要求与环境信息自主地进行工作。

相对于已经成熟的工业机器人，现在很多服务机器人已经走出实验室，投入到实际应用中。例如，达芬奇手术机器人是目前全球应用最为广泛的手术机器人，适用于普外科、泌尿科、心血管外科、胸外科、妇科、五官科、小儿外科等。目前已致力于更为小型化与灵活性的发展。在 2018 年的世界机器人大会中展出的骨科手术机器人的手术切口仅一厘米，而传统切口有数十厘米至数百厘米不等。达芬奇手术机器人是一种高级机器人平台，其设计理念是使用微创的方法，实施复杂的外科手术，主要由外科医生控制台、床旁机械臂系统和成像系统组成，如图 8-14 所示。

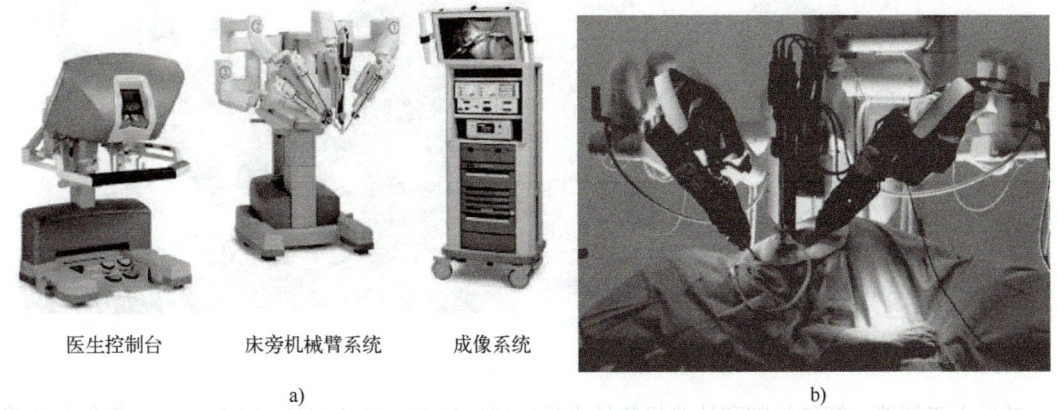

图 8-14 达芬奇手术机器人
a）达芬奇手术机器人的组成部分 b）床旁机械臂系统正在实施手术

从患者角度来说，达芬奇手术机器人的优势体现在：①手术操作更精确，与腹腔镜（二维视觉）相比，因三维视觉可放大 10～15 倍，使手术精确度大大增加，术后恢复快，愈合好；②创伤更小使微创手术指征更广，减少术后疼痛，缩短住院时间，减少失血量；③减少手术中的组织创伤和炎性反应导致的术后粘连，增加美容效果。

从医生角度来说，达芬奇手术机器人的优势体现在：①达芬奇手术机器人增加视野角度，减少手部颤动，机器人"内腕"较腹腔镜更为灵活，能以不同角度在靶器官周围操作；②机械臂末端较人手小，能够在有限狭窄空间工作；③使医生的工作环境相对轻松，减少疲劳，减少参加手术人员。

导盲机器人是为视觉障碍者行动提供导航帮助的一种服务机器人，它利用多种传感器对周围环境进行探测，将探测的信息进行处理后做出相应的反馈提供给驱动装置和视障者，以帮助使用者有效地避开障碍。图 8-15 所示为日本山梨大学（University of Yamanashi）研制的导盲机器人，实质是一种智能手推车。这款小车高 lm，重 60kg，配备视觉系统以及视觉传感器和声音传感器。它可以引导人穿过马路，当它移动的时候，能够意识到周围的环境，并且能够识别路标，例如斑马线、交通信号灯。当它探测到交通信号灯变红或者车和其他步行者的时候，它将会停下来。如果遇到问题，它将与服务中心取得联系，并且允许在轨道上给出额外的信息和命令。

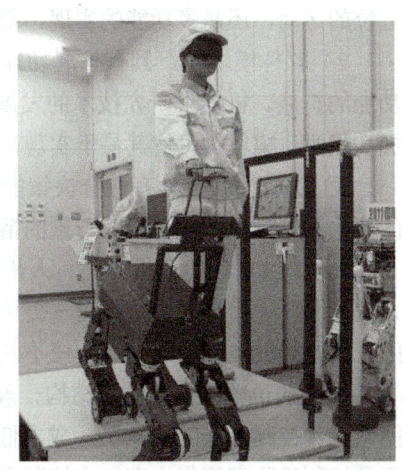

图 8-15 导盲机器人

我国的烹饪机器人"爱可"（AI Cooking Robot），是全世界首台实现中国菜肴自动烹饪的机器人，如图 8-16 所示。其基本原理是将烹饪工艺的灶上动作标准化并转化为机器可解读语言，再利用机械装置和自动控制、计算机等现代技术，模拟实现厨师工艺操作过程。它能做到目前市面上一些烹饪设备完成的烤、炸、煮、蒸等烹饪工艺，最大特点是能实现中国独有的炒、熘、爆、煸等技法，其烹饪水平不低于专业厨师。

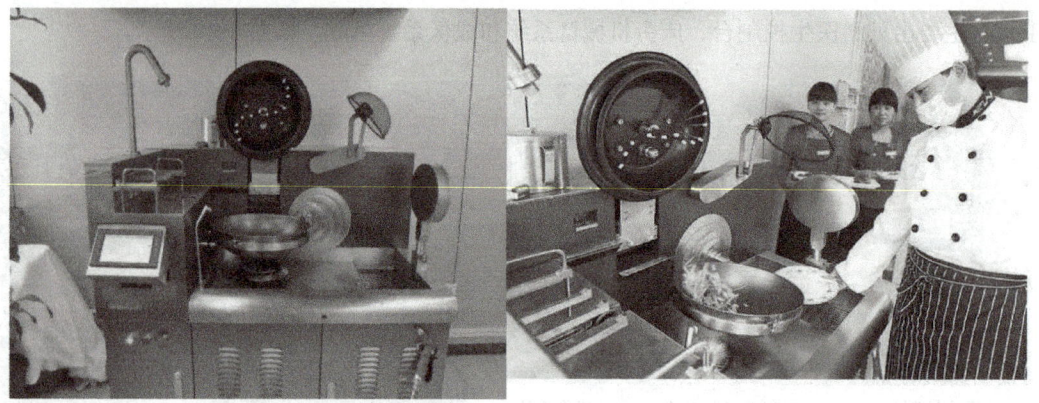

图 8-16 烹饪机器人"爱可"

随着人工智能、智能控制和计算机等技术的发展,机器人的应用领域不断扩大,智能化程度不断提高,正在朝更加智能的仿人仿生智能机器人的方面发展,同时机器人在生产、生活及科研等领域中也发挥着重要作用。因此,对机器人技术的研究也具有很大的现实意义和应用价值。

8.3.3 机器人控制系统

对于任何一个机器人,机构是它的"身体",而控制系统则是它的"大脑"和"神经系统"。设计完善的机器人机构加上合理的控制系统才能构成真正的、实用有效的机器人。因此控制系统的性能直接决定着机器人整体功能的实现和性能的高低。机器人的机构一般采用空间开链结构,其各个关节的运动是独立的,为了实现末端点的运动轨迹,需要多关节的运动协调。因此,其控制系统要比普通的控制系统复杂得多。目前机器人的控制系统主要应具备下述功能。

1) 多自由度协调控制:机器人完成规定的动作需要多关节自由度的协调运动,因此无论是全方位的运动,还是多功能的实现,都必须完成对机器人各个自由度的控制。

2) 软件模块化,具有扩展功能,通过软件功能模块的添加、修改、升级实现机器人控制系统功能的扩展。机器人研究技术的发展,要求机器人不同功能相互独立,自成模块。当机器人需要增加功能时,模块化可使其易于实现,且不会对原有功能产生影响。

3) 实时性强,具有综合决策能力,尽量减少人工干预。机器人的应用环境需要其对工作环境的变化及时响应,并在无人干预的情况下做出合理的决策判断。

4) 提供友好的人机界面。人机界面是人与机器人控制系统交互的接口,通过它一方面可以把人的意图传递给控制系统,另一方面可以显示机器人当前的状况。如果界面使用起来很困难或信息的表达方式很混乱,那么就会使不熟悉该系统的人发生误操作,有可能导致系统的操作失败。

传统的机器人控制系统结构一般分为三种类型:①集中控制方式,利用一个控制器实现全部功能,这种控制方式结构简单、成本低廉,但是一个控制承担所有的任务,很难满足复杂控制要求,而且控制风险高度集中在一个控制器上;②主从控制方式,使用主从两级控制器进行控制,主控制器负责系统管理、机器人智能任务处理及人机交互的功能,同时也用于复杂的计算任务;从控制器主要完成伺服系统控制及 I/O 操作,主从控制器间通过 SPI、I^2C 总线交换数据,这种方式不利于采用较多的控制节点;③基于串行总线的伺服控制系统,这种方式将控制器、伺服控制器等智能设备组成串行网络,总线上传输数字信号,而不是脉冲编码信号或模拟信号。

随着机器人技术的发展,机器人控制系统的体系结构出现了新的发展方向,对控制系统的网络化、通信带宽、响应速度、实时性等方面提出了更高要求。目前机器人控制系统的研究重点主要集中在以下几个方面。

1）开放式、模块化控制系统，为用户提供更加友好的人机界面，语言、图形编程界面。
2）机器人控制器的标准化和网络化，以及基于 PC 的网络式控制器。
3）进一步提高在线编程的可操作性，离线编程的实用化。
4）多传感系统，对机器人应用环境的变化实时感知并做出反应。
5）机器人遥控及监控技术，机器人半自主和自主技术，多机器人和操作者之间的协调。
6）多智能体（Multi-agent）协调控制技术，主要对多智能体的群体体系结构、相互间的通信与磋商机理，感知与学习方法，建模和规划、群体行为控制等方面进行研究。

8.3.4 机器人与人

随着社会的发展，社会分工越来越细，尤其是在现代化的大生产中，有的人每天就只管拧同一个部位的一个螺母，有的人整天就是接一个线头，就像电影《摩登时代》中展示的那样，人们感到自己在不断异化，各种职业病开始产生。于是人们研制出了机器人，代替人来完成那些枯燥、单调、危险的工作。由于机器人的问世，一部分工人失去了原来的工作，于是有人对机器人产生了敌意，认为"机器人上岗，人将下岗"。不仅在我国，即使在一些发达国家如美国，也有人持这种观念。其实这种担心是多余的，任何先进的机器设备，都会提高劳动生产率和产品质量，创造出更多的社会财富，也就必然提供更多的就业机会，这已被人类生产发展史所证明。任何新事物的出现都有利有弊，只要利大于弊，很快就会得到人们的认可。比如汽车的出现，它不仅夺走了一部分人力车夫、挑夫的生意，还常常出车祸，给人类生命财产带来了危险。虽然人们都看到了汽车的这些弊端，但它还是成了人们日常生活中必不可少的交通工具。英国一位著名的政治家针对工业机器人的这一问题说过这样一段话，"日本机器人的数量居世界首位，而失业人口最少，英国机器人数量在发达国家中最少，而失业人口居高不下"，这也从另一个侧面说明了机器人是不会抢人饭碗的。

美国是机器人的发源地，机器人的拥有量远远少于日本，其中部分原因就是因为美国有些工人不欢迎机器人，从而抑制了机器人的发展。日本之所以能迅速成为机器人大国，原因是多方面的，但其中很重要的一条就是当时日本劳动力短缺，企业都希望发展机器人，国民也都欢迎使用机器人。由于使用了机器人，日本也尝到了甜头，它的汽车、电子工业迅速崛起，很快占领了世界市场。从现在世界工业发展的潮流看，发展机器人是一条必由之路。没有机器人，人将变为机器；有了机器人，人仍然是主人。

随着工业化的实现，信息化的到来，人类开始进入知识经济的新时代。创新是这个时代的原动力。新旧文化、新旧思想的撞击、竞争，不同学科、不同技术的交叉、渗透，必将迸发出新的火花，产生新的发现、发明和物质力量。机器人技术就是在这样的规律和环境中诞生和发展的。科技创新带给社会与人类的利益远远超过它的危险，机器人的发展史已经证明了这一点。机器人的应用领域不断扩大，从工业走向农业、服务业；从产业走进医院、家庭；从陆地潜入水下、飞往空间。机器人展示出巨大的能力与魅力，同时也表示了它们与人的友好与合作。

8.4 思考题与习题

8-1 简述自动控制理论的主要内容。
8-2 自动控制系统的控制方式有哪些？
8-3 智能控制系统的结构一般由哪几部分构成，它们之间存在什么联系？

8-4 什么是模糊性？它的对立含义是什么？试举例说明。

8-5 说明神经细胞的结构和功能。

8-6 简述人工神经元的基本模型。

8-7 什么是专家系统？什么是专家控制系统？两者有何关系与相似之处？

8-8 专家控制系统如何分类？请举出一个专家控制系统的实例。

8-9 论述网络控制系统的结构及特点。

8-10 你对网络控制系统的研究和发展方向有何见解？

8-11 什么是机器人三原则？

8-12 简述机器人的应用领域及最新研究成果。

参 考 文 献

[1] 蔡自兴. 智能控制导论[M]. 3 版. 北京：中国水利水电出版社，2019.

[2] 董景新，吴秋平. 现代控制理论与方法概论[M]. 北京：清华大学出版社，2016.

[3] 胡寿松. 自动控制原理[M]. 7 版. 北京：科学出版社，2019.

[4] 付华. 计算机控制技术[M]. 北京：电子工业出版社，2018.

[5] 姜万录. 现代控制理论基础[M]. 北京：化学工业出版社，2018.

[6] 徐洁磐. 人工智能导论[M]. 北京：中国铁道出版社有限公司，2019.

[7] 蔡自兴. 中国智能控制 40 年[J]. 科技导报，2018，36(17)：23-39.

第 9 章 人 工 智 能

近年来,"人工智能""大数据""物联网""云计算""深度学习""机器人教育"这些新时代词汇快速充斥了人们生活的方方面面。2017 年 7 月,国务院印发的《新一代人工智能发展规划》明确指出:"人工智能是引领未来的战略性技术,应逐步开展全民智能教育项目,在中小学阶段设置人工智能相关课程"。2018 年 4 月,教育部印发《高等学校人工智能创新行动计划》,要求"对照国家和区域产业需求布点人工智能相关专业,加大人工智能领域人才培养力度"。顺应当下人工智能行业的热潮,在 2018 年度新增备案的 1831 个本科专业中,共有 196 所高校新增的专业与大数据、人工智能、机器人等词联系密切。全面实施战略性新兴产业发展规划,加快人工智能等技术的研发和转化,做大做强产业集群,把发展智能制造作为主攻方向,推进国家智能制造示范区、制造业创新中心建设。

9.1 人工智能概述

人工智能(Artificial Intelligence,AI)是研究、开发用于模拟、延伸和扩展人的智能的理论、方法、技术及应用系统的一门新的技术科学。研究如何使机器具有智能、如何设计智能机器的学科,即使机器具有像人那样的感知能力、思维能力、行为能力、学习、记忆能力。人工智能除了研究人类本身的智能,也研究其他人造系统或者动物的智能。它企图了解智能的实质,并生产出一种新的能以人类智能相似的方式做出反应的智能机器,该领域的研究包括机器博弈、自然语言处理、模式识别、智能机器人、计算机视觉、知识工程和专家系统等。

人工智能是对人的意识、思维信息过程的模拟。人工智能不是人的智能,而是能像人那样思考、也可能超过人的智能。以智能机器是否能推理和解决问题并拥有自主意识为标准,分为弱人工智能、强人工智能和超强人工智能。弱人工智能指的是计算机只能局部、部分地模拟人类智能的功能,包含基础的、特定场景下角色型的任务,如 Siri 等聊天机器人和 AlphaGo 等下棋机器人;通用人工智能,包含人类水平的任务,涉及机器的持续学习;强人工智能指有可能开发出与人类智能功能大致一样的计算机系统。超强人工智能指有可能开发出与人类智能功能完全一样,甚至局部超越人类智能功能的计算机系统。

9.1.1 人工智能的发展历程

人工智能发展至今主要经历了四个阶段,如图 9-1 所示。

(1) 人工智能 1.0 时代:图灵的计算王国

该阶段人工智能主要是通过推理和搜索等简单的规则来处理问题,能够解决一些诸如迷宫、梵塔问题等所谓的"玩具问题"。

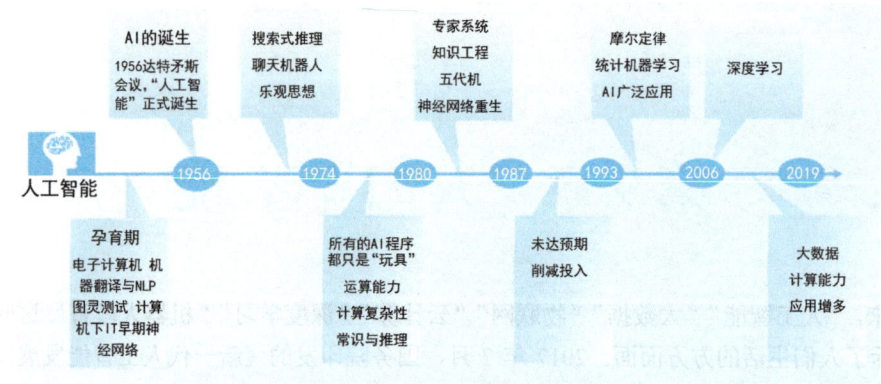

图 9-1　人工智能发展历程

（2）人工智能 2.0 时代：知识，让计算机更聪明

计算机程序设计的快速发展极大地促进了人工智能领域的突飞猛进，随着计算机符号处理能力的不断提高，知识可以用符号结构表示，推理被简化为符号表达式的处理。这一系列的研究推动了"知识库系统"（专家系统）的建立，例如爱德华·阿尔伯特·费根鲍姆（Edward Albert Feigenbaum）等人在 1965 年开发的专家系统程序 DENDRAL。专家系统的缺陷在于知识描述非常复杂，且需要不断升级。1997 年 IBM 的"深蓝"计算机在国际象棋上战胜人类世界冠军卡斯帕罗夫，它标志着人类智能的一个重大进步。

（3）人工智能 3.0 时代：悄然兴起的"机器学习"

在激增数据的支持下，人工智能从推理、搜索升华到知识获取阶段，再进化到机器学习阶段。早在 1996 年，人们就已经定义了机器学习，从经验中学习如何改进具体算法的性能。到了 1997 年，随着互联网的发展，机器学习被进一步定义为"一种能够通过经验自动改进计算机算法的研究"。机器学习就是在对海量数据进行处理的过程中，自动学习区分方法，以此不断消化新知识。

（4）人工智能 4.0 时代："深度学习"打破沉寂

2006 年提出的"深度学习"概念是以数据为基础，由计算机自动生成特征量，不需要人来设计特征量，而是由计算机自动获取高层特征量，可以说深度学习代表的"特征表示学习"是一次历史性的突破。卷积神经网络（Convolutional Neural Network，CNN）是这一波深度学习浪潮的引领者。2012 年 AlexNet 展现出了惊人表现，随后 GoogleLeNet、VGGNet、ResNets 等模型的提出，CNNs 的识别准确率持续提高，让计算机拥有了超越人类的图像识别能力，看懂世界。循环神经网络（Recurrent Neural Network，RNN）在自然语言处理（Natural Language Processing，NLP）方面同样取得了巨大的成功，不但有 Siri 这样可以与人类正常交流的对话机器人，甚至能够写诗、作曲，达到了能说会道的程度。

9.1.2　人工智能的五大学派与四大领域

1. 引领人工智能发展的五大学派

从 20 世纪 50 年代开始，人工智能五大学派不断演化，各个阶段都有相应的主导流派。

（1）符号主义学派（Symbolism）

符号主义又称为逻辑主义（Logicism）、心理学派（Psychologism）或计算机学派（Computerism），其主要思想是认为所有的信息都可以简化为操作符号，就像数学家那样，为了解方程，会用其他表达式代替本来的表达式；并将学习视为逆向演绎：使用符号、规则和逻辑来表征知识和进行逻辑推理。符号主义的主要算法是决策树。符号主义奠基人是卡内基梅隆大学（Carnegie Mellon University，CMU）的赫伯特·西蒙（Herbert Alexander Simon）和艾伦·纽厄尔（Allen Newell），主要成就是 20 世纪的专家系统。

（2）连接主义学派（Connectionism）

连接主义又称为仿生学派（Bionicsism）或生理学派（Physiologism），其主要思想是从人脑神经生理学结构角度研究探索人类智能活动规律。连接主义认为人工智能源于仿生学，特别是人脑模型的研究，其原理主要是神经网络及神经网络间的连接机制与用反向传播算法。连接主义奠基人是麻省理工学院（MIT）的马文·明斯基（Marvin Minsky）。现今发展最火的深度神经网络属于连接主义。

（3）行为主义（Actionism）

行为主义又称进化主义（Evolutionism）或控制论学派（Cyberneticsism），其主要思想是从人脑智能活动所产生的外部表现行为角度来研究探索人类智能活动的规律，在遗传学和进化生物学的基础上得出结论。对样本生成变化然后转换为特定目标，获取其中最优的算法，如遗传算法。行为主义奠基人是麻省理工学院的诺伯特·维纳（Norbert Wiener）。布鲁克斯（Brooks）的六足行走机器是这一学派的代表作，它被看作是新一代的"控制论动物"，是一个基于感知-动作模式模拟昆虫行为的控制系统。

（4）贝叶斯学派（Bayesians）

贝叶斯学派是使用概率规则及其依赖关系进行推理的一派。概率图模型（Probabilistic Graphical Models，PGM）是这一派通用的方法，主要的计算机制是用于抽样分布的蒙特卡罗方法。这种方法与符号学方法的相似之处在于，可以以某种方式得到对结果的解释。这种方法的另一个优点是存在可以在结果中表示的不确定性的度量。反垃圾邮件贝叶斯过滤是根据贝叶斯准则和贝叶斯定理，以已知垃圾邮件和非垃圾邮件为样本，来判断下一封邮件是垃圾邮件的概率的技术。

（5）类推学派（Analogizers）

类推学派更多关注心理学和数学优化来推断相似性判断。根据约束条件来优化函数，算法如：支持向量机（Support Vector Machine，SVM）。类推学派通过外推来进行相似性判断，类推学派遵循"最近邻"原理进行研究。各种电子商务网站上的产品推荐（如亚马逊或 Netflix 的电影评级）是类推方法最常见的示例。

人工智能有不同的学派，每个学派从不同的角度看问题。上述学派依据不同的问题，提出了不同的解决方案。而真正的挑战是设计一个算法，来尝试要解决的所有不同的问题——单一的一个"终极算法"。AlphaGo 综合使用了三种学习算法：强化学习（属于行为主义）、蒙特卡罗树搜索（属于符号主义）和深度学习（属于连接主义）。

2．人工智能主要有四大领域

"机器之心" 2017 年推出的《人工智能趋势技术报告》论述了人工智能的 23 个分支技术，并将它们分成了 4 个领域。

（1）问题求解（搜索）

搜索算法的历史始于 20 世纪 50 年代人工智能的孕育时期，那时候人们关注的重点是问题求解。搜索（Search）这个术语在人工智能领域内的意思主要是指驱动计算机（或智能体）的搜索算法，它们可以使计算机以人类的方式求解各种问题。搜索算法一般可以分成两类：无信息（Uninformed）搜索和有信息（Informed）搜索。其中有信息启发式搜索是相当流行的，因为它能根据一些指示快速找到解答。无信息搜索算法包括宽度优先搜索、深度优先搜索、深度限制搜索、双向搜索和迭代深化搜索。启发式（有信息）搜索算法包含递归最佳优先搜索、蒙特卡洛树搜索和束搜索。启发式搜索算法有一个特定类别是局部搜索算法，其对于约束满足问题尤其有效。流行的局部搜索算法还包括爬山算法、模拟退火算法、局部束搜索和遗传算法（随机束搜索的变体）。

（2）知识、推理与规划

这个领域的技术可以帮助机器构建知识库，并让它们像人类一样进行推理和规划。主要内容有逻辑、规划、知识表征（专家系统）和概率模型。

人工智能领域用逻辑来理解智能推理问题，它可以提供用于分析编程语言的技术，也可用作分析、表征知识或编程的工具。目前人们常用的逻辑分支有命题逻辑（Propositional Logic）以及一阶逻辑等谓词逻辑。

人工智能领域的规划通常是指智能体执行的任务或动作的自动规划和调度，其目的是进行资源的优化。常见的规划方法包括经典规划（Classical Planning）、分层任务网络（Hierarchical Task Network，HTN）和逻辑斯谛（Logistics）规划。

知识表征（Knowledge Representation，KR）研究的是如何表征有关世界的事实，也被称作本体工程（Ontological Engineering）。知识表征和推理的一个早期成功应用是专家系统，即带有推理引擎的知识库。

概率模型是用于描述不同变量之间的不确定概率关系的数学模型，主要是基于概率论进行不确定的知识推理和推导。用于人工智能的概率模型包括期望最大化法（Expectation Maximization，EM）、卡尔曼（Kalman）滤波器、粒子滤波（Particle Filter）和隐狄利克雷分布（Latent Dirichlet Allocation，LDA）。

马尔可夫模型是指基于马尔可夫性质的模型，其假设一个给定过程的未来状态仅取决于当前状态。根据系统状态是否完全可被观测以及系统是自动的还是受控的，可以将常见的马尔可夫模型分成四种：马尔可夫链、隐马尔可夫模型（Hidden Markov Model，HMM）、马尔可夫决策过程（Markov Decision Process，MDP）和部分可观测马尔可夫决策过程（Partially Observable Markov Decision Processes，POMDP）。另外，马尔可夫随机场（Markov Random Field，MRF）和马尔可夫链蒙特卡洛（Markov chain Monte Carlo，MCMC）这两个模型也常常被用于近似和预测。

（3）学习

学习代表机器学习技术，有时候也被称为模式识别、数据挖掘或数据库知识发现（Knowledge-Discovery in Databases，KDD）。涵盖决策树/决策规则学习、支持向量机（SVM）、K-最近邻（K-Nearest Neighbor，KNN）、集成学习、回归分析和神经网络等监督学习技术。需要注意的是，贝叶斯分类器（Bayesian Classifier）也是一种监督学习方法。深度学习是神经网络的一部分，此领域还涉及强化学习、关联规则学习和推荐系统。

决策树（决策规则）学习是一种决策支持工具，使用了树状图来模拟决策和对应结果。它的现实应用包括业务管理、客户关系管理和欺诈检测。最流行的决策树算法包括 ID3、CHAID、CART、QUEST 和 C4.5。

支持向量机是一种二元分类模型，它的目的是找到具有最大余量的线或超平面，从而将数据分开。它既可以用于分类任务，也可以用于回归任务。支持向量机的应用包括手写数字识别、目标识别、预测金融时间序列和蛋白质分类等。

K-最近邻是一种非参数监督式分类模型。它根据计算 K 个训练样本到查询点（Query Point）的距离（主要是欧几里得距离和马哈拉诺比斯距离）来分配标签（单独为每个点计算）。它在协同过滤推荐系统中有广泛的应用。

集成学习是指使用多种兼容的学习算法/模型来执行单个任务的技术，目的是为了得到更佳的预测表现。集成学习的主要方法可归类为三大类：堆叠（Stacking）、提升（Boosting）和装袋（Bootstrap Aggregating）。其中最流行的方法包括随机森林、梯度提升、AdaBoost、梯度提升决策树（Gradient Boosting Decision Tree，GBDT）和极端梯度增强算法（eXtreme Gradient Boosting，XGBoost）。

回归分析是一种用于估计变量之间的关系（当一个自变量变化而其他变量固定时，因变量会如何变化）的统计过程，在预测任务中有广泛的应用。回归分析模型有不同的种类，其中最流行的是线性回归和 Logistic 回归。另外还有多变量回归、泊松回归、逐步回归、岭回归（Ridge Regression）、Lasso 回归和多项式回归等。随机梯度下降（Stochastic Gradient Descent，SGD）就是一种起源于回归分析的常用方法，可用于控制复杂度。

人工神经网络是一种起源于 20 世纪 50 年代的监督式机器学习模型，那时候研究者提出了感知器（Perceptron）的构想。神经网络模型通常是通过反向传播算法应用梯度下降训练的。目前神经网络有两大主要类型：卷积神经网络和循环神经网络，它们都是前馈神经网络。其中卷积神经网络又包含长短期记忆（Long Short Term Memory，LSTM）、门控循环单元（Gated Recurrent Unit，GRU）等。深度学习是一种主要应用于神经网络帮助其取得更好结果的技术。尽管神经网络主要用于监督学习，但也有一些为无监督学习设计的变体，比如自动编码器和生成对抗网络（Generative Adversarial Network，GAN）。

强化学习是一种试错方法，其目标是让软件智能体在特定环境中能够采取回报最大化的行为。强化学习在马尔可夫决策过程环境中主要使用的技术是动态规划（Dynamic Programming）。流行的强化学习方法包括自适应动态规划（Adaptive Dynamic Programming，ADP）、时间差分（Temporal-Difference，TD）学习、状态-动作-回报-状态-动作（State-Action-Return-State-Action，SARSA）算法、Q 学习、深度强化学习（Deep Q Network，DQN）；其应用包括下棋类游戏、机器人控制和工作调度等。

聚类分析（Clustering Analysis，CA）是一种典型的无监督学习方法，这种方法根据对象的特点将它们分成不同的组。K 均值是应用最广泛的聚类方法，其他方法还包括 K-Medoids、分层聚类和基于密度的聚类算法（Density-Based Spatial Clustering of Applications with Noise，DBSCAN）。期望最大化法（Expectation Maximization，EM）也是聚类分析的一种解决方案。聚类分析在数据挖掘、市场调研、异常值检测等许多领域都有应用。另外，降维技术也是一类类似于聚类分析的无监督学习方法，其典型的代表有主成分分析（Principal Component Analysis，PCA）、线性判别分析和等度量映射。

关联规则学习（Association Rule Learning）是学习和发现大型数据库中变量之间有意义关系的技术。这种技术擅长购物篮分析（Market Basket Analysis），也可以在其他很多领域中应用，比如入侵检测、搜索引擎优化（Search Engine Optimization，SEO）和生物信息学等领域。可以执行关联规则学习的常用算法有 Apriori 算法、FP-Growth/FP-tree、Eclat 算法、AIS 算法、SETM 算法和序列模式挖掘。

推荐系统（Recommender System，RS）主要是指应用协同智能做推荐的技术。推荐系统的两大主流类型是基于内容的推荐系统和协同过滤（Collaborative Filtering）。另外，基于知识的推荐系统（包括基于本体和基于案例的推荐系统）是一类特殊的推荐系统，这类系统更加注重知识表征和推理。

（4）通信、感知与行动

通信、感知与行动是现代人工智能的三个关键能力，根据这些能力/应用对三个技术领域进行介绍：自然语言处理、计算机视觉和机器人。自然语言处理领域主要涵盖信息检索、文本挖掘/分类、信息抽取、机器翻译和语音识别。

信息检索是基于查询检索信息的任务。流行的信息检索模型包括布尔模型、向量空间模型、概率模型和语言模型。信息检索最典型和最常见的应用是搜索引擎。

文本挖掘主要是指文本分类，该技术可用于理解、组织和分类结构化或非结构化文本文档。文本挖掘所使用的模型有词袋（Bag-of-Words，BOW）模型、语言模型（N-Gram）和主题模型。隐马尔可夫模型通常用于词性标注（Part-of-Speech Tagging）。其涵盖的主要任务有句法分析、情绪分析和垃圾信息检测。

信息/数据抽取是指从非结构化或半结构化文档中提取结构化信息的技术。信息抽取有两部分：命名实体识别（目标是识别和分类真实世界里的知名实体）和关系提取（目标是提取实体之间的语义关系）。概率模型/分类器可以帮助实现这些任务。

机器翻译是利用机器的力量自动将一种自然语言（源语言）的文本翻译成另一种语言（目标语言）。机器翻译方法通常可分成三大类：基于规则的机器翻译、统计机器翻译和神经机器翻译。

语音识别是指识别语音（说出的语言）并将其转换成对应文本的技术。相反的任务（文本转语音）也是这一领域内一个类似的研究主题。

计算机视觉是指机器感知环境的能力。这一技术类别中的经典任务有图像形成、图像处理、图像提取和图像的三维推理。目标识别和面部识别也是很重要的研究领域。

机器人学研究的是机器人的设计、制造、运作和应用，以及控制它们的计算机系统、传感反馈和信息处理。机器人可以分成两大类：固定机器人和移动机器人。固定机器人通常被用于工业生产（比如用于装配线）。常见的移动机器人应用有货运机器人、空中机器人和自动载具。机器人需要不同部件和系统的协作才能实现最优的作业。其中在硬件上包含传感器、反应器和控制器；另外还有能够实现感知能力的软件，比如定位、地图测绘和目标识别。之前章节中提及的技术都可以在机器人领域得到应用和集成，这也是人工智能领域最初的目标之一。

9.1.3 人工智能的学科结构

人工智能是一个大学科，其特点可概括为：前沿学科、新兴学科、边缘学科，如图9-2所示。

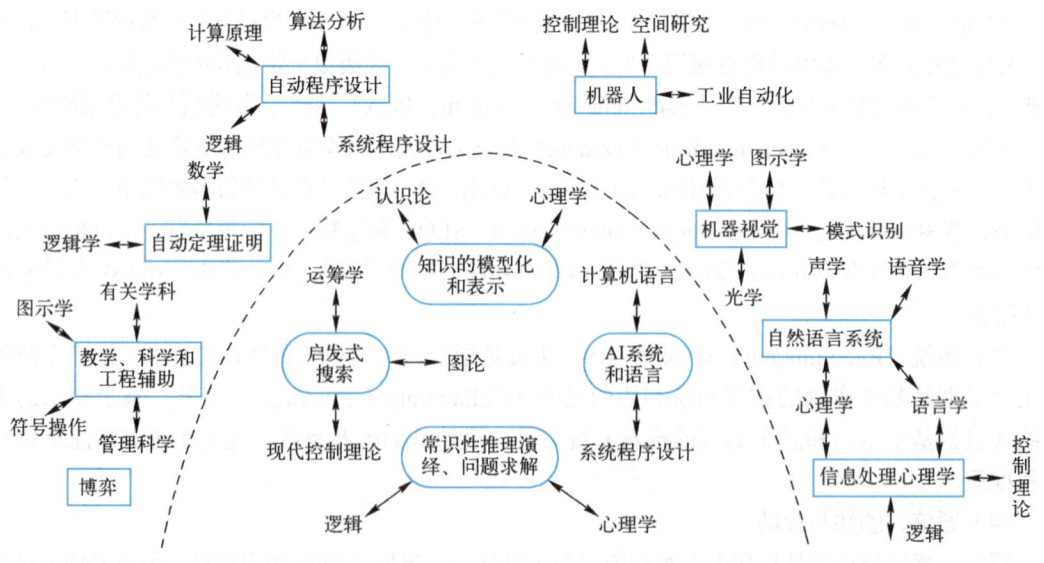

图9-2 人工智能学科结构

前沿学科：人工智能从其诞生起，就一直是当代科学技术的前沿学科。

新兴学科：它又是一门新思想、新理论、新技术、新成就不断涌现的新兴学科。

边缘学科：人工智能的研究是在计算机科学、信息论、控制论、心理学、生理学、数学、物理学、化学、生物学、医学、哲学、语言学、社会学等多学科的基础上发展起来的。因此，它又是一门综合性极强的边缘学科。

9.1.4 人工智能的应用

总的来说，人工智能领域的研究前沿正逐渐从搜索、知识和推理领域转向机器学习、深度学习、计算机视觉和机器人领域。大多数早期技术至少已经处于应用阶段了，而且其中一些已经显现出社会影响力。一些新开发的技术可能仍处于工程甚至研究阶段，但是可以看到不同阶段之间转移的速度变得越来越快。因此，在不久的将来可能会看到更多的技术投入应用，人工智能各应用层次如图9-3所示。

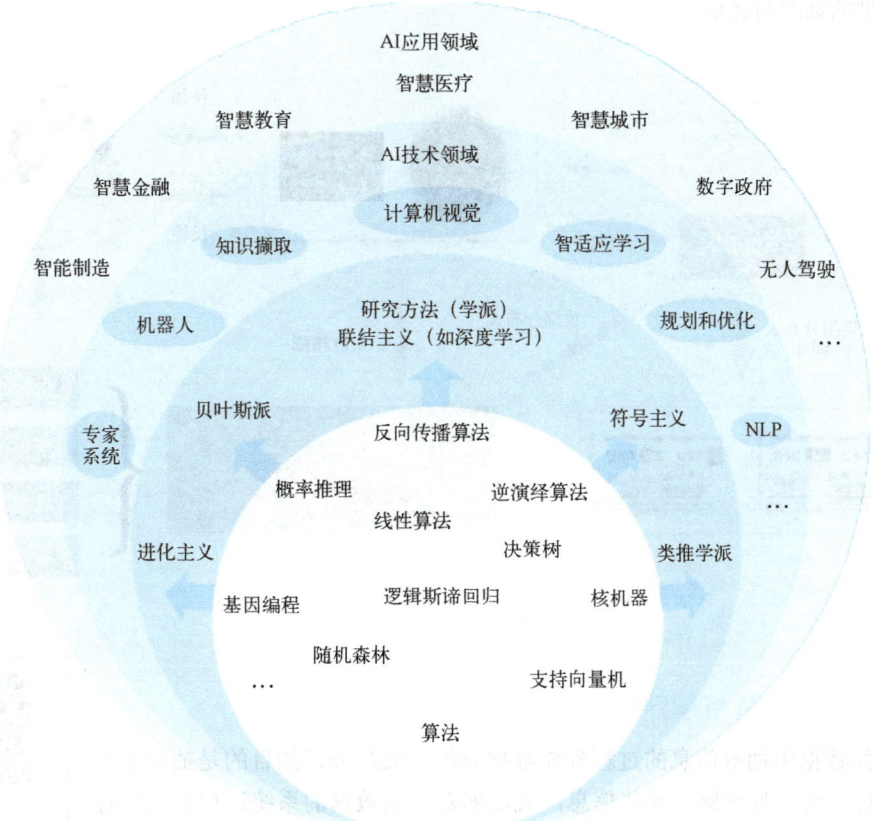

图9-3 人工智能应用层次

人工智能研究领域包括认知建模、知识表示、推理及应用、机器感知、机器思维、机器学习、机器行为和智能系统等。研究人工智能的动力包括推理、知识、规划、学习、交流、感知、移动和操作物体的能力等。人工智能领域的研究包括机器人、语音识别、图像识别、自然语言处理、专家系统、机器视觉、指纹识别、人脸识别、视网膜识别、虹膜识别、掌纹识别、自动规划、遗传编程、定理证明、博弈、自动程序设计、智慧医疗、智能控制、智能搜索、智能个人助理、智能安防、智能教育、无人驾驶、电商零售、金融服务等。2016年3月，谷歌公司的 AlphaGo 与职业九段棋手李世石进行了围棋人机大战，最终 AlphaGo 以 4 比 1 的总比分获胜，这引起了全球对人工智能的热议。百度推出的无人驾驶、科大讯飞推出的"语音识别"，以及高铁进站的人脸识别的广泛应用，将机器学习转变为信息科技企业的研究与应用的常见内容，这也让人们的日常生活更为便捷。

9.2 人工智能应用框架流程

9.1 节对人工智能进行了概述，后面几节侧重从机器学习的角度对人工智能进行介绍。机器学习理论由紧密联系而又自成体系的四个模块所构成，分别是：模型、学习策略、学习算法和推断（预测）。其中，模型为具体的问题提供建模工具；学习策略是理论核心，为模型设定学习目标和学习效果提供理论保证；学习算法通过在数据上进行运算产生模型；推断则关注模型的使用性能和准确性。人工智能架构如图 9-4 所示，具体可分为数据的准备与预处理、各种模型、学习策略与学习算法、模型的训练与评估。

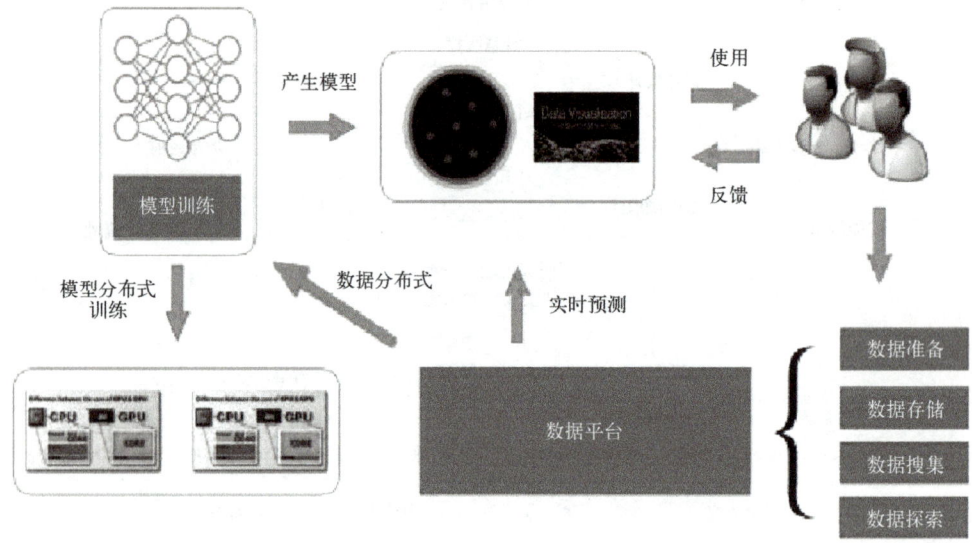

图 9-4 人工智能架构

9.2.1 数据的准备与预处理

从原始数据中抽取信息的过程称作数据分析。数据分析的目的是抽取不易推断的信息，而一旦理解了这些信息，就能够对产生数据的系统运行机制进行研究，从而对系统可能的响应和演变做出预测。

9-1 手写数字体识别

有监督学习需要标注数据。因此，在进入训练阶段前必须经过一个步骤：人工标注。标注的过程烦琐且工作量颇大，却无法避免。人工标注的过程看似简单，但实际上，标注策略和质量对最终生成模型的质量有直接影响。能够决定有监督模型质量的，往往不是高深的算法和精密的模型，而是高质量的标注数据。

（1）数据预处理

原始数据由于存在噪声等问题，必须加以处理才能用于分析，一方面要提高数据质量，另一方面为了更好地使数据适应特定的数据挖掘技术及工具。我们拿到的原始数据可能包含了大量的缺失值、噪声，也可能因为人工录入错误导致异常点存在，所以需要通过一些方法，尽量提高数据的质量。

（2）常用数据集

数据为王，使用相同的机器学习算法，不同质量的数据能训练出不同效果的模型。下面将介绍数据科学领域中经典的两个开源数据集。

MNIST 数据集来自美国国家标准与技术研究所（NIST），如图 9-5 所示。训练集（Training Set）由来自 250 个不同人手写的数字构成，其中 50%是高中学生，50%来自人口普查局（The Census Bureau）的工作人员。测试集也是同样比例的手写数字数据。该数据集有训练样本 60000 个，测试样本 10000 个。训练样本和测试样本的来源人群没有交集。MNIST 数据库也保留了手写数字与身份的对应关系。MNIST 数据集可在 http://yann.lecun.com/exdb/mnist/ 获取，它包含了四个部分：①Training set images：train-images-idx3-ubyte.gz（9.9MB，解压后 47MB，包含 60000 个样本）；②Training set labels：train-labels-idx1-ubyte.gz（29KB，解压后 60KB，包含 60000 个标签）；③Test set images：t10k-images-idx3-ubyte.gz（1.6MB，解压后 7.8MB，包含 10000 个样本）；④Test set labels：t10k-labels-idx1-ubyte.gz（5KB，解压后 10 KB，包含 10000 个标签）。

图 9-5 MNIST 数据集

MNIST 的数据集，由 0～9 共 10 个数字的图像组成，用于帮助计算机正确识别手写文字作为训练数据，每个手写数字都是 28×28=784 像素的图像，共计 70000 张，每张都正确标注是哪个数字，将这些图像的像素单位数据导入神经网络，有输入层、隐层和输出层三层结构，数据首先进入输出层，再到隐层最后到输出层，神经网络的输出层分别对应 0～9 这 10 个神经元，分别输出各自的值，哪个神经元输出概率最高则判定为哪个数字。假设隐层有 100 个神经元，则共有 784×100+100×10 条线，连接权重会影响输出结果的准确度，通过机器学习的方法，让计算机不断对输出答案进行确认，发生错误就调整权重，从而提高识别精准度。

ImageNet 数据集是国际计算机视觉挑战赛（ImageNet Large-Scale Visual Recognition Challenge，ILSVRC）使用的数据集，由斯坦福大学李飞飞教授主导，包含了超过 1400 万张全尺寸的有标记图片，如图 9-6 所示。ILSVRC 从 2010 年开始举办到 2017 年，使用 ImageNet 数据集的一个子集，总共有 1000 类。ILSVRC 前几年一般由 Google、MSRA 等大公司夺得冠军，2016 中国团队包揽全部项目的冠军。

图 9-6 ImageNet 数据集

ILSVRC 比赛每年会从 ImageNet 数据集中抽出部分样本,以 2012 年为例,比赛的训练集包含 1281167 张图片,验证集包含 50000 张图片,测试集为 100000 张图片。Imagenet 数据集是目前深度学习图像领域应用得非常多的一个领域,关于图像分类、定位、检测等研究工作大多基于此数据集展开。Imagenet 数据集文档详细,有专门的团队维护,使用非常方便,在计算机视觉领域研究论文中应用非常广,几乎成为目前深度学习图像领域算法性能检验的"标准"数据集。

Imagenet 数据集是一个非常优秀的数据集,但是标注难免会有错误,几乎每年都会对错误的数据进行修正或删除,建议下载最新数据集并关注数据集更新。数据集大小为 1TB(ILSVRC2016 比赛全部数据)下载地址:http://www.image-net.org/about-stats。

9.2.2 各种模型

监督学习中,输入与输出所有可能的取值集合称为输入空间与输出空间。通常输出空间远小于输入空间。每一条样本被称作是一个实例,通常由特征向量表示,所有特征向量存在的空间称为特征空间。特征空间有时候与输入空间相同,有时候不同(例如 Word Embbeding),不同的情况是输入空间通过某种映射生成了特征空间。假设空间一般是对于学习到的模型而言的。模型表达了输入到输出的一种映射集合,这个集合就是假设空间,假设空间表明模型学习的范围。

模型实际上是指将所研究的系统转化为数学形式。形式上,模型就是一个带有参数的函数表达式,人们希望模型能够反映某种关系或规律。早在机器学习出现之前,人们就已经通过对周围世界的观察,归纳出了很多模型。例如,物理学中的万有引力定律。机器在解任务的过程中第一步就是要选择函数集,选不同的函数集就是选不同的模型。先提供一个假设空间,然后在假设空间中搜索最合适的函数。

参数(Parameters)是模型根据数据自动学习出的变量,比如深度学习的权重、偏差等。超参数(Hyperparameters)就是用来确定模型的一些参数。超参数不同,模型就会不同(指有微小的区别,比如假设都是 CNN 模型,如果层数不同,模型就不一样),超参数一般就是根据经验确定的变量。在深度学习中超参数有:学习速率、迭代次数、层数、每层的神经元个数等。当针对特定问题调整机器学习算法时,例如在使用网格搜索或随机搜索时,将调整模型或命令的超参数得到模型预测的模型参数。许多模型中重要的参数无法直接从数据中估计得到。

模型是机器学习的结果,这个学习过程称为训练(Train)。大多数情况下,人们希望模型具有一定的推断和预测能力,例如给定一个用户信息与信用评级之间的关系模型。

经典机器学习算法模型中监督学习主要包括用于分类和用于回归的模型。①分类模型包括：线性分类器、支持向量机、朴素贝叶斯、K 近邻、决策树、集成模型等。②回归模型包括：线性回归、支持向量机、K 近邻、回归树、集成模型。无监督学习模型主要包括：数据聚类（K-means）、数据降维（PCA）等。深度学习算法模型包括：全连接神经网络、卷积神经网络、循环神经网络、生成对抗神经网络。

9.2.3 学习策略与学习算法

机器学习基于训练数据集，根据学习策略从假设空间中选择最优模型，最后考虑用什么样的计算方法求解最优模型。

（1）策略

有了模型，如何确定模型中的参数呢？如何根据训练数据拟合一个不错的模型呢？这就是一个训练策略的问题。学习策略是指按照什么样的准则学习或选择最优的模型。减小模型误差（损失）或增大模型收益（如最大似然），这两种方式是可以互相转化的。人们通常会采取减小模型误差的方式。那么，就需要选取一个函数来评价模型的损失（误差）即损失函数。不同的损失函数适用不同的任务。

不同的模型会有自己比较适合的损失函数。例如回归问题的损失（Loss）函数往往围绕残差构建，称之为残差。Loss 函数针对一个训练数据，对于所有的训练数据，用代价函数（Cost Function）来描述整体的损失。代价函数 $J(\theta)$ 的取值代表了整个模型付出的代价，这个代价自然是越小越好。因此，也就有了学习的目标（也称为目标函数）：$\mathrm{argmin}J(\theta)$（最小化 $J(\theta)$）。

常见的损失误差有五种：①铰链损失（Hinge Loss）主要用于支持向量机中；②互熵损失（Cross Entropy Loss，Softmax Loss）用于 Logistic 回归与 Softmax 分类中；③平方损失（Square Loss）主要用于最小二乘法（Ordinary Least Square，OLS）中；④指数损失（Exponential Loss）主要用于 Adaboost 集成学习算法中；⑤其他损失（如 0-1 损失、绝对值损失）。

虽然损失函数可以让人们看到模型的优劣，并提供优化的方向，但是——没有任何一种损失函数适用于所有模型。损失函数的选取依赖参数的数量、异常值、机器学习算法、梯度下降的效率、导数求取的难易和预测的置信度等若干因素。

（2）学习算法

学习算法是指学习模型的具体计算方法。有了损失函数还不够，我们的目的是利用数据降低损失函数。这里就会有一些优化算法适用于降低损害函数。这是一个优化问题。如果损失函数简单，可以直接计算解析解，就很容易求得最优参数从而确定模型。但往往在多维数据下，难以甚至无法计算解析解，此时就需要一些优化算法来逐步逼近最优解。

具体的优化算法有很多，比如：梯度下降法（Gradient Descent）、共轭梯度法（Conjugate Gradient）、牛顿法和拟牛顿法、模拟退火法（Simulated Annealing）以及一些优化转换方法如拉格朗日对偶性等，其中最常用的是梯度下降法。

一般来说，算法是机器学习和深度学习中最具技术含量的部分。企业中的"算法工程师"，要求最高，待遇也最好。那些动辄年薪百万的职位，一般都会标明做算法。这些算法工程师的职责包括：研发新算法；针对现实问题构造目标函数，选取并优化算法求解；将他人研究的最新算法应用到自己的业务问题上。要得到高质量的模型，算法很重要，但往往（尤其是在应用经典模型时）更重要的是数据。

下面简单介绍一下经典的误差反向传播（Error Back Propagation，BP）算法核心思路，如

图 9-7 所示：①将每个训练样例提供给输入层，然后通过逐层的计算，直到产生输出层的预测值 pre_Y（信号的正向传播）；②计算输出层预测值 pre_Y 与真实值 Y 之间的误差，将误差反向传播至神经网络的神经元中（误差的反向传播）；③根据误差调整神经元之间的权重值和偏差；④将训练样本在调整后的神经网络中进行计算和误差调整，不断进行循环迭代，直到满足停止条件。

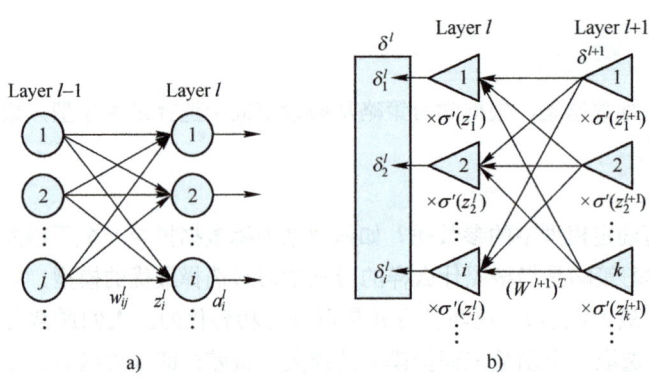

图 9-7 误差反向传播算法

a) 信号的正向传播 b) 误差的反向传播

9.2.4 模型的训练与评估

一个已经训练好的模型，可以被理解成一个函数：$y=f(x)$。将数据（对应其中的 x）输入模型，得到输出结果（对应其中的 y），这个输出结果可能是一个数值（回归），也可能是一个标签（分类）。训练就是根据已经被指定的 $f(x)$ 的具体形式——模型类型，结合训练数据，计算出其中各个参数的具体取值的过程。

训练集（Train Set）用于估计模型的数据样本集合。验证集（Validation Set）是模型训练过程中单独留出的样本集，用来确定网络结构或者控制模型复杂程度的参数。测试集（Test Set）也是单独留出的样本集，用来检验最终选择最优模型的性能如何和估计最终模型的泛化能力，但不能作为调参、选择特征等算法的依据。验证集选择了代价函数最小的一个模型。虽然在这个模型上代价很小，但并不代表在其他数据上代价也小。所以需要一个完全没有经过训练的测试集来最后检测模型的准确性。

验证集是用来评估模型的可靠的方法。根据模型在验证集上面的表现来调超参数的时候，一些验证集中的数据就会泄漏到模型中，如果对于一个参数只这么做一次，那么就只会有很少的信息泄漏到模型中。但若多次重复同一个验证集，就会漏进来很多。所以如果只选择一个训练集，一个测试集，就会导致最后模型在测试集虽然表现得可以，但是泛化性不好。对于小规模样本集，训练集、验证集、测试集常用的分配比例是 6∶2∶2。对于大规模样本集，则验证集和测试集的比例会减小很多，因为验证（比较）模型性能和测试模型性能一定的样本规模就足够了。例如，共有 1000000 个样本，则训练集分为 9980000 个样本，验证集分为 10000 个样本，测试集分为 10000 个样本。在神经网络中，用验证数据集去寻找最优的网络深度，或者决定反向传播算法的停止点或者在神经网络中选择隐含层神经元的数量；在经典的机器学习中常用的交叉验证（Cross Validation）就是把训练数据集本身再细分成不同的验证数据集去训练模型。

9.3 经典机器学习

机器学习是一门多领域交叉学科，涉及概率论、统计学、逼近论、凸分析、算法复杂度等多门学科。机器学习专门研究计算机怎样模拟或实现人类的学习行为，以获取新的知识或技能，重新组织已有的知识结构，使之不断改善自身的性能。它是人工智能的核心，是使计算机具有智能的根本途径，其应用遍及人工智能的各个领域，它主要使用归纳、综合而不是演绎。

深度学习是机器学习的子类。深度学习是由传统的神经网络发展到多隐层的一种算法。而机器学习是人工智能的一个子类，如图9-8所示。

机器学习的数学基础是统计学、信息论和控制论，还包括其他非数学学科。这类机器学习对经验的依赖性很强。计算机需要不断从解决一类问题的经验中获取知识，学习策略，在遇到类似的问题时，运用经验知识解决问题并积累新的经验，就像普通人一样。这样的学习方式称为"连续型学习"。

图9-8 机器学习、深度学习和人工智能的关系

机器学习可以分为学习阶段和预测阶段。学习阶段可以理解为构造人工神经网络的过程，这个过程需要输入大量的数据进行确认和调整，比较费时；预测阶段则是利用已经完成的人工神经网络输出预测解，使用起来则非常简单。机器学习这项技术在Web和大数据领域应用相当广泛，它的弱点是特征工程（特征量的设计），选什么作为特征量对预测精准度有很大的影响，"输入何种特征量"是大脑思维来解决的，这也是机器学习最大的难关。

经典机器学习的类型，从解决问题的方向来讲主要可以分为两大类：监督学习和非监督学习。监督学习指的是建立基于标签训练数据的机器学习模型的过程，将某次输入应该采取的行动作为指令数据。无监督学习指的是不需要标签训练数据的机器学习。半监督学习指的是监督学习与无监督学习相结合的一种学习方式，试图利用少量的标签进行训练和分类学习。

9.3.1 回归

回归是指从一组数据出发，确定某些变量之间的定量关系式（建立数学模型并估计未知参数）。回归的目标是接受连续数据，寻找最适合数据的方程，并能够对特定值进行预测。这个方程称为回归方程，而求回归方程显然就是求该方程的回归系数，求这些回归系数的过程就是回归。

（1）线性回归

在统计学中，线性回归（Linear Regression）是利用称为线性回归方程的最小平方函数对一个或多个自变量和因变量之间关系进行建模的一种回归分析。按照问题所涉及变量的多少，可将回归分析分为一元回归分析和多元回归分析。按照自变量与因变量之间是否存在线性关系，分为线性回归分析和非线性回归分析。

（2）逻辑斯谛回归

逻辑斯谛回归（Logistic Regression，LR）虽然名字里带"回归"，但是它实际上是一种分类方法，主要用于两分类问题（即输出只有两种，分别代表两个类别）。LR模型其实仅在线性回归的基础上套用了一个逻辑斯谛函数，所以LR模型可以被认为就是一个被Sigmoid函数（Logistic方程）

所归一化后的线性回归模型。但也就由于这个逻辑斯谛函数,使得逻辑斯谛回归模型成为机器学习领域一颗耀眼的明星,也是计算广告学的核心。

图 9-9 是利用线性回归进行的波士顿房价预测。图 9-10 是鸢尾花的逻辑斯谛分类,根据花瓣的宽度和长度进行逻辑斯谛分类。

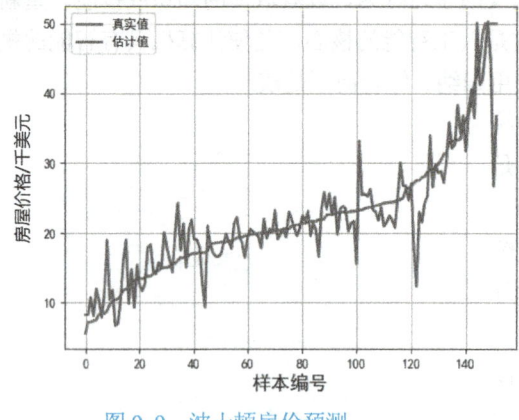

图 9-9 波士顿房价预测

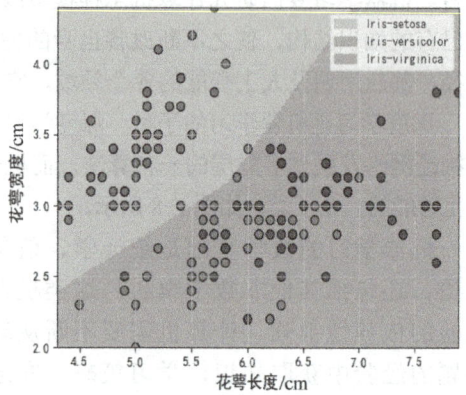

图 9-10 鸢尾花逻辑斯谛分类

9.3.2 决策树与随机森林

决策树(Decision Tree)是在已知各种情况发生概率的基础上,通过构成决策树来求取净现值的期望值大于等于零的概率,评价项目风险,判断其可行性的决策分析方法,是直观运用概率分析的一种图解法。由于这种决策分支画成图形很像一棵树的枝干,故称决策树。随机森林指的是利用多棵树对样本进行训练并预测的一种分类器。该分类器最早由 Leo Breiman 和 Adele Cutler 提出并被注册成了商标。

(1)决策树

决策树是一个树结构(可以是二叉树或非二叉树)。一般一棵决策树包含:一个根结点、若干个内部结点和若干个叶结点。其中每个非叶结点表示一个特征属性测试;每个分支代表这个特征属性在某个值域上的输出;每个叶结点存放一个类别;每个结点包含的样本集合通过属性测试被划分到子结点中,根结点包含样本全集,如图 9-11 所示。使用决策树进行决策的过程就是从根结点开始,测试待分类项中相应的特征属性,并按照其值选择输出分支,直至到达叶结点,将叶结点存放的类别作为决策结果。决策树以树这样的数据结构来进行分类或预测决策,在分类应用中,叶结点就是最终的分类标号。树中的分支由决策规则组成。一旦决策树构造好了,对目标变量进行分类时,从树的根结点开始,依次经过不同的规则分支,达到叶结点,该叶结点的类标号即为该目标变量的分类结果。

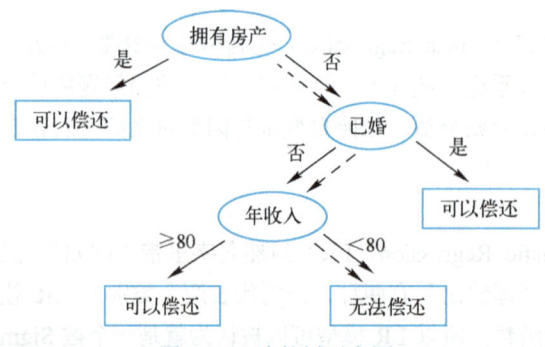

图 9-11 决策树示意图

构造决策树的步骤为：①开始的时候，所有记录当作一个结点；②选择一个属性测试条件用于分割结点，往往需要遍历每一种分割方式，以找到最好的分割点；③将结点分割，作为其子结点，如分割成 N1 和 N2；④对子结点，如 N1 和 N2，继续执行第②、③步，直到结点满足停止分割的条件。

从以上步骤可以看出，整个算法必须解决如何停止分割和如何选择分割两个关键问题。为此，需要引入不纯度来度量每个结点，即度量结点中的记录够不够纯净，是否都是同一类别的记录。不纯度的计算方式包括：①熵 $Entropy = -\sum (p(i) \times \log(p(i)))$；②不纯度 $Gini = 1 - \sum (p(i) \times (p(i)))$；③错误率 $Error = 1 - \max(p(i))$。一种停止分割的方法是，当结点的不纯度满足一定条件时，则不再对该结点继续分割。而属性测试条件的选择也可用不纯度来衡量，父结点和子结点不纯度差别越大，说明分割得越好。

当构造的决策树结点过多，显得过于复杂、过于茂盛时，就容易出现过拟合的现象，此时需要对树进行剪枝。剪枝方法包括前置剪枝和后置剪枝，也叫先剪枝和后剪枝。

前置剪枝，即在构造树的时候就进行剪枝，这样在产生完全拟合训练数据之前就停止决策树的生长了。为做到这一点，通常采用更具有限制性的分割结束条件，如控制结点数，设置较高的分割阈值等。后置剪枝，初始决策树按照最大规模生长，完全拟合训练数据，然后再进行剪枝步骤，如用新的叶子结点替换子树，或用子树中最常见的分枝代替子树。

与决策树相关的重要算法包括：CLS、ID3、C4.5、CART。Hunt、Marin 和 Stone 于 1966 年研制的 CLS 学习系统，用于学习单个概念。1979 年 J. R. Quinlan 给出 ID3 算法，并在 1983 年和 1986 年对 ID3 进行了总结和简化，使其成为决策树学习算法的典型。Schlimmer 和 Fisher 于 1986 年对 ID3 进行改造，在每个可能的决策树结点创建缓冲区，使决策树可以递增式生成，得到 ID4 算法。1988 年，Utgoff 在 ID4 基础上提出了 ID5 学习算法，进一步提高了效率。1993 年，Quinlan 进一步发展了 ID3 算法，改进成 C4.5 算法。另一类决策树算法为 CART，与 C4.5 不同的是，CART 的决策树由二元逻辑问题生成，每个树结点只有两个分枝，分别包括学习实例的正例与反例。

（2）随机森林

集成学习通过构建并结合多个分类器来完成学习任务。将多个学习器进行结合，会获得比单一学习器更好的泛化性能。目前集成学习方法大致可分为两类：串行生成的序列化方法（个体学习器之间不存在依赖关系）和同时生成的并行化方法。前者代表是 Boosting，后者代表是 Bagging 和随机森林（RF）。

随机森林是 Bagging 的一个扩展。随机森林是在以决策树为基学习器构建 Bagging 集成的基础上，进一步在决策树的训练过程中引入随机属性选择（引入随机特征选择）。在一棵树中对于每个特征都计算一次，就可以算出每个特征在该树中的重要程度。我们可以计算出所有树中的特征在各自树中的重要程度，将所有的特征按照重要程度排序，去除森林中重要程度低的部分特征，得到新的特征集。这算是真正意义上完成了一次迭代。按照上面的步骤迭代多次，逐步去除相对较差的特征，每次都会生成新的森林，直到剩余的特征数为零为止。最后再从所有迭代的森林中选出最好的森林。如图 9-12 是随机森林在数字图片手写体字识别的应用。

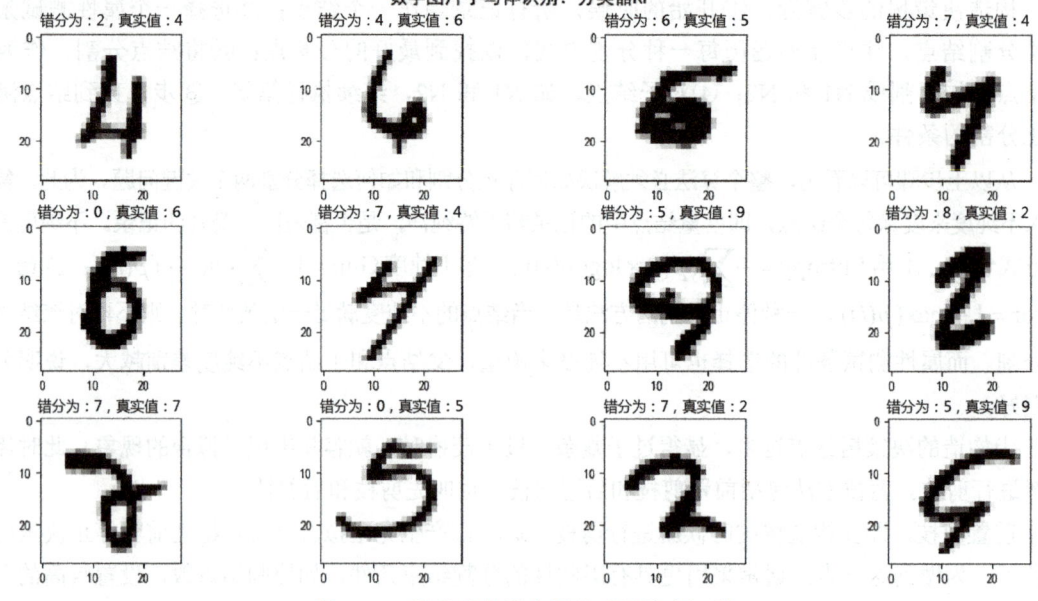

图 9-12　随机森林数字图片手写体字识别

9.3.3　支持向量机

支持向量机是一类按监督学习方式对数据进行二元分类的广义线性分类器,其决策边界是对学习样本求解的最大边距超平面。支持向量机的最基本的思想就是,在样本空间中找到一个线性可分的直线或者超平面,将不同类别的样本分开。这样的直线有很多条,而支持向量机算法认为最佳的直线就是分割两类目标后有最大距离的直线,如图 9-13 所示。

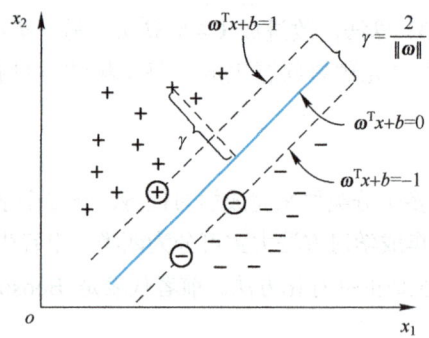

图 9-13　支持向量机示意图

前面讨论的前提是原始样本空间是线性可分的情况,但是在现实任务中原始样本空间中并不一定存在一个能正确划分两类样本的超平面。而对于这种非线性的情况,SVM 的处理方法是通过将数据映射到高维空间,然后在高维特征空间中构造出最优分离超平面,从而解决在原始空间中线性不可分的问题。SVM 可以通过核方法进行非线性分类,从而降低计算的复杂度,甚至把不可能的计算变为可能。常用的核函数包括了线性核、多项式核、高斯核(RBF 核)、Sigmoid 核等。SVM 在各领域的模式识别问题中都有应用,包括人像识别、文本分类、手写字符识别、生物信息学等。

9.3.4　无监督学习

现实生活中常常会有这样的问题:①缺乏足够的先验知识,因此难以人工标注类别;②进行人工类别标注的成本太高。很自然地,人们希望计算机能代替人类(部分)完成这些工作,或至少提供一些帮助。聚类的思想是对于未指定明确的分类的数据,通过其本身呈现出的集群的结构,使用若干个通常是不相交的子集对样本数据进行划分,每个子集称为"簇"(Cluster)。通过这样的划分,每个簇可能对应着一些潜在的类别。基于不同的学习策略,人们设计出了多种类型的聚类算法,主要包括原型聚类、密度聚类和层次聚类。

原型聚类算法假设数据的聚类结构能通过一组原型进行刻画,然后对原型进行不断的迭代更新而获取数据的聚集、分类。主要的原型聚类算法包括了 K 均值算法(K-Means)、学习向量量化(LVQ)以及高斯混合聚类。密度聚类算法假设数据的聚类结构能通过样本分布的紧密程度确定。最著名的密度聚类算法就是 DBSCAN 算法。层次聚类算法假设数据的聚类结构能够通过数据的分层来进行确定。最著名的层次聚类算法就是 AGNES (Agglomerative Nesting)算法。下面介绍一种聚类的模型:K 近邻。

所谓 K 近邻,就是依据最邻近的一个或者几个样本的类别,来决定待分类的样本所属的类别,主要步骤为:①计算训练样本和测试样本中每个样本点的距离(常见的距离度量有欧式距离、马氏距离等);②对上面所有的距离值进行排序;③选前 K 个最小距离的样本;④根据这 K 个样本的标签进行投票,得到最后的分类类别。

从图 9-14 可以看到,如果 K=3,圆点的最近的 3 个邻居是 2 个小三角形和 1 个小正方形,少数从属于多数,基于统计的方法,判定圆点这个待分类点属于三角形一类。如果 K=5,圆点最近的 5 个邻居是 2 个三角形和 3 个正方形,还是少数从属于多数,基于统计的方法,判定圆点这个待分类点属于正方形一类。由此看到,当无法判定当前待分类点是从属于哪一类时,可以依据统计学的理论看它所处的位置特征,衡量它周围邻居的权重,而把它归为(或分配到)权重更大的那一类。这就是 K 近邻算法的核心思想。

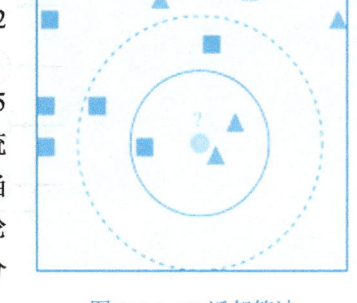

图 9-14 K 近邻算法

无监督应用比如市场分割。例如在数据库中存储了许多客户的信息,希望将他们分成不同的客户群,这样可以对不同类型的客户分别销售产品或者分别提供更适合的服务。

9.4 深度学习

机器学习依赖拥有专业知识和工作经验的研究人员来完成特征量的设计,到了一定的阶段后,性能的提高遇到瓶颈,很难出现大的突破。2012 年国际图像识别领域国际大赛上,首次参赛的多伦多大学将错误率降到 15%,领先其他人工智能团队 10 个点以上,有如此突破的秘诀就是他们开发了新式机器学习——深度学习。

深度学习之所以被称为"深度",是相对支持向量机、决策树、随机森林等浅层学习算法而言的,深度学习所学得的模型中,非线性操作的层级数更多。浅层学习依靠人工经验抽取样本特征,网络模型学习后获得的是没有层次结构的单层特征;而深度学习通过对原始信号进行逐层特征变换,将样本在原空间的特征表示变换到新的特征空间,自动地学习得到层次化的特征表示,从而更有利于分类或特征的可视化。

多层架构的简单理解就是把第一段隐层作为第二段隐层的输入,让计算机不断学习,最下层的输入经过每一层后逐渐抽象,就生成了高层的特征量,抓住这些特征量以后,有监督学习只需要很少量的样本就可以实现。这个过程是使用无监督学习的数据来提高有监督学习的精确度,核心是使得提取的特征量和概念具备"鲁棒性（Robust）"，这需要在无监督学习的过程中给输入的数据加入噪声，通过反复加入噪声后获取的特征量，才不会因为一点风吹草动就摇摆不定，成为"不会出错"的特征量。

9.4.1 多层神经网络

多层神经网络（Multi-layer Perceptron，MLP）也叫多层感知器，它不只有一层隐含层。根据实际的情况或者是算法的需要，多层神经网络可以有两层或更多的隐含层。它是一种前向结构的人工神经网络，映射一组输入向量到一组输出向量。由于多层前馈网络的训练经常采用误差反向传播算法，人们也常将多层前馈网络直接称为 BP（Back Propagation）网。MLP 可以被看作是一个有向图，由多个节点层组成，每一层全连接到下一层。除了输入节点，每个节点都是一个带有非线性激活函数的神经元，如图 9-15 所示。

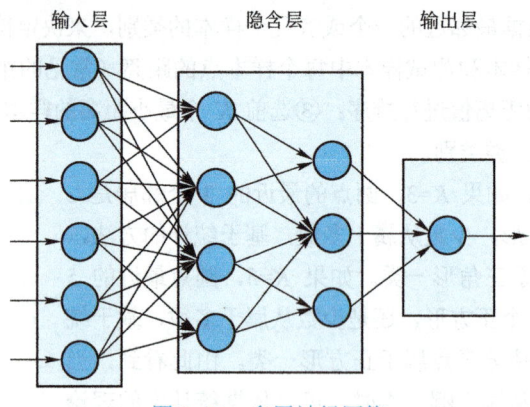

图 9-15 多层神经网络

9.4.2 卷积神经网络

CNN 是最早的人工神经网络模型之一，属于前馈神经网络的一种。早在 1997 年，纽约大学计算机科学教授、Facebook 副总裁兼 AI 首席科学家 LeCun 就实现过一个 CNN 模型并将之用于类似于 MNST 问题的分类。2012 年，AlexNet 获得了图像识别的突破，并在当年 ImageNet 比赛夺冠；接下来，新的网络结构层出不穷，从 VGG 到 ResNet，图像识别的准确率不断被刷新，分类错误率逐步下降，如图 9-16 所示。到了 2017 年，深度学习在自然语言处理方面也取得了重大突破；2019 年，从零开始训练的 AlphaGo Zero 横空出世。这些事件，一次次地点燃了人们对 AI 的热情和憧憬。

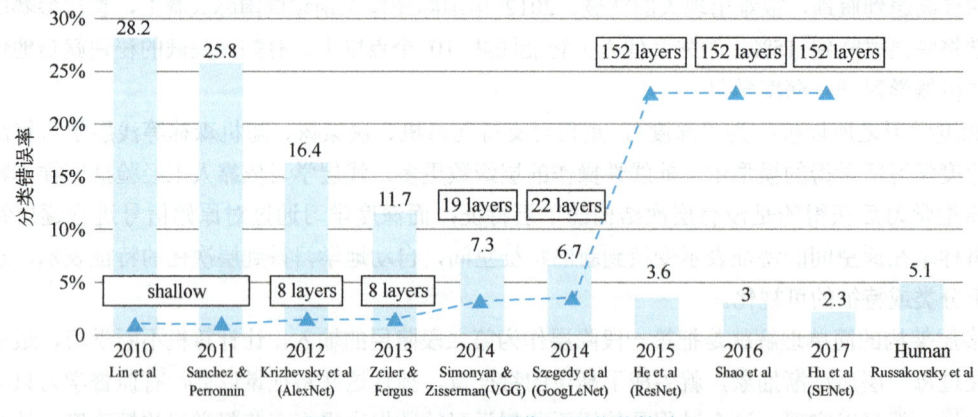

图 9-16 ImageNet 图像识别获奖算法

在 CNN 中，针对图像处理的特征，通过尽可能保留重要的参数，去掉大量不重要的参数，来达到更好的学习效果。在实际处理中主要采取了局部连接、权值共享、下采样三种处理。局部连接是每个神经元不再和上一层的所有神经元相连，而只和一小部分神经元相连，从而减少了参数。权值共享是一组连接可以共享同一个权重，而不是每个连接有一个不同的权重，从而又减少了参数。下采样是使用池化（Pooling）来减少每层的样本数，进一步减少参数数量。采用三种处理方式后，就在全连接神经网络的基础上增加了卷积层（Convolution Layer）和池化层（Pooling Layer），并且使用相同的权值矩阵。典型的卷积神经网络模型如图 9-17 所示。

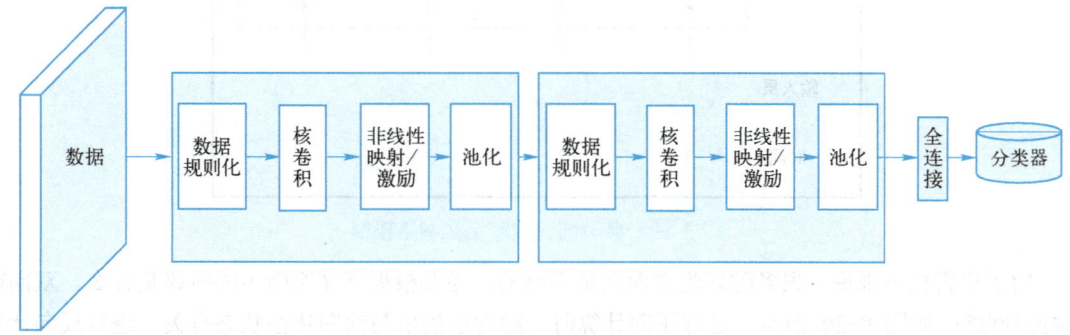

图 9-17　典型的卷积神经网络模型

卷积神经网络在自动驾驶、人脸识别、医疗影像诊断等领域都发挥着巨大的作用。

9.4.3　循环神经网络

RNN 在自然语言处理方面有着良好的应用。由于自然语言前一个输入和后一个输入是相关的，为了保留这种相关关系，循环神经网络就是在基础神经网络模型中增加了循环机制，使得信号从一个神经元传递到另一个神经元后，其值并不会马上消失，而是继续存活，以此达到前导输入与后续输入相关联的目的，如图 9-18 所示。

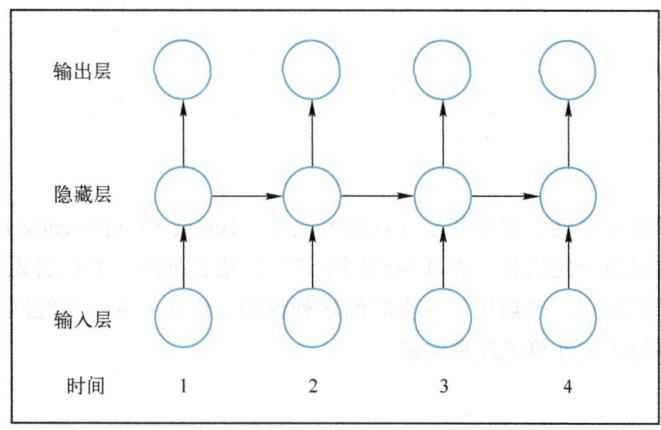

图 9-18　典型的循环神经网络模型

长短时记忆网络（Long Short Term Memory Network，LSTM）是一种改进之后的循环神经网络（如图 9-19 所示），在原始 RNN 的隐含层中再增加一个状态 C，成功解决了原始循环神经网络不能保存长期状态的缺陷。

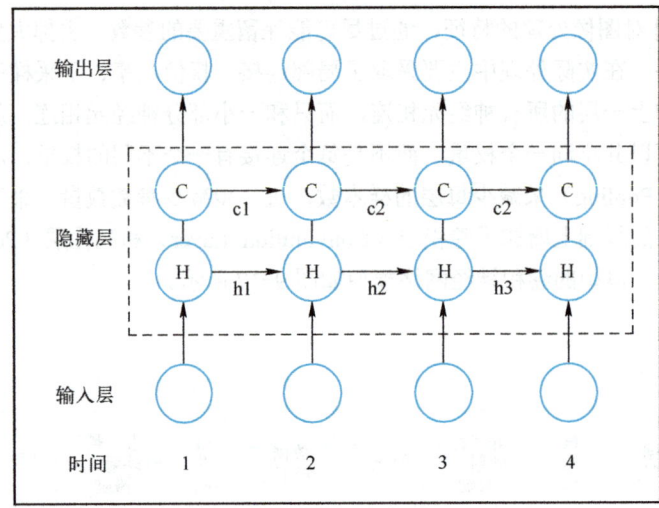

图 9-19 典型的长短时记忆网络模型

对于语言模型来说，很多时候光看前面是不够的，还要根据下文判断中间应该是什么。双向循环神经网络（如图 9-20 所示）进行正向计算时，隐含层的值与前向传播状态有关；进行反向计算时，隐含层的值与反向传播状态有关。最终的输出取决于正向和反向计算之和。

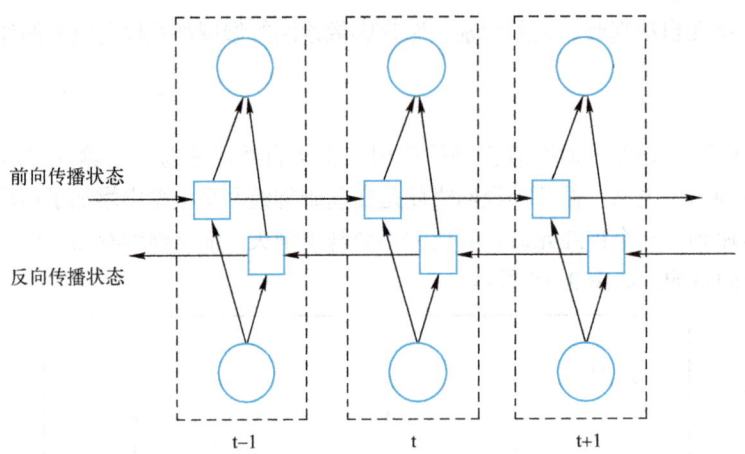

图 9-20 典型的双向循环神经网络模型

循环神经网络具有记忆性、参数共享并且图灵完备（Turing Completeness），因此在对序列的非线性特征进行学习时具有一定优势。循环神经网络在自然语言处理，如语音识别、语言建模、机器翻译等领域有着广泛的应用，也被用于各类时间序列预测。引入了卷积神经网络结构的循环神经网络可以处理包含序列输入的计算机视觉问题。

9.4.4 强化学习

强化学习（Reinforcement Learning, RL），又称再励学习、评价学习或增强学习，是机器学习的范式和方法论之一，用于描述和解决智能体（Agent）在与环境的交互过程中通过学习策略以达成回报最大化或实现特定目标的问题。2016 年，AlphaGo 通过学习历史棋谱，以 4∶1 的成绩大胜围棋冠军李世石。2017 年，AlphaGo Zero 无师自通，仅通过自我博弈学习，就以 100∶0 的不败战绩绝杀"前辈"AlphaGo。著名的围棋人机大战，重新掀起一波人工智能热潮。强化学习方法起源于动物心理学的相关原理，模仿人类和动物学习的试错机制。是一种通过与环境交互，学习最优的状态与行动的映射关系（即在某个状态下，采取所有行为的概率分布），以获得最大累积期望回报的学习方法。

强化学习的特点是：①没有监督者，只有量化奖励信号；②反馈延迟，只有进行到最后才知道当下的动作是好还是坏；③强化学习属于顺序决策，根据时间一步步决策行动，训练数据不符合独立同分布条件；④每一步行动影响下一步状态，以及奖励。

强化学习的常见模型是标准的马尔可夫决策过程（Markov Decision Process，MDP）。按给定条件，强化学习可分为基于模式的强化学习（Model-based RL）和无模式强化学习（Model-free RL），以及主动强化学习（Active RL）和被动强化学习（Passive RL）。强化学习的变体包括逆向强化学习、阶层强化学习和部分可观测系统的强化学习。求解强化学习问题所使用的算法可分为策略搜索算法和值函数算法两类。深度学习模型可以在强化学习中得到使用，形成深度强化学习。

9.5 知识图谱

知识表示是人工智能中基础的概念，是指对人工智能知识形态的表述。知识表示把知识客体中的知识因子与知识相关联，有利于人们的识别和理解。知识表示是知识组织的前提和基础，任何知识组织方法都要建立在知识表示的基础上。谓词逻辑是一种比较常见的知识表示方法。

9.5.1 知识图谱概述

知识图谱的概念是由谷歌公司在 2012 年 5 月 17 日提出的，谷歌公司将以此为基础构建下一代智能化搜索引擎，知识图谱技术创造出一种全新的信息检索模式，为解决信息检索问题提供了新的思路。知识图谱本质上是一种揭示实体之间关系的语义网络（Semantic Network）知识库，可以对现实世界的事物及其相互关系进行形式化描述。现在的知识图谱已被用来泛指各种大规模的知识库。从实际应用的角度出发可以简单地把知识图谱理解成多关系图（Multi-Relational Graph）。图由节点（Vertex）和边（Edge）构成，一般图只包含一种类型的节点和边。但是，多关系图一般包含多种类型的节点和多种类型的边，如图 9-21 所示。

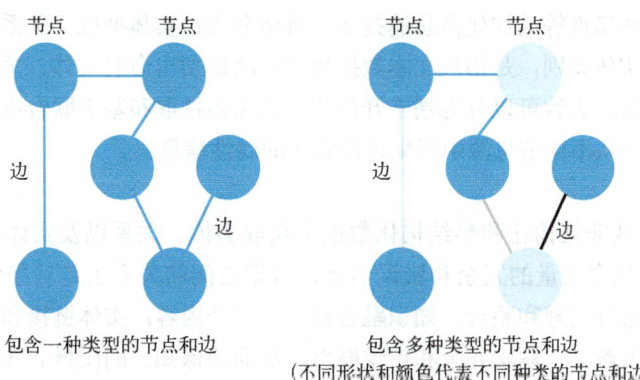

包含一种类型的节点和边　　包含多种类型的节点和边
（不同形状和颜色代表不同种类的节点和边）

图 9-21　知识图谱多关系图

知识图谱的架构主要包括自身的逻辑结构以及体系架构，目前大多数知识图谱都采用自底向上的方式进行构建，其中最典型的是 Google 的 Knowledge Value。知识图谱体系架构如图 9-22 所示。

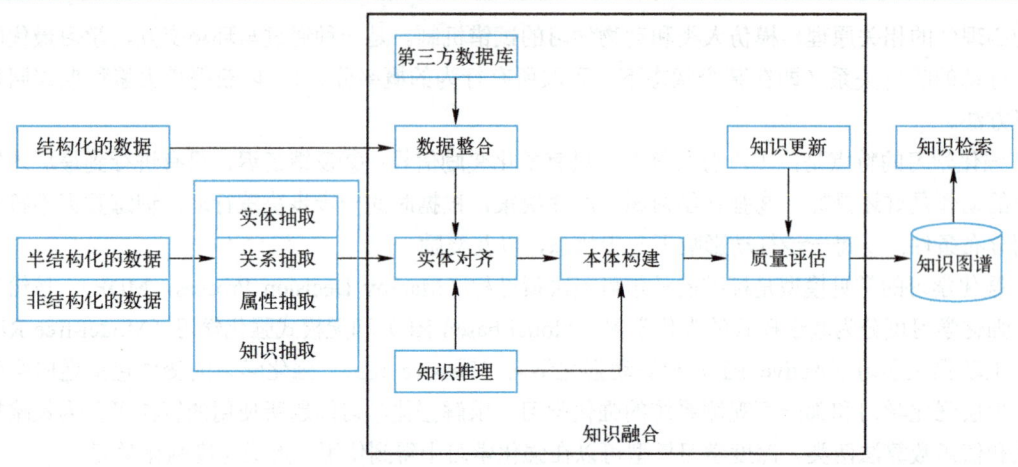

图 9-22　知识图谱的架构

随着语义 Web 资源数量的激增，学术界与工业界的研究人员花费了大量的精力构建各种结构化的知识库。这些知识库大致可以分为两类：开放链接知识库和行业知识库。开放链接知识库的典型代表有：Freebase、Wikidata、DBpedia、YAGO。垂直行业知识库的典型代表有：IMDB（电影数据）、MusicBrainz（音乐数据）、ConceptNet（语义知识网络）。

9.5.2　知识图谱的构建

知识图谱的构建包括三个步骤：①信息抽取　从各种类型的数据源中提取出实体（概念）、属性以及实体间的相互关系，在此基础上形成本体化的知识表达；②知识融合　在获得新知识之后，需要对其进行整合，以消除矛盾和歧义，比如某些实体可能有多种表达，某个特定称谓也许对应于多个不同的实体等；③知识加工　对于经过融合的新知识，需要经过质量评估之后（部分需要人工参与甄别），才能将合格的部分加入知识库中，以确保知识库的质量。新增数据之后，可以进行知识推理、拓展现有知识、得到新知识。

（1）信息抽取

信息抽取又名知识抽取，是知识图谱构建的第一步，是一种自动从半结构化和无结构数据中抽取实体、关系以及实体属性等结构化信息的技术，具体分为：实体抽取、关系抽取和属性抽取。实体抽取，也称为命名实体识别，是指从文本数据集中自动识别出命名实体。关系抽取的目标是解决实体间语义链接的问题，大致可以分为基于开放式实体关系抽取和基于联合推理的实体关系抽取两类。属性抽取的目标是从不同信息源中采集特定实体的属性信息。

（2）知识融合

信息抽取实现了从非结构化和半结构化数据中获取实体、关系以及实体属性信息的目标。然而，这些结果中可能包含大量的冗余和错误信息，数据之间的关系也是扁平化的，缺乏层次和逻辑，因此有必要对其进行清理和整合。知识融合包括两部分内容：实体链接和知识合并。通过知识融合，可以消除概念的歧义，剔除冗余和错误概念，从而确保知识的质量。实体链接是指对于从文本中抽取得到的实体对象，将其链接到知识库中对应的正确实体对象的操作。知识合并又可分为合并外部知识库、合并关系数据库两个层面。

（3）知识加工

通过信息抽取，可以从原始语料中提取出实体、关系与属性等知识要素。再经过知识融合，可以消除实体指称项与实体对象之间的歧义，得到一系列基本的事实表达。然而，事实本身并不等于知识，要想最终获得结构化、网络化的知识体系，还需要经历知识加工的过程。

9.5.3 知识图谱的应用

说到知识图谱，人们可能会想到百度搜索结果右侧的关联内容，这是百度 2014 年便已大规模应用的知识图谱产品，3 年应用量增加了 160 倍，如图 9-23 所示。知识图谱为互联网上海量、异构、动态的大数据表达、组织、管理以及利用提供了一种更为有效的方式，使得网络的智能化水平更高，更接近人类的认知思维。目前，知识图谱已在智能搜索、深度问答、社交网络以及一些垂直行业中有所应用，成为支撑这些应用发展的动力源泉。

图 9-23　百度搜索结果右侧的关联内容

人工智能与传统产业融合的过程中，要想为这个行业提供更好的服务，就需要对这个行业进行定制化，要有行业知识，这时候就需要在通用知识图谱的基础上，有相应的行业知识图谱，进而帮助这个行业提升生产力。在未来的几年时间内，知识图谱毫无疑问将是人工智能的前沿研究问题。知识图谱的重要性不仅在于它是一个全局知识库，是支撑智能搜索和深度问答等智能应用的基础，而且在于它是一把钥匙，能够打开人类的知识宝库，为许多相关学科领域开启新的发展机会。从这个意义上来看，知识图谱不仅是一项技术，更是一项战略资产。

一个典型的应用案例是零售行业，如果真要实现个性化的商品推荐，机器必须理解不同商品的特性，以及商品与销售场景（如季节、地区、时段）、与促销行为（打折、送券）、与用户需求之间的关系，才能推荐满足用户需求的产品。这也是一个优秀的推销员或商场导购的思考逻辑。然而，要理解这些要素之间的联系，就必须构建零售行业的知识图谱，且需要不断动态学习来完善认知，才能进行有效的推荐，这就是"零售知识图谱"。当然，针对不同的零售细分领域，比如美妆、3C、食品等，可能又要建立完全不同的知识图谱，就像人类社会的细分一样，在每个行业都建立起特有的知识图谱。

9.6　人工智能的工程实现

2015 年 11 月，谷歌在其官方博客上宣布开源最新的第二代机器学习系统 TensorFlow。2016 年 1 月，微软开源其深度学习与人工智能领域的研究成果 Computational Network Toolkit（CNTK），将之放于 GitHub 供所有开发者使用，而且据微软研究员说法，CNTK 在语音和图像辨识能力方面的速度比另外四个当下主流的计算工具包快。国内机器学习在线平台有阿里云机器学习平台 https://data.aliyun.com/product/learn 和百度飞桨（Paddle）开源深度学习平台 https://www.paddlepaddle.org.cn/。开发者使用机器在线学习平台，不需要购买硬件，也不需要安装配置各种环境，数据和计算资源一直处在"在线"状态，不必担心数据太大或计算资源不足的问题。

9.6.1 Python 及 PyCharm

（1）Python 语言简介

Python 语言称得上是最适合人工智能开发的编程语言，主要原因是，它简单易用，可以无缝地与数据结构和众多的人工智能算法一起使用。Python 是一种面向对象的解释型计算机程序设计语言，由荷兰人吉多·范罗苏姆（Guido van Rossum）于 1989 年发明。它的第一个发行版于 1991 年发布。1989 年圣诞节期间，在阿姆斯特丹，范罗苏姆为了打发圣诞节的无聊，决心要开发一种新的编程语言，因为他是 Monty Python 喜剧团体的爱好者，所以选用了 Python 作为该语言的名字。就这样，Python 在范罗苏姆手中诞生了。由于它的简洁性、易读性以及可扩展性，Python 已经成为颇受欢迎的程序设计语言之一。众多开源的科学计算软件包都提供了 Python 的调用接口。1991 年，第一个由 C 语言实现的 Python 编译器诞生。1994 年，Python 1.0 版本发布。2000 年，Python 2.0 版本发布，现有的 Python 语言框架已经完成。2010 年，Python 2.7 版本发布，这是 Python 2.X 的最后一个版本。2008 年 12 月 3 日，Python 3.0 版本发布，对比 Python 2.X 版本做出了较大改动。2016 年 12 月 23 日，Python 3.6 版本发布。

Python 成为科学计算工具的部分原因是，它能够轻松地集成 C、C++以及 Fortran 代码。大部分现代计算环境都利用了一些 Fortran 和 C 库来实现线性代数、优选、积分、快速傅里叶变换以及其他此类算法。许多企业和国家实验室也利用 Python 来"黏合"那些已经用了多年的遗留软件系统。大多数软件都是由两部分代码组成的：少量需要占用大部分执行时间的代码，以及大量不经常执行的"胶水代码"。大部分情况下，胶水代码的执行时间是微不足道的。开发人员的精力几乎都是花在优化计算瓶颈上面，有时更是直接转用更低级的语言（比如 C）。

（2）Python 语言编辑器 PyCharm

PyCharm 是一种 Python IDE，其带有一整套可以帮助用户在使用 Python 语言开发时提高其效率的工具，比如调试、语法高亮、Project 管理、代码跳转、智能提示、自动完成、单元测试、版本控制等。此外该 IDE 提供了一些高级功能，以用于支持 Django 框架下的专业 Web 开发。同时支持 Google App Engine，更酷的是 PyCharm 支持 IronPython！这些功能在先进代码分析程序的支持下，使 PyCharm 成为 Python 专业开发人员和初学者的有力工具。

PyCharm 的主要功能有：①提供了一个带编码补全、代码片段、支持代码折叠和分割窗口的智能、可配置的编辑器，可帮助用户更快、更轻松地完成编码工作；②项目代码导航可帮助用户从一个方法导航至其声明或者方法实现处，可以穿过类的层次，从一个文件导航至另一个文件；③代码分析方便用户使用其编码语法、错误高亮、智能检测以及一键式代码快速补全建议，使得编码更优化；④用户能在项目范围内轻松地进行重命名、提取方法、超类、导入域、变量、常量、移动、前推和后退重构；⑤支持 Django 和其自带的 HTML、CSS 和 JavaScript 编辑器，用户可以更快速地通过 Django 框架进行 Web 开发。此外，还支持 CoffeeScript、Mako 和 Jinja2；⑥Google App 引擎用户可选择使用 Python 2.5 或者 2.7 运行环境，为 Google APP 引擎进行应用程序的开发，执行例行程序部署工作；⑦集成版本控制使登入、录出、视图拆分与合并所有功能都可以在统一的 VCS 用户界面（可用于 Mercurial、Subversion、Git、Perforce 和其他的 SCM）中得到；⑧图形页面调试器用户可以用其自带的功能全面的调试器对 Python 或者 Django 应用程序以及测试单元进行调整，该调试器带断点、步进、多画面视图、窗口以及评估表达式；⑨集成的单元测试用户可以在一个文件夹中运行一个测试文件、单个测试类、一个方法或者所有测试项目；⑩可扩展绑定 TextMate、NetBeans、Eclipse、Emacs 以及 Vi/Vim 仿真插件。

9.6.2 机器学习常用 Python 库

（1）NumPy 库

NumPy（Numeric Python）是 Python 的开源数值计算扩展，它可用来存储和处理大型矩阵，比 Python 自身的嵌套列表（Nested List Structure）结构要高效得多。NumPy 常被评价为将 Python 变成了免费且更强大的 MATLAB。NumPy 包括了强大的 N 维数组、比较成熟的函数库、用于整合 C/C++和 Fortran 代码的工具包，以及实用的线性代数、傅里叶变换和随机数生成函数。NumPy 和稀疏矩阵运算包 SciPy 配合使用更加方便。它提供了许多方便的数值编程工具，如矩阵数据类型、矢量处理，以及精密的运算库。

（2）Matplotlib 库

Matplotlib 是受 MATLAB 的启发构建的。MATLAB 是数值计算领域广泛使用的语言和工具。Matplotlib 有一套完全仿照 MATLAB 的函数形式的绘图接口，在 Matplotlib.pyplot 模块中。这套函数接口方便 MATLAB 用户过渡到 Matplotlib 包。在绘图结构中，figure 创建窗口，subplot 创建子图。所有的绘画只能在子图上进行。Matplotlib 中的所有图像都是位于 figure 对象中，一个图像只能有一个 figure 对象。figure 对象下创建一个或多个 subplot 对象（即 Axes）用于绘制图像。

Axes 用来设置坐标轴边界和表面的颜色、坐标刻度值大小和网格的显示。figure 用来控制 dpi、边界颜色、图形大小和子区（subplot）设置。font 用来设置字体集（font family）、字体大小和样式。grid 用来设置网格颜色和线性。legend 用来设置图例和其中的文本显示。line 用来设置线条（颜色、线型、宽度等）和标记。patch 用来填充 2D 空间的图形对象（如多边形和圆），控制线宽、颜色和抗锯齿设置等。savefig 用来对保存的图形进行单独设置，例如，设置渲染的文件背景为白色。verbose 用来设置 matplotlib 在执行期间的信息输出，如 silent、helpful、debug 和 debug-annoying。xticks 和 yticks 用来为 x、y 轴的主刻度和次刻度设置颜色、大小、方向以及标签大小。

（3）PIL 库

Python 图像库 PIL（Python Image Library）是 Python 的第三方图像处理库，由于其强大的功能与众多的使用人数，几乎已经被认为是 Python 官方图像处理库了。其官方主页为：http://pythonware.com/products/pil/。PIL 历史悠久，原来是只支持 Python2.x 的版本的，后来出现了移植到 Python3 的库 pillow。pillow 号称 PIL 的继承版，其功能和 PIL 差不多，但是支持 Python3。

（4）SciPy 库

SciPy 是一款方便、易于使用，专为科学和工程设计的 Python 工具包。它包括统计、优化、线性代数、傅里叶变换、信号和图像处理、常微分方程求解器等众多数学包。

（5）OpenCV 库

OpenCV（Open Source Computer Version）是一个开源的跨平台计算机视觉库，可以实现图像处理和计算机视觉方面的很多通用算法。OpenCV 可以运行在 Linux、Windows 和 Mac 操作系统上。它轻量而且高效——由一系列 C 函数和少量 C++类构成，同时提供了 Python、Ruby、MATLAB 等语言的接口，实现了图像处理和计算机视觉方面的很多通用算法。OpenCV 可以解决如下领域问题：人机交互、物体识别、图像分区、人脸识别、动作识别、运动追踪、机器人等。

OpenCV 具有模块化结构，这意味着该库包含多个共享库或静态库。Core functionality 基础数据模块包含一些复杂数据结构和基本函数方法。Image processing 是图像处理模块，包括线性和非线性图像滤波、几何图像变换（调整大小，仿射和透视扭曲，基于通用表的重新映射）、颜色空间转换、直方图等。video 是视频分析模块，包括运动估计、背景减法和对象跟踪算法。calib3d 是基本的多视图几何算法，包括单一和立体摄像机校准、对象姿态估计、立体视觉匹配算法和 3D 重建元素。features2d 是特征检测器，包括描述符和描述符匹配器。objdetect 是检测预定义类的对象和实例（如面部、眼睛、马克杯、人、汽车等）。highgui 是 UI 界面以及 UI 功能。Video I/O 是简单的视频捕获和视频编解码器接口。gpu 是支持不同 OpenCV 模块的 GPU 加速算法。

（6）Pandas 库

Pandas 基于 NumPy、SciPy，提供了大量数据操作功能，实现了统计、分组排序，可以代替 Excel 的绝大部分数据处理功能。Pandas 主要有两种重要数据类型：Series（一维序列）、DataFrame（二维表）。

（7）Scikit-Learn 库

Scikit-Learn 是基于 Python 的开源机器学习模块，最早由 David Cournapeau 于 2007 年发起，目前由社区志愿者进行维护，官方网站是 http://scikit-learn.org/stable/，在上面可以找到相关的 Scikit-Learn 资源、模块下载文档例程等。

Scikit-Learn 的安装需要 numpy、scipy、matplotlib 等模块，Windows 系统可以在 http://www.lfd.uci.edu/~gohlke/pythonlibs 直接下载编译好的安装包以及依赖包，也可以到 http://sourceforge.jp/projects/sfnet_scikit-learn/ 下载。

scikit-learn 的基本功能主要被分为六个部分：分类、回归、聚类、数据降维、模型选择、数据预处理。对于具体的机器学习问题，通常可以分为三个步骤：数据准备与预处理模型、模型选择与训练、模型验证与参数调优。

（8）Keras 库

Keras 是 Python 中一个以 CNTK、TensorFlow 或者 Theano 为计算后台的深度学习建模环境。相对于常见的几种深度学习计算软件，如 TensorFlow、Theano、Caffe、CNTK、Torch 等，Keras 在实际应用中有如下几个显著的优点：①Keras 在设计时以人为本，强调快速建模，用户能快速地将所需模型的结构映射到 Keras 代码中，尽可能减少编写代码的工作量，特别是对于成熟的模型类型，从而加快开发速度。②支持现有的常见结构，比如卷积神经网络、时间递归神经网络等，足以应对大量的常见应用场景。③高度模块化，用户几乎能够任意组合各个模块来构造所需的模型。

在 Keras 中，任何神经网络模型都可以被描述为一个图模型或者序列模型，可划分为以下模块：神经网络层、损失函数、激活函数、初始化方法、正则化方法、优化引擎。这些模块可以以任意合理的方式放入图模型或者序列模型中来构造所需的模型，用户并不需要知道每个模块后面的细节。这种方式相比其他软件（需要用户编写大量代码或者用特定语言来描述神经网络结构）的效率高很多，也不容易出错。用户也可以使用 Python 代码来描述模型，因此易用性、可扩展性都非常高。用户可以非常容易地编写自己的定制模块，或者对已有模块进行修改或扩展，因此可以非常方便地开发和应用新的模型与方法，加快迭代速度。

9.6.3 人脸识别实现

人脸识别是基于人的脸部特征信息进行身份识别的一种识别技术，主要针对图像或者视频中的人脸进行处理。人脸识别技术包括了人脸图像检测、人脸图像特征提取、人脸匹配与识别，甚至包括对性别、年龄等信息的识别。现在，基于海量数据的机器学习是人脸识别的主要技术路线，整体的技术范围主要包括：人脸图像采集、人脸检测、人脸图像预处理、人脸关键点检测、人脸验证、人脸属性检测。

face_recognition 宣称是史上最强大，最简单的人脸识别项目。据悉，该项目由软件工程师和咨询师 Adam Geitgey 开发，其强大之处在于不仅采用基于业内领先的 C++开源库 dlib 中的深度学习模型，而且所用的人脸数据集也是由美国麻省理工大学安姆斯特分校制作的 Labeled Faces in the Wild，它含有从网络收集的 13000 多张面部图像，准确率高达 99.38%。此外，项目还配备了完整的开发文档和应用案例，特别是兼容树莓派系统。简单之处在于操作者可以直接使用 Python 和命令行工具提取、识别、操作人脸。此项目网址是 https://github.com/ageitgey/face_recognition。

face_recognition 实现人脸识别的思路是：①给定想要识别的人脸的图片并对其进行编码（每个人只需要一张），然后将这些不同的人脸编码构建成一个列表。编码其实就是将人脸图片映射成一个 128 维的特征向量；②OpenCV 读取视频并遍历每一帧图片，每一帧图片编码后的 128 维特征向量与前面输入的人脸库编码列表里的每个向量内积用来衡量相似度，根据阈值来计算是否同一个人；③对识别出来的人脸打标签。

1）输入图片，构建想要识别的一个人脸库，然后对其编码，构建人脸编码列表找到并定位图片中的所有人脸，如图 9-24 所示。

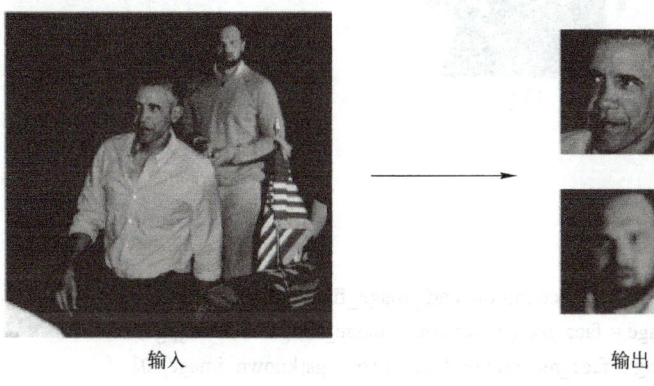

输入　　　　　　　　　　　　　　输出

图 9-24　人脸定位

代码如下。

```
import face_recognition
image = face_recognition.load_image_file("your_file.jpg")
face_locations = face_recognition.face_locations(image)
```

2）OpenCV 循环读取视频中的每一帧图像，对其编码，与前面的人脸库编码的特征向量一一内积来确定相似度，根据阈值确定是否同一张脸。识别人脸关键点包括眼睛、鼻子、嘴和下巴，如图 9-25 所示。

代码如下：

```
import face_recognition
image = face_recognition.load_image_file("your_file.jpg")
face_landmarks_list = face_recognition.face_landmarks(image)
```

3）给识别出的人脸贴上标签，在每一帧图像上显示出来，如图 9-26 所示。

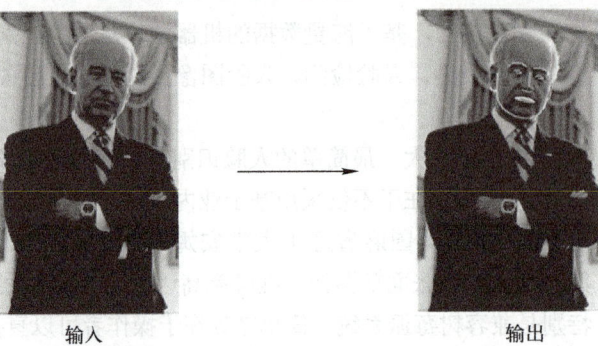

图 9-25　人脸关键点检测

图 9-26　图像身份识别

代码如下：

```
import face_recognition
known_image = face_recognition.load_image_file("biden.jpg")
unknown_image = face_recognition.load_image_file("unknown.jpg")
biden_encoding = face_recognition.face_encodings(known_image)[0]
results = face_recognition.compare_faces([biden_encoding], unknown_encoding)
```

4）配合其他的 Python 库（比如 OpenCV），该项目还可实现实时人脸检测，如图 9-27 所示。

图 9-27　视频实时身份识别

参考代码链接如下：

https://github.com/ageitgey/face_recognition/blob/master/examples/facerec_from_webcam_faster.py。

9.7 思考题与习题

9-1 简述人工智能理论的主要内容。
9-2 简述人工智能发展历史。
9-3 人工智能学科体系的框架和内容是什么？
9-4 介绍机器学习的过程。
9-5 机器学习按照训练样本的不同可以分哪三种学习？
9-6 简述监督学习中的支持向量机方法。
9-7 简述监督学习中的决策树方法。
9-8 什么是深度学习？它有哪些特性？
9-9 简述卷积神经网络的结构和训练过程。
9-10 简述循环神经网络的结构和训练过程。
9-11 什么是强化学习？
9-12 简述人工智能的应用领域及最新研究成果。

参 考 文 献

[1] 徐洁磐. 人工智能导论[M]. 北京：中国铁道出版社，2019.
[2] 李开复，王咏刚. 人工智能[M]. 北京：文化发展出版社，2017.
[3] 李连德. 一本书读懂人工智能（图解版）[M]. 北京：人民邮电出版社，2016.
[4] 刘平凡. 神经网络与深度学习应用实战[M]. 北京：电子工业出版社，2018.
[5] 何宇健. Python 与神经网络实战[M]. 北京：电子工业出版社，2018.
[6] 周志华. 机器学习[M]. 北京：清华大学出版社，2016.
[7] 李航. 统计学习方法[M]. 2 版. 北京：清华大学出版社，2019.
[8] GOODFELLOW I，BENGIO Y，COURVILLE A. 深度学习[M]. 赵申剑，黎彧君，符天凡，等译. 北京：人民邮电出版社，2017.
[9] BISHOP C M. Pattern Recognition and Machine Learning[M]. Berlin：Springer，2013.
[10] 汤晓鸥，陈玉琨. 人工智能基础（高中版）[M]. 上海：华东师范大学出版社，2018.
[11] （美）罗素，诺维格. 人工智能：一种现代的方法（第 3 版）[M]. 北京：清华大学出版社，2013.
[12] 何之源. 21 个项目玩转深度学习[M]. 北京：电子工业出版社，2018.

第 10 章 信 息 安 全

信息是当今社会发展的重要战略资源，也是衡量一个国家综合国力的重要标准。对信息的开发、控制和利用已经成为国家间竞争的内容。同时，信息的地位和作用也随着信息技术的快速发展而急剧上升，信息安全的问题也因此而日益突显。信息存储安全以及信息在传输过程中的安全与保密一直是一个非常重要的课题。2017 年，我国实施了《中华人民共和国网络安全法》，在一定程度上遏制了网络攻击行为。但是根据国家互联网应急中心（CNCERT）2019 年上半年发布的数据显示：新增捕获计算机恶意程序样本数量约 3200 万个，与 2018 年上半年基本持平，计算机恶意程序传播次数日均达约 998 万次。

10.1 信息安全概述

通信、计算机和网络等信息技术的发展正改变着社会的方方面面，大大提升了信息的获取、处理、传输、存储和应用能力。互联网的普及更方便了信息的共享和交流，使信息技术的应用扩展到社会经济、政治、军事、个人生活等各个领域。通过各种通信网络、计算机或其他通信终端对信息进行获取、处理、存储、传输等操作，信息随时都可能受到非授权的访问、篡改或破坏，也可能被阻截、替换而导致无法正确读取。因此，信息安全作为非传统安全因素，其重要性已经上升到国家安全的高度，且与政治安全、经济安全、文化安全共同成为国家安全的重要组成部分。

信息安全指保护信息和信息系统不被未经授权地访问、使用、泄露、中断、修改和破坏，为信息和信息系统提供保密性、完整性、可用性、可控性和不可否认性。其内涵可分为面向数据的安全需求和属性的机密性、完整性、可用性和可控性；面向使用者的安全需求与属性的真实性（可鉴别性）、授权、访问控制、抗抵赖性和可服务性以及基于内容的个人隐私、知识产权等保护；面向系统的安全需求与属性的可用性、可控性、可再生性、可生存性。信息安全是一个综合性的交叉学科，它涉及数学、密码学、计算机、通信、控制、人工智能、安全工程、人文科学、法律等诸多学科。目前，信息安全已上升到信息保障的高度，提出了计算机环境安全、通信安全、边界安全及安全支撑环境和条件的概念，并开始研究信息网络的生存性等课题。

（1）机密性（Confidentiality）

机密性是指保证信息不被非授权访问，即使非授权用户得到信息也无法知晓信息内容，因而不能使用。通常通过访问控制阻止非授权用户获得机密信息，通过加密变换阻止非授权用户获知信息内容。

（2）完整性（Integrity）

完整性是指维护信息的一致性，即信息在生成、传输、存储和使用过程中不应发生人为或非人为的非授权篡改。一般通过访问控制阻止篡改行为，同时通过消息摘要算法来检验信息是否被篡改。

（3）可用性（Availability）

可用性是指保障信息资源随时可提供服务的特性，即授权用户根据需要可以随时访问所需信息。可用性是信息资源服务功能和性能可靠性的度量，涉及物理、网络、系统、数据、应用和用户等多方面的因素，是对信息网络总体可靠性的要求。

（4）可控性（Controllability）

可控性是指对信息和信息系统实施安全监控管理，防止非法利用信息和信息系统。

（5）抗抵赖性（Non-Repudiation）

抗抵赖性是指能保障用户无法在事后否认曾经对信息进行的生成、签发、接收等行为，是针对通信各方信息真实同一性的安全要求。

信息安全已经经历了漫长的发展过程。从某种意义上说，自人类开始信息交流，就涉及信息的安全问题。从古代烽火传信到今天的各式通信网络，只要存在信息交流，就存在信息欺骗。

10.1.1 信息安全发展简史

信息安全的发展大致可以划分为四个时期。

1）第一个时期是通信安全时期，其主要标志是 1949 年香农发表的《保密系统的通信理论》。在这个时期通信技术还不发达，计算机只是零散地位于不同的地点，信息系统的安全仅限于保证计算机的物理安全以及通过密码（主要是序列密码）解决通信安全的保密问题。把计算机安置在相对安全的地点，不容许非授权用户接近，就基本可以保证数据的安全性了。这个时期的安全性是指信息的保密性，对安全理论和技术的研究也仅限于密码学。这一阶段的信息安全可以简称为通信安全，它侧重于保证数据在从一地传送到另一地时的安全性。

2）第二个时期为计算机安全时期，其主要标志是 1983 年美国国防部公布的《可信计算机系统评估准则》(Trusted Computer System Evaluation Criteria，TCSEC)。在 20 世纪 60 年代后，半导体和集成电路技术的飞速发展推动了计算机软、硬件的发展，计算机和网络技术的应用进入了实用化和规模化阶段，数据的传输已经可以通过计算机网络来完成。这时候的信息已经分成静态信息和动态信息。人们对安全的关注已经逐渐扩展为以保密性、完整性和可用性为目标的信息安全阶段，主要保证动态信息在传输过程中不被窃取，即使窃取了也不能读出正确的信息。此外，还要保证数据在传输过程中不被篡改，让读取信息的人能够看到准确无误的信息。1977 年，美国国家标准局（National Bureau of Standards，NBS）公布的国家数据加密标准（Data Encryption Standard，DES）和美国国防部公布的 TCSEC 标志着解决计算机信息系统保密性问题的研究和应用迈上了历史的新台阶。

3）第三个时期是从 20 世纪 90 年代开始的网络时代。从 20 世纪 90 年代开始，由于互联网技术的飞速发展，信息无论是在企业内部还是外部都得到了极大的开放，而由此产生的信息安全问题跨越了时间和空间，信息安全的焦点已经从传统的保密性、完整性和可用性三个原则衍生为诸如可控性、抗抵赖性、真实性等其他的原则和目标。

4）第四个时代是进入 21 世纪的信息安全保障时代，其主要标志是《信息保障技术框架》（Information Assurance Technical Framework，IATF）的建立。如果说对信息的保护，主要还是处于从传统安全理念到信息化安全理念的转变过程中，那么面向业务的安全保障，就完全是从信息化的角度来考虑信息的安全了。体系性的安全保障理念，不仅是关注系统的漏洞，而是从业务的生命周期着手，对业务流程进行分析，找出流程中的关键控制点，从安全事件出现的前、中、后三个阶段进行安全保障。面向业务的安全保障不是只建立防护屏障，而是建立一个"深度防御体系"，通过更多的技术手段把安全管理与技术防护联系起来，不再是被动地保护自己，而是主动地防御攻击。也就是说，面向业务的安全防护已经从被动走向主动，安全保障理念从风险承受模式走向安全保障模式。信息安全阶段也转化为从整体角度考虑其体系建设的信息安全保障时代。

10.1.2 信息安全常用技术

所有的信息安全技术都是为了达到一定的安全目标，其核心包括保密性、完整性、可用性、可控性、不可否认性、可审计性和可鉴别性等安全目标。目前信息安全主要受到以下一些方面的威胁（如图 10-1 所示）。

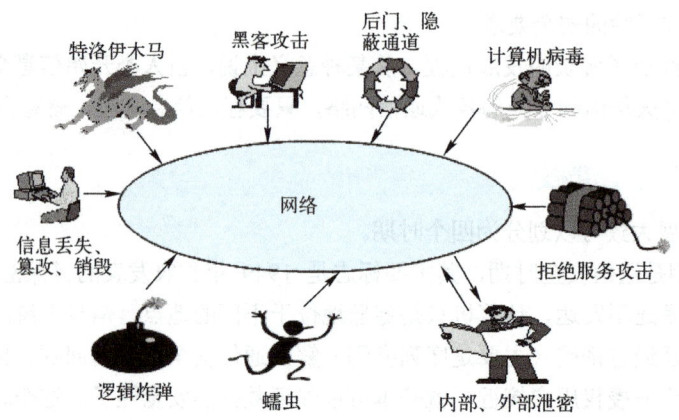

图 10-1 信息安全的各种威胁

1）信息泄露：信息被泄露或透露给某个非授权的实体。
2）破坏信息的完整性：数据被非授权地进行增删、修改或破坏而受到损失。
3）拒绝服务：对信息或其他资源的合法访问被无条件地阻止。
4）非法使用（非授权访问）：某一资源被某个非授权的人，或以非授权的方式使用。
5）窃听：用各种可能的合法或非法的手段窃取系统中的信息资源和敏感信息。例如，对通信线路中传输的信号搭线监听，或者利用通信设备在工作过程中产生的电磁泄漏截取有用信息等。
6）业务流分析：通过对系统进行长期监听，利用统计分析方法对诸如通信频度、通信的信息流向、通信总量的变化等参数进行研究，从中发现有价值的信息和规律。
7）假冒：通过欺骗通信系统（或用户）达到非法用户冒充成为合法用户，或者特权小的用户冒充成为特权大的用户的目的。黑客大多是采用假冒攻击。
8）旁路控制：攻击者利用系统的安全缺陷或安全性上的脆弱之处获得非授权的权利或特权。例如，攻击者通过各种攻击手段发现原本应保密，但是却又暴露出来的一些系统"特性"，利用这些"特性"，攻击者可以绕过防线侵入系统的内部。
9）授权侵犯：被授权以某一目的使用某一系统或资源的某个人，却将此权限用于其他非授权的目的，也称作"内部攻击"。
10）特洛伊木马：软件中含有一个觉察不出的有害的程序段，当它被执行时，会破坏用户的安全。这种应用程序称为特洛伊木马（Trojan Horse）。
11）陷阱门：在某个系统或某个部件中设置的"机关"，使得在特定的数据输入时，允许违反安全策略。
12）抵赖：这是一种来自用户的攻击，比如：否认自己曾经发布过的某条消息、伪造一份对方来信等。
13）重放：出于非法目的，将所截获的某次合法的通信数据进行复制，进而重新发送。

14）计算机病毒：一种在计算机系统运行过程中能够实现传染和侵害功能的程序。

15）人员不慎：一个授权的人为了某种利益，或由于粗心，将信息泄露给一个非授权的人。

16）媒体废弃：信息被从废弃的磁盘或打印过的存储介质中获得。

17）物理侵入：侵入者绕过物理控制而获得对系统的访问权。

18）窃取：重要的安全物品，如令牌或身份卡被盗。

19）业务欺骗：某一伪系统或系统部件欺骗合法的用户或系统自愿地放弃敏感信息等。

为了应对安全威胁，通过采用信息安全技术来实现信息安全目标。常见信息安全技术主要分为保护、检测和恢复技术。

1．保护技术

信息安全的保护技术是用来保护信息或系统免受网络攻击的伤害，防患于未然。

（1）加密技术

加密技术能为数据或通信信息提供机密性，通信双方可根据需要在信息交换的阶段使用。加密技术分为两类，即对称加密和非对称加密。

（2）数字签名

数字签名也称电子签名，如同出示手写签名一样，能起到电子文件认证、核准和生效的作用。

（3）访问控制

按用户身份及其所归属的某项定义组来限制用户对某些信息项的访问，或限制对某些控制功能的使用。访问控制通常用于系统管理员控制用户对服务器、目录、文件等网络资源的访问。

（4）身份识别

各种系统通常为用户设定一个用户名或标识符的索引值。身份识别就是后续交互中用户对其标识符的一个证明过程，通常是用交互式协议实现的。

（5）通信量填充与信息隐藏

通信量填充就是指为了防止敌手对通信量的分析，需要在空闲的信道上发送一些无用的信息，以便蒙蔽对手。信息隐藏则是把一则信息隐藏到看似与之无关的消息中，以便蒙蔽敌手，通常也要和密码结合才能保证不被敌手发现。

（6）路由控制

路由控制是对于信息流经路径的选择，为一些重要信息指定路径。例如，通过特定的安全子网、中继站或连接设备，也可能是要绕开某些不安全的子网、中继或连接设备。

（7）公证

在两方或多方通信中，公证机制可以提供数据的完整性、发方、收方的身份识别和时间同步等服务。通信各方共同信赖的公证机构称为可信第三方，它保存通信方的必要信息，并以一种可验证的方式提供上述服务。

（8）安全标记

安全标记是为数据源指明其安全属性所附加的标记。安全标记常常在通信中与数据一起传送，它可能是与被传送的数据相连的附加数据，也可能是隐含的信息。

2．检测技术

信息安全的检测技术用来及时发现信息遭到破坏或系统处于现实的或潜在的不安全状态。

（1）数据完整性

数据的完整性检测技术通常分为不带恢复的完整性机制和带恢复的完整性机制。

（2）事件检测与安全审计

对所有用户与安全相关的行为或事件进行记录，以便对系统的安全进行审计。事件检测包括明显违反安全规则的事件和正常完成事件的检测。安全审计则在检测到的事件存档和系统日志中提取信息，进行分析、存档和报告，是事件检测的归纳和提升。

3．恢复技术

信息安全的恢复技术是指在信息遭到破坏或系统遭到攻击的情况下，用来补救的措施。

（1）运行状态恢复

对于系统运行状态的恢复是指把系统恢复到安全状态之下，可分为：立即恢复、当前恢复和长久恢复。

（2）数据恢复

为了有效地恢复，通常需要事先使用关联的数据备份机制。从某种意义上讲，数据的备份与恢复也是为了保护数据的完整性。

10.2 密码学概述

密码学（Cryptology）是研究信息系统安全保密的科学，包括两个分支，即密码编码学（Cryptography）和密码分析学（Cryptanalytics）。密码编码学是对信息进行编码，实现信息保密性的科学；而密码分析学是研究、分析、破译密码的科学。

对需要保密的信息进行编码的过程称为加密（Encryption），编码的规则称作加密算法（Encryption Algorithm）。需要加密的消息称为明文（Plaintext），明文加密后的形式称为密文（Ciphertext）。将密文恢复出明文的过程称为解密（Decryption），解密的规则称为解密算法（Decryption Algorithm）。加密算法和解密算法通常在一对密钥控制下进行，分别称为加密密钥和解密密钥。经典的加密通信模型如图10-2所示。

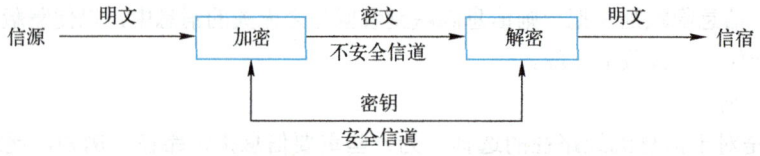

图 10-2 经典加密通信模型

一个密码系统（体制）包括所有可能的明文、密文、密钥、加密算法和解密算法。密码系统的安全性是基于密钥而不是加密和解密算法的细节。这意味着算法可以公开，甚至可以当成一个标准加以公布。密码系统从原理上可分为两大类，即单密钥系统和双密钥系统。单密钥系统又称为对称密码系统，单密钥系统的加密密钥和解密密钥相同，或实质上等同，即从一个易于得出另一个，如图10-3所示。

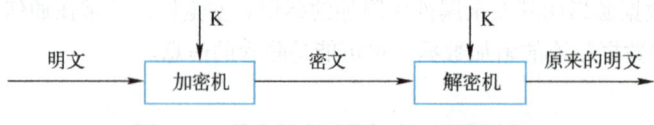

图 10-3 单密钥密码的加密、解密过程

对明文的加密有两种形式，一种是先对明文消息分组，再对每组按字符逐位加密，称之为分组密码。另一种是直接对明文按字符逐位加密，称之为流密码或序列密码。流密码算法将明文看成比

特流，与密钥流产生器产生的密钥流按位异或。流密码必须解决收发双方的密钥流同步问题，否则会造成解密失败，但流密码算法的加密速度比分组密码算法快，其安全性的关键是构造具有良好随机特性的密钥流发生器。

双密钥系统又称为非对称密码体制或公开密钥密码体制。双密钥体制有两个密钥，一个是公开的密钥，用 K_1 表示，谁都可以使用；另一个是私人密钥，用 K_2 表示，只由采用此体制的人自己掌握，从公开的密钥推不出私人密钥，如图 10-4 所示。

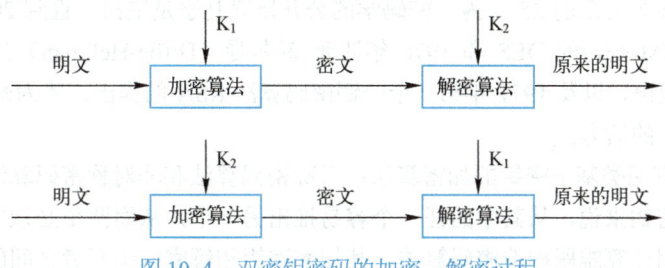

图 10-4 双密钥密码的加密、解密过程

双钥密码体制的主要特点是将加密和解密密钥分开，从而实现任何人都可以给持有私人密钥的人发送秘密消息，即用公开的密钥 K_1 加密消息，发送给持有相应私人密钥 K_2 的人，只有持有私人密钥 K_2 的人才能解密；而用私人密钥 K_2 加密的消息，任何人都可以用公开的密钥 K_1 解密，此时说明消息来自持有私人密钥的人。前者可以实现公共网络的保密通信，后者可以实现对消息进行数字签名。

10.2.1 古典密码学

10-1 凯撒密码

人类很早就在考虑怎样秘密地传递信息了。密码学的起源可以追溯到公元前 5 世纪的古希腊人，他们使用了一些器具来保证送出信件的机密性。文献记载的最早有实用价值的通信保密技术是古罗马时期的凯撒（Caesar）密码，它能够把明文信息变换为人们看不懂的称为密文的字符串，当把密文传递到自己伙伴手中的时候，又可方便地还原为原来的明文形式。Caesar 密码实际上非常简单，需要加密时，把字母 A 变成 D、B 变为 E、…、W 变为 Z、X 变为 A、Y 变为 B、Z 变为 C，即密文由明文字母循环移 3 位得到。反过来，由密文变为明文也相当简单的。显然，这种加密的方式十分简单，因此也十分容易破解。

1568 年，莱昂·巴蒂斯塔（L. Battista）发明了多表代替密码，并在美国南北战争期间由联军使用，维吉尼亚（Vigenere）密码和博福特（Beaufort）密码是多表代替密码的典型例子。1854 年，普莱费厄（Playfair）发明了多字母代替密码，英国在第一次世界大战中采用了这种密码，希尔（Hill）密码是多字母代替密码的典型例子。多表、多字母代替密码成为古典密码学的主流。最广为人知的编码机器是德国恩格玛（Enigma）机（如图 10-5 所示）。德国人认为 Enigma 是无法破解的，事实上如果使用正确，那么破译它确实非常困难。但是在作战过程中，一些操作员所犯的错误使盟国可以读取一些消息，最终使它失去了原有的作用。另外军事通信也曾在消息中对单位和所处位置使用代码来保密。

图 10-5 Enigma 机

研究密码破译（也称为密码分析）的技术也在发展，以 1918 年弗里德曼关于使用重合指数破译多表代替密码技术为里

程碑。其后，各国军方对密码学进行了深入研究，但相关成果并未发表。1949 年，香农的《保密系统的通信理论》文章发表在《贝尔系统技术》杂志上。弗里德曼与香农的研究成果为密码学的科学研究奠定了基础。学术界在评价这两位学者的工作时，认为他们把密码技术从艺术变为科学。实际上这些工作促进了通信保密科学的诞生，其中核心技术是密码学。

10.2.2 现代密码学

在香农的文章发表之后的 25 年内，密码学的公开研究几乎是空白。直到 20 世纪 70 年代初，IBM 公司的 DES 和 1976 年迪菲-赫尔曼（Diffie-Hellman）公开密钥密码思想的提出，以及 1977 年第一个公钥密码算法 RSA 的提出，才为密码学的发展注入了新的活力。

10-2 维吉尼亚密码

现代密码学中有两类基于密钥的加密算法：对称密码算法和非对称密码算法。对传统密码算法的加密密钥和解密密钥来说，从其中的任一个容易推出另一个，从而两个必须同时保密。而公钥密码的关键思想是利用计算难题构造密码算法，其加密密钥和解密密钥两者之间的相互导出在计算上是不可行的。

1. 对称密码系统

现代密码学中很多密码协议和技术都是为解决密钥分配问题而设计的。对称密码系统的加密和解密密钥相同。对称密码系统要求收发双方都知道密钥，而这种系统的最大困难在于如何安全地将密钥分配给收发的双方，特别是在网络环境中。

（1）分组密码算法的工作模式

① ECB 模式

在电子密码本（Electronic Codebook，ECB）模式中，明文分组的加密是独立的，在密钥相同的情况下，相同的明文会得到相同的密文。这种方式会造成比较大的安全问题，因为很多报文是有格式的，报文头基本上是固定的，这样攻击者可以猜测密文对应的明文。实际系统中基本不采用这种 ECB 模式。

② CBC 模式

密文反馈链接（Cipher Block Chain，CBC）模式在加密时用前一分组的密文与当前分组的明文异或后再进行加密。加密过程中，第 1 个分组明文与 1 个初始向量异或。初始向量随机选择，长度与分组长度相同。由于初始向量是随机的，所以加密出来的结果也是随机的，这就使得相同明文得到的密文不相同。分组密码工作模式还有输出反馈（Output Feedback，OFB）、密码反馈（Cipher Feedback，CFB）等，限于篇幅就不详细介绍了。CBC 模式是目前分组加密中应用最普遍的模式，许多加密标准都采用了 CBC 模式。

（2）常用分组密码算法

① DES/3DES

数据加密标准（DES）是应用最普遍的对称加密算法，1970 年由 IBM 推出。美国国家标准和技术协会（National Institute of Standards and Technology，NIST）于 1977 年将其确定为商业和政府级应用的加密标准。DES 的密钥长度为 56bit，明文分组长度为 64bit。DES 的密钥长度太短，其安全性受到极大的威胁。1998 年 6 月 17 日，电子前哨基金会（Electronic Frontier Foundation，EFF）宣布制造出了一个硬件设备，采用穷举试探法破译 DES 密钥平均需要 4.5 天，该设备包括设计费在内只需要 22 万美元。EFF 预计随后可以用 10 万美元造出在 1 天内破译 56bit DES 的破译机。为解决 DES 密钥太短造成的问题，人们对 DES 应用做了一些小的修改。3DES 采用 3 次 DES 运算完成一次加密操作。3DES 定义了 3 个密钥 $K1$、$K2$ 和 $K3$，对明文 P 加密得到密文 C 的公式为：$C=E_{K3}(D_{K2}(E_{K1}(P)))$，其中 $E_K(P)$ 和 $D_K(P)$ 分别表示 DES 加密和解密。值得注意的是，中间一次为解密操作。有时此过程也称为加密→解密→加密操作。当 3 个密钥各不相同时，总的密钥长度达到 168bit。一般情况下 $K1=K3$，密钥长度为 112bit，强度较 DES 大大加强。速度是 DES 的三分之一。解密的过程与之相反。3DES 被 ANSI（American National Standards Institute）确定为标准 X9.52。NIST 建议在所有系统应用中用 3DES 代替 DES。

② AES

高级加密标准（Advanced Encryption Standard，AES）是取代 DES 的新的美国政府标准。1997 年 1 月，NIST 在全球范围内征询 AES 算法方案。2001 年，比利时科学家 J. Daemen 设计的 RIJNDEAL 算法被 NIST 确定为 AES 标准算法。RIJNDEAL 具有安全、性能好、易于实现和灵活的特点，其分组长度和密钥长度可在 128、192、256 中选择，共有 9 种组合方式，适用于不同应用场合。其他一些常用的对称密码有 RC4、IDEA 等。RC4 是一种流密码算法，在 IE 浏览器的 SSL 协议和无线局域网 WEP 协议中都使用了该算法；国际数据加密算法（International Data Encryption Algorithm，IDEA）由来学嘉和 MASSY 两人发明，是欧洲的分组加密标准。

2. 非对称密码体制

对称密码算法运算的速度很快，但是收发双方必须事先共享密钥，而安全的密钥分配是非常困难的事，特别是在具有很多计算机的分布式网络中，每两个计算机间均要共享密钥，使得管理非常复杂。能否在不预先共享密钥的情况下实现安全通信呢？答案是肯定的，非对称密码体制能完美地解决密钥分配问题。

构造安全的公钥密码算法不是一件容易的事情，自从非对称密码的概念提出之后，陆续提出了很多算法，但是能够经得起时间考验的算法只有很少的几类。常用的非对称密码算法有以下几种。

（1）RSA 算法

RSA 算法由 Ronald Rivest、Adi Shamir 和 Leonard Adleman 发明，已成为应用最广的非对称加密算法，是公钥密码算法的事实标准。RSA 算法基于大数分解的困难性，由两个大素数 p 和 q 计算 n（$n=pq$）很容易，但将 n 分解为 p 和 q 则是非常难的事情。目前普遍认为一般应用场合，n 的长度应为 1024bit。

（2）Diffie-Hellman 密钥交换

另一类公钥密码算法基于离散对数问题。已知两个大数 g 和 p，随机选择数 x，计算 $y=g^x \bmod p$ 很容易，而由 y 求 x 非常困难。Diffie 和 Hellman 两人在 1976 年发表的文章中提出了一个利用离散对数问题在不安全的信道中可以安全交换密钥的方法，这种方法到目前为止在很多网络通信协议中得到应用，成为经典的密钥交换方法。从安全角度考虑，在实际应用中，p 的长度要在 768bit 以上，一般要求达到 1024bit。

（3）ECC 密码体制

1985 年，华盛顿大学的 Neil Koblitz 和 IBM 的 Victor Miller 分别独立提出了椭圆曲线（ECC）密码系统，这种体制的安全性是基于求解椭圆曲线上点的离散对数的困难性。ECC 既可用于数字签名也可用于加密。

与传统的 RSA 或离散对数问题相比，在椭圆曲线上利用大数分解或离散对数问题的 ECC 算法具有以下优点：由于解椭圆曲线离散对数问题更为困难，ECC 算法实现上比传统公钥算法更有效。ECC 的密钥大小比传统体制小得多。例如，典型 RSA 密钥长度为 1024bit，达到 128B，而具有相同安全强度的 ECC 密钥长度仅需要 160bit，即 20B。这在智能卡等空间有限的场合应用时显得极为有利。ECC 在加密时不需要处理素数，其速度比 RSA 快 10 倍。在传送短消息时 ECC 比 RSA 更能节省带宽，因为即使消息不足 128B，使用 RSA 加密时必须填充到 128B 分组，而用椭圆曲线分组要小得多。上述优点使得 ECC 实现起来更为快速、功耗更低、代码长度更小。因此 ECC 得到了广泛的认可和好评，目前已经有几个标准将 ECC 列为建议算法，如 IEEE P1363 等。在智能卡中 ECC 得到了很好的应用。

还有一些其他的公钥体制如背包体制、McEliece 体制、NTRU 体制、XTR 体制、Lucas 体制和超椭圆曲线 HCC 体制，其中 NTRU 和 HCC 目前得到学术界比较多的关注，NTRU 的速度很快，已被 IEEE P1363 考虑列入建议标准。

10.2.3 密码学与信息安全的关系

保障信息安全的核心是密码技术，信息安全是密码学研究与发展的目的。保证信息机密性的最有效的方法是使用密码算法对其进行加密。保证信息完整性的有效方法主要有两种：一种是使用密码技术或密码函数对信息进行完整性检验；另一种是使用密码算法对信息进行数字签名。数字签名技术也是实现信息不可抵赖性的主要手段。此外利用密码口令机制以及密钥管理可有效地控制信息，以便信息系统为合法授权者所用。

10.3 信息隐藏与数字水印

10.3.1 信息隐藏

信息隐藏技术最早可以追溯到古代因作战情报通信的需要产生和发展起来的隐写术。古代战争中利用隐写术秘密传输信息的例子很多，例如在一次和二次世界大战中使用的隐写墨水、空心硬币及微型照片等都是古老的信息隐藏技术。我国古代战争中同样有许多使用隐写术的例子。现代的隐写术仍然是实现信息隐藏的一种方法，它是指将信息隐藏到看上去普通的信息（如数字图像）中进行传送。信息隐藏学是一门有趣、古老的学问，从中国古代文人的藏头诗，到德国间谍的密写信，再到现在的隐蔽信道通信，无不闪烁着人类智慧的火花。信息隐藏集众多学科理论与技术于一身，利用人类感觉器官对数字信号的感觉冗余，将一个消息（通常为秘密信息）伪装隐藏在另一个消息（通常为非机密的信息）之中，实现隐蔽通信或隐蔽标识。

今天，数字化技术、计算机技术和多媒体技术的飞速发展，又为信息隐藏学赋予了新的生命，为应用信息隐藏技术的发展开辟了崭新的领域。因此，数字信息隐藏技术已成为近些年来信息科学领域研究的一个热点。现代信息隐藏技术运用各种信息处理方法，将需要保密的信息隐藏在一般的多媒体数据中，当非法用户截获到包含密文的文件后，他只能解读媒体文件的内容，而不会意识到其中含有秘密信息，或者即使知道其中含有隐秘信息也不能解读出来。被隐藏的秘密信息可以是文字、密码、图像、图形或声音，而作为载体的公开信息则是一般的文本文件、数字图像、数字视频和数字音频等多媒体数据。那么信息为什么能够隐藏在多媒体数据中呢？主要有以下两个原因。

1）多媒体信息本身存在很大的冗余性，从信息论的角度看，未压缩的多媒体信息的编码效率是很低的，所以将某些信息嵌入多媒体数据中秘密传送是完全可行的，并且不会影响多媒体本身的传送和使用。

2）人眼或人耳本身对某些信息都有一定的掩蔽效应，比如人眼对灰度的分辨率只有几十个灰度级，对边沿附近的信息不敏感等。利用人的这些特点，可以很好地将信息隐藏而不被察觉。

　　信息隐藏与信息加密都是把要传送的信息进行保护，但是两者所采用的保护信息的手段不同。信息加密是把有意义的信息加密为随机的乱码（如图 10-6a 所示），窃听者知道截获的密文中可能包含重要的信息，但是却无法破译；信息隐藏则是把一个有意义的信息隐藏在另一个称为载体的多媒体信息中（如图 10-6b 所示），窃听者不知道这个多媒体信息之中是否隐藏了其他的信息，而且就算知道了，也难以提取或去除隐藏的信息。同时，为了增加攻击的难度，还可以把加密和隐藏技术结合起来，即先对消息 m 加密得到密文 M，再把 M 隐藏到载体 C 中（如图 10-6c 所示），显然这样又增加了窃听者破译的难度。

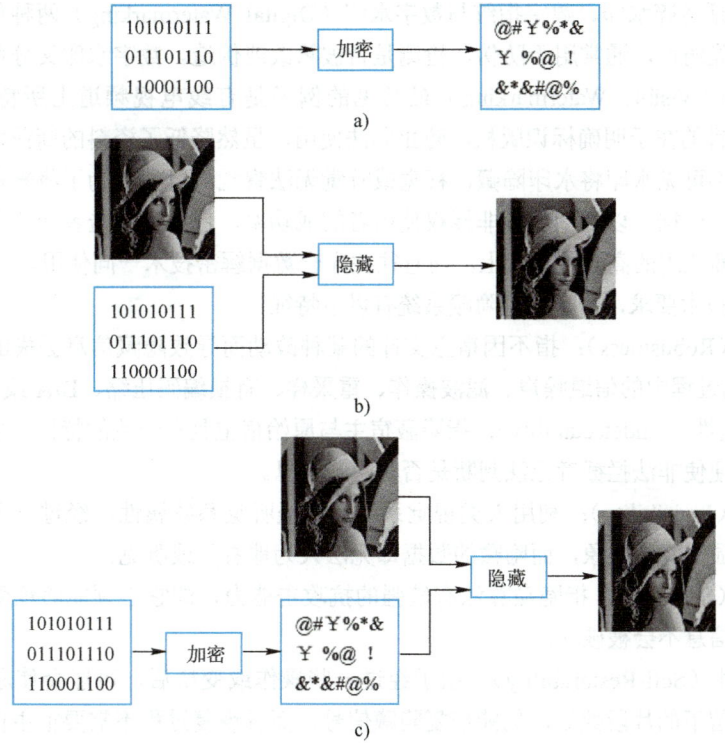

图 10-6　信息加密与信息隐藏实现比较

　　按照 Fabien A. P. Petitcolas 等的分类，广义的信息隐藏技术可以分为以下几类，如图 10-7 所示。

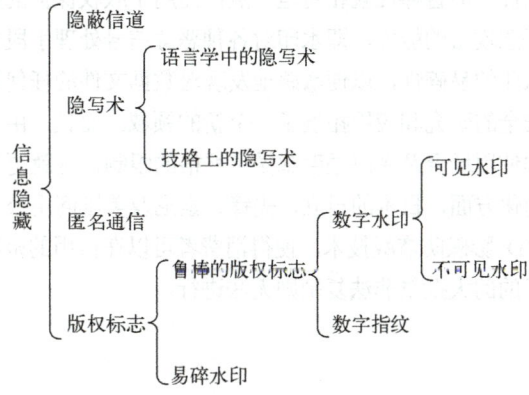

图 10-7　信息隐藏技术的主要分支

　　隐蔽信道是指在多级安全水平的系统环境中（比如军事计算机系统），既不是专门设计的也不打算用来传输信息的通信路径。这些信道在为某一程序提供服务时，可以被一个不可信赖的程序用来向它们的操纵者泄露信息。比如在互联网中，IP 包的时间戳就可以被人们利用来传输 1bit 数据（偶时间增量发送的包表示逻辑 0，奇时间增量发送的包表示逻辑 1）。

匿名通信就是寻找各种途径来隐藏通信消息的主体（消息的发送者和接收者）。这方面的例子包括电子邮件匿名中继器。此外洋葱路由也是这一种，它的想法是：只要中间参与者不互相串通勾结，通过使用一组邮件中继器或路由器，人们可以将消息的踪迹隐蔽起来。根据谁匿名（发送者、接收者，或两者），匿名通信又可分为几种不同的类型。Web 应用强调接收者的匿名性，而电子邮件用户们更关心发送者的匿名性。

版权标志包括易碎水印、数字指纹与数字水印（Digital Watermarking）两种鲁棒版权标志。易碎水印的特点是脆弱性，通常用于防伪，检测是否被篡改或伪造。数字水印又分可见水印和不可见水印。可见水印（Visible Watermarking）最常见的例子是有线电视频道上所特有的半透明标识（Logo），其主要目的在于明确标识版权，防止非法使用，虽然降低了资料的商业价值，却无损于所有者的使用。而不可见水印将水印隐藏，视觉或听觉无法察觉，目的是为了将来在起诉非授权使用者时，作为起诉的证据，以增加起诉非授权使用者的成功率，保护原创造者和所有者的版权。不可见水印通常用在商业用的高质量图像上，而且往往配合数据解密技术一同使用。

根据目的和技术要求，一个信息隐藏系统有以下特征。

1）鲁棒性（Robustness）：指不因宿主文件的某种改动而导致隐藏信息丢失的能力。这里所谓"改动"包括传输过程中的信道噪声、滤波操作、重采样、有损编码压缩、D/A 或 A/D 转换等。

2）不可检测性（Undetectability）：指隐蔽宿主与原始宿主具有一致的特性，如具有一致的统计噪声分布等，以便使非法拦截者无法判断是否有隐蔽信息。

3）透明性（Invisibility）：利用人类视觉系统或人类听觉系统属性，经过一系列隐藏处理，使目标数据没有明显的降质现象，而隐藏的数据却无法人为地看见或听见。

4）安全性（Security）：指隐藏算法有较强的抗攻击能力，即它必须能够承受一定程度的人为攻击，而使隐藏信息不会被破坏。

5）自恢复性（Self-Restorability）：由于经过一些操作或变换后，可能会使原图产生较大的破坏，如果只通过留下的片段数据，仍能恢复隐藏信号，而且恢复过程不需要宿主信号，这就是所谓的自恢复性。这要求隐藏的数据必须具有某种自相似特性。

需要指出的是，以上这些特征会根据信息隐藏的目的与应用而有不同的侧重。比如在隐写术中，最重要的是不可检测性和透明性，但鲁棒性就相对差一点；而用于版权保护的数字水印特别强调具有很强的对抗盗版者可能采取的恶意攻击的能力，即水印对各种恶意信号处理手段具有很强的鲁棒性。用于防伪的数字水印则非常强调水印的易碎性，以便敏感地发现对数据文件的任何篡改和伪造等。信息隐藏技术的出现和发展，为信息安全的研究和应用拓展了一个新的领域。而且，由于近年来各国政府出于国家安全方面的考虑，对密码的使用场合及密码强度都做了严格的限制，这就更加激发了人们对信息隐藏技术研究的热情。另外在实用化方面，日本的日立、先锋、索尼及美国商用公司等正在联合开发统一标准的基于数字水印技术的 DVD 影碟防盗版技术，使得消费者可以在自用的范围内复制和欣赏高质量的动画图像节目，而以盈利为目的的大批量非法复制则无法进行。

10.3.2　数字水印

1. 背景

日常生活中为了鉴别纸币的真伪，人们通常将纸币对着光源，会发现真的纸币中有清晰的特殊图像信息显示出来,这就是熟悉的"水印"。为什么要采用水印技术?事实上是因为水印有其独特的性质:它是一种几乎不可见的印记,必须放置于特定环境下才能被看到,不影响物品的使用;它的制作和复制比较复杂,需要特殊的工艺和材料,而且印刷品上的水印很难去掉。

随着数字技术和因特网的发展,各种形式的多媒体数字作品(图像、视频、音频等)纷纷以网络形式发表,其版权保护成为一个迫切需要解决的问题。由于数字水印是实现版权保护的有效办法,如今已成为多媒体信息安全研究领域的一个热点,也是信息隐藏技术研究领域的重要分支。该技术是通过在原始数据中嵌入秘密信息(水印)来证实该数据的所有权的。这种被嵌入的水印可以是一段文字、标识、序列号等,而且这种水印通常是不可见或不可察的,它与原始数据(如图像、音频、视频数据)紧密结合并隐藏其中,可以经历一些不破坏源数据使用价值或商用价值的操作而保存下来。一般只有通过专用的检测器或阅读器才能提取。

数字水印技术除了应具备信息隐藏技术的一般特点外,还有着其固有的特点。①隐蔽性:在数字作品中嵌入数字水印不会引起明显的降质,并且不易被察觉。②隐藏位置的安全性:水印信息隐藏于数据而非文件头中,文件格式的变换不应导致水印数据的丢失。③鲁棒性:指在经历多种无意或有意的信号处理过程后,数字水印仍能保持完整性或仍能被准确鉴别。可能的信号处理过程包括信道噪声、滤波、数/模与模/数转换、重采样、剪切、位移、尺度变换以及有损压缩编码等。④水印容量:指载体在不发生形变的前提下可嵌入的水印信息量。嵌入的水印信息必须足以表示多媒体内容的创建者或所有者的标志信息,或购买者的序列号,这样有利于解决版权纠纷,保护数字产权合法拥有者的利益。尤其是隐蔽通信领域的特殊性,对水印的容量需求很大。

2. 典型数字水印系统模型

图10-8为水印信号嵌入模型,其功能是完成将水印信号加入原始数据中。图10-9为水印信号检测模型,用以判断某一数据中是否含有指定的水印信号。

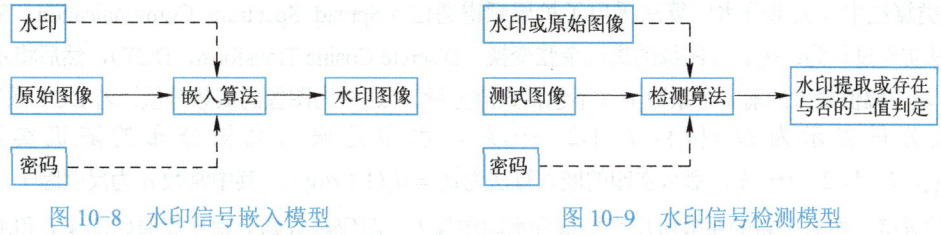

图10-8 水印信号嵌入模型　　　　图10-9 水印信号检测模型

3. 数字水印主要应用领域

(1)版权保护

数字作品的所有者可用密钥产生一个水印,并将其嵌入原始数据,然后公开发布他的水印版本作品。当该作品被盗版或出现版权纠纷时,所有者即可利用从盗版作品或水印版作品中获取水印信号作为依据,从而保护所有者的权益。

(2)加指纹

为避免未经授权的复制制作和发行,出品人可以将不同用户的 ID 或序列号作为不同的水印(指纹)嵌入作品的合法副本中。一旦发现未经授权的副本,就可以根据此复制所恢复出的指纹来确定它的来源。

(3)标题与注释

将作品的标题、注释等内容(如一幅照片的拍摄时间和地点等)以水印形式嵌入该作品中,这种隐式注释不需要额外的带宽,且不易丢失。

(4)篡改提示

当数字作品被用于法庭、医学、新闻及商业时，常需确定它们的内容是否被修改、伪造或特殊处理过。为实现该目的，通常可将原始图像分成多个独立块，再将每个块加入不同的水印。同时可通过检测每个数据块中的水印信号，来确定作品的完整性。与其他水印不同的是，这类水印必须是脆弱的，并且检测水印信号时，不需要原始数据。

(5)使用控制

这种应用的一个典型的例子是 DVD 防复制系统，即将水印信息加入 DVD 数据中，这样 DVD 播放机即可通过检测 DVD 数据中的水印信息而判断其合法性和可复制性，从而保护制造商的商业利益。

4．典型数字水印算法

近年来，数字水印技术研究取得了很大的进步，下面对一些典型的算法进行分析，除特别指明外，这些算法主要针对图像数据（某些算法也适合视频和音频数据）。

(1)空域算法

该类算法中典型的水印算法是将信息嵌入随机选择的图像点中最不重要的像素位（Least Significant Bit，LSB）上，这可保证嵌入的水印是不可见的。但是由于使用了图像不重要的像素位，算法的鲁棒性差，水印信息很容易被滤波、图像量化、几何变形的操作破坏。另外一个常用方法是利用像素的统计特征将信息嵌入像素的亮度值中。Patchwork 算法是随机选择 N 对像素点(a_i, b_i)，然后将每个 a_i 点的亮度值加 1，每个 b_i 点的亮度值减 1，这样整个图像的平均亮度保持不变。适当地调整参数，Patchwork 方法对 JPEG 压缩、FIR 滤波以及图像裁剪有一定的抵抗力，但该方法嵌入的信息量有限。为了嵌入更多的水印信息，可以将图像分块，然后对每一个图像块进行嵌入操作。

(2)变换域算法

该类算法中，大部分水印算法采用了扩展频谱通信（Spread Spectrum Communication，SSC）技术。算法实现过程为：先计算图像的离散余弦变换（Discrete Cosine Transform，DCT），然后将水印叠加到 DCT 域中幅值最大的前 k 个系数上（不包括直流分量），通常为图像的低频分量。若 DCT 系数的前 k 个最大分量表示为 $D=\{d_i\}$，$i=1,2,\cdots,k$，水印是服从高斯分布的随机实数序列 $W=\{w_i\}$，$i=1,2,\cdots,k$，那么水印的嵌入算法为 $d_i = d_i(1+aw_i)$，其中常数 a 为尺度因子，控制水印添加的强度。然后用新的系数做反变换得到水印图像 I。解码函数则分别计算原始图像 I 和水印图像 I^* 的离散余弦变换，并提取嵌入的水印 W^*，再做相关检验以确定水印的存在与否。该方法即使当水印图像经过一些通用的几何变形和信号处理操作而产生比较明显的变形后仍然能够提取出一个可信赖的水印复本。一个简单改进是不把水印嵌入 DCT 域的低频分量上，而是嵌入中频分量上以调节水印的鲁棒性与不可见性之间的矛盾。另外，还可以将数字图像的空间域数据通过离散傅里叶变换（DFT）或离散小波变换（DWT）转化为相应的频域系数；其次，根据待隐藏的信息类型，对其进行适当编码或变形；再次，根据隐藏信息量的大小和其相应的安全目标，选择某些类型的频域系数序列（如高频或中频或低频）；再次，确定某种规则或算法，用待隐藏信息的相应数据去修改前面选定的频域系数序列；最后，将数字图像的频域系数经相应的反变换转化为空间域数据。该类算法的隐藏和提取信息操作复杂，隐藏信息量不是很大，但抗攻击能力强，很适合于数字作品版权保护的数字水印技术中。

(3)压缩域算法

基于 JPEG、MPEG 标准的压缩域数字水印系统不仅节省了大量的完全解码和重新编码过程，而且在数字电视广播及 VOD（Video on Demand）中有很大的实用价值。相应地，水印检测与提取也可直接在压缩域数据中进行。下面介绍一种针对 MPEG-2 压缩视频数据流的数字水印方案。虽然 MPEG-2 数据流语法允许把用户数据加到数据流中，但是这种方案并不适合数字水印技术，因为用户数据可以简单地从数据流中去掉，同时，在 MPEG-2 编码视频数据流中增加用户数据会加大位率，使之不适于固定带宽的应用，所以关键是如何把水印信号加到数据信号中，即加入表示视频帧的数据流中。对于输入的 MPEG-2 数据流而言，它可分为数据头信息、运动向量（用于运动补偿）和 DCT 编码信号块三部分，在方案中只有 MPEG-2 数据流最后一部分数据被改变。其原理是：首先对 DCT 编码数据块中每一输入的 Huffman 码进行解码和逆量化，以得到当前数据块的一个 DCT 系数；其次，把相应水印信号块的变换系数与之相加，从而得到叠加水印的 DCT 系数，再重新进行量化和 Huffman 编码，最后对新的 Huffman 码字的位数 $n1$ 与原来的无水印系数的码字 $n0$ 进行比较，只在 $n1$ 不大于 $n0$ 的时候，才能传输水印码字，否则传输原码字，这就保证了不增加视频数据流位率。该方法有一个问题值得考虑，即水印信号的引入是一种引起降质的误差信号，而基于运动补偿的编码方案会将一个误差扩散和累积起来。为解决此问题，该算法采取了漂移补偿的方案来抵消因水印信号的引入所引起的视觉变形。

（4）NEC 算法

该算法由 NEC 实验室的 Cox 等人提出，在数字水印算法中占有重要地位，其实现方法是：首先以密钥为种子来产生伪随机序列，该序列具有高斯 $N(0,1)$ 分布，密钥一般由作者的标识码和图像的哈希值组成；其次对图像做 DCT 变换，最后用伪随机高斯序列来调制（叠加）该图像除直流（DC）分量外的 1000 个最大的 DCT 系数。该算法具有较强的鲁棒性、安全性、透明性等。由于采用特殊的密钥，因此可防止 IBM 攻击，而且该算法还提出了增强水印鲁棒性和抗攻击算法的重要原则，即水印信号应该嵌入源数据中对人感觉最重要的部分，这种水印信号由独立同分布随机实数序列构成，且该实数序列应该具有高斯分布 $N(0,1)$ 的特征。

（5）生理模型算法

人的生理模型包括人类视觉系统（Human Visual System，HVS）和人类听觉系统（Human Auditory System，HAS）。该模型不仅被多媒体数据压缩系统利用，同样可以供数字水印系统利用。利用视觉模型的基本思想是利用从视觉模型导出的 JND（Just Noticeable Difference）描述来确定在图像的各个部分所能容忍的数字水印信号的最大强度，从而能避免破坏视觉质量。也就是说，利用视觉模型来确定与图像相关的调制掩模，然后再利用其来插入水印。这一方法同时具有良好的透明性和强健性。

信息隐藏及数字水印技术与信息安全有密切的关系，特别是在网络技术和应用迅速发展的今天，水印技术的研究更具现实意义。今后水印技术的研究仍将着重于鲁棒性、真伪鉴别、版权证明、网络快速自动验证以及声频和视频水印等方面，并将与数据加密技术紧密结合，特别是鲁棒性和可证明性的研究。水印的鲁棒性能体现了水印在数字文件中的生存能力，当前的绝大多数算法虽然均具有一定的鲁棒性，但是如果同时施加各种图像攻击，那么这些算法均会失效。如何寻找更加强健的水印算法仍是一个急需解决的问题。另外当前的水印算法在提供可靠的版权证明方面或多或少都不够完善，因此寻找能提供完全版权保护的数字水印算法也是一个重要的研究方向。

10.4 计算机病毒

10.4.1 计算机病毒的基础知识

计算机病毒是指"编制或者在计算机程序中插入的破坏计算机功能或者数据，影响计算机使用并且能够自我复制的一组计算机指令或者程序代码"(《中华人民共和国计算机信息系统安全保护条例》,简称《**安全保护条例**》)。随着因特网技术的发展,计算机病毒的定义正在逐步扩大化,与计算机病毒的特征和危害有类似之处的黑客程序(Hack Program)、特洛伊木马程序和蠕虫程序(Internet Worm)从广义角度也被归入计算机病毒的范畴。因而计算机病毒是一段程序,但不是一段普通的程序,它是隐藏在计算机系统内的一段破坏性程序,具有寄生性、传染性、潜伏性、隐藏性和破坏性等特点。

1. 计算机感染病毒的主要症状

随着制造病毒和反病毒双方较量的不断深入,病毒制造者技术也越来越高,病毒的欺骗性、隐蔽性也越来越好。只有在实践中细心观察才能发现计算机的异常现象。计算机感染了病毒的常见症状有:

1)计算机动作比平常迟钝;
2)磁盘文件数目无故增多;
3)磁盘可利用空间无故减少;
4)系统内存空间无故变小;
5)程序载入时间比平常久;
6)计算机经常出现死机现象;
7)系统出现异常的重新启动现象;
8)显示器出现一些莫名其妙的信息或异常现象;
9)存储器内有来路不明的常驻程序;
10)文件名称、扩展名、日期、属性被更改。

2. 计算机病毒的主要特征

(1)传染性

传染性指病毒对其他文件或系统进行一系列非法操作,使其带有这种病毒,并成为该病毒的一个新的传染源的过程,这是计算机病毒的基本特征。计算机病毒传播途径主要有:通过计算机硬件设备进行传播、通过移动存储设备传播、通过点对点通信系统和无线通道传播、通过计算机网络进行传播等。其中通过计算机网络传播已经成为病毒传播的主要途径。

(2)潜伏性

计算机病毒在条件不满足时,将长期潜伏在文件中,只有触发了特定条件(如到某一日期某个时间)才会对计算机进行破坏。如 CIH 病毒,它只在每年的 4 月 26 日才发作。

(3)隐蔽性

隐蔽性是指病毒的存在、传染和对数据的破坏过程不易被计算机用户发现,同时又难以预料。

(4)寄生性

寄生性是指病毒依附于其他文件(如 COM、EXE 文件)而存在。

(5)破坏性

破坏性是计算机病毒最重要的特性。病毒对计算机的破坏主要表现在占用系统资源、影响计算机运行速度、干扰系统运行、破坏系统数据、造成系统瘫痪、给用户造成严重心理压力等。

3. 计算机病毒的分类

在网络上,计算机病毒种类繁多,如图 10-10 所示。根据计算机病毒属性进行的分类如下。

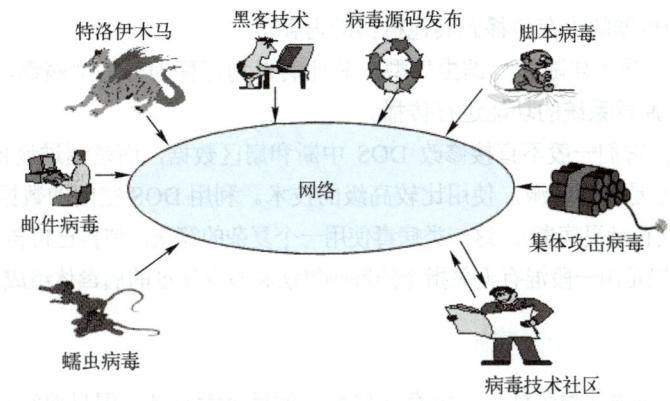

图 10-10　网络上的计算机病毒泛滥

（1）按照计算机病毒存在的媒体

病毒可分为网络病毒、文件病毒和引导型病毒。网络病毒通过计算机网络传播感染网络中的可执行文件；文件病毒侵染计算机中的文件（如 COM、EXE、DOC 等）；引导型病毒侵染启动扇区（Boot）和硬盘的系统引导扇区（MBR）；还有这三种情况的混合型，例如，多型病毒（文件和引导型）侵染文件和引导扇区两种目标，这样的病毒通常都具有复杂的算法，它们使用非常规的办法侵入系统，同时使用了加密和变形算法。

（2）按照计算机病毒传染的方法

病毒可分为驻留型病毒和非驻留型病毒。驻留型病毒感染计算机后，把自身的内存驻留部分放在内存（RAM）中，这一部分程序挂接在系统调用并合并到操作系统中去，它始终处于激活状态，一直到关机或重新启动。非驻留型病毒在得到机会激活时并不感染计算机内存，一些病毒在内存中留有小部分，但是并不通过这一部分进行传染，这类病毒也被划分为非驻留型病毒。

（3）根据病毒破坏的能力

病毒可分为无害型、无危险型、危险型和非常危险型。

1）无害型：除了传染时减少磁盘的可用空间外，对系统没有其他影响。

2）无危险型：这类病毒仅仅是减少内存、显示图像、发出声音。

3）危险型：这类病毒在计算机系统中造成严重的错误。

4）非常危险型：这类病毒删除程序、破坏数据、清除系统内存区和操作系统中重要的信息。这些病毒对系统造成的危害，并不是本身的算法中存在危险的调用，而是当它们传染时会引起无法预料的和灾难性的破坏。由病毒引起其他程序产生的错误也会破坏文件和扇区，这些病毒也按照其引起的破坏能力划分。一些现在的无害型病毒也可能会对新版的 DOS、Windows 和其他操作系统造成破坏。例如，在早期的病毒中，有一个 "Denzuk" 病毒在 360KB 磁盘上不会造成任何破坏，但是在后来的高密度软盘上却能引起大量的数据丢失。

（4）根据病毒特有的算法

病毒可以划分为伴随型病毒、"蠕虫"型病毒、寄生型病毒和变型病毒。

1）伴随型病毒：这一类病毒并不改变文件本身，它们根据算法产生 EXE 文件的伴随体，具有同样的名字和不同的扩展名（COM），例如，XCOPY.EXE 的伴随体是 XCOPY.COM。病毒把自身写入 COM 文件并不改变 EXE 文件，当系统加载文件时，伴随体优先被执行，再由伴随体加载执行原来的 EXE 文件。

2）"蠕虫"型病毒：通过计算机网络地址将自身的病毒通过网络发送，不改变文件和资料信息,利用网络从一台机器的内存传播到其他机器的内存。

3)寄生型病毒:除了伴随和"蠕虫"型,其他病毒均可称为寄生型病毒,它们依附在系统的引导扇区或文件中,通过系统的功能进行传播。

4)诡秘型病毒:它们一般不直接修改 DOS 中断和扇区数据,而是通过设备技术和文件缓冲区等 DOS 内部修改,不易看到资源,使用比较高级的技术。利用 DOS 空闲的数据区进行工作。

5)变型病毒(又称幽灵病毒):这一类病毒使用一个复杂的算法,使自己每传播一份都具有不同的内容和长度。它们一般是由一段混有无关指令的解码算法和被变化过的病毒体组成。

10.4.2 计算机病毒的逻辑结构

计算机病毒具有很强的隐藏性,它没有文件名,列目录看不到。但只要它存在,总可以把它找到,并分离出它的程序清单。从剖析多种病毒程序的清单中发现,病毒程序一般结构由以下几个部分组成。

(1)感染标志

有的病毒有一个感染标志,又称病毒签名,但不是所有的病毒都有感染标志。感染标志是一些数字或字符串,它们以 ASCII 码方式存放在宿主程序里。病毒在感染程序之前,一般要查看其是否带有感染标志。感染标志不仅被病毒用来决定是否实施感染,还被病毒用来实施欺骗。不同病毒的感染标志的位置、内容都不同。杀毒软件可以将感染标志作为病毒的特征之一,也可以利用病毒根据感染标志是否进行感染这一特性,人为地、主动在文件中添加感染标志,从而在某种程度上达到病毒免疫的目的。

(2)引导模块

染毒程序运行时,首先运行的是病毒的引导模块。引导模块的基本动作如下。

1)检查运行的环境,如确定操作系统类型、内存容量、现行区段、磁盘设置、显示器类型等参数。

2)将病毒引入内存,使病毒处于动态,并保护内存中的病毒代码不被覆盖。

3)设置病毒的激活条件和触发条件,使病毒处于可激活态,以便病毒被激活后根据满足的条件调用感染模块或破坏表现模块。

(3)感染模块

感染模块是病毒实施感染动作的部分,负责实现病毒的感染机制,它的主要功能如下。

1)寻找感染目标。

2)检查目标中是否存在感染标志或判断设定的感染条件是否满足。

3)如果没有感染标志或条件满足,进行感染,将病毒代码放入宿主程序。

无论是文件型病毒还是引导型病毒,其感染过程总的来说是相似的,分为三步:进驻内存、判断感染条件、实施感染。感染条件控制病毒的感染动作、控制病毒感染的频率(频繁受感染,容易让用户发觉);苛刻的感染条件,又让病毒放弃了众多传播机会。

(4)破坏模块

破坏模块负责实施病毒的破坏动作,其内部是实现病毒编写者预定破坏动作的代码。病毒的破坏力取决于破坏模块,有些病毒只干扰显示、占用系统资源或发出奇怪声音、显示奇怪图像,而另一些病毒不仅表现出上述特征,还破坏数据、摧毁系统。病毒在实施破坏时,或破坏得手后,用户往往能感觉到"我的计算机中毒了"。正因为病毒的破坏模块导致各种异常现象,因此,该模块又被称为病毒的表现模块。计算机病毒的破坏现象和表现症状因具体病毒而异。计算机病毒的破坏行为和破坏程度，取决于病毒编写者的主观愿望和技术能力。

是否执行破坏模块，取决于预定的触发条件是否满足。触发条件控制病毒的破坏动作，控制病毒破坏的频率，使病毒在隐蔽的状态下实施感染。病毒的触发条件多种多样，例如，特定日期触发、特定键盘按键输入等，都可以作为触发条件。

10.4.3 计算机病毒防治策略

要想防御病毒的攻击，还是要做到"预防为主，防治结合"。正所谓"病从口入"，只有有效地切断其传染路径，才能够做到防患于未然。最常见的传染途径以及对应的防治方法如下。

（1）通过移动存储设备来传播（包括 U 盘、磁带等）

其中 U 盘是使用广泛、移动频繁的存储介质，因此也成了计算机病毒寄生的"温床"。盗版软件也是目前传播病毒的重要途径。

防治方法：尽量避免通过这种方式传送资料，选择已有的确保安全的方式。若非用不可，一定要先保证该存储介质是安全的。例如，利用杀毒软件查杀一下是否有毒再进行复制，或者使用已知是安全的存储介质。

（2）通过电子邮件

电子邮件是网络服务的重要应用之一，每天都有无数封邮件在 Internet 上传递。每天也有用户在抱怨邮箱里有好多垃圾邮件和匿名邮件，这些邮件之中有的就可能包含病毒。

防治方法：对邮箱进行相关设置，抵制垃圾邮件和一些来路不明的邮件。尽量不要打开这样的邮件（直接删除）。不要轻易相信邮件中的中奖信息，更不要随便点击上面的链接。

（3）通过网站

网络上的信息量巨大，因此每天都有大量网民访问各种网站。但是有一些网站上的链接或者下载资源是隐藏有病毒的，比如说一些内容不健康的网站。

防治方法：安装杀毒软件，不要浏览不健康的网站；下载资料最好选择那些熟悉的或者口碑较好的网站，万一没有资源而从不熟悉的网站下载了东西，一定要先杀毒；最后可以安装一些相关的监测浏览网页的软件来进行实时保护，比如 360 安全卫士等。

另外，还要经常对系统进行相关检查，看是否有异常行为。同时配置杀毒软件进行定期扫描，如每星期进行一次全盘查毒。还可以进行系统清理，检查分析是否有可疑进程等。

总之，身处网络之中，任何时候都不是绝对安全的，只有时刻保持警惕，才能不给病毒可乘之机。计算机病毒防范技术伴随着计算机技术和病毒制造技术的发展而发展，只有不断提高防范的技术手段才可能有效防范计算机病毒的入侵。计算机病毒并不可怕，只要做好防范工作，就可以抵御计算机病毒的侵害。计算机病毒防范是一个长期的过程，任何松懈和漏洞都可能造成不可估量的损失。

10.5 学科竞赛支撑平台

10-3 Web 安全入门

从 20 世纪 90 年代开始，随着国际互联网的应用和普及，发达国家在网络基础设施建设、关键技术领域研发、网络技术人才培养等方面不断加大投入，通过组织开展各类网络安全竞赛、研究学术论坛峰会的形式，发掘顶尖技术人才、解决实际应用问题、掌握网络安全态势，有力地推动了政府、企业、军队等网络空间建设发展进程。近年来，我国国内的网络安全竞赛逐渐发展壮大，但是在竞赛质量、实际效益、顶尖团队等方面，相对于发达国家都存在一定差距。研究世界各国网络安全竞赛发展情况，对掌握先进国家技术理念的发展趋势,提高国内网络安全竞赛质量,促进网络空间安全领域建设,加强技术人才培养具有十分重要的意义。

目前来看,全球举办的各类夺旗赛(Capture The Flag,CTF)在CTF-TIME上有详细的介绍与排名。CTF-TIME是将全球知名的CTF竞赛按照其影响力排名,并给予其相应的影响因子的网站,同时也给出了队伍的排名,通过CTF-TIME数据可以看出战队的实力高低。

国际CTF竞赛题型只有两种模式,线上赛采取的是Jeopardy答题模式,线下赛采取的是攻防(Attack & Defense)模式。线上赛通过在线答题,遴选出最优秀的8~12支战队邀请到线下赛,在激烈的攻防博弈中一较高低。线上赛的题目类型较多,有Pwn、Web、Crypto、Misc、Android、Reverse等,越是厉害的赛事Pwn的题目会越多,比如DEFCON所有的题目都是Pwn类型题目。线下赛现在基本均由Pwn类型题目组成,偶尔会有一道Web类型题目,每个队伍维护相同的服务,进行快速漏洞挖掘、利用和修补。

国内网络安全竞赛相对于国外起步较晚,但随着我国经济建设的飞速发展,对网络空间安全和关键技术人才需求越来越大,通过政府、企业、高校举办竞赛和参加国外竞赛等方式,我国在竞赛质量和战队水平上都取得了长足的进步,最为典型的如BCTF、GeekPwn,实力突出的战队有清华大学的蓝莲花战队、FlappyPig战队等。

对于CTF比赛,国内外都有较为成熟的训练平台,同时一些网络安全企业也通过搭建CTF平台、承办赛事以提高自身知名度,挖掘、吸引更多有潜质的CTF选手。

常见的CTF平台如下。

(1)BugkuCTF

BugkuCTF平台是曾经是免费的CTF训练平台,题目数量多,网上解析全面,对新手入门友好。网址是https://www.bugku.com/ctf.html。

(2)看雪CTF

看雪CTF(简称KCTF)是圈内知名度最高的技术竞技,从原CrackMe攻防大赛中发展而来,采取线上攻防的方式,规则设置严格周全,题目涵盖Windows、Android、iOS、Pwn、智能设备、Web等众多领域。网址是https://ctf.pediy.com/。

看雪CTF比赛分为两个阶段,所有论坛会员均可参与,第一阶段是防守篇,防守方根据比赛要求制作题目,根据题目被破解的时间排名,被破解时间长者胜出。第二阶段为攻击篇,攻击第一阶段的题目,根据攻击成功的时间与题目排名,破解时间短且破解题目数多者胜。既给了防守方足够的施展空间,也避免过度浪费攻击方的时间。从攻防两个角度看,都是难得的竞技和学习机会。

看雪CTF比赛历史悠久、影响广泛。自2007年以来,看雪已经举办十多个比赛,与包括金山、360、腾讯、阿里等在内的各大公司共同合作举办赛事。比赛吸引了国内一大批安全人士的广泛关注,历年来CTF中人才辈出,汇聚了来自国内众多安全人才,高手对决,精彩异常,成为安全圈的一次比赛盛宴,突出了看雪论坛复合型人才多的优势,成为企业挑选人才的重要途径,在社会安全事业发展中产生了巨大的影响力。

(3)WCTF

WCTF世界黑客大师赛始办于2016年,立足于高水平的网络安全技术对抗和交流,是由360Vulcan团队组织,360公司独家赞助的国际CTF挑战赛,是中国最顶级的世界级大师黑客赛。网址是https://ctf.360.com/。

(4)XCTF社区

XCTF社区是白帽子与安全极客的交流社区,为CTFer和行业用户提供全行业赛事信息,搭建竞赛交流平台，促进安全人才和企业的沟通，同时也是 XCTF 联赛线上服务平台。网址是 https://www.xctf.org.cn/ctfs/all/。

10.6 信息安全技术的发展趋势

总的来说，信息安全技术的发展，主要呈现四大趋势。

（1）可信化

这个趋势是指从传统计算机安全理念过渡到以可信计算理念为核心的计算机安全。近年来计算机安全问题愈演愈烈，传统安全理念很难有所突破，人们试图利用可信计算的理念来解决计算机安全问题，其主要思想是在硬件平台上引入安全芯片，从而将部分或整个计算平台变为"可信"的计算平台。目前还有很多问题需要研究和探索，如基于 TCP 的访问控制、基于 TCP 的安全操作系统、基于 TCP 的安全中间件、基于 TCP 的安全应用等。

（2）网络化

由网络应用和普及引发的技术和应用模式的变革，正在进一步推动信息安全关键技术的创新发展，并诱发新技术和应用模式的出现。如安全中间件、安全管理与安全监控；网络可生存性、网络信任都是要继续研究的领域。

（3）标准化

发达国家和地区高度重视标准化的趋势，发展中国家也应重视标准化问题。安全技术要走向国际，也要走向应用。我国政府、产业界、学术界等必将更加高度重视信息安全标准的研究与制定工作，如密码算法类标准（加密算法、签名算法、密码算法接口）、安全认证与授权类标准（PKI、PMI、生物认证）、安全评估类标准（安全评估准则、方法、规范）、系统与网络类安全标准（安全体系结构、安全操作系统、安全数据库、安全路由器、可信计算平台）、安全管理类标准（防信息遗漏、质量保证、机房设计）等。

（4）集成化

即从单一功能的信息安全技术与产品，向多种功能融于一个产品发展，或者是几个功能相结合的集成化的产品发展，不再以单一的形式出现，否则产品太多了，不利于产品的推广和应用。安全产品呈硬件化、芯片化发展趋势，这将带来更高的安全度与更高的运算速率，也需要发展更灵活的安全芯片的实现技术，特别是密码芯片的物理防护机制。

2020 年是中国接入国际互联网 26 周年。26 年来，中国互联网抓住机遇，快速推进，成果斐然。2014-2019 年，中国网络身份认证信息安全行业市场规模稳步扩容，2014 年中国网络身份认证信息安全行业市场规模已达 44 亿元，到了 2017 年，中国网络身份认证信息安全行业市场规模首次增长突破百亿元。截至 2018 年，中国网络身份认证信息安全行业市场规模达到了 132 亿元。作为移动安全的入口，未来身份认证占比将超过 30%，预计到 2022 年，中国网络身份认证信息安全行业市场规模将接近 300 亿元。

国家互联网应急中心从恶意程序、漏洞隐患、移动互联网安全、网站安全以及云平台安全、工业系统安全、互联网金融安全等方面，对我国互联网网络安全环境开展宏观监测。数据显示，与 2018 年上半年数据比较，2019 年上半年我国境内通用型"零日"漏洞收录数量，涉及关键信息基础设施的事件型漏洞通报数量，遭篡改、植入后门、仿冒网站数量等有所上升，其他各类监测数据有所降低或基本持平。

2019 年上半年，国家互联网应急中心协调处理网络安全事件约 4.9 万起，同比减少 7.7%，其中安全漏洞事件最多，其次是恶意程序、网页仿冒、网站后门、网页篡改、DDoS 攻击等事件。

10.7　思考题与习题

10-1　信息安全的目标是什么？
10-2　对称加密和非对称加密的区别是什么？
10-3　信息隐藏的方法都有哪些？
10-4　哪些地方可以用到数字水印技术？
10-5　通过什么形式可以实现身份认证？
10-6　计算机感染病毒后的常见症状有哪些？
10-7　简述计算机病毒的类型和特点。
10-8　计算机病毒的传染途径主要是什么？
10-9　典型的防火墙体系结构有哪几种？它们在组成上各有什么特点？

参 考 文 献

[1]　段钢. 加密与解密[M]. 4 版. 北京：高等教育出版社，2018.
[2]　林桠泉. 漏洞战争[M]. 北京：电子工业出版社，2016.
[3]　李春艳，王欣. 信息安全技术与实践[M]. 北京：机械工业出版社，2019.
[4]　陆哲明，聂廷远，吉爱国. 信息隐藏概论[M]. 北京：电子工业出版社，2014.
[5]　栾方军. 信息安全技术[M]. 北京：清华大学出版社，2018.
[6]　刘功申. 计算机病毒及其防范技术[M]. 北京：清华大学出版社，2011.
[7]　张仁斌，李钢，侯整风. 计算机病毒与反病毒技术[M]. 北京：清华大学出版社，2006.
[8]　李剑. 信息安全概论[M]. 2 版. 北京：机械工业出版社，2019.
[9]　杨东晓，张锋，熊瑛，等. 防火墙技术及应用[M]. 北京：清华大学出版社，2019.
[10]　毕烨，吴秀梅. 防火墙技术及应用实践教程[M]. 北京：清华大学出版社，2017.
[11]　尹毅. 代码审计：企业级 Web 代码安全架构[M]. 北京：机械工业出版社，2016.
[12]　杨保华，陈昌. 区块链原理、设计与应用[M]. 北京：机械工业出版社，2017.
[13]　翟健宏. 信息安全导论[M]. 北京：科学出版社，2018.
[14]　STALLINGS W. 密码编码学与网络安全——原理与实践[M]. 7 版. 李莉，杜瑞颖，译. 北京：电子工业出版社，2017.
[15]　KATZ J，LINDELL Y. Introduction to modern cryptography [M]. Chapman & Hall/CRC，2014.
[16]　徐焱，李文轩，王东亚. Web 安全攻防渗透测试实战指南[M]. 北京：电子工业出版社，2018.
[17]　黄载禄. 电子信息技术导论[M]. 北京：北京邮电大学出版社，2016.